Premiere Elements 2019
Das Praxisbuch

René Gäbler

Dieses Werk einschließlich aller Inhalte ist urheberrechtlich geschützt. Alle Rechte vorbehalten, auch die der Übersetzung, der fotomechanischen Wiedergabe und der Speicherung in elektronischen Medien.

Bei der Erstellung von Texten und Abbildungen wurde mit größter Sorgfalt vorgegangen. Trotzdem sind Fehler nicht völlig auszuschließen. Verlag, Herausgeber und Autoren können für fehlerhafte Angaben und deren Folgen weder eine juristische Verantwortung noch irgendeine Haftung übernehmen. Für Anregungen und Hinweise auf Fehler sind Verlag und Autoren dankbar.

Die Informationen in diesem Werk werden ohne Rücksicht auf einen eventuellen Patentschutz veröffentlicht. Warennamen werden ohne Gewährleistung der freien Verwendbarkeit benutzt. Nahezu alle Hard- und Softwarebezeichnungen sowie weitere Namen und sonstige Angaben, die in diesem Buch wiedergegeben werden, sind als eingetragene Marken geschützt. Da es nicht möglich ist, in allen Fällen zeitnah zu ermitteln, ob ein Markenschutz besteht, wird das ®-Symbol in diesem Buch nicht verwendet.

ISBN 978-3-95982-151-3

© 2019 by Markt+Technik Verlag GmbH
Espenpark 1a
90559 Burgthann

Produktmanagement Christian Braun, Burkhardt Lühr
Herstellung Jutta Brunemann
Korrektorat Petra Heubach-Erdmann
Covergestaltung David Haberkamp
Coverfoto © artiemedvedev – adobe.stock.com, Bomshtein – shutterstock.com
Satz inpunkt[w]o, Haiger (www.inpunktwo.de)
Druck Himmer GmbH Druckerei & Verlag
Printed in Germany

René Gäbler

Premiere Elements 2019

Inhaltsverzeichnis

1. Das ist neu an Adobe Premiere Elements 2019 15

- 1.1 Adobe Premiere Elements 2019 installieren und starten 15
- 1.2 Die Neuerungen im Überblick 17
  - Optimierter Startbildschirm 17
  - Automatische Kreationen aus Ihren Fotos und Videos 18
  - Erweiterte How-tos 18
  - Einfache Videobearbeitung, überarbeiteter Schnellmodus und bessere Performance 18

2. Adobe Premiere Elements 2019 kennenlernen 19

- 2.1 Das Programm unter Windows 10 starten 19
- 2.2 Das Programm unter macOS starten 21
- 2.3 Die Arbeitsoberfläche von Adobe Premiere Elements 2019 21
  - Schnell zum Ziel mit Vorlagen und Lernvideos 23
  - Das Bedienfeld »Medien hinzufügen« 24
  - Das Bedienfeld »Projektelemente« 25
  - Das Bedienfeld »Erstellen« 26
  - Die Werkzeugleiste 27
  - Das Schnittfenster 29
  - Das Schnittfenster in der Expertenansicht 30
- 2.4 Projekteinstellungen und Vorgaben 32
- 2.5 Ein erster Blick auf den Premiere Elements Organizer 2019 34
  - Medien importieren 36

3. Schnell zum fertigen Videofilm gelangen 38

- 3.1 Diese Dateiformate kennt Premiere Elements 38
  - Unterstützte Videoformate 38
  - Unterstützte Bildformate 39
  - Unterstützte Audioformate 39
- 3.2 Fotos und Videos von einer Digitalkamera importieren 40
  - Metadaten beim Import anpassen 41
  - Unterordner anhand einer Datumsangabe erstellen 41
  - Importierte Dateien automatisch umbenennen 42
  - Fotos und Videos mit dem Elements Organizer importieren 43
  - Fotos und Videos mit dem Elements Organizer automatisch importieren 45

3.3	Medien aus dem Elements Organizer hinzufügen	47
	Die Anzeige im Bedienfeld »Organizer« anpassen	48
3.4	Multimedia-Dateien aus einem lokalen Ordner importieren	49
3.5	Projektelemente verwalten	51
	Ordner erstellen und verwenden	51
	Medien importieren und direkt in einen Ordner einfügen	52
	Den Clipmonitor verwenden	53
	Ordner durchsuchen	54
3.6	Zugriff auf eine integrierte oder angeschlossene Webcam	55
3.7	Eine Videostory erstellen	56
	Möglichkeiten und Inhalte einer Videostory	56
	So wird eine Videostory erstellt	57
	Die Kapitel-Stimmung bearbeiten	61
	Musik, Look und Geschwindigkeit einrichten	61
	Ein eigenes Kapitel ergänzen	62
	Eine Videostory als Projekt speichern und später weiterbearbeiten	63
3.8	Mit InstantMovie schnell zum fertigen Film	63
	Die Einstellungen von InstantMovie anpassen	67
3.9	So wird eine Video-Collage erstellt	69
	Eine Video-Collage anpassen	72
	Erweiterte Möglichkeiten bei der Arbeit mit Video-Collagen	73
3.10	Mit dem Schnell-Export ein Videoprojekt fertigstellen	74

4. Clips schnell schneiden und bearbeiten ... 76

4.1	Ein neues Projekt anlegen	76
4.2	Schnelles Schneiden eines Clips	78
	Einen Clip im Clipmonitor schneiden	78
	Einen Clip aus den Projektelementen mit dem Clipmonitor schneiden	80
	Einen zweiten Schnitt eines Clips anfertigen und in das Videoprojekt einfügen	82
	Einen Clip im Schnittfenster der Expertenansicht schneiden	83
	Clips teilen	84
	Clips austauschen	86
4.3	Ein Titelbild in der Schnellansicht hinzufügen	87
	Einen transparenten Titel in der Expertenansicht erstellen	90
	Die Titelvorlagen	93

4.4	Mit Musik ein Video auffrischen	94
	Länge der Musikspur anpassen	95
	Die Lautstärke des eingefügten Musiktracks anpassen	96
	Musik in Adobe Premiere Elements	97
	Eine Musikspur teilen	97
	Einen eigenen Audiotrack in der Schnellansicht einfügen	98
	Eigene Musiktracks in der Expertenansicht einfügen	99
4.5	Mit den Premiere-Elements-Werkzeugen einen Clip bearbeiten	100
	Schwenken und Zoomen	100
	Frame einfrieren	103
	Ungestellte Momente	105
	SmartTrim	108
	Zeit-Neuzuordnung	112
	Bewegungsverfolgung	113
	Filmmenü	118
	Audiomixer	121
	Sprachkommentar	122
	Smart Mix	123
4.6	Das fertige Videoprojekt exportieren und freigeben	124
	Geräteexport	125
	Benutzerdefinierter Geräteexport	126
	Exporteinstellung Disc	128
	Audio- und Bildexport	129

5. Intelligente Korrekturfunktionen nutzen 132

5.1	Mit den intelligenten Korrekturfunktionen einen Clip bearbeiten	132
	Intelligentes Korrigieren	133
	Verwackelungsreduzierung	134
	Die automatische intelligente Farbtonkorrektur verwenden	135
	Farbe korrigieren	137
	Beleuchtung korrigieren	140
	Temperatur und Farbton korrigieren	143
5.2	Bearbeitungsfilter ausschließlich im Expertenmodus	149
	Die RGB-Farbeinstellungen anpassen	149
	Die Gamma-Korrektur verwenden	153
	Lautstärke und Balance der Audio-Inhalte anpassen	156
	Die Höhen und Bässe anpassen	157
	Den Filter »Audioverstärkung« verwenden	157

6. Effekte verwenden 159

- 6.1 Effekte nutzen 159
  - Effekte im Expertenmodus verwenden 161
  - Effekte bearbeiten 162
- 6.2 Die Videoeffekte im Schnellmodus 163
  - Alter Film 164
  - Beleuchtungseffekte 165
  - Blendenflecke 171
  - Blitz 172
  - Gaußscher Weichzeichner 173
  - Horizontal spiegeln 173
  - Metallisch 174
  - Mosaik 174
  - NewBlue Cartoon Plus 175
  - Schleierentfernung 177
  - Schwarz & Weiß 177
  - Spiegelbild 178
  - Strudel 179
  - Störung 179
  - Tontrennung 180
  - Umkehren 180
  - Vertikal spiegeln 181
  - Vignettierung 181
  - Wiederholen 182
  - Zoom-Weichzeichner 183
  - Effekte kombinieren 184
- 6.3 Mit Hollywood-Looks einen Clip aufpeppen 185
  - Alt 186
  - Alter Film 189
  - Comic 189
  - Hollywood-Film 190
  - Horror 194
  - Intensives Kupfer 194
  - Pandora 195
  - Red Noir 196
  - Sommertag 198
  - Sparta 199

Trinity 199
Verträumt 200
Vorjahr 201
Wochenschau 201
Zerbröckelte Farbe 201
Über Kreuz verarbeiten 204

7. Effekte im Expertenmodus verwenden 205

7.1 Die Effekte im Expertenmodus 205
Die Effekt-Kategorie »Bildsteuerung« 208
Die Effekt-Kategorie »Erweiterte Anpassungen« 208
Die Effekt-Kategorie »Farbkorrektur« 208
Die Effekt-Kategorie »Generieren« 208
Die Effekt-Kategorie »Kanäle« 208
Die Effekt-Kategorie »Keying« 209
Die Effekt-Kategorie »NewBlue Cartoon Plus-Elemente« 209
Die Effekt-Kategorie »NewBlue-Filmeffekt« 209
Die Effekt-Kategorie »NewBlue – Grafikeffekt-Elemente« 209
Die Effekt-Kategorie »Perspektive« 210
Die Effekt-Kategorie »Rendern« 210
Die Effekt-Kategorie »Stilisieren« 210
Die Effekt-Kategorie »Transformieren« 210
Die Effekt-Kategorie »Vergröberung« 210
Die Effekt-Kategorie »Verzerrungsfilter« 211
Die Effekt-Kategorie »Videomerge« 211
Die Effekt-Kategorie »Weich- & Scharfzeichnen« 211
Die Effekt-Kategorie »Zeit« 211

7.2 Effekte, die nur im Expertenmodus zur Verfügung stehen 211
Kanalmixer 212
Extrahieren 214
Bildsteuerung 215
Malen animieren 216
Alpha-Anpassung 217
Differenzmaske 217
8-Punkt-Korrekturmaske 218
4-Punkt-Korrekturmaske 219
Bildmaske-Key 219

Luminanz-Key	220
Non-Red-Key	220
Entfernen-Maske	221
16-Punkt-Korrekturmaske	221
Spurmaske-Key	222
RGB-Differenz-Key	222
Blue Screen-Key	223
Chroma-Key	223
Green Screen-Key	224
Aktive Kamera	224
Einfärben	225
Erdbeben	225
Liniengrafik	226
Pastellskizze	226
Verbiegungsenergie	227
3D-Effekte	227
Alphakanal abschrägen	228
Kanten abschrägen	229
Schlagschatten	230
Verlauf	230
Alpha-Glühen	231
Farbrelief	232
Relief	232
Konturen finden	233
Solarisation	233
Stroboskop	234
Struktur	234
Beschneiden	235
Weiche Kanten	235
Kameraansicht	236
Clip	237
Horizontale Ablenkung	238
Vertikale Ablenkung	238
Facette	238
Biegen	239
Eckpunkte verschieben	239
Linsenverzerrung	240
Wölben	241

		Transformieren	241
		Komplexe Wellen	242
		Videomerge	242
		Schneller Weichzeichner	243
		Scharfzeichnen	243
		Ghosting	244
		Glätten	244
		Echo	244
		Zeittrennung	245
	7.3	Vorgaben verwenden	245
		Die Effektfilter in den Vorgaben	247
	7.4	Oft verwendete Effekte als eigene Vorgaben ablegen	247

8. Mit Masken arbeiten ... 249

	8.1	Masken einsetzen	249
	8.2	Eine Maske anpassen	253

9. Einen Clip manuell bearbeiten ... 255

	9.1	Clip manuell bearbeiten	255
	9.2	Die Clipgröße verändern	256
	9.3	Die Position des Bildes verändern	257
	9.4	Geschützte Bereiche verwenden	257

10. Titel hinzufügen und anpassen ... 259

	10.1	Titelvorlagen bearbeiten	259
		Eine Titelvorlage anpassen	259
		Stil anpassen	261
		Format anpassen	263
	10.2	Verschiedene Verlaufsformen für die Gestaltung der Schrift verwenden	265
	10.3	Animation des Titels auswählen	267
	10.4	Grafiken bearbeiten	267
	10.5	Hintergrundbild austauschen	268
	10.6	Das Ergebnis als neuen Titel speichern	269

11. Mit Text und Formen arbeiten ... 270

- 11.1 Mit Text arbeiten ... 270
- 11.2 Einen neuen Standardtext erstellen ... 271
  - Text eingeben und formatieren ... 272
- 11.3 Formen verwenden ... 274
- 11.4 Textelemente über das Kontextmenü und das Menü formatieren ... 276
  - Mehrere Textobjekte ausrichten und verteilen ... 278
  - Ein Bild hinzufügen ... 280
- 11.5 Animierte Texte erstellen ... 281
- 11.6 Einen eigenen Bewegungstitel erstellen ... 283

12. Mit Audio- und Musikelementen arbeiten ... 285

- 12.1 Audio-Inhalte einfügen und bearbeiten ... 285
- 12.2 Audioclips im Expertenmodus bearbeiten ... 287
- 12.3 Audioeffekte verwenden ... 292
  - DeNoiser ... 293
  - Dynamik ... 293
  - Einfacher Notch-Filter ... 294
  - Hochpass ... 294
  - Kanäle vertauschen ... 294
  - Lautstärke/Kanal ... 295
  - Links mit rechts füllen ... 295
  - NewBlue Audio Polish ... 295
  - NewBlue Audio Mute ... 296
  - NewBlue Cleaner ... 296
  - NewBlue Hum Remover ... 297
  - NewBlue Noise Fader ... 298
  - NewBlue Noice Reducer ... 298
  - PitchShifter ... 298
  - Rechts mit links füllen ... 299
  - Reverb ... 299
  - Tiefpass ... 300
  - Umkehren ... 300
  - Verzögerung ... 300

13. Mit Überblendungen einen Übergang zwischen zwei Clips schaffen 301

- 13.1 Überblendungen einsetzen 301
- 13.2 Überblendungen in der Schnellansicht einfügen 302
- 13.3 Die verschiedenen Überblendungen der Schnellansicht 305
- 13.4 Überblendungen in der Expertenansicht einfügen 305
- 13.5 Eine vorhandene Überblendung im Schnellmodus nachträglich bearbeiten 308
- 13.6 Eine vorhandene Überblendung im Expertenmodus nachträglich bearbeiten 309

14. Den Arbeitsbereich der Expertenansicht anpassen 310

- 14.1 Das Schnittfenster in der Expertenansicht 310
- 14.2 Den Arbeitsbereich anpassen 312
  - Spuren hinzufügen 314
- 14.3 Projekte archivieren 315
- 14.4 Eine eigene Tastenkombination festlegen 316
- 14.5 Wichtige Tastenkombinationen für die Arbeit mit dem Programm 318
  - Tastenkombinationen im Menü »Datei« 318
  - Tastenkombinationen im Menü »Bearbeiten« 319
  - Tastenkombinationen bei der Bearbeitung von Clips 319
  - Tastenkombinationen für den Umgang mit dem Schnittfenster 320
  - Tastenkombinationen für die Arbeit mit Text 320
  - Verschiedene Tastenkombinationen, die in keine Kategorie passen 321

15. Fortgeschrittene Arbeitstechniken 323

- 15.1 Eine einzelne Farbe hervorheben 323
- 15.2 Einen Bild-im-Bild-Effekt erstellen 326
- 15.3 Mit Einstellungsebenen arbeiten 328
- 15.4 Ein Testbild einfügen 329
- 15.5 Grafiken animieren 330
  - Schlüsselbild-Bedienelemente aufrufen 330
  - Ein Grafikobjekt animieren 332
  - Mit Keyframes arbeiten 333

16. Medien mit Adobe Elements Organizer verwalten und katalogisieren 335

- 16.1 Das Programmfenster von Adobe Elements Organizer 2019 335
- 16.2 Die Ansicht im Programmfenster anpassen 337
- 16.3 Medien mit Titeln, Tags und beschreibenden Daten versehen 339
  - Tags hinzufügen 339
- 16.4 Kataloge verwalten 341

Stichwortverzeichnis 343

1. Das ist neu an Adobe Premiere Elements 2019

Premiere Elements ist inzwischen in der Version 17 erschienen. Diese trägt nun die Jahreszahl 2019 in ihrem Namen. Das Programm aus dem Hause Adobe besticht in der aktuellen Version erneut durch interessante Neuerungen. Diese möchte ich Ihnen in diesem Kapitel vorstellen. Doch zuvor zeige ich Ihnen, wie Sie Adobe Premiere Elements auf Ihrem Rechner installieren und worauf es dabei zu achten gilt.

1.1 Adobe Premiere Elements 2019 installieren und starten

Adobe Premiere Elements 2019 steht für Windows und macOS zur Verfügung. Eine laufzeitbeschränkte Testversion hilft für einen ersten Eindruck. Eine solche können Sie über die Webseite von Adobe beziehen. Sie finden diese unter der Adresse https://www.adobe.com/de/products/premiere-elements.html.

Haben Sie eine vorherige Version von Premiere Elements genutzt, können Sie mit einem Upgrade auf die neue Version Geld sparen. Vollversion, Upgrade oder Testversion werden mit einem Assistenten installiert. Alle wichtigen Angaben werden in einzelnen Dialogen abgefragt. Vor dem Start des Assistenten müssen Sie sich mit Ihrer Adobe-ID anmelden bzw. neu bei Adobe registrieren.

1. Das ist neu an Adobe Premiere Elements 2019

Das Programm benötigt 6,1 GByte freien Speicherplatz auf Ihrer Festplatte (Windows-Version). Anwender von macOS müssen für das Programm mindestens 8 GByte freien Speicherplatz auf ihrem Rechner zur Verfügung haben. Für alle optionalen Inhalte sind 10 GByte erforderlich. Weiterer Speicherplatz ist für die Bearbeitung und Ablage der Videodateien notwendig.

Premiere Elements 2019 unterstützt Windows 7 (mit Service Pack 1), Windows 8.1 und Windows 10. Sie benötigen einen Rechner mit einem Prozessor von mindestens 2 GHz und SSE2-Unterstützung. Für die Bearbeitung von HDTV-Inhalten wird ein Doppelkern-Prozessor vorausgesetzt. Ihr Rechner sollte über eine DirectX9- oder DirectX10-kompatible Grafikkarte verfügen. Möchten Sie Ihre Videos auf DVD brennen, ist ein DVD-Brenner notwendig.

Anwender von macOS benötigen einen Rechner mit einem Intel-Mehrkern-Prozessor mit 64 Bit Leistung. Unterstützt wird macOS ab 10.12.

Sowohl Windows- als auch Macintosh-Anwender benötigen für den Download des Progamms, der zusätzlichen Inhalte sowie für die Produktaktivierung einen Internetzugang. Die Arbeit mit 4K-Medien setzt einen Rechner mit einem Intel-Core-i7-Prozessor voraus und mindestens 16 GByte RAM Arbeitsspeicher.

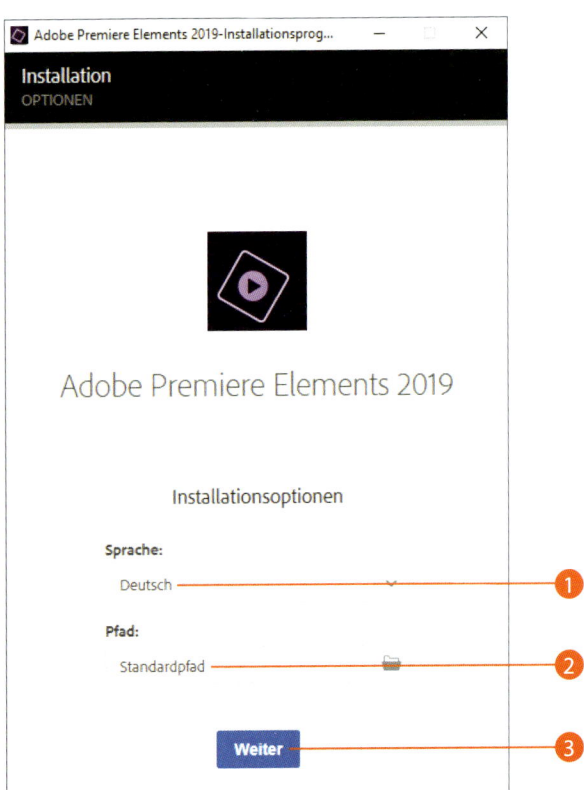

Die Neuerungen im Überblick

Das Programm erkennt die richtige Spracheinstellung ❶ und bietet Ihnen den Standardpfad für die Installation von Anwendungsprogrammen an ❷. Bestätigen Sie dies mit einem Mausklick auf *Weiter* ❸.

1.2 Die Neuerungen im Überblick

Im folgenden Abschnitt möchte ich Ihnen alle Neuerungen, die es in der aktuellen Programmversion 2019 von Adobe Premiere Elements gibt, vorstellen.

Optimierter Startbildschirm

Der Startbildschirm von Premiere Elements wurde gründlich überarbeitet. Er bietet Ihnen nun einen direkten Einstieg in das Programm. Über eine Bildlaufleiste können wichtige Funktionen ausgewählt und direkt aufgerufen werden. Von hier aus erreichen Sie die Programme *Organizer*, *Fotoeditor* (wenn installiert) und *Videoeditor*. Hinter Letzterem verbirgt sich Premiere Elements 2019.

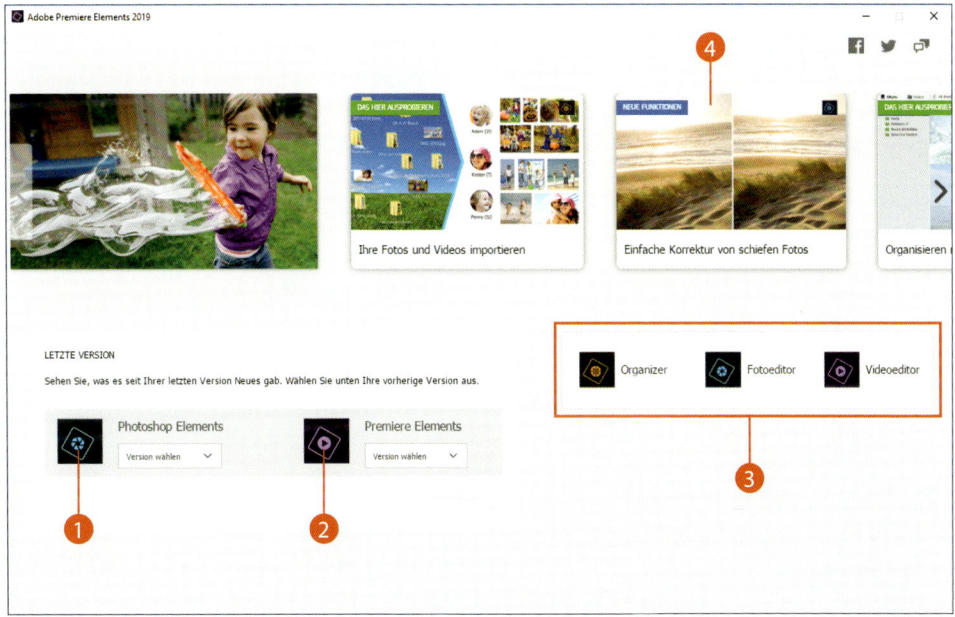

Wer mag, kann sich anzeigen lassen, was sich verändert hat. Sie öffnen ein Listenfeld unter Photoshop Elements ❶ oder Premiere Elements ❷ und wählen eine Programmversion ❸ aus. Anschließend bestätigen Sie ❹ und bekommen angezeigt, was sich seit der gewählten Version geändert hat und was es Neues gibt.

1. Das ist neu an Adobe Premiere Elements 2019

Automatische Kreationen aus Ihren Fotos und Videos

Bereits beim Start des Programms erstellt Premiere Elements 2019 automatisch Collagen und Diashows aus Ihren Videos und Bilddateien.

Erweiterte How-tos

Über den Startdialog können Sie die How-tos direkt auswählen und ansteuern. Das Programm unterstützt Sie beim Anwenden von Videobearbeitungsfunktionen und beim Erstellen von Videos. Alle Aufgaben werden schrittweise abgefragt und mit Dialogen erklärt.

Viele der How-tos wurden verbessert und erweitert. Neu hinzugekommen sind die How-tos *Fensterscheiben-Überlagerung* und *Luma-Fade-Videoüberblendung*. Die *Fensterscheiben-Überlagerung* verändert ein Video so, dass es aussieht, als wäre es durch eine Glasscheibe aufgenommen worden. Die *Luma-Fade-Videoüberblendung* blendet nacheinander verschiedene Farben ein und macht so eine Videosequenz aufregender und spannender.

Einfache Videobearbeitung, überarbeiteter Schnellmodus und bessere Performance

Videos lassen sich sehr einfach mit vielen automatisierten Funktionen bearbeiten. Der Schnellmodus wurde überarbeitet und verbessert. Sie werden, ohne dass Sie tief in das Programm einsteigen müssen, Schritt für Schritt durch alle Arbeitsvorgänge geführt. Sie wählen Videoclips aus, können Bilddateien integrieren, Bearbeitungsfunktionen nutzen, die Clips schneiden, mit Titeln, Audio-Inhalten, Überblendungen und Effekten arbeiten und erhalten so Ihren fertigen Videoclip.

Das Programm nutzt die Leistung Ihres Rechners nun noch besser. Viele Arbeitsaufgaben können noch schneller ausgeführt werden. Sie können Videos mit variabler Framerate erstellen und Bilder im HEIF-Format importieren. Ab macOS 10.13 können Sie auch Videos im Format HEVC bearbeiten und erstellen.

2. Adobe Premiere Elements 2019 kennenlernen

Mit Adobe Premiere Elements erhalten Sie ein Videoschnittprogramm, das Ihnen viele Möglichkeiten bietet, Ihre Videodateien zu bearbeiten. Viele kleine Videodateien fügen Sie zu einem großen, herzeigbaren Video zusammen. Hierbei werden Sie von vielen Assistenten unterstützt und so schrittweise an das gewünschte Ziel herangeführt. Darüber hinaus können Sie mit Adobe Premiere Elements 2019 Ihre Videodateien auf ganz unterschiedliche Art und Weise veröffentlichen. In diesem Kapitel stelle ich Ihnen das Programm und seine Arbeitsoberfläche vor. Sie werden einen ersten Blick auf den Elements Organizer werfen. Mit ihm können Sie Ihre Videodateien sortieren und verwalten.

2.1 Das Programm unter Windows 10 starten

Doppelklicken Sie auf das Symbol von Adobe Premiere Elements 2019 auf Ihrem Desktop. Sie finden das Programm auch im Windows-Startmenü unter dem Buchstaben *A* und können es, wenn Sie dies möchten, von da aus starten.

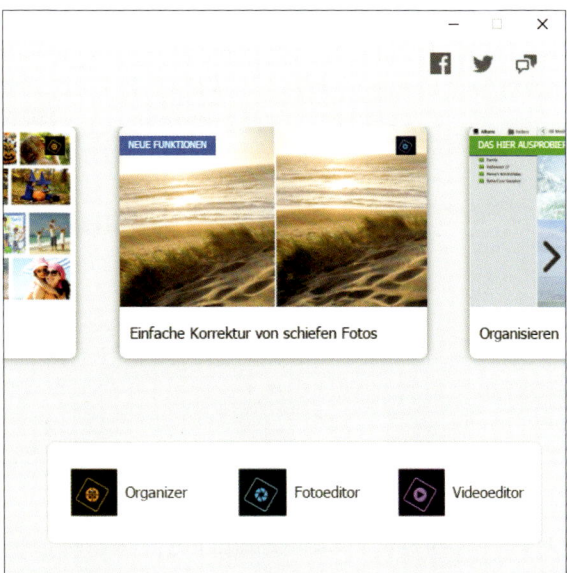

Auf dem Startbildschirm wählen Sie den *Videoeditor*. Nun wird Premiere Elements gestartet.

2. Adobe Premiere Elements 2019 kennenlernen

Beim ersten Start des Programms müssen Sie die Lizenzbedingungen bestätigen. Dazu müssen Sie sich über eine Internetverbindung bei Adobe anmelden. Lesen Sie anschließend den Lizenztext und bestätigen Sie ihn.

Geben Sie dann die Seriennummer des Programms ein. Sie sollten diese beim Kauf des Programms per E-Mail erhalten haben oder Sie finden sie auf der Verpackung der Software. Anschließend sehen Sie den Willkommensdialog. Er informiert Sie darüber, dass Adobe bestimmte Nutzungsdaten erfasst, über eine Internetverbindung überträgt und auswertet.

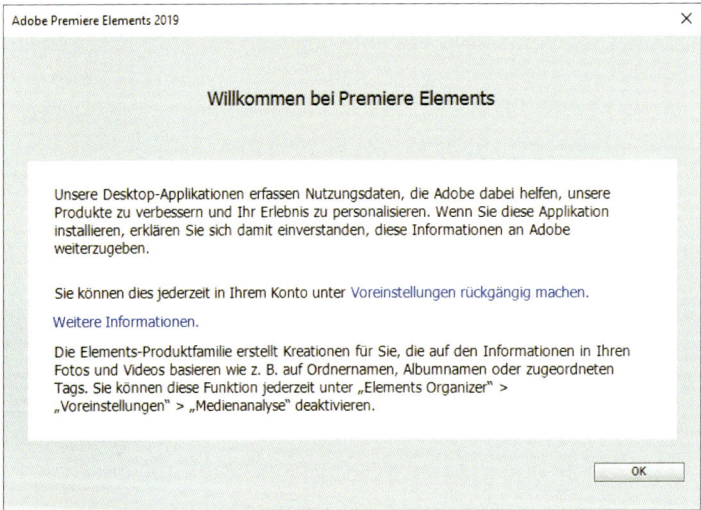

Sie sehen nun den *Schnellziel-Bildschirm* vor sich. Über zwei große Kacheln können Sie *Videoclips zuschneiden* ❶ sowie *Fotos und Videos zu einem Film kombinieren* ❷.

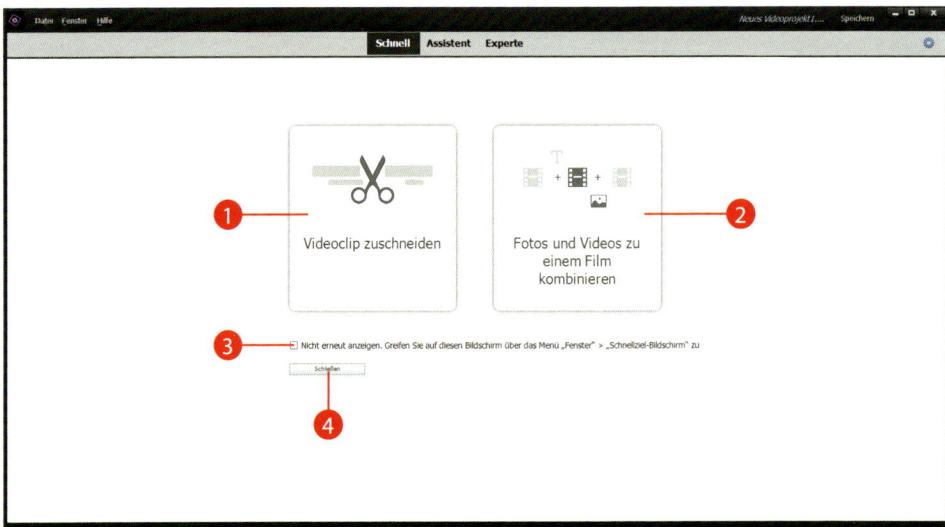

Die Arbeitsoberfläche von Adobe Premiere Elements 2019

Setzen Sie ein Häkchen in das Optionskästchen *Nicht erneut anzeigen* ❸ und klicken Sie auf die Schaltfläche *Schließen* ❹, um diesen Bildschirm auszuschalten. Sie können ihn später mit *Fenster/Schnellziel-Bildschirm* erneut erreichen.

2.2 Das Programm unter macOS starten

Öffnen Sie den Finder und wechseln Sie nach *Programme*. Öffnen Sie den Ordner *Adobe Premiere Elements 2019* mit einem Doppelklick. Mit einem weiteren Doppelklick starten Sie das Programm. Den Adobe Elements Organizer 2019 finden Sie hier auch. Mit ihm organisieren Sie Ihre Videodateien.

2.3 Die Arbeitsoberfläche von Adobe Premiere Elements 2019

Beim Programmstart wird der *Adobe Premiere Elements Editor* gestartet. Das ist die Arbeitsoberfläche, mit der Sie Ihre Videos zusammenstellen und bearbeiten. Dabei werden Sie von verschiedenen Assistenten unterstützt. Erfahrene Anwender können natürlich auf diese Hilfe verzichten und viele Aufgaben selbst erledigen. Die Arbeitsoberfläche besteht aus verschiedenen Bereichen und aus vielen unterschiedlichen Bedienelementen. Zunächst einmal sieht der Editor leer aus. Das ändert sich später, wenn Sie Ihre Filme in das Programm laden und ein neues Projekt beginnen.

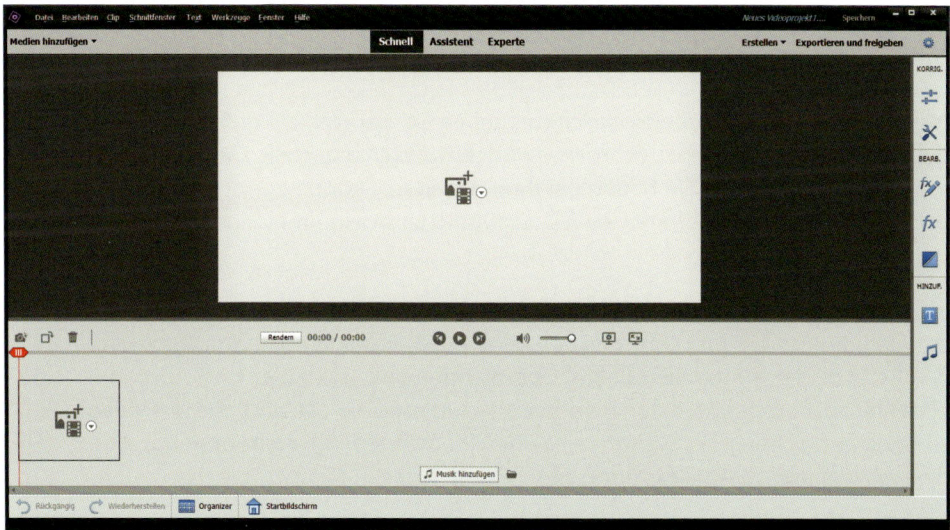

Die Inhalte des Arbeitsfensters ändern sich, je nachdem, welche Ansicht Sie gewählt haben. Das Programm unterscheidet zwischen der Schnellansicht, der Assistentenansicht

2. Adobe Premiere Elements 2019 kennenlernen

und der Expertenansicht. Im oberen Bereich sehen Sie die Menüleiste des Editors mit den Menüs *Datei*, *Bearbeiten*, *Clip*, *Schnittfenster*, *Text*, *Werkzeuge*, *Fenster* und *Hilfe*.

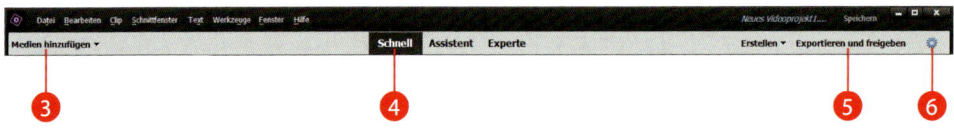

In der Kopfzeile sehen Sie auf der rechten Seite den Namen des aktuell geöffneten Videoprojekts ❶. Ohne ein neues Projekt zu beginnen, gibt das Programm hier die Bezeichnung *Neues Videoprojekt1.prel* vor. Die Dateierweiterung *prel* ist die von Adobe Premiere Elements verwendete Bezeichnung für Videoprojekte. Rechts daneben sehen Sie eine Schnellspeicherschaltfläche ❷. Ohne ein Menü aufrufen zu müssen, genügt ein Mausklick auf diese Schaltfläche, um den aktuellen Status Ihres Projekts festzuhalten.

Oberhalb des Arbeitsfensters erhalten Sie Zugriff auf das Bedienfeld *Medien hinzufügen* ❸ und wechseln zwischen den Ansichtstypen *Schnell*, *Assistent* und *Experte* ❹. Ganz rechts öffnen Sie das Bedienfeld *Erstellen* und können Ihr fertig bearbeitetes Videoprojekt *Exportieren und freigeben* ❺. Mit Letzterem wird Ihr fertiges Videoprojekt zu einer Videodatei, die Sie auf DVD brennen, auf einem TV-Gerät wiedergeben oder auch in einem sozialen Netzwerk veröffentlichen können. Rechts daneben mit dem Zahnradsymbol ❻ öffnen Sie die Projekteinstellungen. Damit lassen sich verschiedene Einstellungen für das aktuelle Videoprojekt vornehmen. In der Assistentenansicht sowie in der Expertenansicht kommt zu den genannten Elementen noch das Bedienfeld *Projektelemente* hinzu.

Am rechten Rand des Arbeitsbildschirms sehen Sie die Werkzeugleiste. Sie ist in die drei Bereiche *Korrigieren*, *Bearbeiten* und *Hinzufügen* unterteilt. Die Funktionen in dieser Leiste werden Sie häufig bei Ihrer Arbeit mit Adobe Premiere Elements benötigen. Ich stelle sie Ihnen etwas ausführlicher in einem eigenen Abschnitt vor.

Im unteren Bereich des Arbeitsbildschirms sehen Sie das Schnittfenster ❼ und die Aktionsleiste ❽. Im Schnittfenster werden die einzelnen Videotracks zusammengesetzt. Hier fügen Sie Effekte, Überblendungen, Titelbilder und Abspannbilder hinzu. Im Schnittfenster werden auch Audiospuren platziert, die das Video lebendiger machen. Hier werden einzelne Videoszenen, die nicht benötigt werden, mit wenigen Mausklicks entfernt.

Wie das geht, werden Sie an späterer Stelle in diesem Buch erfahren. An dieser Stelle sei nur gesagt: Videoschnitt mit Adobe Premiere Elements 2019 ist sehr einfach und erfordert kein professionelles Know-how.

Die Arbeitsoberfläche von Adobe Premiere Elements 2019

Die Aktionsleiste enthält die Funktionen *Rückgängig* und *Wiederherstellen* und bietet einen schnellen Zugriff auf den Organizer und den Startbildschirm.

Mit *Rückgängig* wird der letzte Arbeitsschritt zurückgesetzt. Sind Sie mit dem Ergebnis einer Funktion nicht zufrieden, nutzen Sie diese Schaltfläche. Sie können dann die Bearbeitung rückgängig machen. Adobe Premiere Elements »merkt sich«, was Sie tun. Sie können mit mehrfachem Drücken von *Rückgängig* entsprechend viele Arbeitsschritte zurückgehen.

Mit *Wiederherstellen* können Sie einen rückgängig gemachten Arbeitsschritt wiederholen. Vielleicht haben Sie den letzten Arbeitsschritt aus Versehen zurückgesetzt. Dann klicken Sie auf *Wiederherstellen*. Beide Funktionen sind zu Beginn ausgegraut. Das liegt natürlich daran, dass noch kein Videoprojekt begonnen und noch keine Bearbeitung durchgeführt wurde.

Das Schnittfenster enthält vier Spuren für das Einfügen einer Titelinformation, der Videodateien, einer Sprachaufzeichnung und von Audio-Inhalten.

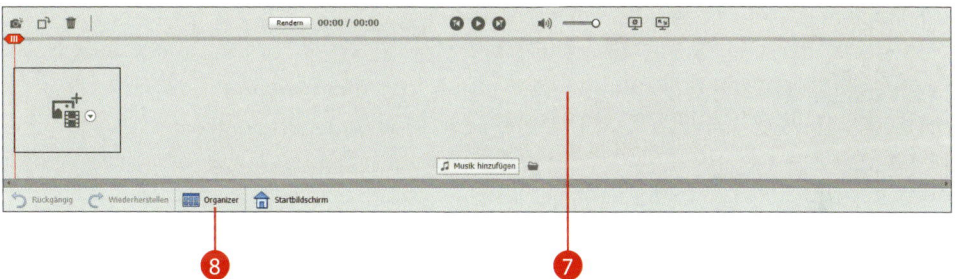

In der Mitte des Arbeitsbereichs sehen Sie ein Symbol. Klicken Sie darauf, sehen Sie die Funktionen *Titel hinzufügen* und *Medien hinzufügen*. *Medien hinzuf.* ❾ öffnet das Bedienfeld *Medien hinzufügen*. Mit *Titel hinzuf.* ❿ wird das Bedienfeld *Titel* eingeblendet.

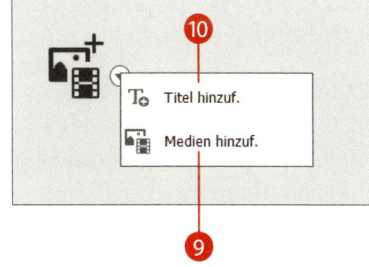

Schnell zum Ziel mit Vorlagen und Lernvideos

Wechseln Sie mit *Assistent* in die Assistentenansicht. Hier finden Sie verschiedene Lernvideos, die Ihnen die Grundlagen des Programms näherbringen und Ihnen gleich die für das Ausführen bestimmter Aufgaben notwendigen Vorlagen mitliefern.

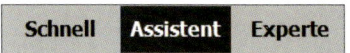

2. Adobe Premiere Elements 2019 kennenlernen

Die Lernvideos in der Assistentenansicht sind unterteilt in die Rubriken *Grundlagen*, *Videoanpassungen*, *Audioanpassungen* und *Kreative Bearbeitungen*. Sie führen Sie Schritt für Schritt in die Videobearbeitung mit Adobe Premiere Elements ein.

Das Bedienfeld »Medien hinzufügen«

Das Bedienfeld *Medien hinzufügen* wird über eine kleine Pfeilschaltfläche ❶ aufgeklappt. Es enthält im Schnellmodus nur die zwei Einträge. Mit *Elements Organizer* ❷ öffnen Sie den gleichnamigen Programmteil von Adobe Premiere Elements 2019. Im Elements Organizer verwalten Sie Ihre Videodateien und Fotos und können sie sortieren. *Dateien und Ordner* ❸ ermöglicht den Import von Video-, Audio- und Bilddateien aus einem lokalen Verzeichnis von Ihrer Festplatte.

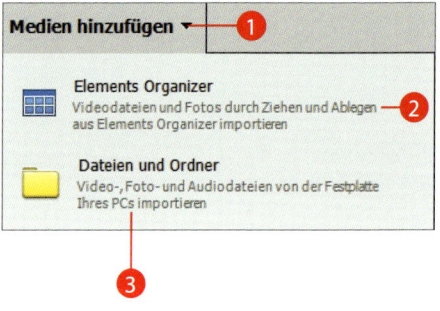

In der Expertenansicht ❹ stehen Ihnen vier weitere Einträge zur Verfügung. Mit *Digitalkamera, Handy, Wechsellaufwerk* ❺ importieren Sie Videodateien direkt von Ihrer Digitalkamera. Hier können Sie auch auf die Videos eines Smartphones zugreifen und sie nach Adobe Premiere Elements importieren. Dazu verbinden Sie zuvor Ihr Smartphone per USB-Kabel mit Ihrem Rechner. Nun erlauben Sie den Zugriff auf die Daten und wählen *Medien hinzufügen/Digitalkamera, Handy, Wechsellaufwerk*. Auch der Zugriff auf einen mit dem Rechner verbundenen USB-Stick oder eine USB-Festplatte ist möglich. macOS-Anwender können hier auf ihre JetDrive-Daten zugreifen und Daten von einem solchen Medium importieren.

Über den Eintrag *Videos von Kameras und Geräten* ❻ importieren Sie Videodateien von einem Telefon, Camcorder oder einem ähnlichen Wechseldatenträger. Manchmal ist es sinnvoll, direkt auf die Videokamera Ihres Notebooks oder Rechners zuzugreifen. So wird ein Video aufgenommen und landet direkt als eigene Videospur in dem aktuellen Videoprojekt. Möchten Sie dies tun, wählen Sie im Bedienfeld *Medien hinzufügen* den Eintrag *Webcam* ❼. Das Programm ermöglicht es auch, Videos von einem DVD-Laufwerk zu importieren. Vielleicht haben Sie einige Ihrer Homevideos und Urlaubsaufnahmen bereits

Die Arbeitsoberfläche von Adobe Premiere Elements 2019

auf eine DVD gepackt und möchten sie dennoch in Ihrem neuen Videoprojekt verwenden. Dann ist der Eintrag *DVD* ❽ der richtige. Mit ihm können Sie auch direkt auf den Inhalt eines mit dem PC/Notebook verbundenen Camcorders zugreifen.

In Kapitel 3 »Schnell zum fertigen Videofilm gelangen« zeige ich Ihnen Schritt für Schritt, wie Sie Videodateien importieren.

Das Bedienfeld »Projektelemente«

In der Expertenansicht ❶ steht Ihnen zusätzlich das Bedienfeld *Projektelemente* ❷ zur Verfügung. Sie können hier Dateien per Drag-and-drop aus dem Explorer/Finder ablegen und sie später direkt in Ihr Videoprojekt einfügen. Auch hier ziehen Sie die Dateien einfach aus dem Bedienfeld in Ihr Videoprojekt. Der Zwischenschritt über eine Importfunktion ist nicht notwendig.

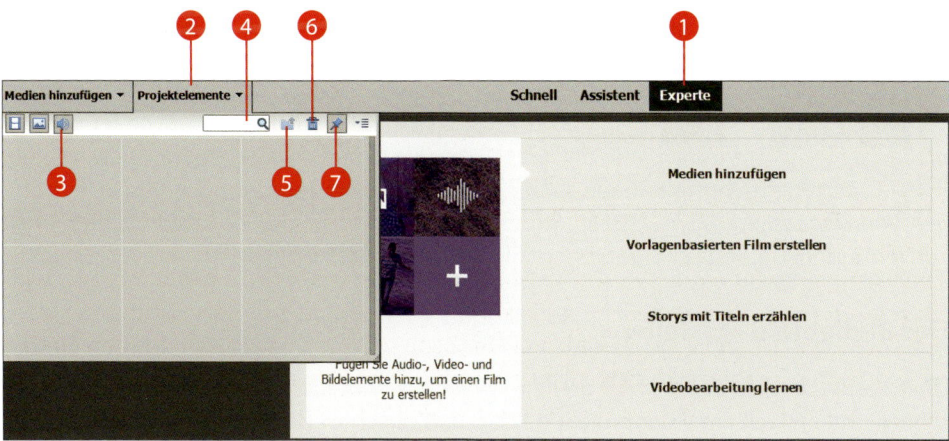

25

Nicht benötigte Dateien, die Sie aus dem Bedienfeld löschen, sind weiterhin auf Ihrer Festplatte vorhanden. Sie werden nur aus dem Bedienfeld entfernt.

Das Bedienfeld enthält Schaltflächen, mit denen Sie die Ansicht von Videos, Bilddateien und Audio-Inhalten ❸ einblenden können. Sind sehr viele Dateien im Bedienfeld *Projektelemente* vorhanden, können Sie eine ganz bestimmte Datei mit dem Suchfeld suchen ❹. Mit dem Ordnersymbol ❺ können Sie zwischen mehreren geöffneten Videoprojekten hin- und herschalten. Das Mülleimersymbol ❻ dient zum Entfernen des markierten Elements aus dem Bedienfeld. Beachten Sie, es wird nicht von Ihrem Rechner gelöscht, sondern nur aus dem Bedienfeld *Projektelemente* entfernt. Die letzte Schaltfläche ❼ ganz rechts öffnet ein kleines Menü. Es enthält die Einträge *Ansicht*, *Sortieren nach*, *Neuer Ordner* und *Neues Objekt*.

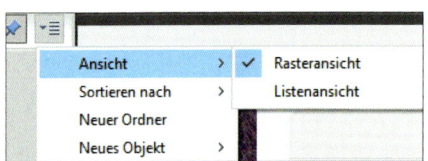

Unter *Ansicht* wechseln Sie im Bedienfeld zwischen der Listen- und der Rasteransicht.

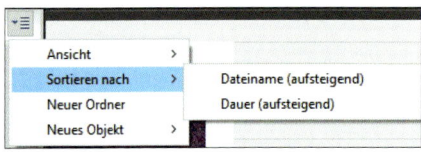

Sortieren nach enthält zwei Funktionen, mit denen Sie die Elemente im Bedienfeld sortieren können. Sie können sie nach dem Dateinamen sortieren. Begonnen wird hier mit dem Buchstaben A. Sortiert wird aufsteigend. Alternativ ordnen Sie den Inhalt nach der Dauer (absteigend). Wie der Name der Funktion verrät, erstellen Sie mit *Neuer Ordner* einen solchen. Damit können Sie die im Bedienfeld vorhandenen Videodateien, Bilder und Audiodateien besser sortieren.

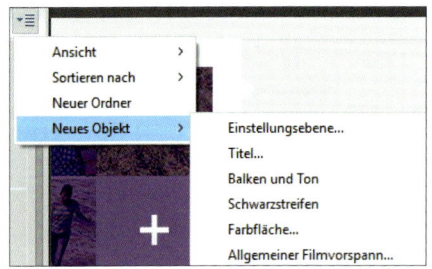

Mit *Neues Objekt* können Sie eine neue Einstellungsebene, ein Titelbild, Balken und Tonelemente, Schwarzstreifen, Farbflächen und einen allgemeinen Filmvorspann erstellen. Alle diese Elemente können Sie bei Bedarf in Ihrem Videoprojekt verwenden.

In der Expertenansicht steht Ihnen auch die Dialogbox mit den Einträgen *Medien hinzufügen*, *Vorlagenbasierten Film erstellen*, *Storys mit Titeln erzählen* und *Videobearbeitung lernen* zur Verfügung. Der letzte Eintrag bringt Sie zur Assistentenansicht.

Das Bedienfeld »Erstellen«

Über das Bedienfeld *Erstellen* ❶ greifen Sie auf drei Vorlagen zu. Mit diesen können Sie schnell und einfach ein Videoprojekt gestalten. Möglich ist das Erstellen einer *Videostory*

Die Arbeitsoberfläche von Adobe Premiere Elements 2019

❷. Damit können Sie wichtige Abschnitte Ihres Lebens mit kleinen Videoclips erzählen und zu einem ganzen Film zusammenfügen. Das *InstantMovie* ❸ durchstöbert selbstständig Ihre Videodaten und fügt verschiedene Clips automatisch zu einem ungewöhnlichen, sehr kreativen Video zusammen. Die *Video-Collage* ❹ gibt Ihnen die Möglichkeit, verschiedene Video- und Bilddateien auszuwählen und zu einer interessanten Collage zu verbinden. All die genannten Vorlagen und ihre Verwendung zeige ich Ihnen in Kapitel 3 dieses Buches.

Die Werkzeugleiste

Die Werkzeugleiste benötigen Sie bei der Bearbeitung Ihres Videoprojekts. Viele wichtige Funktionen erreichen Sie über die acht Schaltflächen in dieser Leiste. Die Werkzeugleiste ist in die drei Bereiche *Korrigieren*, *Bearbeiten* und *Hinzufügen* aufgeteilt. Jede der Werkzeugschaltflächen klappt eine Leiste mit weiteren Werkzeugen aus.

Anpassen ❶ enthält Werkzeuge für die intelligente und automatische Korrektur Ihres Videos, die Verwackelungsreduzierung und die automatische intelligente Farbkorrektur. Mit weiteren Werkzeugen können Sie die Eigenschaften eines Videoclips, die Helligkeit, die Farbtemperatur sowie Lautstärke und die Audiobalance bearbeiten.

Werkzeuge ❷ enthält Funktionen, mit denen Sie Ihr Videoprojekt mit kreativen Effekten versehen können. Mit *Frame einfrieren* lässt sich ein Videoclip aus Ihrem Video heraustrennen und im Videoprojekt verwenden. Alternativ können Sie den herausgenommenen Videoabschnitt extern als eigene Videodatei auf der Festplatte Ihres Rechners speichern. Das *Filmmenü* ergänzt Ihren Film um ein attraktives, professionelles Menü. *Sprachkommentar* fügt selbigen zu Ihrem Projekt hinzu. Sie können mit dem integrierten Mikrofon Ihres Rechners oder einem angeschlossenen Ihren Film mit einer Sprachaufzeichnung versehen. *Schwenken und Zoomen* dreht das Bild, vergrößert oder verkleinert es.

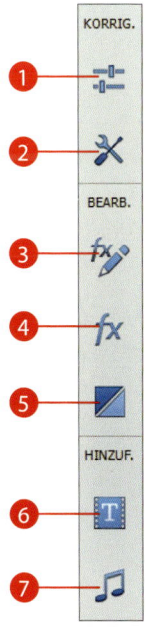

Smart Mix verbessert die Audioausgabe. Sie können Audioeffekte, Musikelemente und Sprachkommentare in den Vordergrund oder Hintergrund schieben oder auch ganz ausblenden. Neben Musik und Sprache können drei einzelne Audioelemente verwendet werden. Alle diese Elemente werden zu einer Audiospur »gemischt«. *SmartTrim* analysiert Ihre Videodateien. Elemente mit geringer Bildqualität oder unscharfe Bilder werden vom Programm gefunden und automatisch entfernt. In den *Optionen für das intelligente Zuschneiden* können Sie mit Schiebereglern einstellen, ob

27

2. Adobe Premiere Elements 2019 kennenlernen

Sie Qualität oder Inhalte (Interesse) bevorzugen. Die Funktion erkennt Bilder mit Gesichtern anhand vorhandener Gesichtsdaten, um diese Abschnitte im Video zu behalten.

Mit der *Zeit-Neuzuordnung* werden Videosequenzen schneller oder langsamer abgespielt. So erhalten Sie interessante Zeitlupen- oder Vorspuleffekte. *Lieblingsmomente* bietet Ihnen die Möglichkeit, bestimmte Elemente in Ihrem Video zu markieren und zu extrahieren. Das spätere Video kann dann aus verschiedenen Lieblingsmomenten eines oder mehrerer Videoclips zusammengestellt sein.

Die *Bewegungsverfolgung* kennzeichnet Objektbewegungen im Video mit Grafiken. Sie markieren nach der Auswahl der Funktion ein Objekt. Das Programm stellt die Bewegung dieses Objekts in den nachfolgenden Sequenzen fest. Sie wählen eine grafische Kennzeichnung aus.

Angewandte Effekte ❸ (Symbol *fx* mit Bleistift) zeigt die bei einem Videoclip zugeteilten Effekte an. Je nach Effekt können Sie mit verschiedenen Schiebereglern die Einstellungen anpassen und so die Wirkung des Effekts verstärken oder verringern.

Effekte ❹ bietet Ihnen viele interessante Bildeffekte an, mit denen Sie die Wirkung Ihres Videos verbessern oder gar verfremden können. Adobe Premiere Elements unterscheidet dabei zwischen *Videoeffekten*, *Hollywood-Looks* und der Favoritenliste *Häufig verwendet*. In der Expertenansicht stehen Ihnen mehr Effekte zur Verfügung. Das Programm unterteilt diese in Audio- und Videoeffekte und sortiert sie in zahlreiche verschiedene Kategorien ein. Jeder Effekt kann auf eine einzelne Spur oder den ganzen Film angewendet werden.

Mit den *Überblendungen* ❺ sorgen Sie dafür, dass es zwischen einzelnen Videoclips einen sanften Übergang gibt. Möglich sind hier auch interessante grafische Effekte, so zum Beispiel eine Animation, die eine aufrollende Seite zeigt oder einen sich drehenden Würfel.

Mit der ersten Schaltfläche im Bereich *Hinzufügen* fügen Sie Titel- und Textinformationen ❻ zu Ihrem Videoprojekt hinzu. Adobe Premiere Elements bietet Ihnen dazu verschiedene Vorlagen, mit denen ein solcher Titel gestaltet werden kann. Sortiert sind diese in die zwei Gruppen *Bewegungstitel* und *Klassische Titel*. Sie wählen eine der Vorlagen aus und ergänzen die Textelemente. Möchten Sie keine Vorlage verwenden, nutzen Sie die Auswahl *Benutzerdefiniert*.

Mit *Audio zum Soundtrack hinzufügen* ❼ können Sie zwischen verschiedenen Musikstücken wählen, die Sie einfach in Ihr Videoprojekt platzieren können. Zur Verfügung stehen verschiedene Musikrichtungen wie Blues, Country und Rock-Pop. Daneben gibt es atmosphärische Audiotracks, die zu bestimmten Stimmungen und Themen passen, so zum Beispiel Hochzeitsmusik und mystische Klänge. Neben den Musikstücken können Sie auch kleine Audioelemente auswählen und damit Szenen lebhafter gestalten. Möglich sind zum Beispiel Tiergeräusche, Explosionen, Straßenlärm und die Geräusche an einer gut besuchten Bowlingbahn.

Die Arbeitsoberfläche von Adobe Premiere Elements 2019

Das Schnittfenster

Das Schnittfenster besitzt nun einen deutlich sichtbaren Videozeiger. Die rote Schaltfläche, mit der Sie die Position des aktuell angezeigten Bildes auswählen können, ist in der neuen Programmversion von Adobe Premiere Elements deutlich zu sehen.

Im Schnittfenster legen Sie Ihre Videoclips ab und fügen sie aneinander. Hier entfernen Sie nicht benötigte Videosequenzen, wenden Effekte und Überblendungen mit wenigen Mausklicks an und fügen Audioelemente und Titelbilder ein. So wird aus mehreren Elementen ein Video.

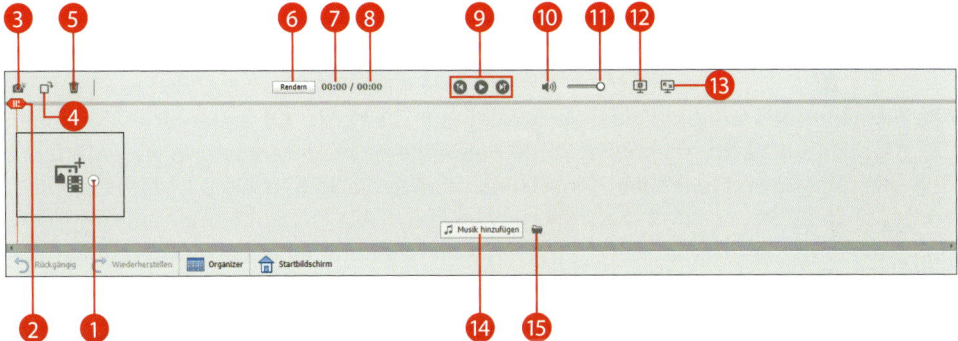

Im Schnittfenster sehen Sie links eine Schaltfläche. Klicken Sie auf die nach unten zeigende Pfeilschaltfläche ❶, um Medien hinzuzufügen oder mit Titeln zu arbeiten.

Eine kleine rote Linie und ein Marker ❷ kennzeichnen die aktuelle Abspielposition. Links oben sehen Sie die drei Symbole *Frame einfrieren* ❸, *Nach rechts drehen* ❹ und *Löschen* ❺. Mit *Frame einfrieren* wird aus einer markierten Videosequenz ein einzelnes Bild. *Nach rechts drehen* dreht eine Videosequenz und mit *Löschen* entfernen Sie die markierte Videosequenz aus dem Videoclip.

In der Mitte des Schnittfensters sehen Sie die Schaltfläche *Rendern* ❻, die Zeitangabe, auf der der Marker steht ❼, und die Wiedergabezeit ❽. *Rendern* berechnet das gesamte Video inklusive aller einzelnen Clips, der eingefügten Bildinhalte, der Titel, Übergänge und Effekte neu. So wird aus einem bearbeiteten Video ein fertiges Videoprojekt.

Neben den Zeitangaben sehen Sie mehrere Symbole ❾. Von links nach rechts bedeuten diese: zum vorherigen Schnittpunkt gehen, Abspielen/Pause, zum nachfolgenden Schnittpunkt gehen. Mit diesen Symbolen können Sie schnell und einfach durch die Clips Ihres Videoprojekts navigieren. Natürlich können Sie auch mit einem Mausklick in das Video zu einem bestimmten Punkt gelangen.

Mit dem Audiosymbol ❿ können Sie die Audioausgabe aus- und wieder einschalten. Rechts daneben sehen Sie den Lautstärkeregler ⓫. Mit dem Symbol rechts neben dem Lautstärkeregler öffnen Sie die Einstellungen ⓬. Hier können Sie die Wiedergabequalität

2. Adobe Premiere Elements 2019 kennenlernen

wählen und das Videobild vergrößern oder verkleinern. Das letzte Symbol rechts oben schaltet die Wiedergabe des Videos in den Vollbildmodus ⓭.

Mit einer weiteren Schaltfläche ⓮, die sich im unteren Teil des Schnittfensters etwa in der Mitte befindet, können Sie Musik zu Ihrem Videoprojekt hinzufügen. Das Symbol rechts daneben erlaubt das Hinzufügen von Musikdateien ⓯, die sich auf Ihrem Rechner befinden, zu dem Videoprojekt.

Das Schnittfenster in der Expertenansicht

In der Expertenansicht enthält das Schnittfenster mehr Bedienelemente. Alle im Videoprojekt platzierten Inhalte sind detaillierter zu sehen. Ihnen stehen mehr Funktionen zur Verfügung und Sie können detaillierter arbeiten.

Alle Elemente des Videoprojekts werden in einer Zeitleiste ❶ angeordnet. Sie fügen Videosequenzen hinzu, schneiden nicht benötigte Szenen heraus und fügen Effekte, Überblendungen und Textinhalte hinzu. Ihnen stehen die Spuren *Video 1*, *Video 2*, *Audio 1*, *Audio 2*, *Audio 3*, *Sprache* und *Musik* ❷ zur Verfügung. Alle Elemente sind zeitlich sortiert. Der aktuelle Wiedergabepunkt wird mit einem Marker und einer nach unten führenden roten Linie ❸ gekennzeichnet.

Darüber hinaus sehen Sie eine Zeitanzeige im Kopf des Schnittfensters. Mit ihr können Sie sehr exakt arbeiten und genau bestimmte Positionen in Ihrem Videoprojekt finden. Auch hier stehen Ihnen Zoomschaltflächen und ein Schieberegler ❹ zum Vergrößern und Verkleinern zur Verfügung.

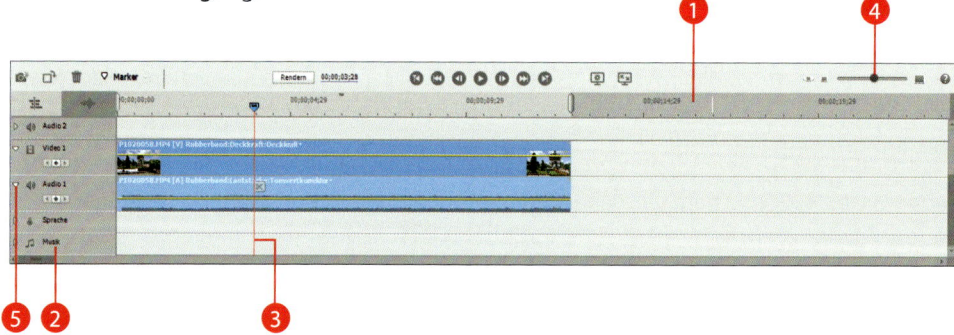

Jede Spur besitzt eine Pfeilschaltfläche ❺ (ganz links in der jeweiligen Spur). Damit können Sie die Spur erweitern oder minimieren. Erweitern Sie eine Spur, sehen Sie drei Schaltflächen zum Hinzufügen und Entfernen eines Keyframes und zum Springen an den vorhergehenden und nächsten Keyframe.

Beachten Sie, dass eine Videosequenz auf der Spur *Video 2* die Spur *Video 1* überlagert. Möchten Sie den Überlagerungseffekt nicht nutzen, müssen die Spuren hintereinanderliegen. Die Reihenfolge der Audiospuren ist dagegen nicht wichtig. Die Inhalte der Spuren *Audio 1* und *Audio 2* werden zusammengefasst.

Die Arbeitsoberfläche von Adobe Premiere Elements 2019

Bei einem »verbundenen Clip« sehen Sie Audio- und Video-Inhalte übereinander. Beide Inhalte sind unmittelbar miteinander verbunden und können nicht einzeln in der Zeitleiste verschoben werden.

Ein Film enthält mindestens eine Spur eines jeden Elementtyps, also eine Videospur, eine Audiospur, eine Spur mit Sprachdateien und eine Textspur. Natürlich ist es nicht notwendig, für jedes Videoprojekt alle diese Spuren mit einem Inhalt zu füllen. Ebenso können Sie mehrere Spuren eines Typs für Ihr Videoprojekt erstellen.

Für die Arbeit mit Markern stehen Ihnen in der Expertenansicht des Schnittfensters mehrere Funktionen zur Verfügung. Über ein kleines aufklappbares Menü ❻ können Sie verschiedene Funktionen für die Arbeit mit Menü-, Text- und Schnittfenstermarken aufrufen.

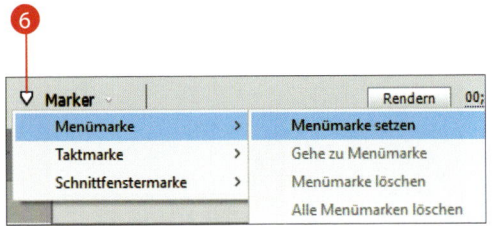

Unterhalb des *Marker*-Menüs können Sie mit zwei Schaltflächen zwischen der *Klassischen Ansicht* ❼ und der *Audioansicht* ❽ wechseln.

In der Audioansicht werden den Kopfzeilen der Audiospuren noch zwei Schaltflächen hinzugefügt. Mit der Aufnahmeschaltfläche ❾ können Sie einen Audiokommentar aufnehmen und Ihrem Videoprojekt hinzufügen.

Die Schaltfläche mit dem kleinen Kopfhörer ❿ macht aus der jeweiligen Spur eine Solospur. Bei einer Solospur werden alle anderen Audiospuren deaktiviert.

Außerdem wird auf der rechten Seite des Schnittfensters eine Pegelanzeige ⓫ eingeblendet. Mit einem Schieberegler können Sie hier die Lautstärke der Audioausgabe begrenzen.

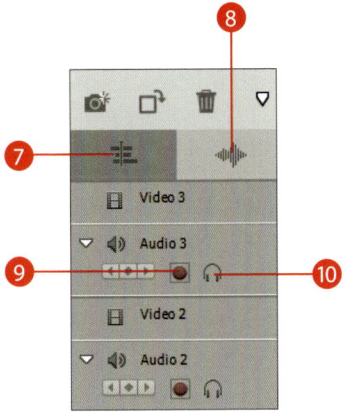
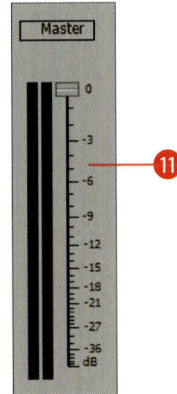

2. Adobe Premiere Elements 2019 kennenlernen

2.4 Projekteinstellungen und Vorgaben

Über das Zahnradsymbol am rechten oberen Rand und über *Bearbeiten/Projekteinstellungen* erreichen Sie selbige. Diese sind in drei einzelne Dialoge aufgeteilt. Sie können sie einzeln durchsehen und an Ihre Bedürfnisse anpassen.

In der Regel sind die Vorgabeeinstellungen sinnvoll gewählt und es sind keine oder nur wenige Korrekturen notwendig.

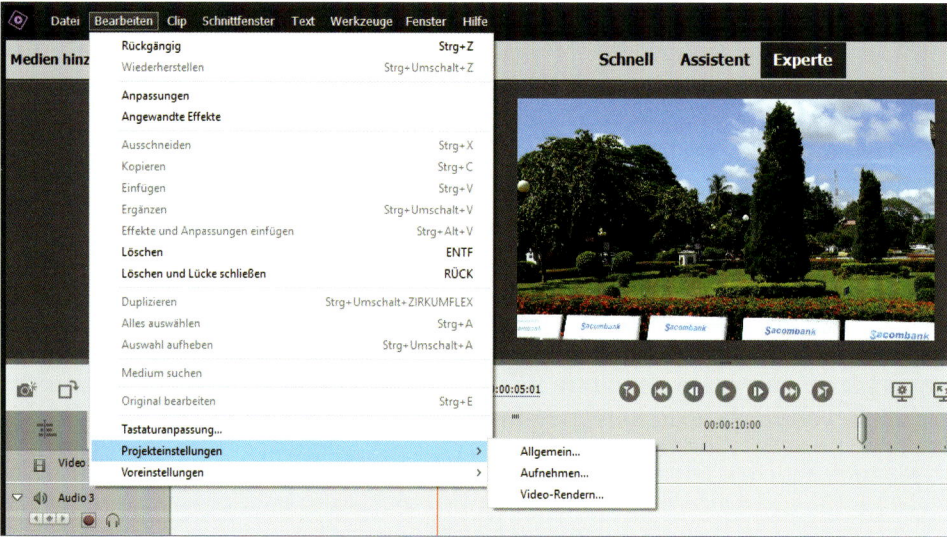

Die *Voreinstellungen* sind nun in einem eigenen Bereich zu finden, und zwar unter *Bearbeiten/Voreinstellungen*. In zwölf verschiedenen Dialogen lassen sich Einstellungen vornehmen und das Programm an die Wünsche des Anwenders anpassen.

Das Programm prüft automatisch, ob Aktualisierungen vorliegen. Ist dies der Fall, erhalten Sie eine Meldung. Bestätigen Sie und installieren Sie die Updates. So erhalten Sie Patches, neue Funktionen und Kamera-Updates.

In den *Voreinstellungen* unter *Aktualisieren* können Sie einstellen, ob Updates automatisch installiert werden sollen oder ob Sie eine Meldung erhalten möchten, sobald ein Update zur Verfügung steht.

In der Vorgabeeinstellung gibt Premiere Elements eine Meldung aus und Sie können mit einem Mausklick entscheiden, ob Sie das Update downloaden und installieren oder ob Sie dies später tun wollen.

Projekteinstellungen und Vorgaben

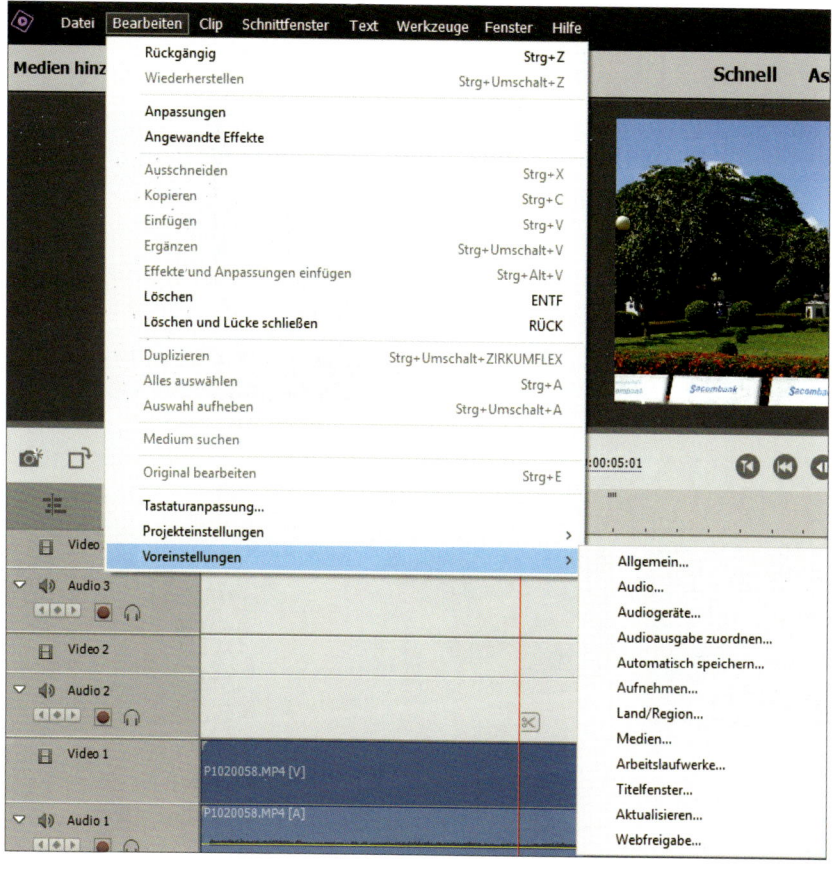

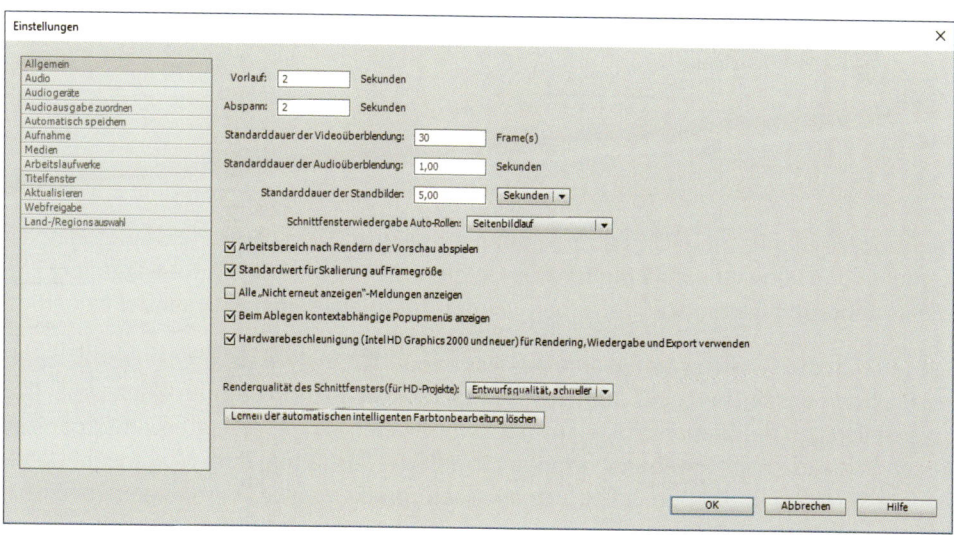

2. Adobe Premiere Elements 2019 kennenlernen

2.5 Ein erster Blick auf den Premiere Elements Organizer 2019

Den Adobe Elements 2019 Organizer starten Sie direkt über das Windows-Menü oder den Finder (macOS). Sie können ihn auch über das Startfenster öffnen oder aus dem Videoeditor aufrufen.

Im Programmmenü von Windows 10 ist der Elements Organizer 2019 unter *E* zu finden. Wählen Sie den Eintrag *Elements Creations Notification*. Mit einem späteren Programm-Update wird daraus sicherlich noch Adobe Elements Organizer 2019.

Im Adobe Elements 2019 Organizer können Sie all Ihre Video-, Foto- und Audiodateien sortieren und verwalten. Alle Multimedia-Dateien, die Sie bereits in Adobe Premiere Elements importiert und verwendet haben, werden automatisch in den Organizer eingefügt.

Die Multimedia-Dateien werden anhand des Ordners ❶, in dem sie auf der Festplatte Ihres Rechners gespeichert sind, aufgelistet. Möglich ist es auch, ein Album ❷ im Organizer zu erstellen und die Elemente hier einzusortieren. Haben Sie mehrere Alben im Organizer, lassen sich diese nach Kategorien gruppieren. Mit der Sortierung Ihrer Multimedia-Dateien in Kategorien und Alben lassen sich auch sehr große Mediensammlungen übersichtlich verwalten.

Ein erster Blick auf den Premiere Elements Organizer 2019

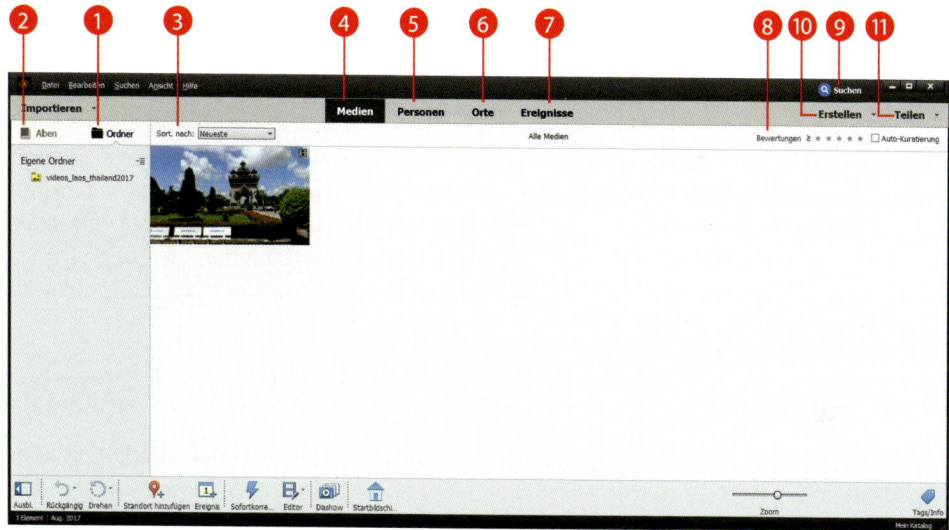

Über das Listenfeld *Sort. nach* ❸ verändern Sie die Sortierreihenfolge der Dateien. Möglich ist hier *Neueste*, *Älteste*, *Name* und *Importstapel*. Die Anzeige kann weiter nach *Medien* ❹, *Personen* ❺, *Orte* ❻, *Ereignisse* ❼ und nach *Bewertungen* ❽ sortiert werden. Bestimmte Medien können über die Funktion *Suchen* ❾ aufgestöbert werden.

Mit *Erstellen* ❿ können aus den vorhandenen Medien Fotoabzüge, Bildbände, Kalender, Grußkarten, Diashows und Titelbilder bei Facebook erstellt werden. Möglich ist es hier auch, aus einem Medium eine CD- oder DVD-Hülle, eine Video-Collage, eine Videogeschichte, einen Film oder eine mit dem Medium gefüllte DVD zu erstellen.

Mit *Teilen* ⓫ kann ein markiertes Multimedia-Element in einem sozialen Netzwerk veröffentlicht werden. Geschehen kann dies bei Facebook, Flickr, Twitter, Vimeo und YouTube. Über *Teilen* können Sie auch eine Video-DVD brennen, ein Element per E-Mail versenden oder auch aus mehreren Multimedia-Elementen eine PDF-Diashow erstellen.

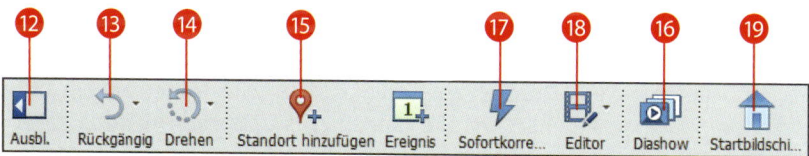

Am unteren Rand des Editors finden Sie eine Leiste mit Symbolschaltflächen. Mit *Ausblenden* ⓬ verschwindet die Übersicht der Ordner und Alben und Sie erhalten mehr Platz für die Anzeige der Medien. Die Schaltfläche heißt anschließend *Anzeigen*. Ein Mausklick darauf blendet die Ordner- und Albumnamen wieder ein. Auch die Schaltfläche *Rückgängig* ist doppelt belegt. Mit *Rückgängig* ⓭ wird der letzte Arbeitsschritt rückgängig gemacht. Klicken Sie auf die kleine Pfeilschaltfläche, um den zuletzt gemachten Arbeitsschritt zu *Wiederholen*.

2. Adobe Premiere Elements 2019 kennenlernen

Mit *Drehen* ⑭ können Sie das markierte Medium nach links oder rechts drehen. *Standort hinzufügen* ⑮ fügt Ortsnamen zu allen Medien im Organizer hinzu. *Diashow* ⑯ startet eine ebensolche. *Sofortkorr.* ⑰ steht für die automatische Bearbeitung von Bilddateien zur Verfügung. Das markierte Medium wird analysiert und automatisch verbessert. Mit *Editor* ⑱ starten Sie ein externes Bildbearbeitungsprogramm, einen Video- oder Bildeditor. Die Auswahl *Bildeditor* öffnet Adobe Photoshop Elements. Mit *Editor/Videoeditor* öffnen Sie Adobe Premiere Elements. Mit einer weiteren Schaltfläche ganz rechts öffnen Sie den Startbildschirm ⑲. Weiter rechts finden Sie noch einen Schieberegler, mit dem Sie die Anzeige vergrößern oder auch verkleinern können. Mit *Tags* fügen Sie ebensolche zu Ihren Medien hinzu.

Medien importieren

Der Import von Medien ist mit Adobe Elements Organizer 2019 schnell erledigt. Es können Medien aus Dateien und Ordnern, von einer angeschlossenen Kamera oder einem Kartenleser oder von einem Scanner importiert werden.

Mit *Abschnittsweise* scannt das Programm Ihren Rechner nach Video-, Bild- und Audiodateien. Sie sehen in einem Fenster alle gefundenen Dateien.

Neben dem Zugriff auf Medienordner können so auch Dateien aus Dropbox-Ordnern, die online bei diesem Cloud-Dienst abgelegt sind, angezeigt und importiert werden. Alle gefundenen Ordner können bei Bedarf abgewählt werden.

Im folgenden Beispiel werden alle Videodateien aus einem lokalen Ordner importiert:

Klicken Sie auf die Schaltfläche *Importieren* ❶. Wählen Sie *Aus Dateien und Ordnern...* ❷.

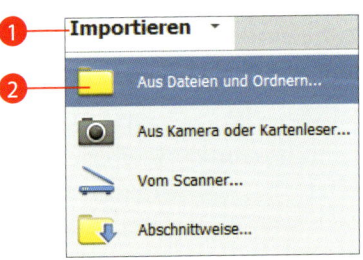

Der Windows-Explorer wird geöffnet. Suchen Sie sich den Ordner ❸, aus dem Sie Multimedia-Dateien importieren wollen. Drücken Sie die linke Maustaste. Halten Sie die Taste gedrückt und ziehen Sie einen Rahmen um alle Dateien, die importiert werden sollen. Möchten Sie nur eine einzelne Datei importieren, markieren Sie diese mit der Maus. Mehrere einzelne Dateien können Sie mit gedrückter Taste ⌘ (macOS) bzw. Strg (Windows) auswählen. Bestätigen Sie mit *Medien abrufen* ❹. Alternativ können Sie auch den Ordner selbst markieren.

Es dauert einen Augenblick, bis alle Medien importiert sind. Dateien, die bereits in Ihrem Adobe-Elements-Organizer-Katalog sind, werden nicht importiert. Das Programm meldet Ihnen, wenn Dateien bereits vorhanden sind.

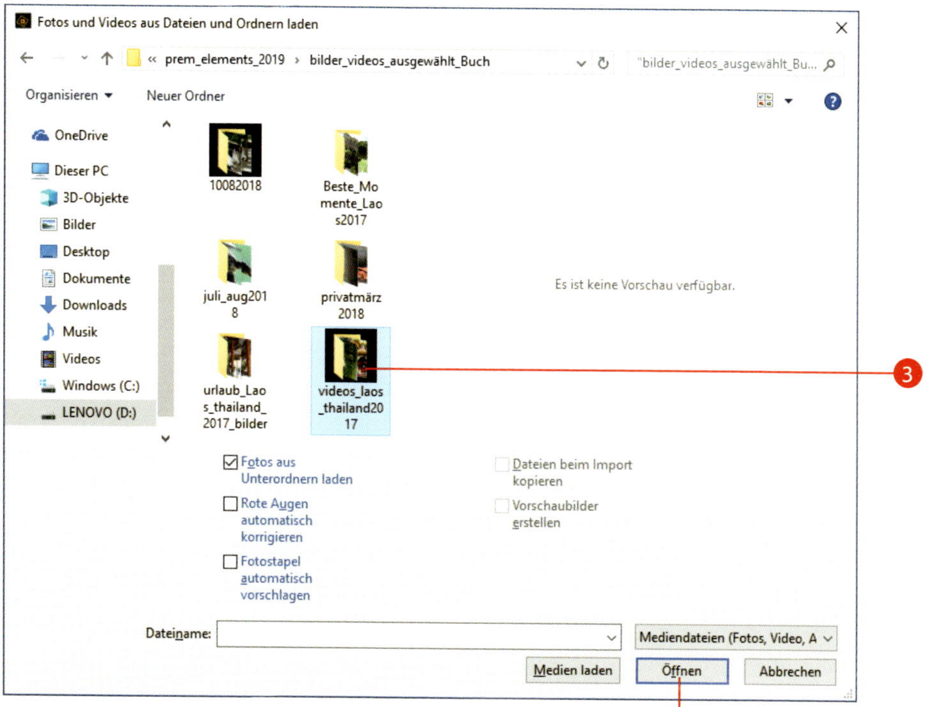

Ein erster Blick auf den Premiere Elements Organizer 2019

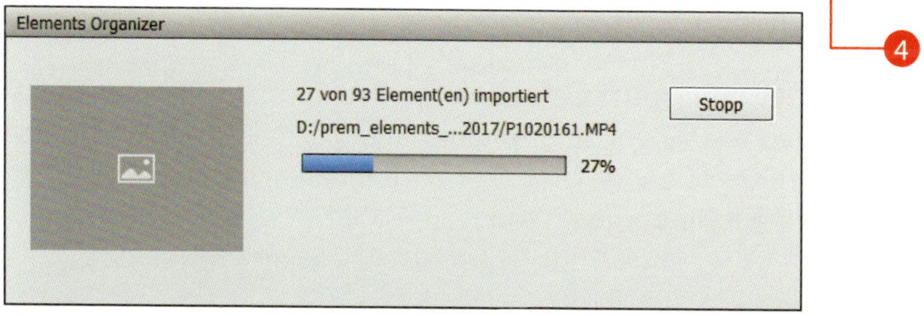

37

3. Schnell zum fertigen Videofilm gelangen

Adobe Premiere Elements 2019 bietet Ihnen viele interessante Funktionen, mit denen Sie schnell zu einem fertigen Videofilm gelangen. In diesem Kapitel stelle ich Ihnen alle Dateiformate vor, die das Programm beherrscht. Ich zeige Ihnen die verschiedenen Möglichkeiten, mit denen Sie Ihre Bild- und Videodateien in das Programm importieren können. Sowohl die Arbeit mit dem Elements Organizer als auch den direkten Import von einer Digitalkamera und den Zugriff auf eine angeschlossene Webcam werden Sie kennenlernen. Sie erfahren, wie Sie Daten aus einem lokalen Ordner importieren und was es mit dem Bedienfeld *Projektelemente* auf sich hat. Ich zeige Ihnen, wie Sie eine Videostory, ein InstantMovie und eine Video-Collage erstellen. Adobe Premiere Elements 2019 bietet Ihnen mit diesen drei Funktionen Möglichkeiten, schnell zu einem fertigen und vorzeigbaren Ergebnis zu kommen. Zudem zeige ich Ihnen, wie Sie die neuen How-tos nutzen können und einen Bounce-Back-Effekt erstellen, Action-Aufnahmen optimieren und Ihre Videoclips für die Veröffentlichung in einem sozialen Netzwerk optimieren können. Das Kapitel schließt mit dem Schnell-Export. Damit wird aus Ihrem Videoprojekt eine fertige Filmdatei.

3.1 Diese Dateiformate kennt Premiere Elements

Adobe Premiere Elements 2019 unterstützt viele moderne Dateiformate. Sie können Daten aus einem lokalen Ordner, von einem Smartphone, einer Digitalkamera und vielen anderen Geräten importieren. Die folgende Übersicht zeigt Ihnen alle Dateiformate, die Sie nach Adobe Premiere Elements importieren können.

Unterstützte Videoformate

- *.avi* – AVI-Filmdatei
- *.dv* – DV-Streamdatei
- H.264 – *.mp4*, *.mov* – QuickTime
- *.mov*, *.3gp*, *.3g2*, *.mp4*, *.m4a*, *.m4v* – QuickTime-Film
- *.m2ts*, *.mts*, *.m2t* – AVCHD-Datei
- *.swf* – Adobe Flash
- *.tod* – TOD-Datei
- *.wmf*, *.asf* – Windows Media
- *.vob* – Videoobjektdatei
- *.mpeg* – MPEG-Videoformat
- *.mpeg2* – MPEG-Videoformat für die Verwendung als DVD- und Blu-ray-Film

Diese Dateiformate kennt Premiere Elements

- *.mpeg4 – MPEG-Videoformat
- *.mod – MOD-Datei

Für den Import von Videos von Mobiltelefonen (*.3gp und *.mp4) ist es erforderlich, dass auf dem Rechner eine aktuelle Version von QuickTime installiert ist. Das Format *.wmf (Windows Media) wird nur auf Windows-Rechnern unterstützt. Auf einem Rechner mit Windows 7 werden die Formate *.m2t (MPEG-2 Transport Stream) und *.vob (Video Object) nicht unterstützt. Für den Export von Videoprojekten werden die Videoformate *.mp4, *.mov, *.mpeg, *.mpg, *.m2t und *.vob verwendet. Mit Plug-ins externer Anbieter können Sie die Unterstützung von Video-, Audio- und Bildformaten erweitern.

Unterstützte Bildformate

- *.bmp, *.dib, *.rle – Bitmap-Datei
- *.gif – GIF (CompuServe)
- *.jpg, *.jpe, *.jpeg – JPEG
- *.png – Portable Network Graphics
- *.prtl – Adobe Premiere Elements Titel
- *.psd – Adobe Photoshop
- *.pxr – Pixar Picture
- *.tif, *.tiff – TIF-Bilddatei oder -Bildsequenz
- *.raw, *.raf, *.crw, *.c2r, *.mrw, *.nef, *.orf, *.dng – RAW-Datei

Für den Export von Standbildern verwendet Adobe Premiere Elements 2019 die Formate *.jpg, *.jpe, *.jpeg und *.gif. Sequenzen werden als JPEG-Sequenz exportiert.

Unterstützte Audioformate

- *.aac – Advanced Audio Coding
- *.ac3 – Dolby AC-3
- *.aif, *.aiff – Audio Interchange File Format, Macintosh-Audioformat
- *.amr – Adaptive Multi-Rate Compression
- *.mov, *.m4a – QuickTime
- *.mp3 – MP3 Audio
- *.mpeg, *.mpg, *.mpa, *.mpe, *.m2a – MPEG Audio
- *.wav – Windows WAVE
- *.wma – Windows Media

Die Dateiformate *.wav und *.wma stehen nur auf einem Rechner mit Windows zur Verfügung. Das Format *.ac3 wird nicht auf einem Rechner mit Windows 7 unterstützt. Für den Export von Audio-Inhalten nutzt Adobe Premiere Elements 2019 die Formate *.aiff, *.aac, *.mp3 und *.mov.

3. Schnell zum fertigen Videofilm gelangen

3.2 Fotos und Videos von einer Digitalkamera importieren

Verbinden Sie die Digitalkamera über ein USB-Kabel mit dem Rechner. Achten Sie darauf, dass die Kamera eingeschaltet ist.

Schalten Sie die Dateifreigabe auf Ihrem Gerät an. Je nach Mobiltelefon bzw. Digitalkamera gibt es hier eine andere Vorgehensweise. Öffnen Sie das Bedienfeld mit einem Klick auf *Medien hinzufügen* ❶. Wählen Sie den Eintrag *Digitalkamera, Handy, Wechsellaufwerk* ❷. Der *Adobe Premiere Elements – Foto-Downloader* wird gestartet. Im Listenfeld *Fotos laden aus* ❸ wählen Sie das mit dem PC verbundene Gerät.

Klicken Sie auf *Durchsuchen* ❹, um das Zielverzeichnis zu ändern, in das die Mediendateien importiert werden.

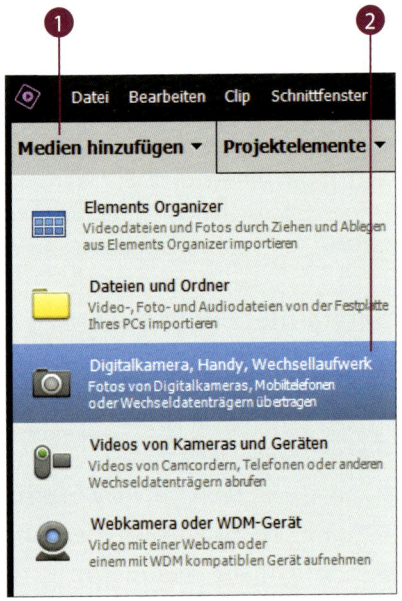

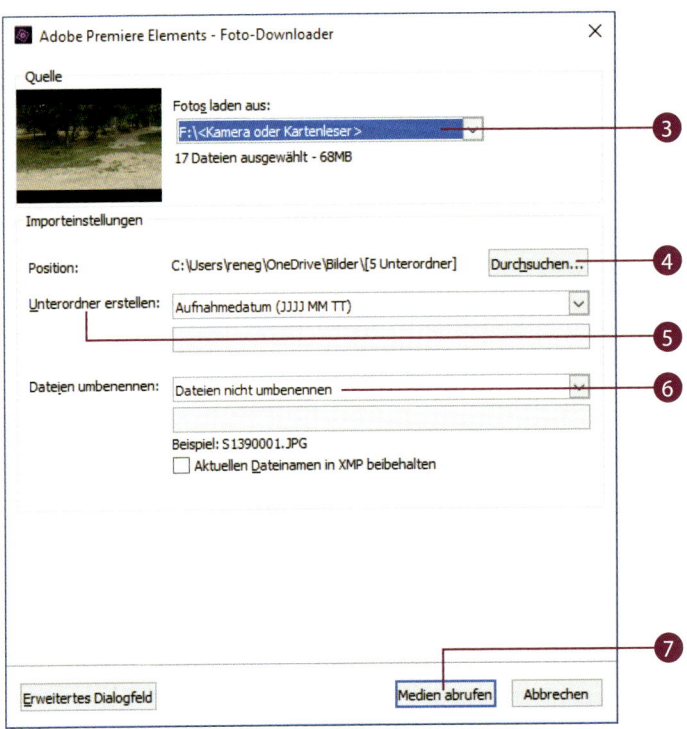

Fotos und Videos von einer Digitalkamera importieren

Mit *Unterordner erstellen* ❺ bestimmen Sie, wie der Unterordner benannt wird. Hier wird in der Vorgabeeinstellung das Aufnahmedatum für den Namen des Ordners verwendet. Dieser wird zusammengesetzt aus Jahreszahl, Monats- und Tagesdatum der Aufnahmen. In der Vorgabeeinstellung werden die Dateien nicht umbenannt ❻. Die Bezeichnungen werden von der Digitalkamera übernommen. Bestätigen Sie alle Einstellungen und starten Sie den Import mit einem Mausklick auf *Medien abrufen* ❼.

Metadaten beim Import anpassen

Bereits beim Import von Bilddateien und Videoclips von einer Digitalkamera können Sie bestimmen, wie die Dateinamen und Metainformationen der Dateien angepasst werden. Eine Vorlage sorgt dafür, dass Sie den Namen des Fotografen/Videofilmers und einen Copyright-Vermerk zu jeder importierten Datei hinzufügen können. Möchten Sie diese Möglichkeit nutzen, wählen Sie im Foto-Downloader links unten *Erweitertes Dialogfeld* und achten Sie darauf, dass das Feld *Metadateien* ❶ aufgeklappt ist. Hier muss im Feld *Zu verwendende Vorlage* ❷ der Eintrag *Allgemeine Metadaten* ausgewählt sein. Ergänzen Sie den Namen des Fotografen/Videofilmers im Feld *Ersteller* ❸. Fügen Sie im gleichnamigen Feld einen *Copyright*-Vermerk ❹ hinzu.

Der erweiterte Dialog des Foto-Downloaders bietet Ihnen außerdem die Möglichkeit, einzelne Filme und Fotos mit einem Kontrollkästchen abzuwählen. So können Sie bereits beim Import entscheiden, welche Medien Sie von Ihrer digitalen Kamera importieren und welche nicht.

Unterordner anhand einer Datumsangabe erstellen

Der Unterordner, in dem die importierten Dateien abgelegt werden, sollte mit einem passenden Namen versehen werden. So finden Sie Ihre Bilddateien und Videoclips leicht wieder.

Anstelle der Eingabe eines Dateinamens können Sie Adobe Premiere Elements 2019 auch das Erstellen der Bezeichnung überlassen. Öffnen Sie dazu das Listenfeld *Unterordner erstellen* ❶ und wählen Sie eine der Möglichkeiten aus ❷. Sehr gut ist hier die Auswahl des Aufnahmedatums in einem der möglichen Formate.

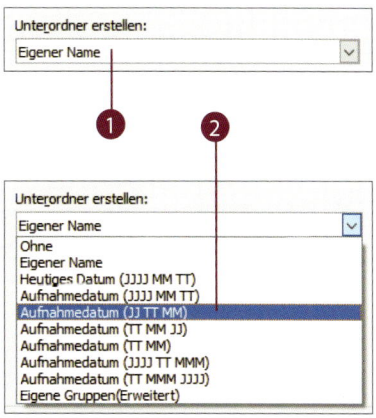

3. Schnell zum fertigen Videofilm gelangen

Mit Auswahl des untersten Eintrags *Eigene Gruppen* erstellt Premiere Elements mehrere Ordner. Mit einem Schieberegler bestimmen Sie die Anzahl der Gruppen. Auf der linken Seite des Importfensters sehen Sie, wie die Bilder gruppiert werden.

Sie können einzelne Dateien abwählen und so den Inhalt der Ordner beeinflussen. Entfernen Sie dazu einfach die Häkchen aus den Optionskästchen der Bild- und Videodateien, die Sie nicht importieren wollen.

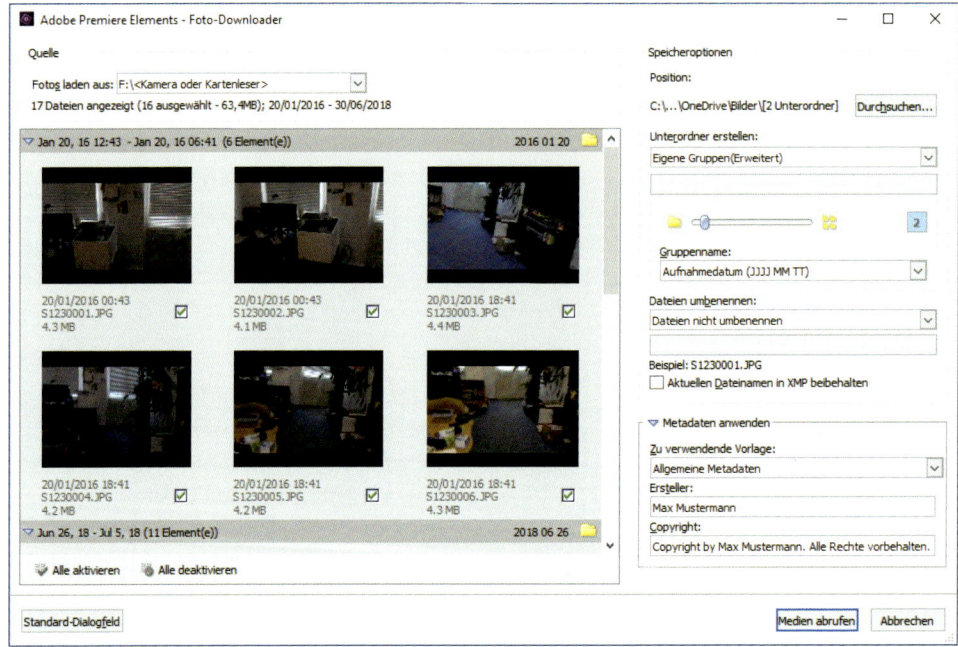

Importierte Dateien automatisch umbenennen

Ebenso wie das Erstellen der Ordnerbezeichnungen können Sie dem Programm das Umbenennen der Bilddateien selbst überlassen. Auch hierfür bieten sich die Datumsangaben, an denen ein Foto oder Video gemacht wurde, an. Öffnen Sie das Listenfeld *Dateien umbenennen* ❶.

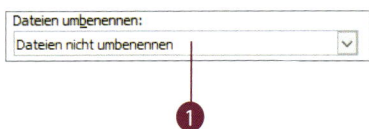

Wählen Sie eines der möglichen Datumsformate ❷ aus. Ich entscheide mich in diesem Beispiel für *Aufnahmedatum (JJ TT MM)*. Mit der Option *Wie Name des Unterordners* können Sie die Bezeichnung der Dateien an die des Ordners, in den sie kopiert werden, angleichen.

Fotos und Videos von einer Digitalkamera importieren

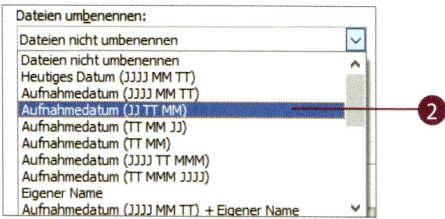

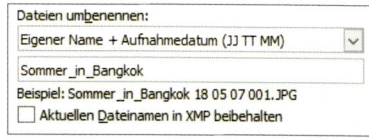

Interessanter ist jedoch die Kombination einer eigenen Bezeichnung mit dem Aufnahmedatum. Sie können hier wählen, ob erst der Name und dann das Datum folgt oder umgekehrt. Im Beispiel habe ich einmal *Eigener Name + Aufnahmedatum (JJ TT MM)* gewählt. Anschließend habe ich die Bezeichnung *Sommer_in_Bangkok* in das Eingabefeld eingetragen. Meine Bilddateien heißen dann zum Beispiel *Sommer_in_Bangkok 18 05 07 001.JPG*, *Sommer_in_Bangkok 18 05 07 002.JPG* und so weiter. Das Bild wurde bei diesem Dateinamen am 5. Juli 2018 gemacht.

Mit der Auswahl *Eigener Name + Aufnahmedatum (TT MMM JJJJ)* wird der Dateiname so aussehen: *Sommer_in_Bangkok 18 05 07 001.JPG*.

Erfahrene Anwender erhalten mit der Auswahl *Erweitertes Umbenennen* einen Dialog, in dem sie die Bezeichnung der Dateinamen noch genauer beeinflussen können. Sie können dann Nummernfolgen, Buchstabenfolgen, genaue Bezeichnungen, Datumsangaben und Metadaten verwenden. Die Metadaten können verschiedene Informationen enthalten. So zum Beispiel den Blendenwert, die Belichtungszeit, die verwendete Auflösung und vieles mehr. Die verschiedenen Optionen lassen sich auch miteinander kombinieren. Die Möglichkeiten dieses Dialogs sind so vielfältig, dass sie den Rahmen des Buches sprengen würden.

Fotos und Videos mit dem Elements Organizer importieren

Sie können für den Import Ihrer Multimedia-Dateien auch den Elements Organizer nutzen. Tun Sie dies, haben Sie den Vorteil, direkt im Programm die Fotos sortieren und mit Tags versehen zu können.

Verbinden Sie Ihre Digitalkamera oder Ihr Smartphone mit dem PC und bestätigen Sie den Zugriff auf die Daten. Klappen Sie mit einem Mausklick auf *Importieren* ❶ das Bedienfeld auf und wählen Sie *Aus Kamera oder Kartenleser* ❷. Der Elements Organizer klappt ein Dialogfenster auf. Ganz oben unter *Fotos laden aus* ❸ sehen Sie das angeschlossene Gerät. Den Zielordner passen Sie in der Zeile *Position* mit *Durchsuchen* ❹ an. Auch hier können Sie einen eigenen Unterordner für die

43

3.	**Schnell zum fertigen Videofilm gelangen**

Ablage der Bilder erstellen. In meinem Beispiel habe ich mich diesmal für das automatische Erstellen eines solchen entschieden. Ausgewählt habe ich dazu *Aufnahmedatum*. So nutzt der Elements Organizer die Datumsstempel der Bilddateien für das Erstellen eigener Unterverzeichnisse. *Dateien nicht umbenennen* ❺ und *Kopierte Dateien überprüfen und Originale löschen* ❻ tun Selbiges. Starten Sie den Import der Bilddateien mit einem Mausklick auf *Medien abrufen* ❼.

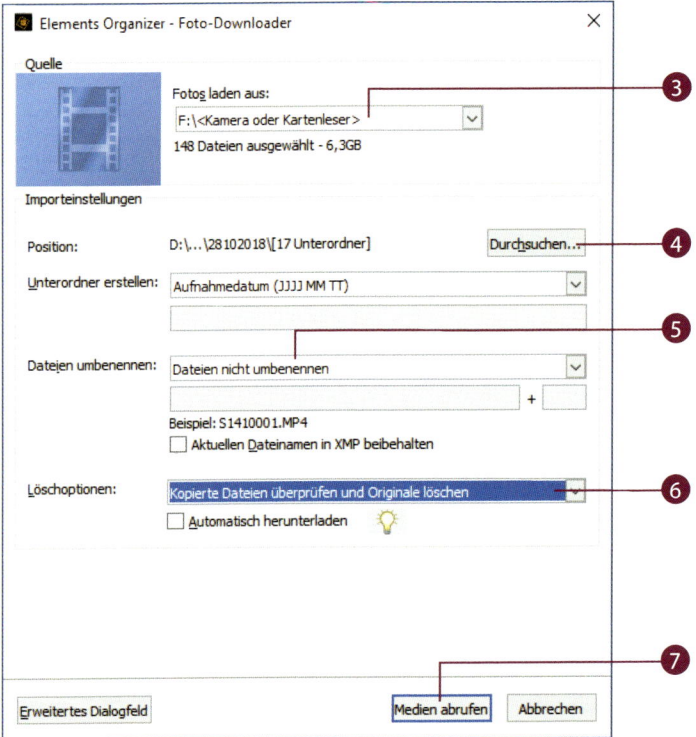

Auch hier können Sie wieder den Namen des Ordners bestimmen, in den Sie die Bild- und Videodateien einfügen möchten. Sie können die Bilddateien anhand verschiedener Optionen umbenennen. Diese gleichen den Möglichkeiten in Adobe Premiere Elements 2019.

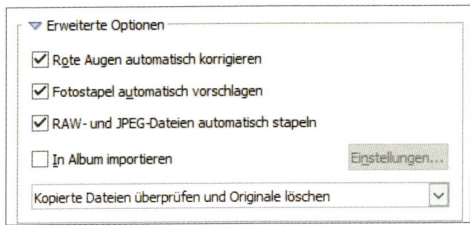

Hinzu kommen die Möglichkeiten, die Dateien in ein vorhandenes Album einzufügen und die Originaldateien auf der Kamera zu löschen. Außerdem lassen sich automatische

Fotos und Videos von einer Digitalkamera importieren

Bildbearbeitungsfunktionen direkt beim Import anwenden. So können Sie einen Rote-Augen-Effekt beheben, RAW- und JPEG automatisch zu einem Stapel zusammenfügen und dem Programm das Vorschlagen von Stapeln überlassen.

Möchten Sie die verschiedenen zusätzlichen Optionen nutzen, klicken Sie links unten auf die Schaltfläche *Erweitertes Dialogfeld*.

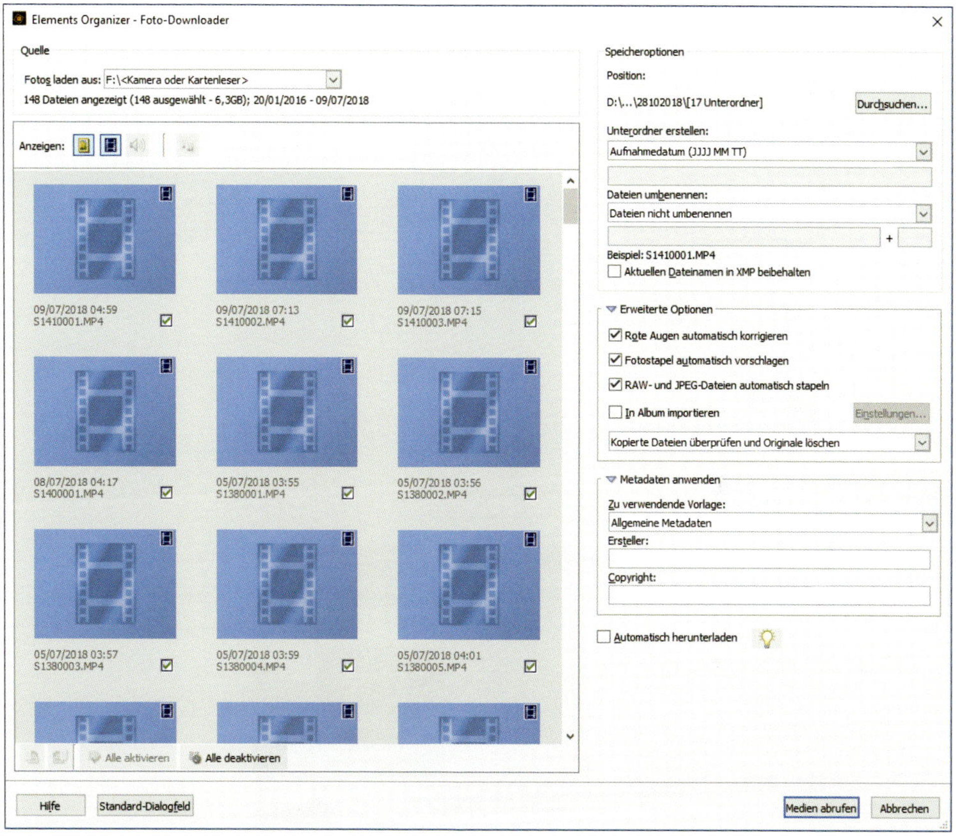

Fotos und Videos mit dem Elements Organizer automatisch importieren

Aktivieren Sie die Option *Automatisch herunterladen* ❶ im Foto-Downloader, um Ihre Video- und Bilddateien nach dem Verbinden mit der Digitalkamera automatisch auf den PC zu übertragen.

Verwendet werden hier die Voreinstellungen. Um diese einzusehen und anzupassen, wählen Sie *Bearbeiten/Voreinstellungen/Kamera oder Kartenleser* ❷. Passen Sie mit *Durchsuchen* ❸ den Ordner an, in dem die Bild- und Videodateien abgelegt werden sollen. Schalten Sie die Option *Nur neue Dateien kopieren (bereits importierte Dateien ignorieren)*

45

3. Schnell zum fertigen Videofilm gelangen

4 ein. Die anderen Optionen kennen Sie bereits aus dem Foto-Downloader. Passen Sie diese ganz nach Ihren Wünschen an. Verlassen Sie den Dialog mit *OK* 5.

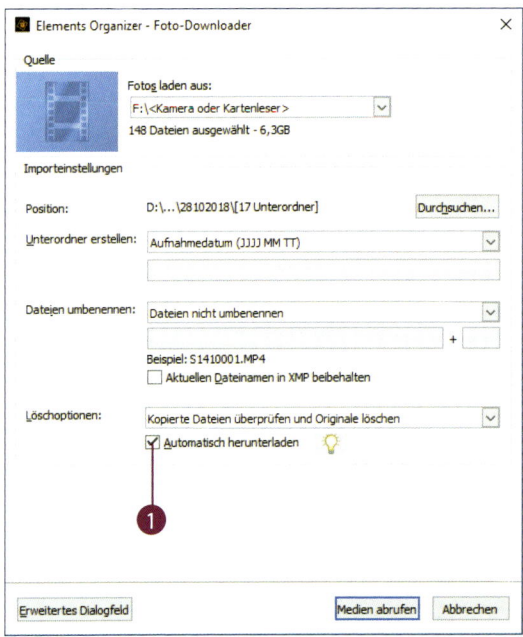

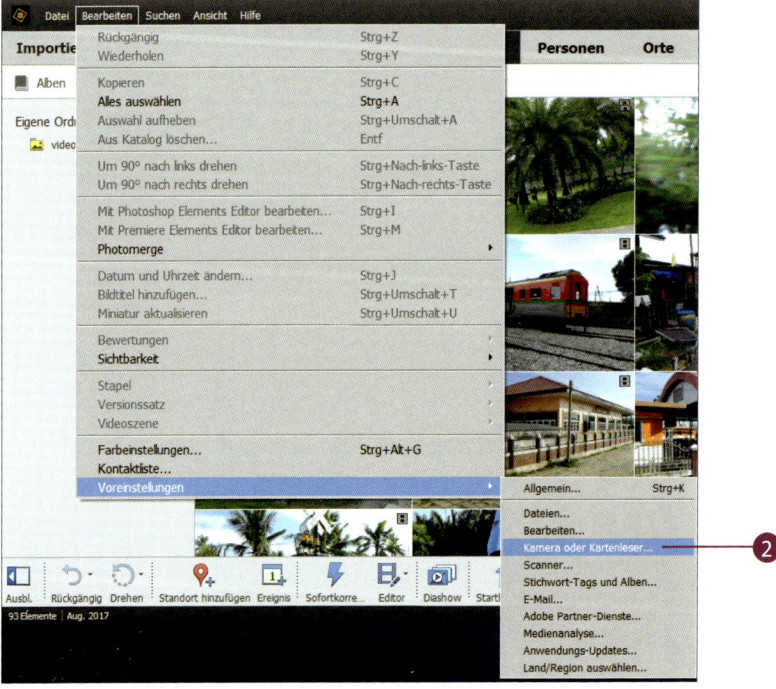

46

Medien aus dem Elements Organizer hinzufügen

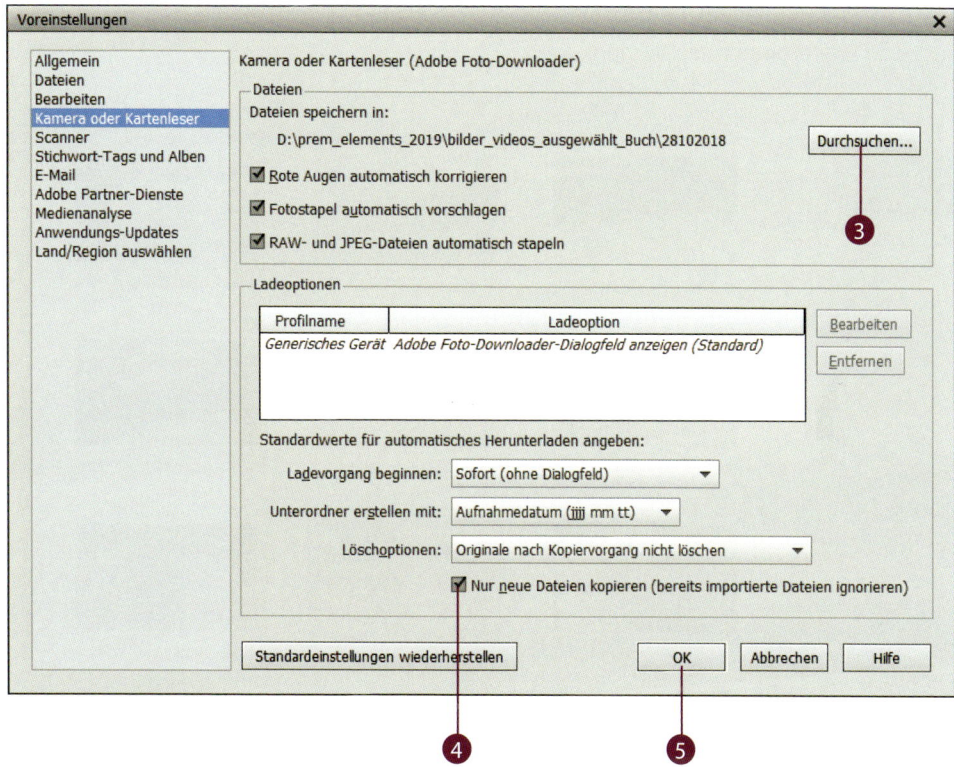

3.3 Medien aus dem Elements Organizer hinzufügen

Die im Elements Organizer vorhandenen Medien werden mit wenigen Mausklicks in Ihr Videoprojekt eingefügt. Öffnen Sie mit *Medien hinzufügen* ❶ das Bedienfeld und wählen Sie dazu *Elements Organizer* ❷.

Markieren Sie das Vorschaubild der Datei ❸, die Sie hinzufügen wollen. Um zwei oder mehrere Medien zu markieren, halten Sie die Taste [Strg] (Windows) bzw. [cmd ⌘] (macOS) gedrückt.

Bestätigen Sie die Auswahl mit *Dateien hinzufügen* ❹. Drücken Sie auf die Schaltfläche *Fertig* ❺, um das Bedienfeld wieder zu schließen.

3. Schnell zum fertigen Videofilm gelangen

Die ausgewählten Clips und Medien werden in das Schnittfenster übernommen und können dort weiterbearbeitet werden.

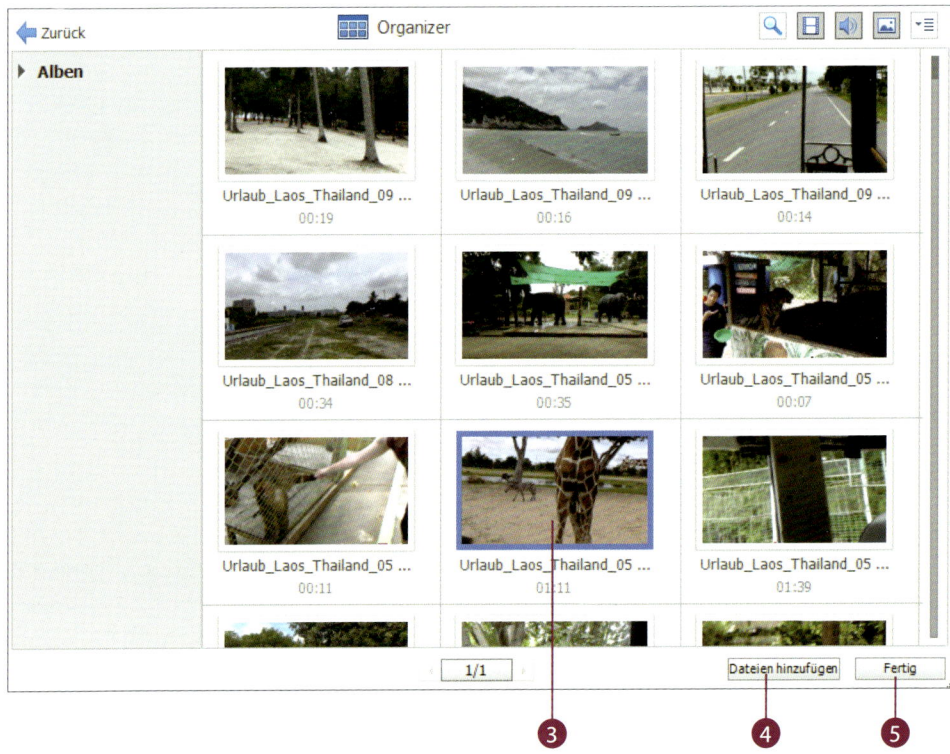

Die Anzeige im Bedienfeld »Organizer« anpassen

Im Kopf des Bedienfelds *Organizer* können Sie die Anzeige auf bestimmte Medien beschränken. Damit wird die Ansicht übersichtlicher und Sie finden schneller die gesuchten Dateien. Neben dem *Suchen*-Symbol sehen Sie die Symbole zum Ausblenden von Videodateien ❻, Audiodateien ❼ und Bilddateien ❽. Ist ein Symbol aktiviert, wird es grau hinterlegt dargestellt. Das bedeutet, dass die jeweiligen Dateitypen angezeigt werden. In meinem Beispiel habe ich dafür gesorgt, dass nur Videodateien, die sich im Elements Organizer befinden, zu sehen sind.

Multimedia-Dateien aus einem lokalen Ordner importieren

Um eine bestimmte Datei aufzuspüren, klicken Sie auf das *Suchen*-Symbol ❾. Geben Sie einen Dateinamen oder einen Teil davon ein und bestätigen Sie mit ⏎.

Über das aufklappbare Listenfeld ❿ ganz rechts können Sie die Sortierreihenfolge in der Ansicht des Organizers anpassen. Voreingestellt ist hier *Neuste zuerst anzeigen*. Alternativ ist auch *Älteste zuerst anzeigen* und *Nach Importstapel anzeigen* möglich.

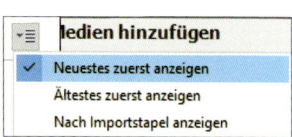

Ganz links können Sie die Inhalte verschiedener Alben ⓫ auswählen und anzeigen lassen. Im Beispiel wurden keine Alben erstellt. Die Auswahl von Dateien kann auch direkt per Drag-and-drop geschehen. Markieren Sie eine Datei und ziehen Sie sie bei gedrückt gehaltener linker Maustaste aus dem Bedienfeld *Organizer* in das Schnittfenster.

3.4 Multimedia-Dateien aus einem lokalen Ordner importieren

Diese Möglichkeit werden Sie wohl am häufigsten nutzen. Öffnen Sie das Bedienfeld mit *Medien hinzufügen* ❶. Wählen Sie *Dateien und Ordner* ❷. Suchen Sie das Verzeichnis auf Ihrem Rechner, in dem sich die Mediendateien befinden. Öffnen Sie es mit einem Doppelklick ❸. Markieren Sie die Bilder, die Sie importieren möchten ❹. Bestätigen Sie mit einem Mausklick auf die Schaltfläche *Öffnen* ❺.

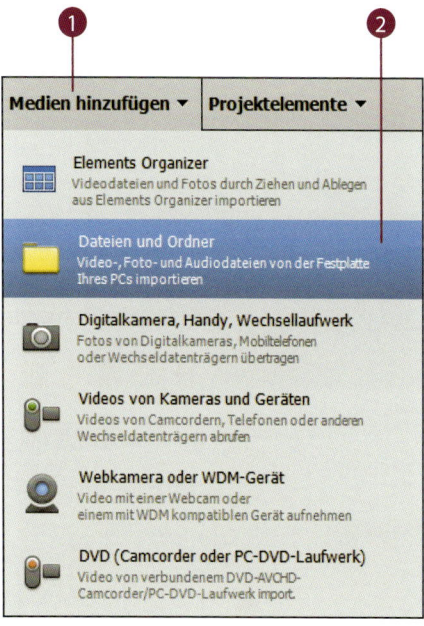

3. Schnell zum fertigen Videofilm gelangen

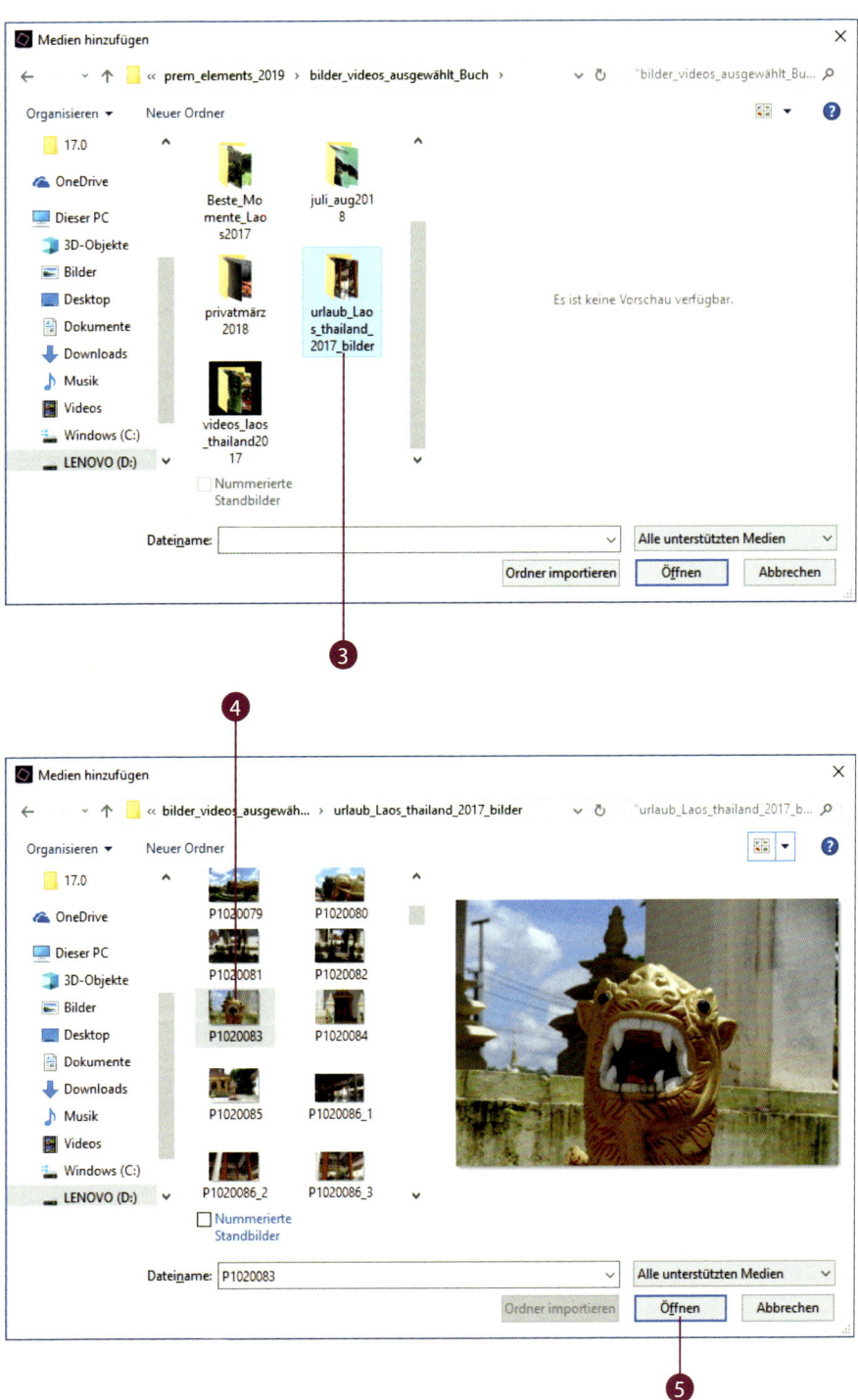

3.5 Projektelemente verwalten

Im Expertenmodus finden Sie im Bedienfeld *Projektelemente* ❶ alle Medien, die Sie in Ihrem Videoprojekt verwenden. Über die Symbole ❷ in der linken oberen Ecke blenden Sie bei Bedarf Videodateien, Bilddateien und Audiodateien aus. So erhalten Sie bei sehr vielen verwendeten Medien einen besseren Überblick.

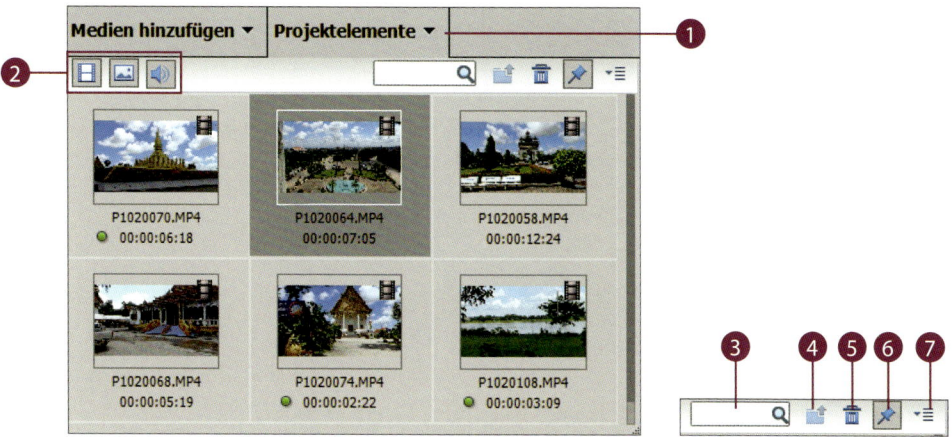

In der rechten oberen Ecke des Bedienfelds finden Sie ein Suchfeld ❸ und ein Symbol für die Navigation in den übergeordneten Ordner bzw. das oberste Verzeichnis ❹. Mit dem Mülleimersymbol ❺ löschen Sie die markierte Datei. Beachten Sie, dass dadurch das Medium auch aus dem Schnittfenster verschwindet. Mit dem Reißzweckensymbol ❻ wird der Dialog fixiert. Dahinter finden Sie *Bedienfeldoptionen* ❼. Darin können Sie zwischen der Raster- und der Listenansicht umschalten, die Sortierreihenfolge verändern (Dauer oder Dateiname), einen neuen Ordner oder ein neues Objekt erstellen. Alle Bilddateien im Bedienfeld, die im Schnittfenster bereits vorhanden sind, werden mit einem grünen Punkt gekennzeichnet. Sie sehen auch im Bedienfeld die Länge der einzelnen Videoclips. Sie wird unter dem Dateinamen angezeigt. Ein Doppelklick auf eine Filmdatei öffnet diese im integrierten Mediaplayer.

Ordner erstellen und verwenden

Mit einem Ordner sorgen Sie im Bedienfeld *Projektelemente* für mehr Übersicht. Das ist bei sehr vielen verwendeten Medien sinnvoll. Öffnen Sie die *Bedienfeldoptionen* ❶ und wählen Sie *Neuer Ordner* ❷. Der neu erstellte Ordner wird von Premiere Elements als *Neuer Ordner 01* bezeichnet. Die Nummerierung wird automatisch fortgesetzt. Klicken Sie in diese Bezeichnung ❸ und nehmen Sie eine eigene Eingabe vor. Bestätigen Sie mit ⏎.

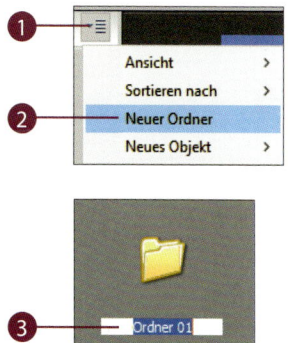

3. Schnell zum fertigen Videofilm gelangen

Per Drag-and-drop verschieben Sie Medien in den neuen Ordner. Ein Doppelklick zeigt Ihnen den Inhalt an. Ein grüner Punkt vor der Laufzeitangabe des Mediums zeigt übrigens an, dass dieses im Videoprojekt verwendet wird.

Medien importieren und direkt in einen Ordner einfügen

Natürlich müssen Sie nicht erst Medien in Ihr Projekt einfügen und dann in einen Ordner schieben. Sie können direkt Medien importieren und in einem Ordner im Bedienfeld *Projektelemente* ablegen. Öffnen Sie mit einem Doppelklick den Ordner, in dem Sie die importierten Medien ablegen wollen. Öffnen Sie mit der rechten Maustaste das Kontextmenü, wählen Sie *Medien abrufen von* ❶ und entscheiden Sie sich für eine der Importvarianten. Wählen Sie die zu importierenden Dateien aus und bestätigen Sie. Im Beispiel habe ich mit *PC-Dateien und -Ordner* Clips direkt aus einem lokalen Verzeichnis in den Projektelemente-Ordner eingefügt ❷.

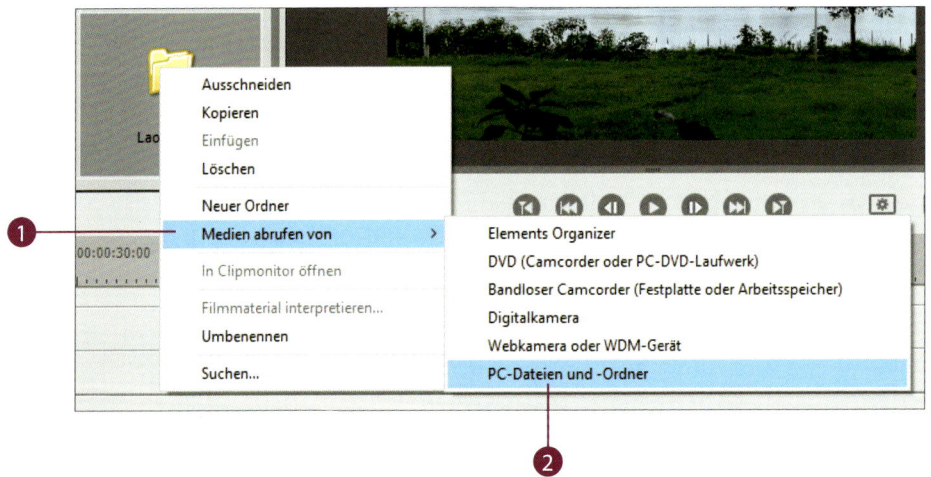

Projektelemente verwalten

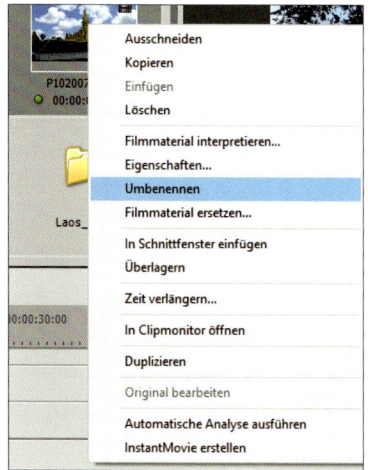

Im Expertenmodus können Sie im Bedienfeld *Projektelemente* zunächst alle Medien, die Sie in Ihr Videoprojekt einfügen wollen, sammeln und sortieren. Das schafft Ordnung und Übersicht. Hier lässt sich bei Bedarf auch ein Clip umbenennen. Verwenden Sie für diese Aufgabe das Kontextmenü. Markieren Sie den Clip, dessen Bezeichnung Sie verändern wollen. Öffnen Sie das Kontextmenü und wählen Sie *Umbenennen*. Geben Sie die neue Bezeichnung ein und bestätigen Sie.

Das Kontextmenü ist eine wichtige Hilfe bei der Arbeit mit Adobe Premiere Elements, besonders dann, wenn Sie schnell und effektiv arbeiten wollen. Es ist »kontextsensitiv«, das heißt, es enthält nur die Funktionen, die Sie im jeweiligen Augenblick und Arbeitszustand auch verwenden können. Hier können Sie unter anderem auch auf die Zwischenablage zugreifen und die Eigenschaften eines Videoclips abrufen.

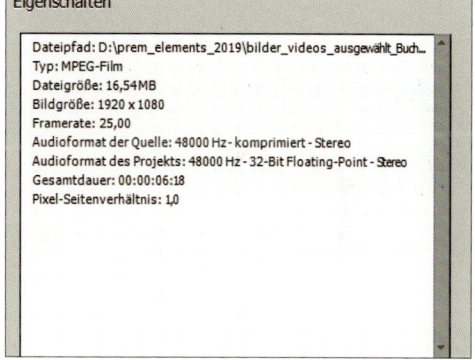

Den Clipmonitor verwenden

Über das Kontextmenü erreichen Sie auch den Clipmonitor. Mit ihm können Sie sich einzelne Videoclips vor dem Einfügen in das Videoprojekt ansehen.

Markieren Sie den Videoclip ❶, den Sie sich anschauen wollen. Öffnen Sie das Kontextmenü und wählen Sie *In Clipmonitor öffnen* ❷.

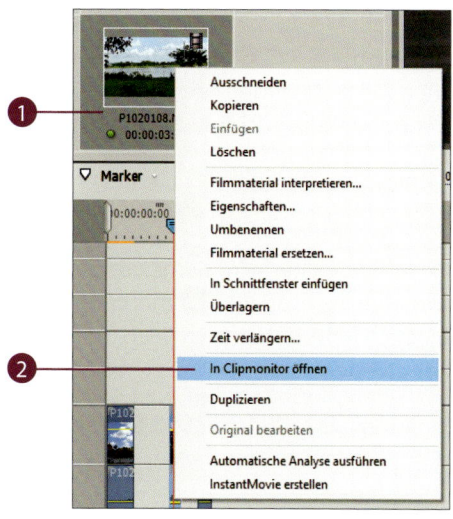

Der Clipmonitor von Adobe Premiere Elements besitzt einige interessante Funktionen. Am unteren Rand befinden sich die Symbole *Zurückspulen* ❶, *Schritt zurück* ❷, *Wiedergabe* ❸, *Schritt vor* ❹ und *Vorspulen* ❺. Sie kennen diese Steuerschaltflächen

3. Schnell zum fertigen Videofilm gelangen

auch aus dem Wiedergabefeld des Programms. Die zwei grauen Markierungspfeile links ❻ und rechts ❼ sind die Clipmarken *In* und *Out*. Sie begrenzen die Szene. Sie können im Clipmonitor einen Video-In-Point und einen Video-Out-Point setzen und mit *Einfügen* aus dem Kontextmenü des Clipmonitors nur diese Szene in Ihr Schnittfenster übernehmen. Die Verwendung zeige ich Ihnen später in Kapitel 4. Über das Kontextmenü können Sie das angezeigte Video auch zoomen, die Wiedergabequalität verändern, die Eigenschaften einsetzen und den Clip umbenennen. Einen Clip öffnen Sie ebenfalls im Clipmonitor, wenn Sie im Bedienfeld *Projektelemente* einen Doppelklick auf die Clipvorschau ausführen.

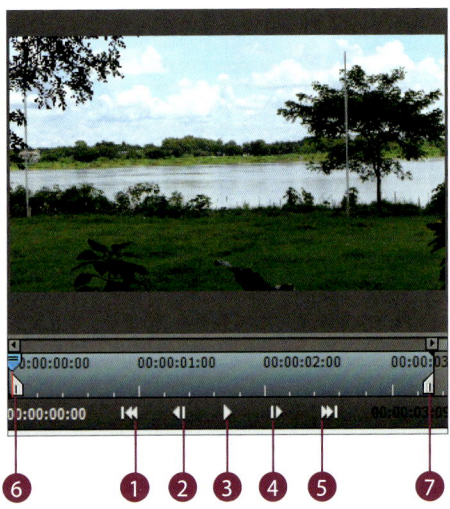
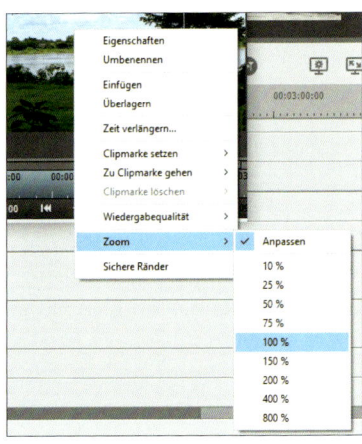

Ordner durchsuchen

Befinden sich sehr viele Clips in einem Ordner im Bedienfeld *Projektelemente*, ist es nicht immer leicht, den gesuchten Clip sofort zu finden. Für einen solchen Fall bietet Ihnen Adobe Premiere Elements eine leistungsfähige Suchfunktion an.

Öffnen Sie innerhalb des Ordners das Kontextmenü und wählen Sie *Suchen* ❶.

Ein Dialogfenster wird aufgeklappt. Kombinieren Sie hier eine Suchvariable ❷ mit einem *Operator* ❸. In meinem Beispiel habe ich mich für *Name* und *Enthält* entschieden.

Ergänzen Sie im Eingabefeld ❹ dahinter den Inhalt des Feldes. Bei der Suche nach einem Namensinhalt tragen Sie hier ein, wonach gesucht werden soll.

Um die Suche noch spezifischer zu machen, wählen Sie in der zweiten Zeile ebenfalls eine Suchvariable ❺, einen *Operator* ❻ und geben den Inhalt ❼ ein, nach dem gesucht werden soll. Bestätigen Sie die Angaben mit einem Mausklick auf die Schaltfläche *Fertig* ❽.

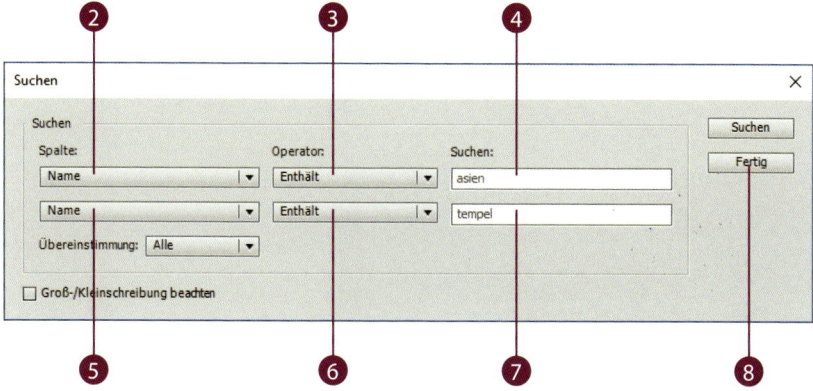

Die erste Datei, die auf den Suchstring passt, wird im Bedienfeld markiert. Drücken Sie noch einmal *Suchen*, um die Suche fortzusetzen. Mit *Fertig* schließen Sie den Dialog. Bei Bedarf können Sie mit einer Optionsschaltfläche das Programm zwischen Groß- und Kleinschreibung unterscheiden lassen. Im Feld *Spalte* können Sie neben *Name* auch auswählen: *Verwendet, Medientyp, Framerate, Medien-Dauer, Videodauer, Audiodauer, Videoinformation, Audioinformation, Audioverwendung, Status* und *Client*. Als Operator ist möglich: *Enthält, Beginnt mit, Endet mit, Entspricht exakt*.

3.6 Zugriff auf eine integrierte oder angeschlossene Webcam

Adobe Premiere Elements kann direkt auf eine angeschlossene Webcam oder auch eine integrierte Webcam bei einem Notebook zugreifen. Sie können mit dem Programm eine Aufnahme erstellen und direkt in Ihr Videoprojekt einfügen.

Öffnen Sie das Bedienfeld *Medien hinzufügen* und wählen Sie *Webkamera oder WDM-Gerät* ❶. Die USB-Kamera ist bereits als *Aufnahmequelle* ❷ eingetragen. Sofern vorhanden, ist auch eine *Audioquelle* ❸ eingetragen. Geben Sie eine Bezeichnung für die Aufnahme in das Eingabefeld *Clipname* ❹ ein. Bei Bedarf können Sie das Verzeichnis anpassen, in dem die Aufnahme abgelegt

3. Schnell zum fertigen Videofilm gelangen

wird. Tun Sie dies im Eingabefeld *Speichern unter* ❺. Starten Sie die Aufnahme mit einem Klick auf die rote Aufnahmeschaltfläche ❻. Drücken Sie *Pause*, wird die Aufnahme beendet und im Schnittfenster eingefügt. Das Dialogfeld mit Zugriff auf die Kamera bleibt geöffnet. So können Sie eine weitere Aufnahme erstellen, ohne es erneut aufrufen zu müssen. Wird die Funktion nicht mehr benötigt, klicken Sie auf das Schließen-Kreuz in der linken oberen Ecke.

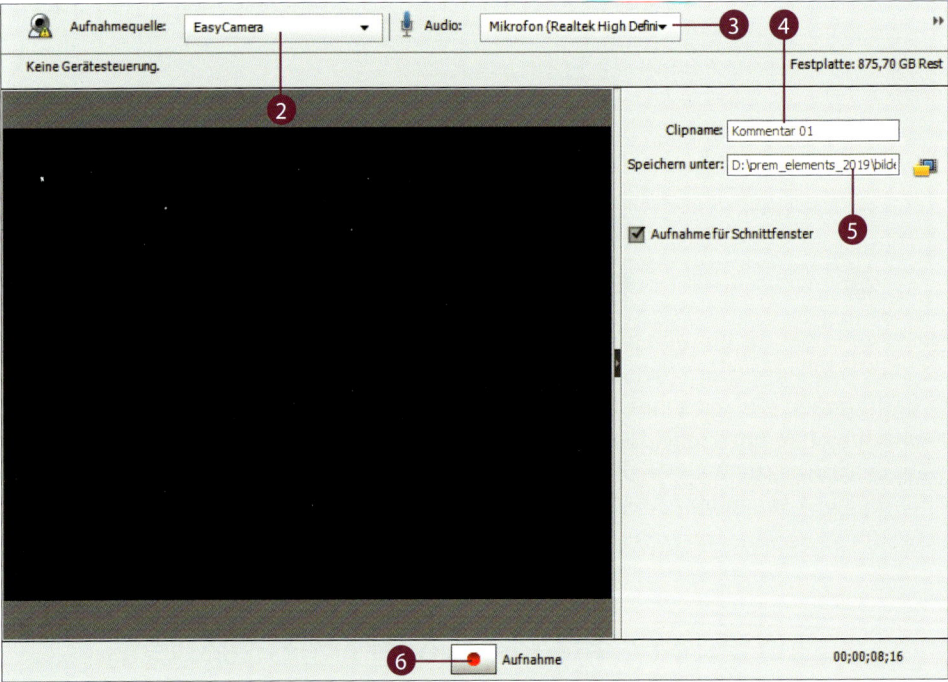

3.7 Eine Videostory erstellen

Adobe Premiere Elements bietet drei Vorlagen, mit deren Hilfe Sie schnell und einfach ein Video aus Ihren Clips erstellen können. Die Videostory erstellt eine strukturierte Geschichte von Ereignissen »mit einem magischen Touch«. Mit *InstantMovie* überlassen Sie viele Aufgaben dem Programm. Der Film wird weitestgehend automatisch erstellt. Die *Video-Collage* kombiniert Foto- und Filmelemente und erstellt eine moderne Collage. All diese Vorlagen finden Sie im Bedienfeld *Erstellen*.

Möglichkeiten und Inhalte einer Videostory

Eine Videostory wird in sechs Schritten erstellt:

1. Zuerst wählen Sie einen Ereignistyp aus.
2. Anschließend bestimmen Sie eine der möglichen Vorlagen.

Eine Videostory erstellen

3. Nun werden die Videos importiert, die Sie in der Videostory verwenden möchten.
4. Premiere Elements unterteilt das Video in verschiedene Kapitel. Sie ziehen nun die Clips auf eines der Kapitel. Bei Bedarf geben Sie einem Kapitel eine neue Bezeichnung oder entfernen es.
5. Die eingefügten Clips werden mit der automatischen Analyse untersucht.
6. Sie sehen sich alle Titel und Clips in der Detailansicht an. Hier können Sie das Ergebnis noch beeinflussen. Filtereffekte und Musik sorgen für die nötige Stimmung. Auch diese Inhalte lassen sich hier noch verändern. Sind Sie mit allen Inhalten einverstanden, exportieren Sie das Video in ein geeignetes Format.

Wer mag, kann seiner Videostory ein eigenes Kapitel hinzufügen, einen Sprachkommentar ergänzen oder die Videostory im Schnittfenster weiterbearbeiten.

Zu den Ereignissen, die Sie auswählen können, zählen Geburtstag, Reise und Abenteuer, Hochzeit, Kuchen backen, Gäste und Spaß und Spiel. Diese Ereignisse sind in einzelne Kategorien eingeteilt. Hier können Sie sich zwischen *Allgemein*, *Geburtstag*, *Abschlussfeier*, *Reise* und *Hochzeit* entscheiden. Je nach gewählter Kategorie können Sie zwischen verschiedenen Ereignissen wählen. *Allgemein* enthält *Party* und *Festtage*. In der Kategorie *Geburtstag* finden sich die Vorlagen *Geburtstagsparty* und *Wünsch Dir was!* Die *Abschlussfeier* enthält nur eine Vorlage mit dem Namen der Kategorie. Unter *Reise* finden Sie nur das *Reisetagebuch*. *Hochzeit* enthält *Jetzt und für immer* und *Hochzeitsglocken*.

So wird eine Videostory erstellt

Öffnen Sie das Bedienfeld *Erstellen* ❶ und wählen Sie *Videostory* ❷ aus.

Das erste Fenster zeigt nur eine einleitende Übersicht mit den möglichen Inhalten. Wählen Sie hier *Überspringen* ❸.

3. Schnell zum fertigen Videofilm gelangen

Entscheiden Sie sich im nächsten Fenster für eine der möglichen Kategorien. Im Beispiel wähle ich *Reise* ❹.

Als Nächstes entscheiden Sie sich für die eigentliche Vorlage. Mit den Pfeilschaltflächen links ❺ und rechts ❻ wählen Sie eine andere Vorlage an. Hier können Sie auch die Kategorie noch einmal korrigieren. Ich entscheide mich in diesem Beispiel für das *Reisetagebuch*. Klicken Sie bei der gewählten Vorlage auf *Erste Schritte* ❼.

Die Vorlagen erfordern den Download von Onlineinhalten ❽. Der Download startet automatisch. Warten Sie hier, bis alle für die Verwendung der Vorlage notwendigen Inhalte auf Ihrem Rechner gelandet sind.

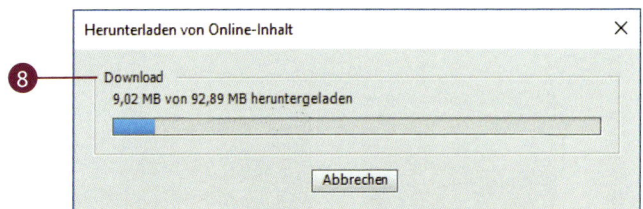

Im nächsten Fenster importieren Sie alle Videoclips, die Sie in Ihrer Videostory verwenden wollen. Wählen Sie links eine der möglichen Medienquellen. Ich entscheide mich für

Eine Videostory erstellen

PC-Dateien und -Ordner ❾. Wählen Sie die Videoclips aus und bestätigen Sie mit *Öffnen*. Fügen Sie, wenn Sie möchten, weitere Clips hinzu. Sind alle Videos ausgewählt und importiert, klicken Sie rechts unten auf *Weiter* ❿.

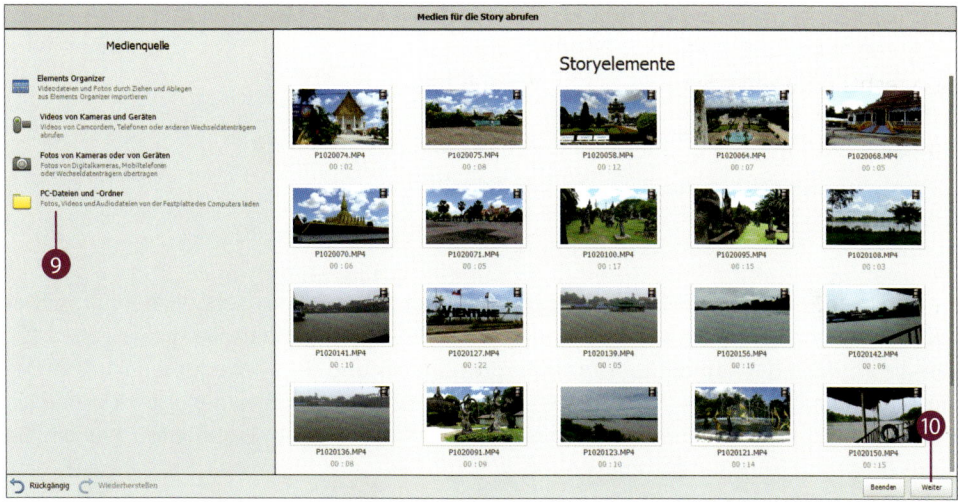

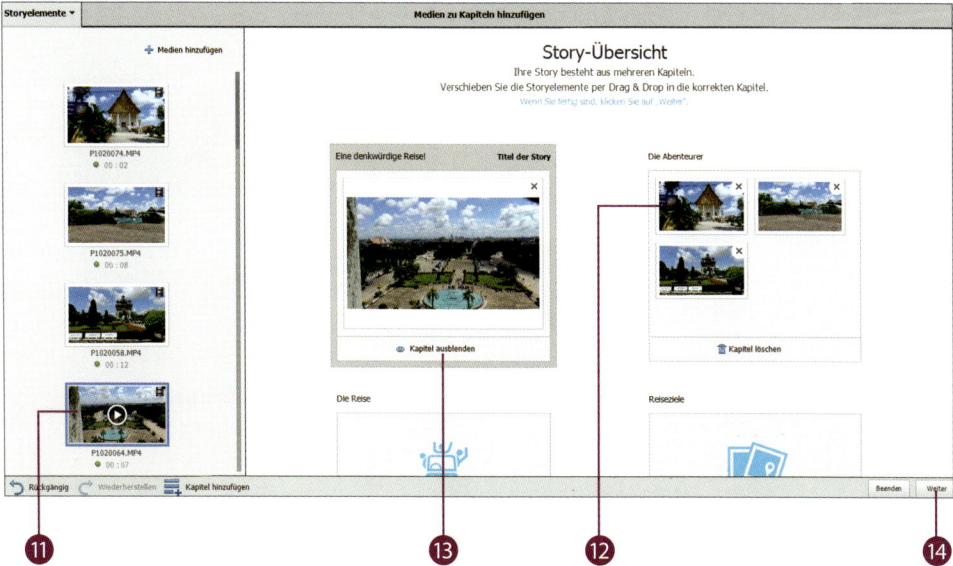

Im nächsten Schritt werden die Videoclips auf die vorgefertigten Kapitel verteilt. Stören Sie sich nicht daran, wenn einzelne Kapiteltitel nicht exakt auf einen Clipinhalt passen. Der Kapiteltitel kann von Ihnen angepasst werden. Sie können nicht notwendige Kapitel ausblenden und weitere hinzufügen. In meinem Beispiel habe ich mehrere Videoclips von unserem Urlaub 2017 in Laos ausgewählt. Ziehen Sie die Videoclips ⓫ auf die Kapi-

3. Schnell zum fertigen Videofilm gelangen

telfenster ⓬. Sie können in jedem Kapitel ein oder auch mehrere Clips platzieren. Kapitel, die nicht benötigt werden, entfernen Sie mit *Kapitel ausblenden* ⓭ bzw. *Kapitel löschen*. Mit *Weiter* ⓮ (rechts unten) geht es zum nächsten Bildschirm.

Premiere Elements analysiert nun alle verwendeten Medien ⓯. Lehnen Sie sich zurück und warten Sie, bis der Vorgang beendet ist.

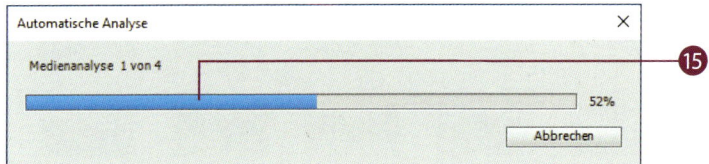

Im nächsten Fenster sehen Sie die einzelnen Kapitel und die darin befindlichen Clips. Hier lassen sich noch einzelne Veränderungen vornehmen. Verwenden Sie die *Vorschau* ⓰, um die Wirkung der Kapiteltitel, der Hintergrundmusik und der verwendeten Filter zu begutachten. Nutzen Sie die *Übersicht*, um die Inhalte der Kapitel zu sehen. Hier können Sie auch noch Clips und Kapitel hinzufügen. Sind Sie mit dem Ergebnis zufrieden, wählen Sie *Exportieren und freigeben* ⓱ rechts oben.

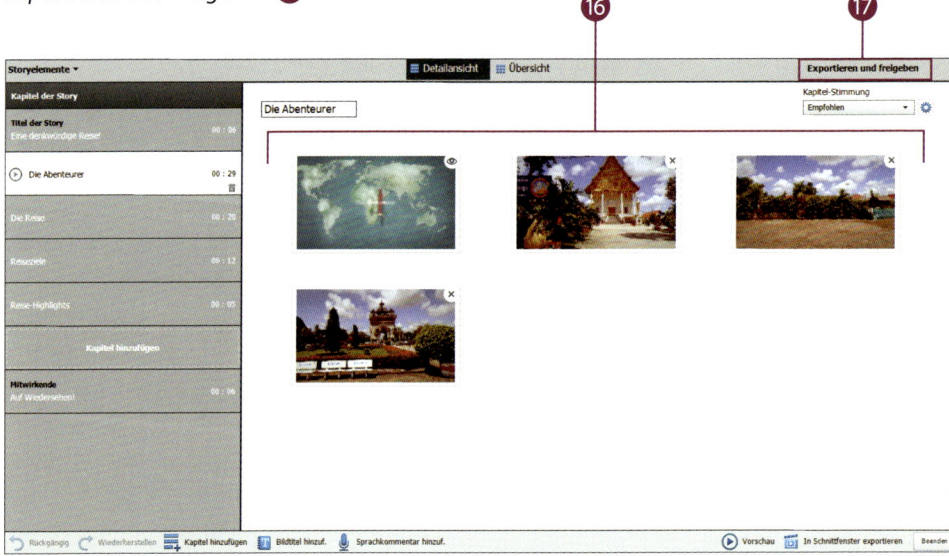

Die Videostory wird verarbeitet. Anschließend sehen Sie den Dialog *Exportieren und freigeben* vor sich. Entscheiden Sie sich für eine der Exportvarianten. Im Beispiel wähle ich *Geräte* ⓲ und *TV* ⓳. So kann das erstellte Video später gut auf einem TV-Gerät wiedergegeben werden. Bestimmen Sie die *Auflösung* ⓴ und wählen Sie mit dem Schieberegler die *Qualität* ㉑. Geben Sie in das Eingabefeld einen Dateinamen ㉒ ein. Korrigieren Sie, wenn notwendig, das Verzeichnis, in dem das fertige Video abgelegt wird ㉓. Bestätigen Sie mit *Speichern* ㉔. Nun müssen Sie kurz warten, bis Adobe Premiere Elements das Video

3. Schnell zum fertigen Videofilm gelangen

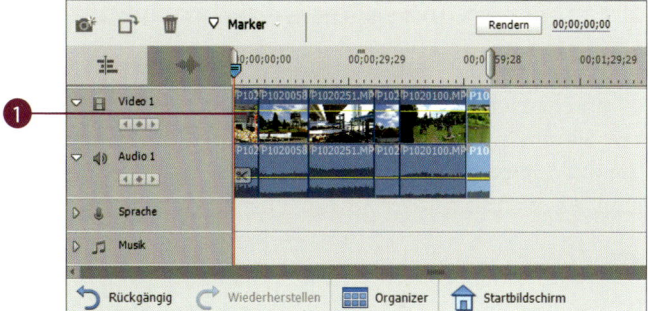

Premiere Elements klappt nun ein Fenster auf, aus dem Sie eines der vielen Themen wählen können.

Schauen Sie sich die Themenliste an und entscheiden Sie sich für eines, das für die ausgewählten Videos am geeignetsten erscheint. Markieren Sie es ❸ und klicken Sie auf *Nächste* ❹.

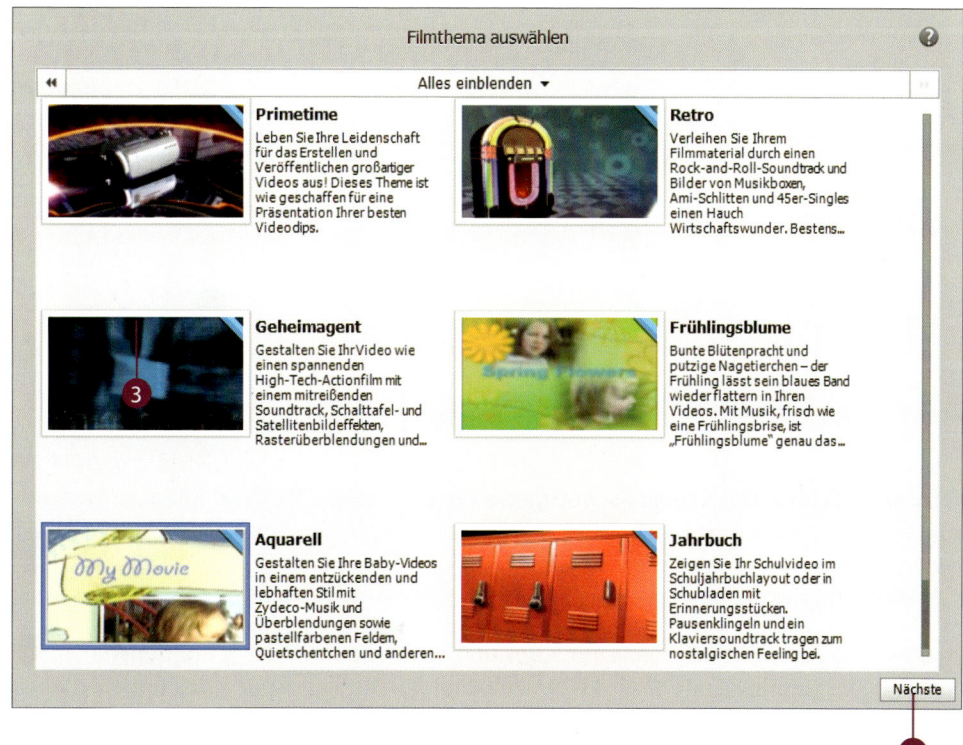

Eine Videostory als Projekt speichern und später weiterbearbeiten

Manchmal ist es sinnvoll, ein begonnenes Videoprojekt später noch einmal durchzusehen und zu bearbeiten. Das können Sie auch mit einer Videostory tun. Klicken Sie auf *Speichern* ❶ und wählen Sie ein geeignetes Verzeichnis.

Geben Sie einen Dateinamen ❷ ein und bestätigen Sie mit *Speichern* ❸.

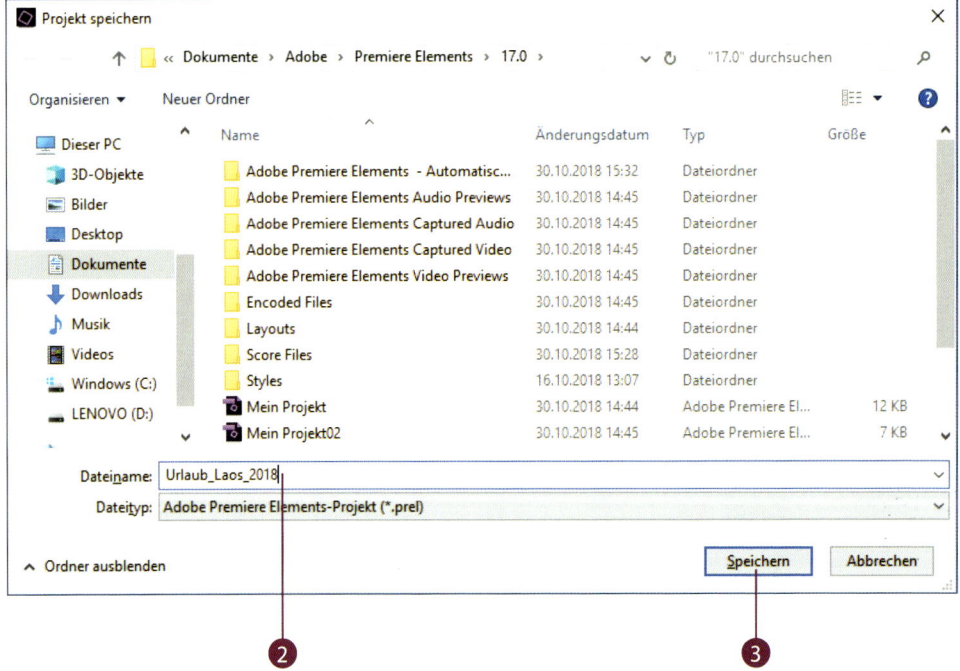

3.8 Mit InstantMovie schnell zum fertigen Film

InstantMovie verwendet Ihre Videoclips und macht mit wenigen Mausklicks daraus einen fertigen Film. Sie wählen zunächst geeignete Videos aus. Anschließend rufen Sie die Funktion auf und wählen eine passende Vorlage. Möglich sind zum Beispiel *Outdoor im Freien*, *Autoreise*, *Badestrand*, *Herbsturlaub*, *Säuglingsheim* und *Spaß*. Insgesamt stehen 41 verschiedene Themenvorlagen zur Verfügung.

Importieren Sie zuerst eine Reihe von Clips und fügen Sie sie in das Schnittfenster ein ❶. Rufen Sie InstantMovie auf, ohne zuvor Videoclips auf die Videospur einzufügen, erhalten Sie einen Dialog mit einer entsprechenden Information. Öffnen Sie danach das Bedienfeld *Erstellen* und wählen Sie *InstantMovie* ❷ aus.

stummschalten. Letzteres empfiehlt sich, wenn zum Videoclip auch ein Hintergrundsound gehört oder jemand spricht. Den Look ❷ wählen Sie einfach über die Schaltflächen *Neutral, Warm* oder *ColorPop.* Alternativ können Sie hier auch mit *Keine Looks* auf einen Farbfilter verzichten. Unter *Geschw. bearb.* ❸ entscheiden Sie sich für *Schärfer, Normal* oder *Langsam.* Bestätigen Sie eine Veränderung in den Einstellungen mit *OK.* Nutzen Sie danach die Vorschau, um zu sehen, wie die neue Kapitel-Stimmung wirkt.

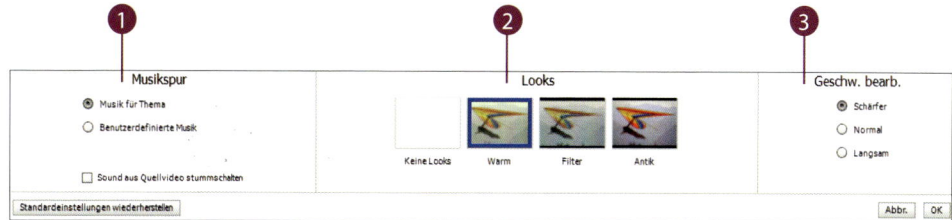

Ein eigenes Kapitel ergänzen

Bei der Arbeit mit einer Videostory unterscheidet Premiere Elements zwischen den Ansichtstypen *Detailansicht* und *Übersicht.*

In der Detailansicht sehen Sie links unter der Überschrift *Storyelemente* alle Kapitelnamen. Wählen Sie mit der Maus ein Kapitel, werden rechts die einsortierten Clips angezeigt. In der Übersicht werden die Kapitel und die Clips auf einer Seite angezeigt. In beiden Ansichten können Sie ein Kapitel auch per Drag-and-drop verschieben und so seine Position im Video verändern.

Um ein eigenes Kapitel hinzuzufügen, wechseln Sie in die *Übersicht* und wählen Sie *Kapitel hinzufügen* ❶. Doppelklicken Sie dann auf die vorgegebene Bezeichnung und geben Sie einen passenden Namen für das Kapitel ein ❷.

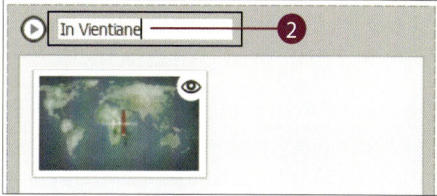

Eine Videostory erstellen

gerendert und gespeichert hat. In der *Ausgabevorschau* ㉕ rechts oben im Dialog können Sie diesen Vorgang mitverfolgen. Wie lange dies dauert, hängt vom Umfang Ihres Videos und der Leistung Ihres Rechners ab.

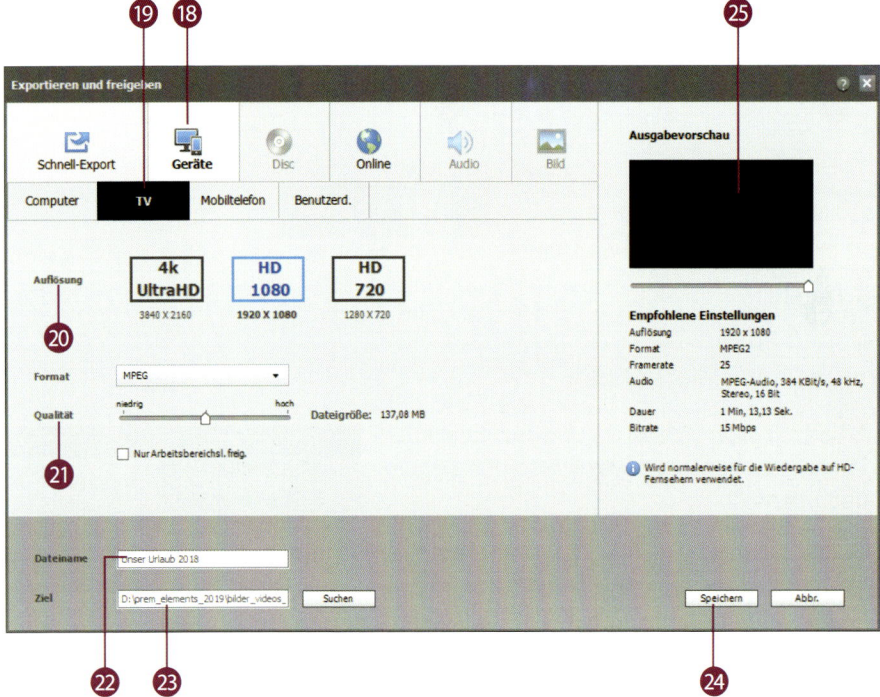

Die Kapitel-Stimmung bearbeiten

Unter *Kapitel-Stimmung* versteht Premiere Elements eine Kombination aus Bildeffekten und Musikstücken. Um die Stimmung zu verändern, klicken Sie auf das gleichnamige Listenfeld ❶ und wählen eine der Vorgabeeinstellungen ❷. Ausgewählt ist immer die Einstellung *Empfohlen*. Möglich ist auch *Klassisch*, *Sentimental* und *Dynamisch*.

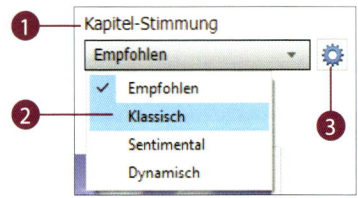

Möchten Sie eine etwas genauere Einstellung vornehmen und sehen, welche Effekte verwendet werden, klicken Sie auf das Zahnradsymbol ❸.

Musik, Look und Geschwindigkeit einrichten

Die Kapitel-Stimmung besteht aus drei Elementen: der Musikspur, einem Effekt-Look und der Abspielgeschwindigkeit. In der *Musikspur* ❶ können Sie statt der dem Thema zugeordneten Musik auch eine *Benutzerdefinierte Musik* wählen oder den *Sound aus Quellvideo*

61

Mit InstantMovie schnell zum fertigen Film

Auch hier müssen Sie zunächst warten, bis der für die Vorlage notwendige Inhalt aus dem Internet auf Ihren Rechner geladen wurde. Ist dies geschehen, sehen Sie die Dialogbox *Film personalisieren*. Korrigieren Sie hier den *Titel* ❺ und Ihren Namen im Feld *Regie* ❻.

Alle anderen Aufgaben überlassen Sie Adobe Premiere Elements. Das Programm hinterlegt Ihre Videoclips mit einem Musikstück und passt dieses an die Länge der Clips an. Die Filmclips werden mit einem Titel und einem Abspanntext versehen. Standbilder und Effekte sorgen für die richtige Stimmung im Film.

Bestätigen Sie mit einem Mausklick auf *Anwenden* ❼. Nun wird das InstantMovie erstellt. Kurze Zeit später können Sie sich das Ergebnis ansehen.

Das Programm informiert Sie darüber, dass mit InstantMovie alle zuvor verwendeten Effekte ersetzt werden. Bestätigen Sie mit *Ja* ❽.

Adobe Premiere Elements führt nun eine Medienanalyse durch. Warten Sie einfach, bis diese abgeschlossen ist.

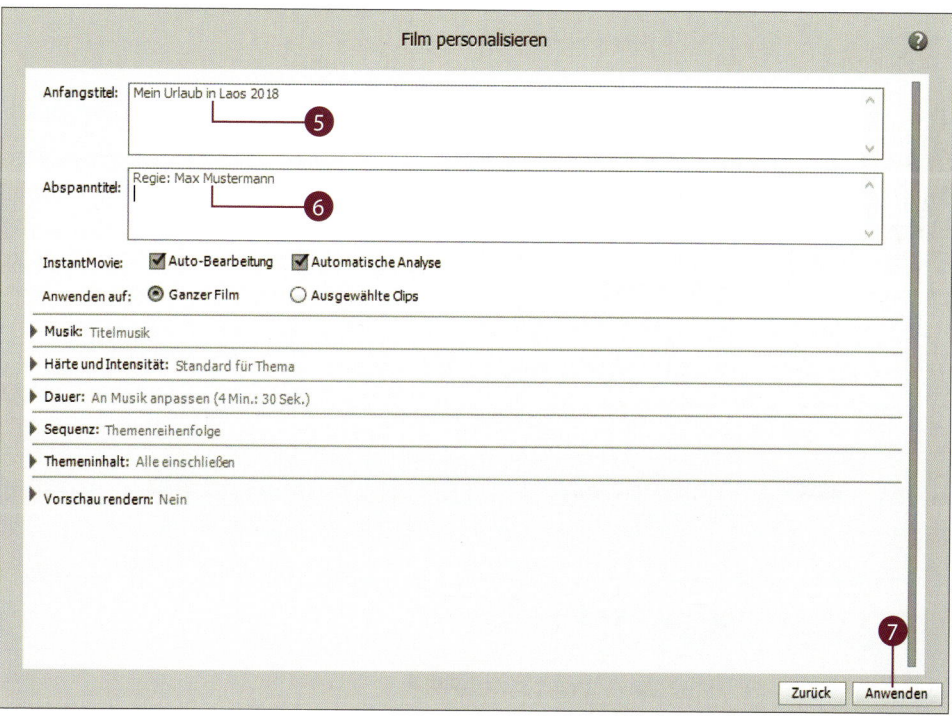

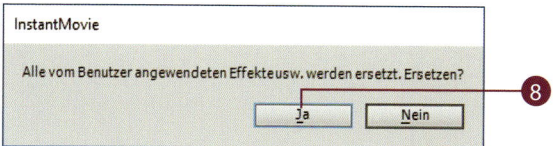

3. Schnell zum fertigen Videofilm gelangen

Das Programm blendet nachfolgend noch eine Meldung ein. Diesmal bietet es Ihnen das Rendern des Videomaterials an. Als Begründung wird die reibungslose Wiedergabe des Videos genannt. Bestätigen Sie ❾ auch diese Meldung.

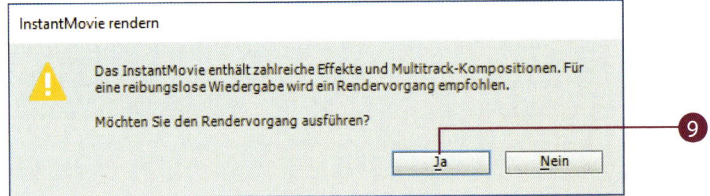

Das Rendern des Videomaterials nimmt einige Zeit in Anspruch. In einem Dialogfenster ❿ können Sie diesen Vorgang anhand einer Fortschrittsanzeige und einer Prozentangabe verfolgen.

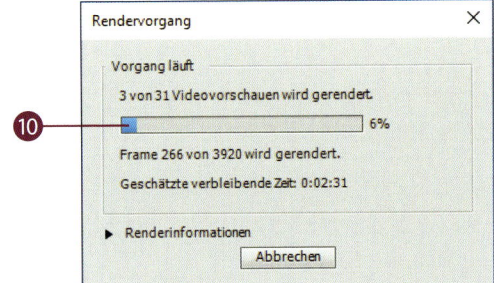

Ist der Rendervorgang abgeschlossen, startet Premiere Elements die Wiedergabe des fertigen InstantMovies. Schauen Sie sich dieses in Ruhe an. Werfen Sie anschließend einen Blick in das Schnittfenster. Sie werden sehen, dass sich das Aussehen und die Anordnung der Clips geändert hat. Mit InstantMovie ist etwas Ordnung eingekehrt. Der schwarze Clip zu Beginn und am Ende der Videospur zeigt den Titel und den Abspann des Videos. Exportieren Sie zum Abschluss das fertige Video mit *Exportieren und freigeben*. Möchten Sie das Video später noch bearbeiten und verändern, speichern Sie es als Videoprojekt ab.

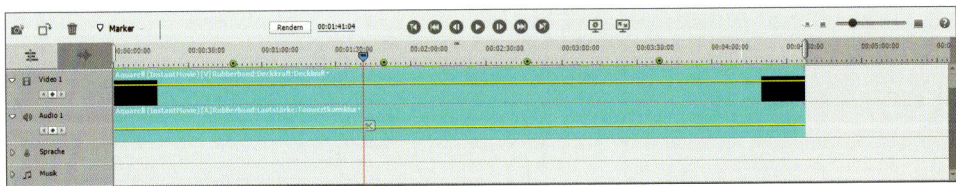

Die Einstellungen von InstantMovie anpassen

Das Ergebnis von InstantMovie kann sich sehen lassen. Die automatisch neu angeordneten Clips wurden mit Effekten verschönert. Ein Titel und ein Abspann wurden hinzugefügt. Eine Hintergrundmusik sorgt für die richtige Atmosphäre. Es gibt schicke Überblendungseffekte und kleine Grafiken als Gimmicks.

In einigen Fällen wirkt die Musik etwas laut. Das lässt sich im Schnittfenster im Expertenmodus leicht korrigieren. Bereits vorher lassen sich Verbesserungen und Änderungen vornehmen. InstantMovie erlaubt auch das Hinzufügen von eigener Musik und das Anpassen der Lautstärke und Effekte.

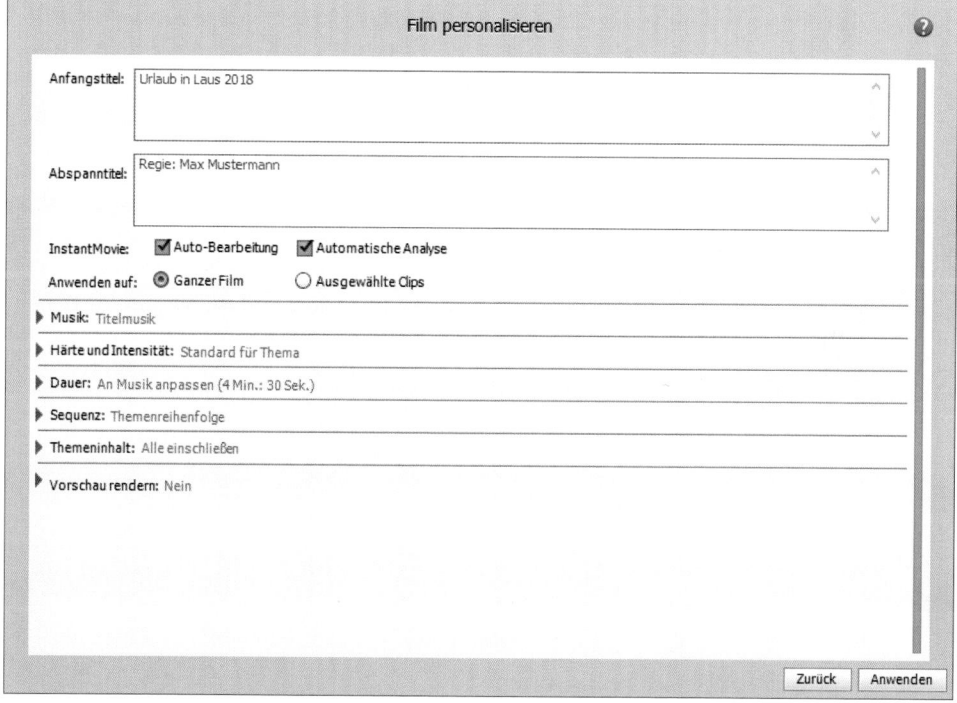

Den Dialog *Film personalisieren* kennen Sie bereits. Er wird beim Erstellen eines Instant-Movies gleich nach der Auswahl eines Themas angezeigt. Sie geben hier einen Titel ein und tragen in den Abspanntitel Ihren Namen oder einen anderen Text ein. Die Optionen *Auto-Bearbeitung* und *Automatische Analyse* sollten Sie eingeschaltet lassen. Sie sind die Funktionen, die Sie mit InstantMovie erreichen wollen.

Schalten Sie die automatische Analyse aus, verwendet InstantMovie keine intelligenten Tags. Angewendet wird dies auf den ganzen Film. Bei Bedarf können Sie es auch auf nur einen ausgewählten Clip anwenden.

3. Schnell zum fertigen Videofilm gelangen

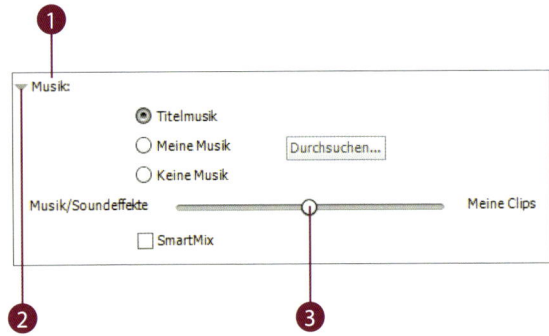

Darunter finden Sie die Einstellungen ❶ für die *Musik*, die *Härte und Intensität* der Musik, die *Dauer* der Musik, die Zusammenstellung der Themen (*Sequenz*), den *Themeninhalt* und die Option *Vorschau rendern*. Mit Pfeilschaltflächen ❷ können Sie die jeweiligen Optionen öffnen und Einstellungen vornehmen.

Unter *Musik* können Sie anstelle der zum Thema gehörenden Titelmusik einen eigenen Musiktrack wählen oder auch mit *Keine Musik* auf eine solche verzichten. Es ist auch möglich, mit *Meine Musik* mehrere Musiktracks zu wählen. Diese werden dann in der ausgewählten Reihenfolge verwendet. InstantMovie synchronisiert die Videoclips mit dem Takt der Musik. Das heißt auch, dass Sie mit unterschiedlicher Musik unterschiedliche Effektwirkungen erzielen. Über den Schieberegler ❸ stellen Sie die Lautstärke der Musik im Video ein. Manchmal wirkt die Themenmusik etwas laut. Nutzen Sie hier den Regler und verringern Sie die Musiklautstärke auf etwa 25–10 %. Ganz unten können Sie noch *SmartMix* einschalten.

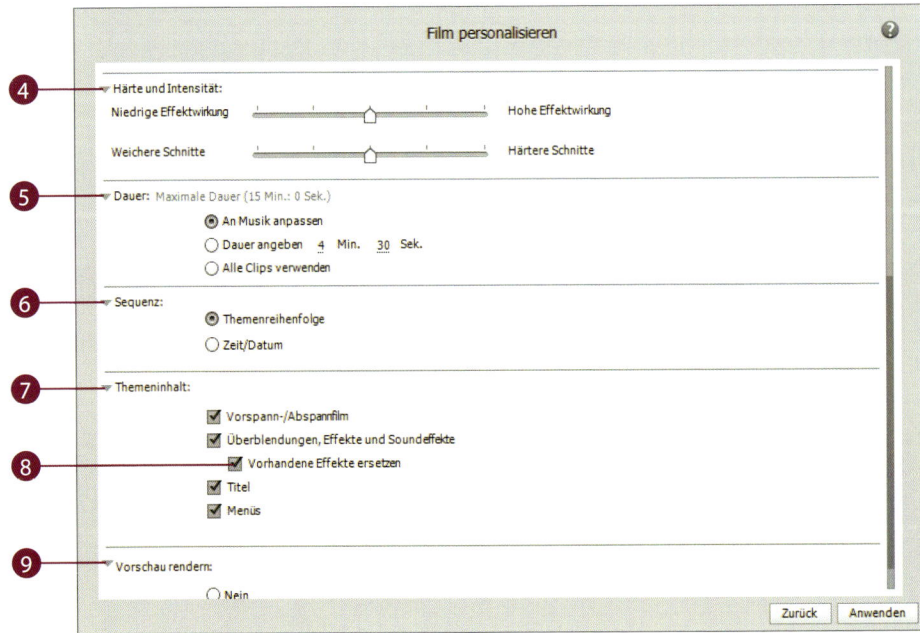

So wird eine Video-Collage erstellt

Die Stärke der Wirkung von InstantMovie lässt sich unter *Härte und Intensität* ❹ einrichten. Sie können die Wirkung des Effekts mit einem Schieberegler erhöhen oder auch verringern. Eine hohe Effektwirkung verwendet mehr Effekte im Video. Mit einem zweiten Regler sorgen Sie für härtere oder weichere Schnitte. Um eine optimale Einstellung zu finden, empfiehlt es sich auch hier, verschiedene Einstellungsvarianten auszuprobieren.

Die Länge des Musiktracks wird automatisch an die Länge des Videos angepasst. Anders ausgedrückt: Die Länge der Themenmusik bestimmt auch die Länge des Videos. Das Video wird so geschnitten, dass es genau auf die Musik passt. Im Bereich *Dauer* ❺ können Sie bei Bedarf auch eine genaue Länge angeben oder *Alle Clips verwenden* wählen. Letzteres sorgt dafür, dass die Cliplänge erhalten bleibt und nicht an die Musikdauer angepasst wird. Die Zusammenstellung der *Sequenz* ❻ wird im gleichnamigen Bereich angegeben. In der Vorgabeeinstellung richtet sich dies nach der *Themenreihenfolge*. Möglich ist hier auch *Zeit/Datum*. Wählen Sie dies, wird der Zeit- und Datumsstempel für die Sortierung der Clips genutzt.

Unter *Themeninhalt* ❼ können Sie verschiedene Elemente, die InstantMovie für das fertige Video nutzt, ausschalten. Dazu gehören der *Vorspann-/Abspannfilm*, die *Überblendungen*, *Effekte und Soundeffekte*, der *Titel* und die *Menüs*. Mit einer Option werden vorhandene Effekte ersetzt. Möchten Sie dies nicht, schalten Sie *Vorhandene Effekte ersetzen* ❽ aus. In der Vorgabe sind alle Elemente des Themas aktiviert.

Um sich das Ergebnis der Einstellungen ansehen zu können, können Sie unter *Vorschau rendern* ❾ selbiges einschalten. In der Praxis lohnt sich dies, da die gerenderte Vorschau die Bildrate für die Wiedergabe optimiert. Das Programm fragt Sie ja sowieso, ob das fertige Video für eine bessere Wiedergabe gerendert werden soll.

3.9 So wird eine Video-Collage erstellt

Schauen wir uns nun einmal an einem Beispiel an, wie eine Video-Collage erstellt wird.

Öffnen Sie das Bedienfeld *Erstellen* ❶ und wählen Sie den Eintrag *Video-Collage* ❷ aus.

Wählen Sie mit einem Doppelklick das dritte Raster (von oben gesehen) aus ❸. Es verändert die Anordnung des Rasters auf der Arbeitsfläche. Sie können drei Bilder oder Videos auf diesem positionieren. Das ausgewählte Raster wird mit einem Häkchen und einem blauen Rahmen gekennzeichnet.

3. Schnell zum fertigen Videofilm gelangen

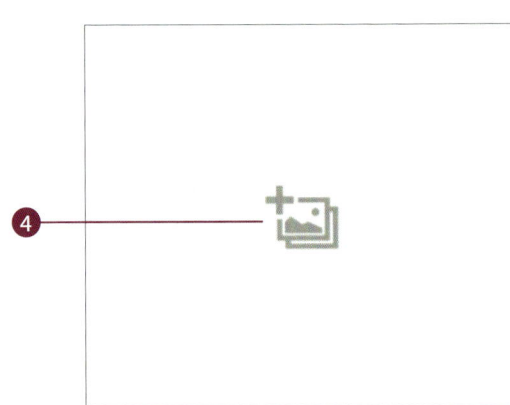

Klicken Sie nun auf eines der Bildsymbole auf dem Raster ❹. Die Medienablage wird eingeblendet. Wählen Sie eine der Medienquellen *Elements Organizer* oder *PC-Dateien und -Ordner* ❺. Ich entscheide mich für Letzteres. Suchen Sie die Bilddatei oder die Videodatei, die Sie zu Ihrer Video-Collage hinzufügen wollen.

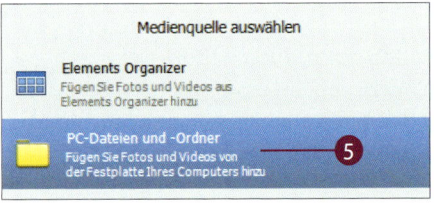

Markieren Sie diese ❻ und bestätigen Sie mit *Importieren* ❼. Bei gedrückt gehaltener linker Maustaste können Sie auch mehrere Dateien »in einem Rutsch« importieren.

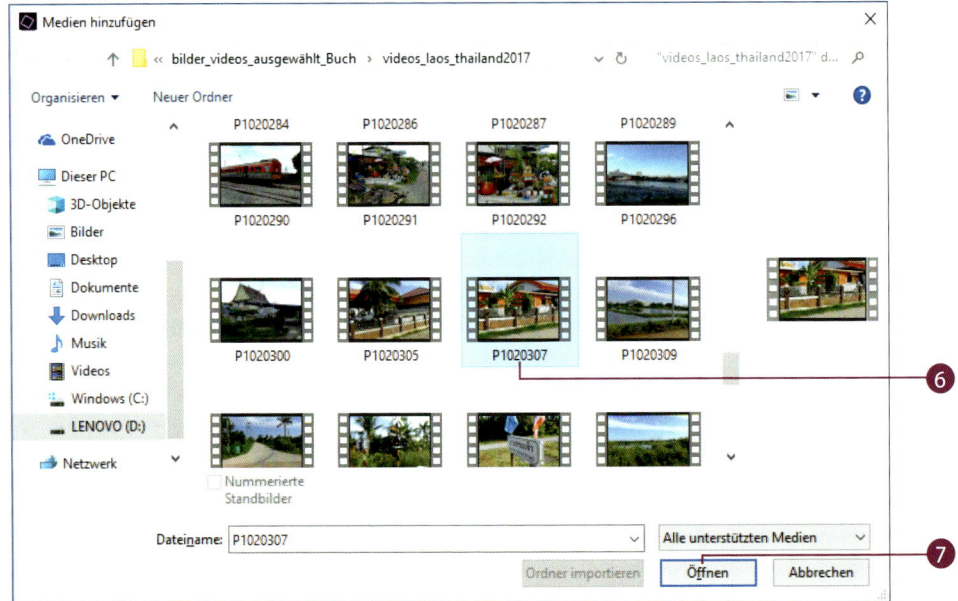

70

So wird eine Video-Collage erstellt

Die Video- und Bilddateien erscheinen nun in der Medienablage links vom Raster. Ziehen Sie diese mit der Maus auf eines der Rastersymbole. Schauen Sie sich die Vorschau ❽ an, um zu sehen, wie der Clip wirkt und die einzelnen Inhalte wiedergegeben werden. Sind Sie mit dem Ergebnis zufrieden, wählen Sie *Speichern* ❾.

3. Schnell zum fertigen Videofilm gelangen

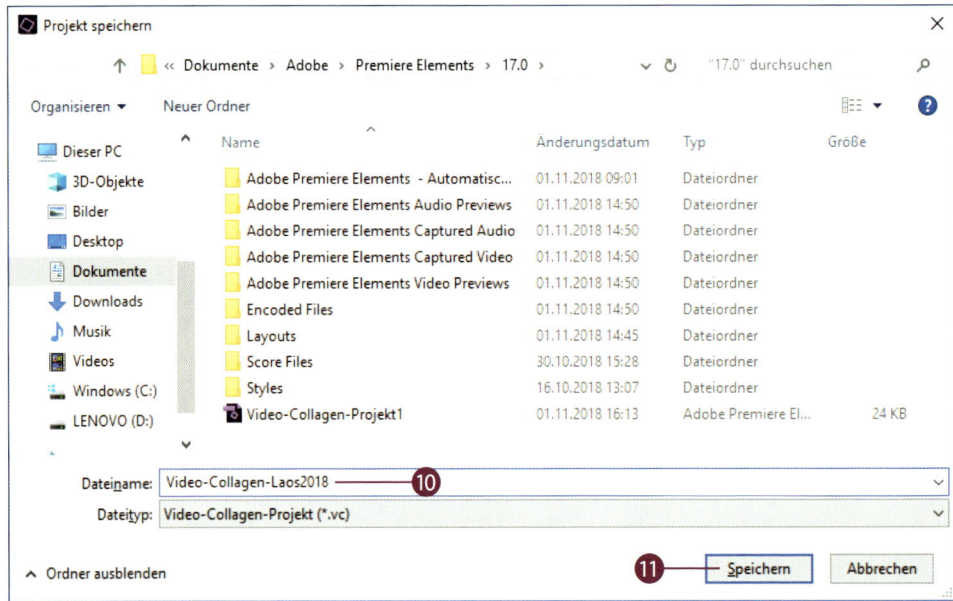

Geben Sie einen Dateinamen an ❿. Bestätigen Sie abschließend mit einem Mausklick auf Speichern ⓫. Achten Sie bei der Auswahl der Videoclips auf deren Länge. Jedes Video muss mindestens fünf Sekunden lang sein. Ist dies nicht der Fall, gibt Premiere Elements eine entsprechende Meldung aus und Sie können den Clip nicht in der Video-Collage verwenden.

Eine Video-Collage anpassen

Ändern Sie das verwendete Raster mit einem Doppelklick ❶. Premiere Elements platziert die bereits verwendeten Clips in der neuen Vorlage. Haben Sie ein Raster mit mehreren Cliprahmen verwendet ❷, fügen Sie in die leeren Rahmen Videoclips ein.

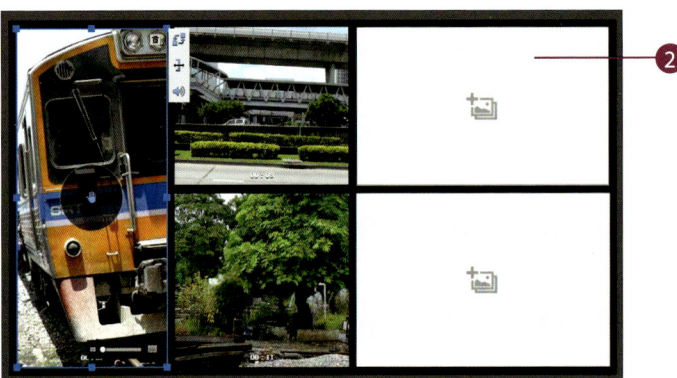

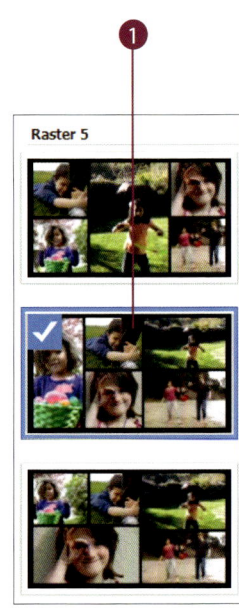

72

So wird eine Video-Collage erstellt

Nun folgt die Auswahl der Medien und das Platzieren derselben auf dem Raster. Über die Navigationsschaltflächen in der rechten oberen Ecke wechseln Sie von der Auswahl der *Vorlagen* ❸ zu den *Wiedergabeeinstellungen* ❹. Mit dem untersten Symbol erreichen Sie die *Musikeinstellungen* ❺.

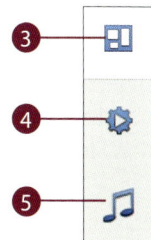

In den Wiedergabeeinstellungen ❻ bestimmen Sie lediglich mit einer Schaltfläche, ob die Elemente der Collage nacheinander eingeblendet werden oder ob sie alle zusammen zu sehen sind.

In den Musikeinstellungen ❼ können Sie über eine Optionsschaltfläche die Musik ausschalten. Möchten Sie eine bestimmte Musik verwenden, wählen Sie hier einen der Musiktracks aus.

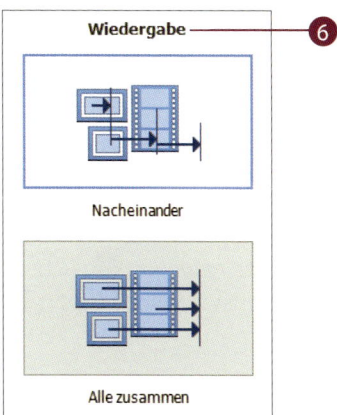

Erweiterte Möglichkeiten bei der Arbeit mit Video-Collagen

Sie haben bereits erfahren, dass Sie anhand eines Rasters bestimmen, wie viele Bild- und Videodateien Sie auf einer Collage platzieren können. Darüber hinaus wissen Sie, dass Sie die Musikelemente verändern und bearbeiten können. Und Sie können bestimmen, ob die Elemente auf der Collage nacheinander oder zusammen wiedergegeben werden sollen.

Markieren Sie einen Clip, wird eine kleine Leiste eingeblendet. Mit dem obersten Symbol ❶ können Sie den Videoclip oder das Bild gegen ein anderes austauschen. Das mittlere Symbol ❷ ermöglicht es, den Clip zu schneiden. Mit dem untersten ❸ schalten Sie die Tonspur des Videoclips stumm. Mit dem Mülleimersymbol, das auf dem Raster eingeblendet wird, löschen Sie einen Clip.

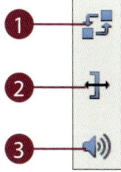

3. Schnell zum fertigen Videofilm gelangen

Zugleich wird beim Markieren eines Clips ein Rahmen um diesen gezogen. In der Mitte des Clips erscheint ein Handsymbol ❹. Bei gedrückt gehaltener linker Maustaste können Sie dies verschieben. Es ändert sich der Blickwinkel, den Sie sehen. Probieren Sie es einmal aus.

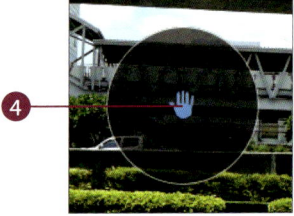

Außerdem wird beim Markieren eines Clips ein Zoomregler eingeblendet. Mit ihm können Sie die Bildinhalte vergrößern und verkleinern. Den Rahmen des Clips können Sie größer oder kleiner ziehen. Auch die Position des Rahmens samt Clip lässt sich mit der Maus verändern. Sie sind also nicht auf die Ausrichtung der Rahmen, die Sie mit den Vorlagen erhalten, angewiesen.

3.10 Mit dem Schnell-Export ein Videoprojekt fertigstellen

Mit dem Schnell-Export ersparen Sie sich die Auswahl und Eingabe von Optionen. Das Videoprojekt wird so exportiert, dass es in allen Medien wiedergegeben werden kann.

Exportieren und freigeben

Verwendet wird hierfür das Videoformat MP4. Die Einstellungen werden dabei sehr einfach über einen Schieberegler vorgenommen.

Um den Schnell-Export zu verwenden, wählen Sie *Exportieren und freigeben* ❶. Achten Sie darauf, dass Sie sich im Dialog *Exportieren und freigeben* im Register *Schnell-Export* ❷ befinden.

Geben Sie einen Dateinamen ❸ ein und wählen Sie das Verzeichnis ❹, in dem das Video abgelegt werden soll. Rechts oben sehen Sie die *Ausgabevorschau* ❺. Ziehen Sie darunter den Schieberegler nach rechts, um die Auflösung des Videos zu erhöhen. Um sie zu verringern, ziehen Sie den Regler nach links. Bestätigen Sie mit einem Mausklick auf die Schaltfläche *Speichern* ❻.

Den Speichervorgang und das Rendern der Medien können Sie anschließend anhand eines Fortschrittsbalkens mitverfolgen.

Premiere Elements zeigt hier auch mit einer Prozentanzeige an, wie weit der Vorgang bereits fortgeschritten ist.

Angezeigt wird auch eine ungefähre Zeit, wie lange Speichern und Rendern dauern wird. Das hängt natürlich von der Größe des Videos, der gewählten Auflösung und der Leistung Ihres Rechners ab.

Mit dem Schnell-Export ein Videoprojekt fertigstellen

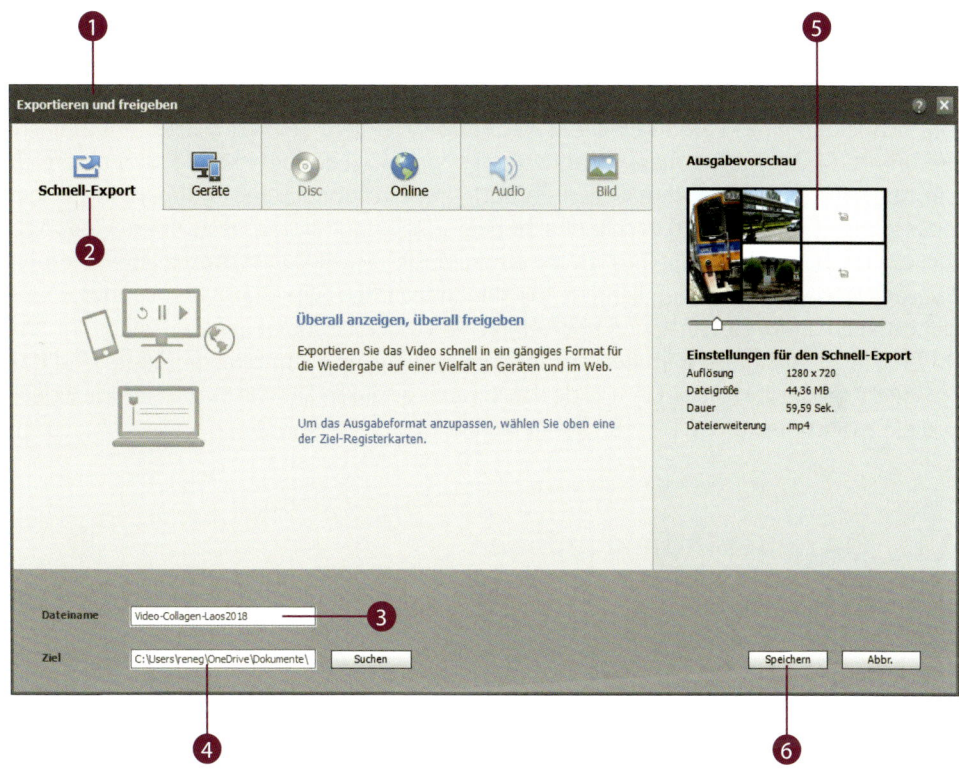

4. Clips schnell schneiden und bearbeiten

Das Schneiden eines Videoprojekts ist mit Adobe Premiere Elements 2019 sehr einfach. Sie grenzen mit verschiebbaren Markierungen, den sogenannten Markern, den Bereich ein, den Sie im Video behalten wollen. Fertig. In diesem Kapitel zeige ich Ihnen, wie Sie ein neues Projekt erstellen und es schnell schneiden. Sie erfahren, wie Sie zu Ihrem Videoprojekt ein Titelbild hinzufügen und wie Sie einen Musiktrack einfügen. Anschließend lernen Sie verschiedene Werkzeuge kennen, mit denen Sie Ihren Clip bearbeiten können. Dazu gehört auch die verbesserte und noch einfacher zu bedienende Funktion *SmartTrim*. Mit ihr wählen Sie besondere Szenen aus Ihrem Video aus und kombinieren diese. Und das geschieht ganz automatisch. Am Ende des Kapitels erfahren Sie, wie Sie das fertige Videoprojekt exportieren und freigeben können.

4.1 Ein neues Projekt anlegen

Ein neues Projekt wird automatisch beim Start des Programms angelegt. Es wird als *NeuesVideoProjektX.prel* bezeichnet. Für *X* wird eine fortlaufende Zahl eingesetzt.

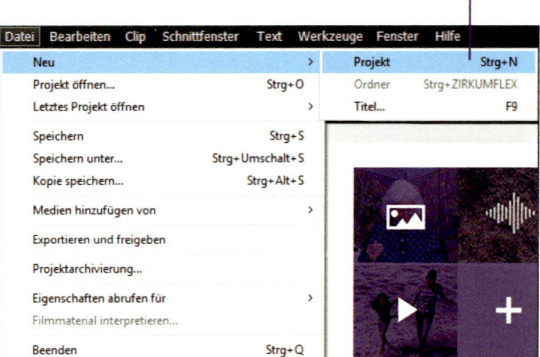

Möchten Sie die aktuelle Arbeit beenden und selbst ein neues Projekt anlegen, wählen Sie *Datei/Neu/Projekt* ❶.

Wollen Sie eine Tastenkombination verwenden, drücken Sie [Strg]+[N] (Windows) bzw. [cmd ⌘]+[N] (macOS).

Im Fenster *Neues Projekt* geben Sie zuerst eine Bezeichnung für selbiges ein ❷. Wählen Sie mit *Durchsuchen* ❸ ein Verzeichnis, in dem das Projekt abgelegt werden soll, und bestätigen Sie es mit *Ordner auswählen* ❹. Natürlich können Sie auch die Vorgabeeinstellung übernehmen. Bestätigen Sie mit einem Mausklick auf *OK* ❺.

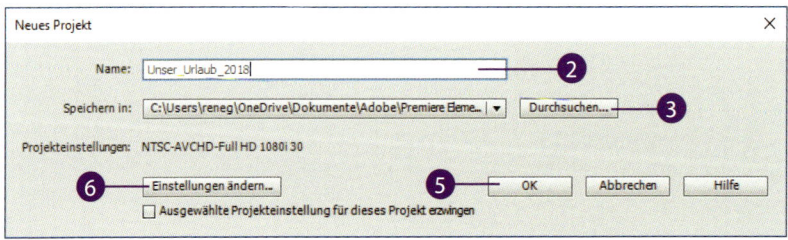

Ein neues Projekt anlegen

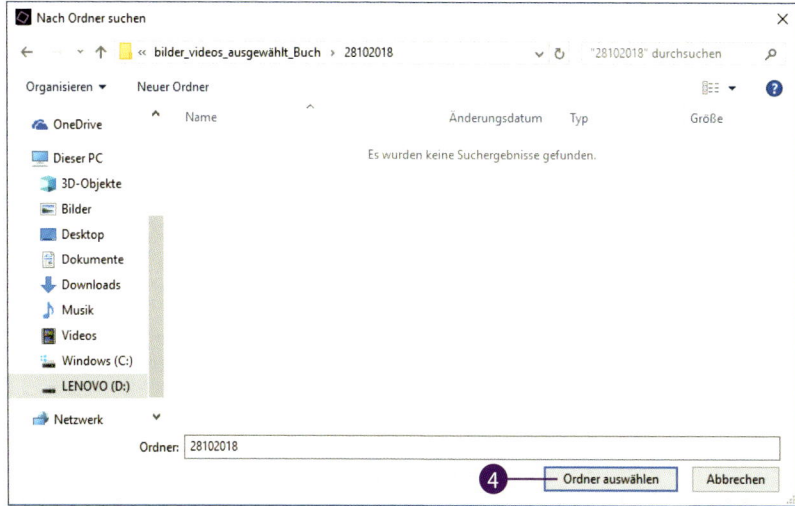

Bei einem neuen Projekt wird eine Full-HD-Auflösung von 1.920 x 1.080 Bildpunkten verwendet. Über *Einstellungen ändern* ❻ können Sie sich diese genauer anschauen. Hier können Sie auch eines von vielen anderen Formaten wählen.

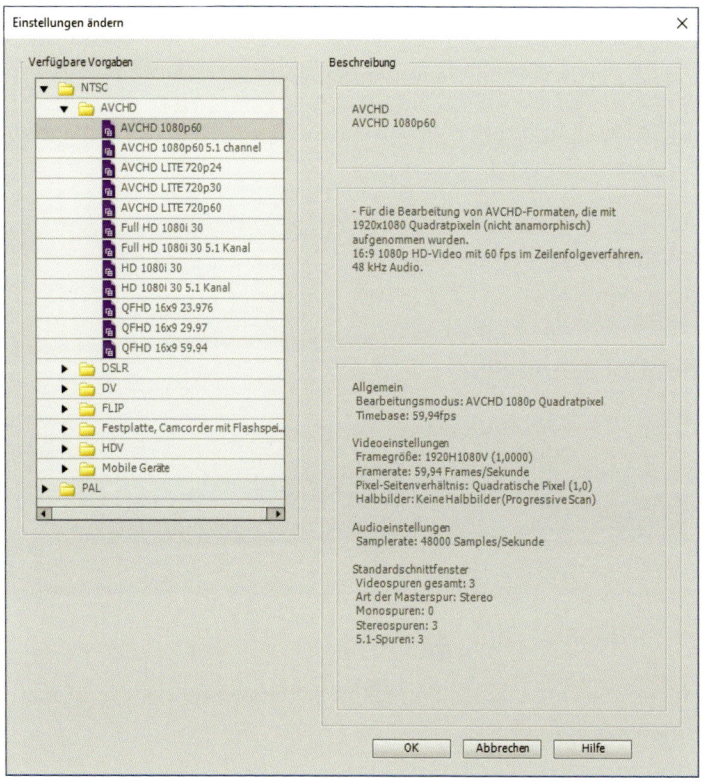

4. Clips schnell schneiden und bearbeiten

4.2 Schnelles Schneiden eines Clips

Das Schneiden eines Clips funktioniert auf sehr einfache Weise. Zwei Punkte auf dem Clip werden festgelegt: der In-Point ❶ und der Out-Point ❷. Der Inhalt, der von diesen beiden Punkten eingefasst wird, wird behalten. Alles außerhalb der beiden Punkte wird entfernt.

Soll ein Inhalt entfernt werden, der nicht mit einem In- und Out-Point erfasst werden kann, wird ein Clip zunächst geteilt. Danach kann er geschnitten werden. Zum besseren Verständnis: Normalerweise entfernen Sie Bilder (Frames) vom Beginn und vom Ende eines Clips. Es kann aber auch vorkommen, dass ein Inhalt mitten aus einem Clip gelöscht werden muss. Teilen Sie einen Clip, damit dieser zu entfernende Abschnitt an das Ende oder den Anfang geschoben wird.

Mit dem Schneiden von Clips werden nicht die Originalclips, die Sie importiert haben, verändert. Sie können sogar die In- und Out-Points verschieben und so auch nachträglich beeinflussen, welche Inhalte beim Abspielen des Clips gezeigt werden.

Es ist auch möglich, unabhängig voneinander Video-In-Points und Audio-In-Points plus die dazugehörigen Out-Points zu setzen.

Geschnitten werden kann ein Clip in verschiedenen Ansichten:

- in der Assistentenansicht mit dem Tutorial Clip zuschneiden und teilen (Grundlagen)
- im Clipmonitor
- im Monitorfenster
- im Schnittfenster der Expertenansicht
- mit dem Werkzeug SmartTrim

Einen Clip im Clipmonitor schneiden

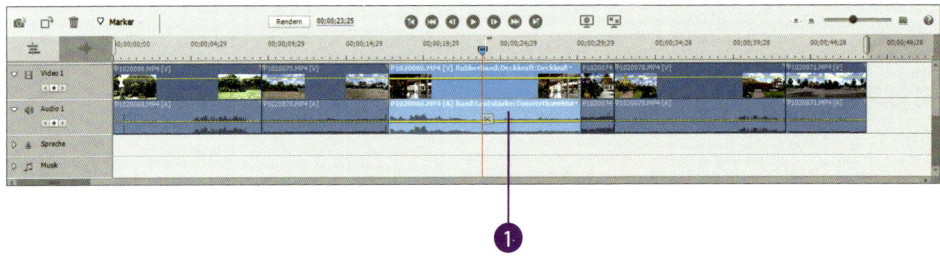

Doppelklicken Sie auf die gewünschte Clipposition ❶ im Schnittfenster der Expertenansicht. Der Clipmonitor wird nun geöffnet.

Schnelles Schneiden eines Clips

Spielen Sie den Clip mit der Play-Schaltfläche ❷ ab. Oder nutzen Sie die Schaltflächen *Schritt zurück* ❸ und *Schritt vor* ❹, um sich einen Frame vor- oder zurückzubewegen. Suchen Sie so den Inhalt, den Sie aus dem Film entfernen wollen.

Öffnen Sie im Vorschaufenster das Kontextmenü und wählen Sie *Clipmarke setzen/In* ❺. Spielen Sie den Clip weiter ab bis zum Ende des Abschnitts, der im Film verbleiben soll. Öffnen Sie im Vorschaufenster das Kontextmenü und wählen Sie *Clipmarke setzen/Out* ❻.

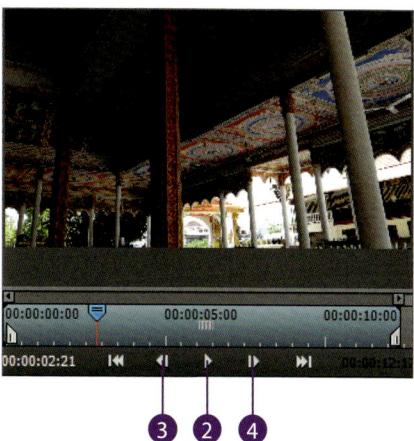

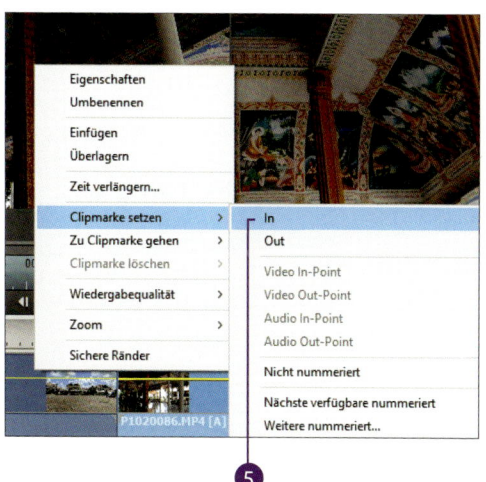

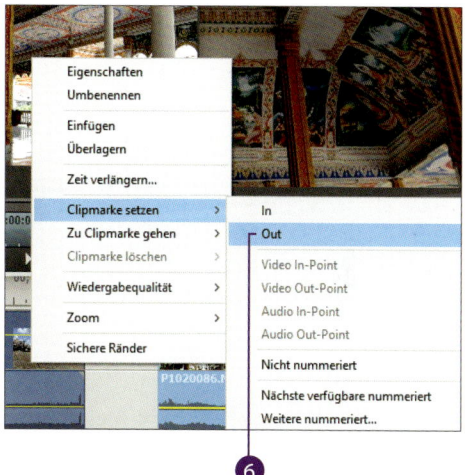

Der Schnitt wird sofort ausgeführt. Im Vorschaufenster wird der Teil des Frames, der im Videoprojekt verbleibt, farblich hervorgehoben ❼. Im Schnittfenster wird der Clip verkleinert. Es entstehen zwei deutlich sichtbare Lücken. Alle nicht vom In-Point und Out-Point eingefassten Bilder werden entfernt ❽.

4. Clips schnell schneiden und bearbeiten

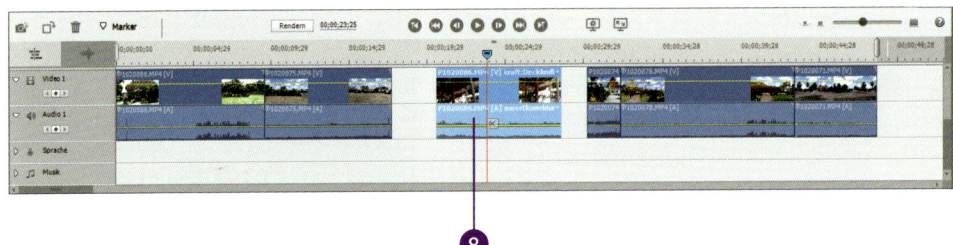

❽

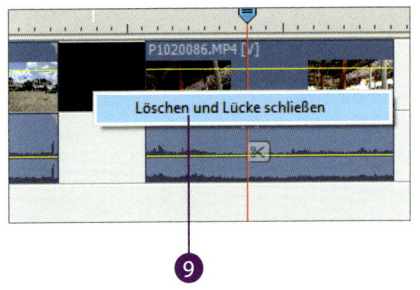

Setzen Sie den Mauszeiger auf den freien Bereich links vom verkleinerten Clip. Öffnen Sie mit der rechten Maustaste das Kontextmenü und wählen Sie *Löschen und Lücke schließen* ❾. Wiederholen Sie dies auf dem freien Bereich rechts vom Clip. Nun werden die Lücken entfernt und alle Clips liegen wieder hintereinander auf der Video- und Audiospur ❿.

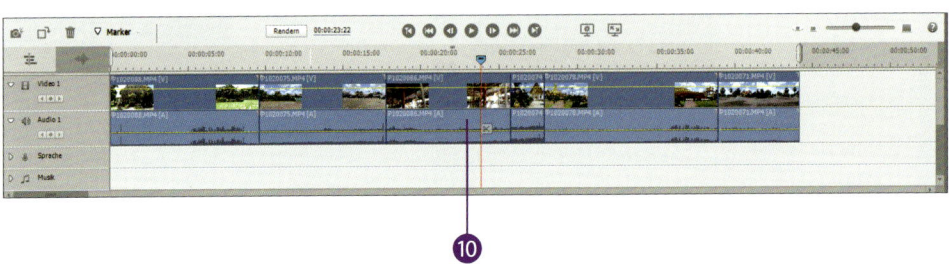

❿

Einen Clip aus den Projektelementen mit dem Clipmonitor schneiden

Mit dem Clipmonitor können Sie auch einen Clip aus dem Bedienfeld *Projektelemente* schneiden. Dieses Bedienfeld steht Ihnen im Expertenmodus zur Verfügung. Sie können hier vorgehen wie im vorhergehenden Abschnitt beschrieben. Den Clip abspielen, bis Sie den Punkt erreichen, an dem der Inhalt beginnt, den Sie behalten wollen. Setzen Sie an dieser Stelle den In-Point. Dann spielen Sie den Clip weiter ab bis zum Ende des Inhalts, der verbleiben soll. Hier setzen Sie den Out-Point. Über das Kontextmenü erreichen Sie auch die Funktion *Clipmarke setzen/In* und *Clipmarke setzen/Out*.

Noch einfacher geht das Schneiden des Clips, wenn Sie nur den Point-In- und den Point-Out-Griff im Clipmonitor verschieben. Das Öffnen des Kontextmenüs und das Aufrufen einer Funktion daraus sind nicht notwendig.

In der Expertenansicht stehen Ihnen mehr Funktionen für die Bearbeitung eines Clips zur Verfügung. Das Setzen von In- und Out-Points ist dank der In- und Out-Griffe sehr viel einfacher und geht schneller von der Hand, als wenn Sie in der Schnellansicht erst das Kontextmenü und die Funktionen aufrufen müssen.

Schnelles Schneiden eines Clips

Einer der wichtigsten Vorteile ist aber ein anderer: Sie können in der Expertenansicht einen Clip mehrfach schneiden. So lassen sich verschiedene Inhalte eines Clips in das Schnittfenster einfügen. Die im Schnittfenster platzierten Clips bleiben dabei unverändert (man spricht hier von verschiedenen »Instanzen«).

Ich zeige Ihnen zunächst einmal, wie einfach das Schneiden eines Clips hier ist, und anschließend, wie Sie einen zweiten Inhalt des Clips in Ihr Videoprojekt einfügen.

1. Doppelklicken Sie auf einen Clip ❶ im Bedienfeld *Projektelemente*, um ihn im Clipmonitor zu öffnen. Sie erreichen den Clipmonitor auch über das Kontextmenü des Clips im Bedienfeld *Projektelemente*.

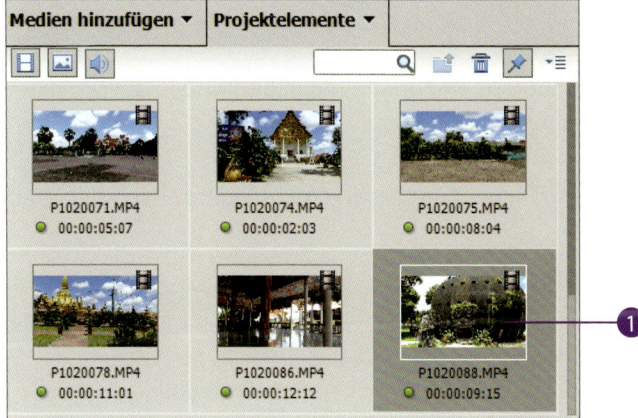

2. Spielen Sie den Clip mit der *Play*-Schaltfläche ❷ ab. Oder nutzen Sie die Schaltflächen *Schritt zurück* ❸ bzw. *Schritt vor* ❹, um sich einen Frame vor- oder zurückzubewegen. Sie können auch mit der Maus den Positionszeiger an die gewünschte Stelle ziehen. Suchen Sie so den Inhalt, den Sie aus dem Film entfernen möchten.

3. Ziehen Sie den In-Point ❺ zu dem Punkt, an dem der Inhalt beginnt, den Sie behalten wollen.

4. Spielen Sie den Clip weiter ab bis zu dem Punkt, an dem der Inhalt endet, den Sie behalten möchten. Ziehen Sie den Out-Point ❻ bis zu dieser Position.

5. Öffnen Sie das Kontextmenü des Clipmonitors und wählen Sie *Einfügen* ❼.

4. Clips schnell schneiden und bearbeiten

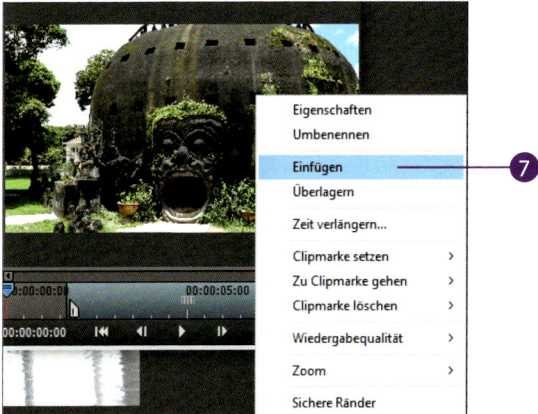

Der Clip wird im Clipmonitor geschnitten. Der geschnittene Clip wird in der Timeline eingefügt. Sie sparen sich so Zeit und Arbeit.

Einen zweiten Schnitt eines Clips anfertigen und in das Videoprojekt einfügen

Der geschnittene Clip ist nun im Schnittfenster zu sehen. Im Bedienfeld *Projektelemente* wird er mit einem grünen Punkt markiert. Das kennzeichnet einen Clip, der im Schnittfenster platziert wurde und der Teil des aktuellen Videoprojekts ist. Im Bedienfeld *Projektelemente* finden Sie außerdem zwei kleine Clips. Das sind die Videobilder, die Sie zuvor entfernt haben.

Doppelklicken Sie auf den Clip im Bedienfeld *Projektelemente* ❶. Der Clip wird im Clipmonitor geöffnet. Sie sehen den kompletten Clip und die Markierung des Schnitts. Verändern Sie nun den Schnittbereich. Ziehen Sie einfach die In- ❷ und Out-Points ❸ an eine neue Position. Fügen Sie das Ergebnis wieder mit *Einfügen* ❹ in Ihr Videoprojekt ein.

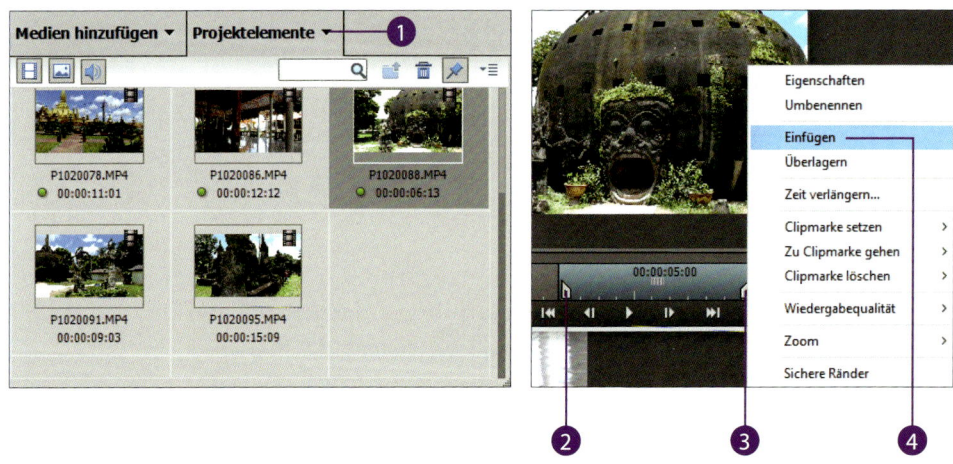

82

Schnelles Schneiden eines Clips

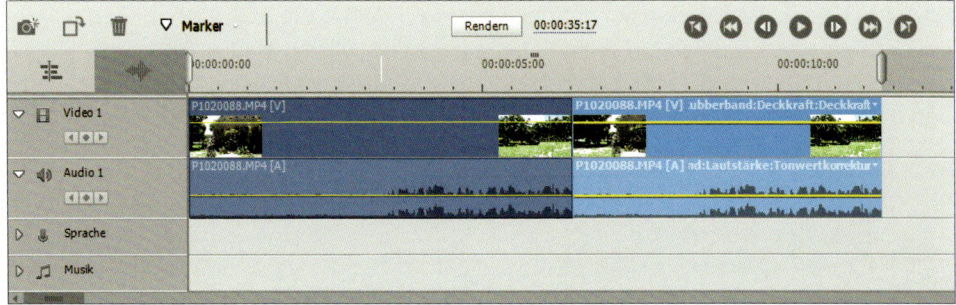

Sie sehen nun zwei unterschiedliche Varianten des Ausgangsclips im Schnittfenster. Beide lassen sich unabhängig voneinander bearbeiten. Es ist natürlich auch möglich, noch weitere Instanzen eines Clips zu erstellen und im Schnittfenster einzufügen.

Einen Clip im Schnittfenster der Expertenansicht schneiden

Fahren Sie mit der Maus an den linken Rand des Clips, bis das Symbol *Clipanfang schneiden* sichtbar wird ❶. Nun ziehen Sie dieses auf die Position des Abspielmarkers ❷. Der Abschnitt vor dem Symbol *Clipanfang schneiden* wird entfernt. Der Clip wird sofort kürzer ❸.

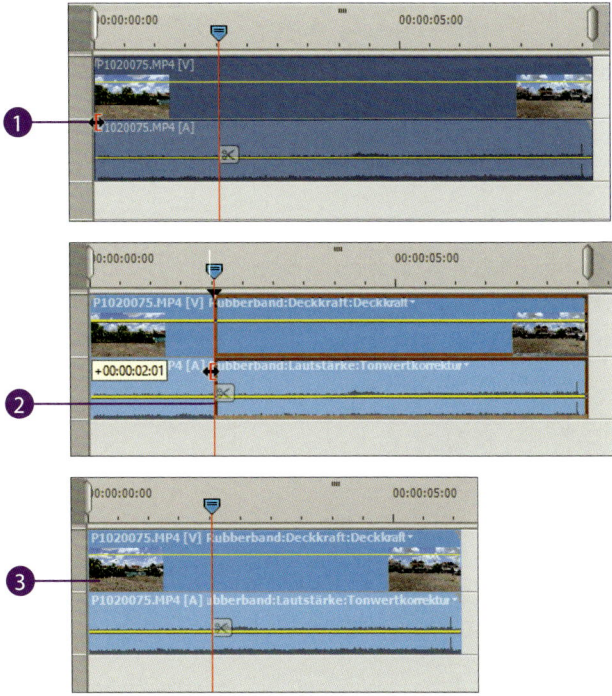

4. Clips schnell schneiden und bearbeiten

Bewegen Sie nun den Marker auf das gewünschte Ende des Clips ❹. Ziehen Sie das Symbol *Clipende schneiden* von der rechten Seite des Clips auf den Marker ❺. Lassen Sie die Maus los. Auch hier wird der Bereich rechts vom Symbol *Clipende schneiden* sofort entfernt und der Clip wird merklich kleiner ❻.

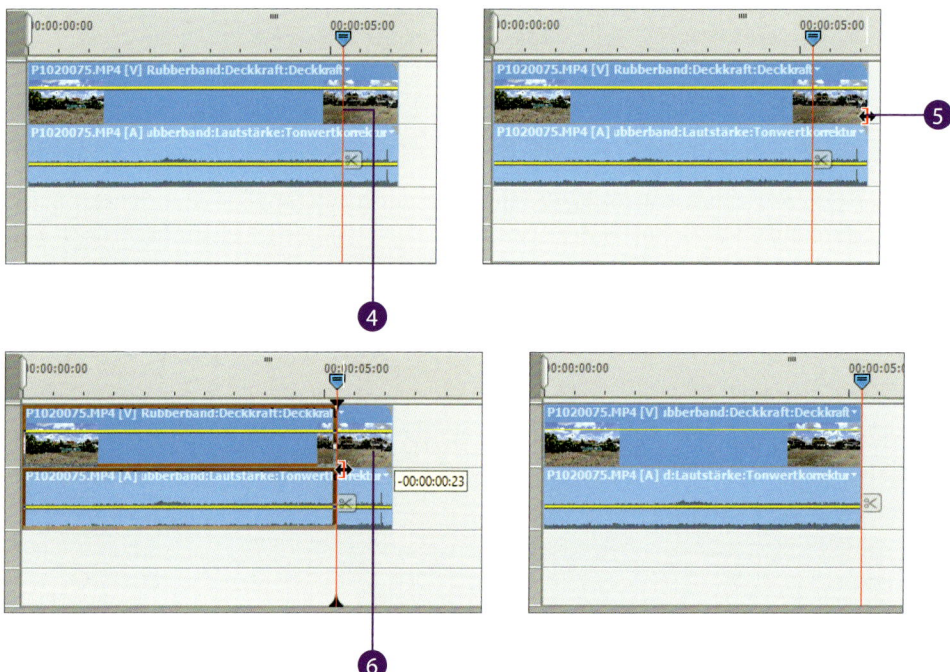

Clips teilen

Teilen Sie einen Clip, um einen Bereich aus seiner Mitte zu entfernen. Teilen ermöglicht es auch, einen abgeschnittenen Teil eines Clips zu verschieben oder auch aus dem Schnittfenster zu entfernen. Sie können nach dem Teilen unterschiedliche Effekte auf beide Clipteile anwenden.

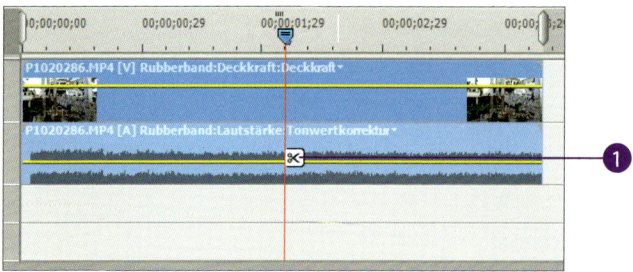

Spielen Sie den Clip ab, bis Sie den Punkt erreicht haben, an dem er geteilt werden soll. Klicken Sie auf das Scherensymbol ❶ am Positionsmarker. Möchten Sie ein Tastenkürzel

84

Schnelles Schneiden eines Clips

verwenden, drücken Sie [Strg]+[Leer] (Windows) bzw. [cmd ⌘]+[Leer] (macOS). Der Clip wird nun aufgeteilt. Sie erhalten zwei Clips im Schnittfenster ❷, die Sie unabhängig voneinander bearbeiten können.

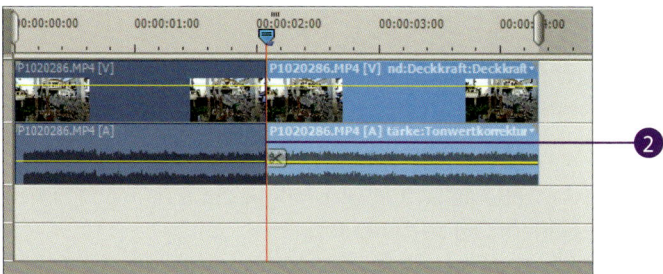

Eine Lücke zwischen beiden Clipteilen ist nicht vorhanden. Einen Clip teilen können Sie nur in der Expertenansicht.

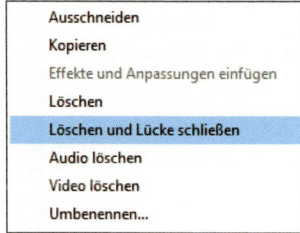

Möchten Sie einen der Clips aus Ihrem Videoprojekt entfernen, markieren Sie ihn. Öffnen Sie das Kontextmenü und wählen Sie *Löschen und Lücke schließen*. Neben dem Entfernen des Clips wird auch gleich die entstandene Lücke mit allen vorhandenen Clips aufgefüllt. Eine sehr praktische Funktion, wie ich finde.

Die genannte Funktion ist in der Schnellansicht und in der Expertenansicht vorhanden.

In der Expertenansicht können Sie dem Clip einen neuen Namen geben. Auch das ist eine sehr nützliche Funktion. Nach dem Teilen eines Clips besitzen beide Clips den gleichen Namen. Um das zu ändern, markieren Sie den durch das Teilen entstandenen Clip. Öffnen Sie das Kontextmenü und wählen Sie *Umbenennen* ❸. Geben Sie eine Bezeichnung ein ❹ und bestätigen Sie ❺.

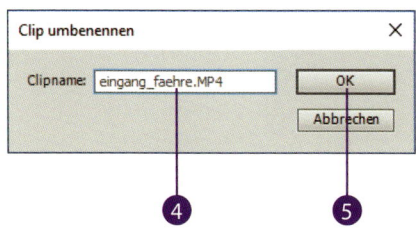

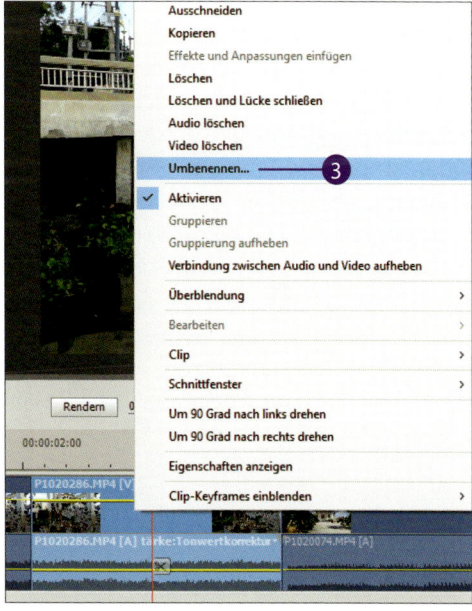

4. Clips schnell schneiden und bearbeiten

In meinem Beispiel habe ich auch den ersten Clip umbenannt.

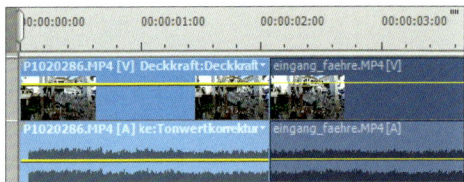

In der Expertenansicht können Sie einen Clip auch nur *Löschen*. Dabei bleibt die entstandene Lücke. Sie wird nicht geschlossen. Ebenfalls ist es hier möglich, nur den Videoinhalt oder auch nur den Audio-Inhalt aus einem Clip zu entfernen.

> **Bitte beachten!**
> Nach dem Teilen eines Clips und bei vielen weiteren Bearbeitungen und Effekten finden Sie im Bedienfeld *Projektelemente* immer noch den ursprünglich verwendeten Clip ohne die angewandten Veränderungen. Wenn Sie sich mit einem Effekt oder beim Teilen eines Clips einmal vertun, können Sie das Ergebnis Ihrer Arbeit aus dem Schnittfenster entfernen und den Clip erneut einfügen. Einzelne Arbeitsschritte lassen sich natürlich auch mit [Strg]+[Z] bzw. [cmd ⌘]+[Z] rückgängig machen.

Clips austauschen

Im Expertenmodus können Sie einen verwendeten Clip gegen einen anderen austauschen. Das bedeutet, der bereits im Videoprojekt vorhandene Clip wird entfernt. Ein neuer Videoclip wird importiert und anstelle des verwendeten in das Schnittfenster eingefügt. Er nimmt die Position des entfernten Clips ein. Um diese Funktion zu nutzen, markieren Sie im Bedienfeld *Projektelemente* den Clip ❶, den Sie ersetzen wollen. Öffnen Sie das Kontextmenü und wählen Sie *Filmmaterial ersetzen* ❷. Wählen Sie eine Videodatei aus ❸ und bestätigen Sie mit *Öffnen* ❹.

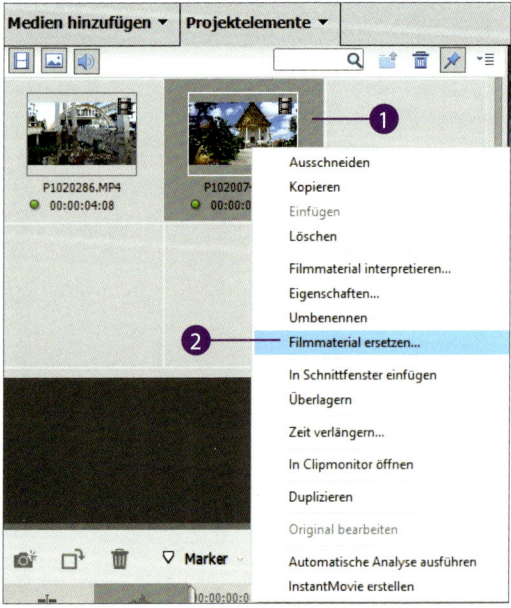

Ein Titelbild in der Schnellansicht hinzufügen

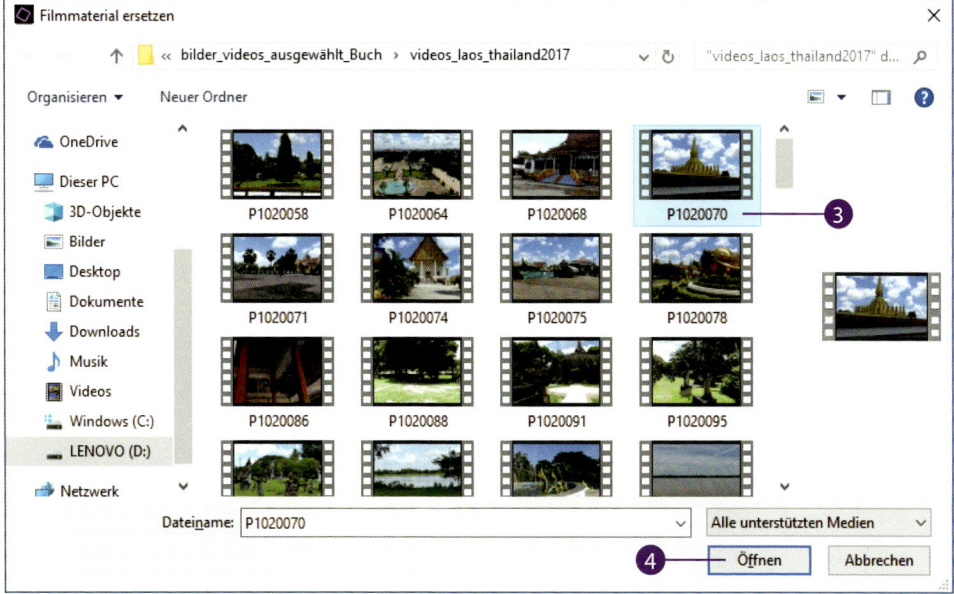

Der Clip, der ersetzt wurde, wird aus dem Videoprojekt entfernt. Er ist ebenfalls nicht mehr in den Projektelementen vorhanden. Der neu eingefügte Clip wird an die Länge seines Vorgängers angepasst.

4.3 Ein Titelbild in der Schnellansicht hinzufügen

Ein Titel gibt einem Video etwas Besonderes. Es ist so wie eine Titelseite bei einem Buch. Der Titel gibt dem Betrachter einen Vorgeschmack auf das, was kommt. Er kann beschreibend sein, eine Aussage enthalten oder einfach nur eine »Beschriftung«. Hier sind Ihrer Kreativität keine Grenzen gesetzt.

Möchten Sie sich nicht längere Zeit mit dem Einfügen und Bearbeiten von Text- und Farbelementen beschäftigen, nutzen Sie eine der Titelvorlagen von Adobe Premiere Elements.

In der Schnellansicht gehen Sie wie folgt vor: Klicken Sie auf den nach unten zeigenden Pfeil auf der Symbolschaltfläche *Titel oder Medien hinzufügen* ❶. Wählen Sie *Titel hinzuf.* ❷.

4. Clips schnell schneiden und bearbeiten

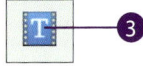 ❸ Alternativ können Sie auch die Symbolschaltfläche *Fügen Sie Ihren Clips Text und Titel hinzu* ❸ nutzen. Sie finden diese am rechten Rand des Programmfensters.

Klicken Sie auf die Titelzeile *Bewegungstitel - Alles einblenden* ❹ und wählen Sie *Klassische Titel* ❺. Die gewünschte Auswahl klappt auf. Wählen Sie dort den obersten Eintrag *Allgemein* ❻.

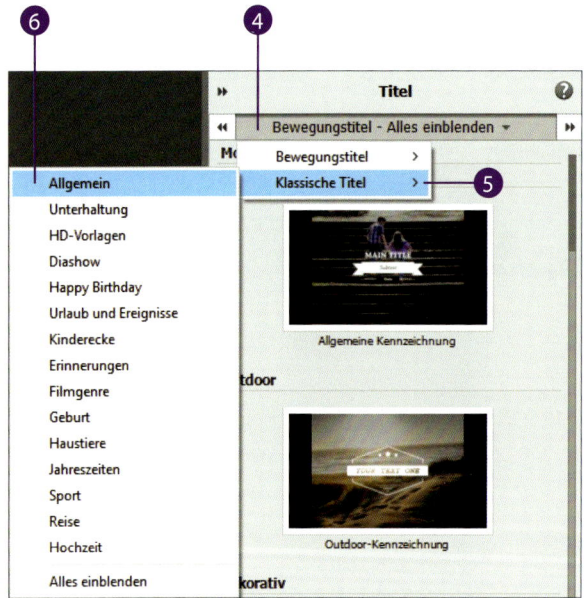

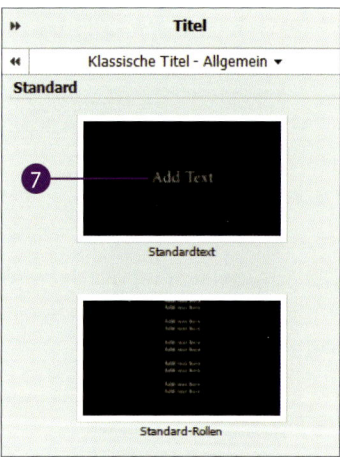

Sie sehen nun eine Reihe Vorschaubilder von allen Titeln, die in der gewählten Kategorie vorhanden sind. Einige sind animiert. Mit einem Klick auf die Wiedergabe-Schaltfläche, die sich auf der Vorschau befindet, können Sie einen ersten Blick auf diese Animation werfen. Markieren Sie den ersten Titel ❼. Er ist mit *Standardtext* betitelt. Ziehen Sie ihn in das Schnittfenster und legen Sie ihn am Beginn der Videospur ab. Premiere Elements zeigt Ihnen die Position, an der Sie einen Titel, einen Abspann oder einen Übergangseffekt einfügen können, mit einem grünen Balken an ❽.

Ein Titelbild in der Schnellansicht hinzufügen

Lassen Sie die Maustaste los, verschwindet der grüne Balken. Stattdessen erscheint das eingefügte Element ❾. In unserem Beispiel ist das das Titelbild.

Doppelklicken Sie auf die eingefügte Textspur. Im Bedienfeld *Anpassungen* sehen Sie sofort vier Register, mit denen Sie eine Textspur bearbeiten können. In Kapitel 11.1 »Mit Text arbeiten« stelle ich Ihnen diese und alle wichtigen Funktionen bei der Arbeit mit Textelementen vor. Schauen wir jetzt nur einmal an, wie Sie schnell einen Titel erstellen.

Platzieren Sie den Mauscursor im Monitorfenster und geben Sie einen eigenen Titel ein ❿. Führen Sie einen kurzen Mausklick außerhalb des Monitorfensters aus. So beenden Sie die Texteingabe.

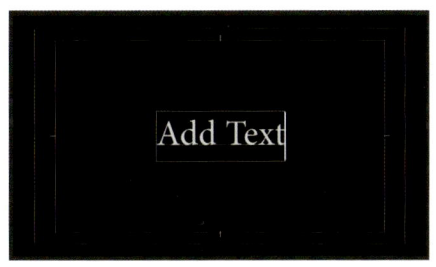

In meinem Beispiel reicht der Text etwas über den rechten Rand des Videobildes hinaus. Das ist nicht weiter schlimm. Er wird im nächsten Schritt ausgerichtet. Klicken Sie auf die Textspur im Schnittfenster. Wählen Sie im Bedienfeld *Anpassungen/ Text* die beiden Schaltflächen zum Ausrichten des Textes an. Klicken Sie einfach beide nacheinander an, um so den Text waagerecht ⓫ und senkrecht ⓬ genau zur Mitte auszurichten.

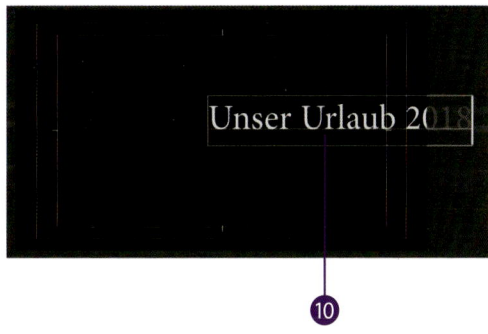

89

4. Clips schnell schneiden und bearbeiten

Im Monitorfenster sehen Sie nun, dass Ihr Text genau in der Mitte des Bildes ausgerichtet ist. Schauen Sie sich das Ergebnis auch einmal an. Geben Sie den Videoclip einfach einmal wieder.

Auf die genannte Art und Weise können Sie auch einen Abspann einfügen oder ein Textbild, das mitten im Videoclip eingeblendet wird.

Möglich ist es auch, einen weiteren Text hinter dem ersten einzufügen. So sind längere oder mehrere Textelemente möglich.

In der Expertenansicht können Sie einen Titel auch auf einer eigenen Videospur ablegen. Auf diese Weise ist auch ein transparenter Titel möglich. Das Bild aus Ihrem Videoclip bleibt sichtbar. Der Text des Titelbildes wird darüber eingeblendet. Schauen wir uns dies einmal im nächsten Abschnitt an.

Einen transparenten Titel in der Expertenansicht erstellen

Das Hinzufügen eines Titels in der Expertenansicht geschieht über die Schaltfläche *Fügen Sie Ihren Clips Titel hinzu*. Die anschließenden Arbeitsschritte entsprechen denen in der Schnellansicht. Eine der möglichen Titelvorlagen wird ausgewählt und per Drag-and-drop in den Clip eingefügt. Dank einer eigenen Spur für das Titelbild können der Titel und der Beginn des Clips übereinander platziert werden. Das Titelbild wird dann mit wenigen Mausklicks transparent. Das Ergebnis kennen Sie von vielen Filmen und Dokumentationen. Während die esten Bilder Ihres Clips sichtbar sind, wird der Titeltext eingeblendet.

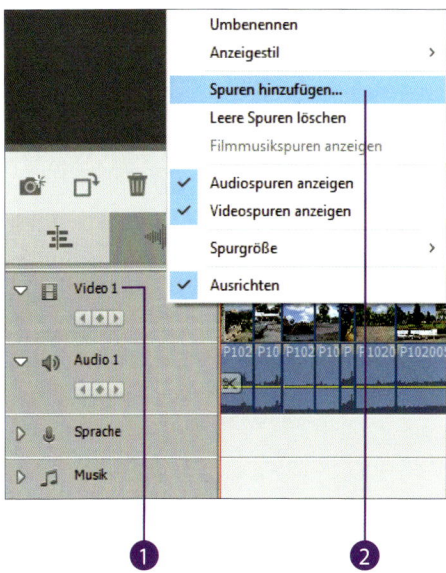

In meinem Beispiel habe ich zuvor alle nicht notwendigen und leeren Spuren entfernt. Nun ist natürlich eine Spur notwendig, auf der das Titelbild abgelegt wird. Eine solche wird im Handumdrehen hinzugefügt. Führen Sie die Maus auf die Kopfzeile der Videospur 1 ❶. Öffnen Sie mit einem Rechtsklick Ihrer Maus das Kontextmenü. Wählen Sie *Spuren hinzufügen* ❷. Im gleichnamigen Dialog bestimmen Sie, ob Sie eine Video- oder eine Audiospur erstellen wollen. Sie legen fest, wie viele Spuren erstellt werden sollen und ob sich diese vor der ersten oder nach der letzten Spur befinden sollen.

Ein Titelbild in der Schnellansicht hinzufügen

Stellen Sie *1* im Bereich *Videospuren* ein ❸. Öffnen Sie das Listenfeld *Platzierung* und wählen Sie *Vor erster Spur* ❹. Im Feld *Hinzufügen* bei *Audiospuren* stellen Sie eine *0* ❺ ein. Es soll ja nur eine Videospur für den Titel erstellt werden. Bestätigen Sie mit *OK* ❻.

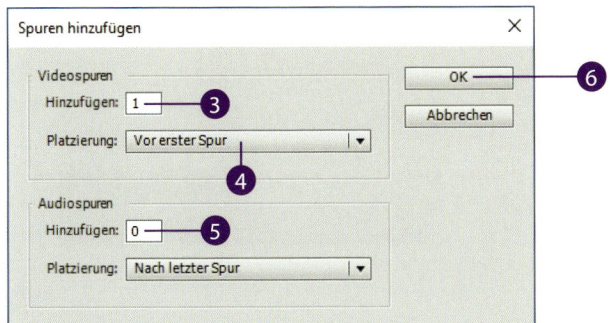

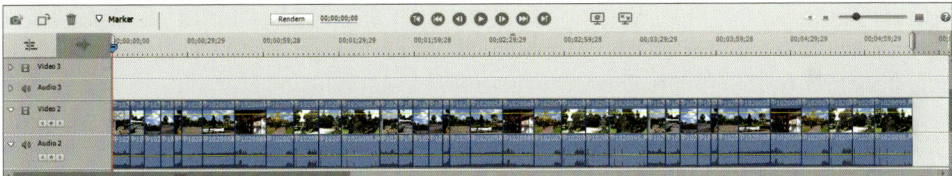

Das Programm tut leider nicht ganz, was es soll. Ich erhalte drei Video- und zwei Audiospuren. Da sich aber in diesen kein Inhalt befindet und wir später leere Spuren einfach löschen, kann man dies getrost ignorieren.

 Klicken Sie nun auf die Symbolschaltfläche *Fügen Sie Ihren Clips Titel und Text hinzu* ❼.

Klicken Sie auf *Bewegungstitel - Ales einblenden* ❽ und wählen Sie *Klassische Titel/Allgemein* ❾. Ziehen Sie die Titelvorlage *Standardtext* auf die Videospur 1 ❿. Platzieren Sie diese über dem Beginn Ihres Clips ⓫.

4. Clips schnell schneiden und bearbeiten

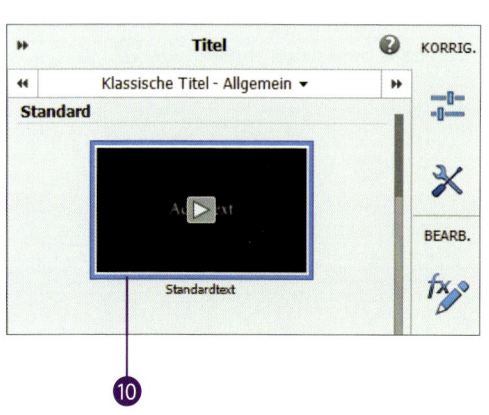

Vergrößern Sie mit dem Zoomregler ⓬ die Videospuren ein wenig. Sie sehen die Titelspur auf der Videospur (in meinem Beispiel auf der Spur *Video 3*). Auf ihr ist ein *Default Text* ⓭ zu sehen. Im Monitorfenster erkennen Sie diesen vorgegebenen Text. Sehr deutlich sehen Sie hier, dass Premiere Elements einen transparenten Titel automatisch erstellt hat. Sie müssen keine besondere Einstellung vornehmen, damit die Bilder des hinter den Titel gelegten Clips sichtbar sind.

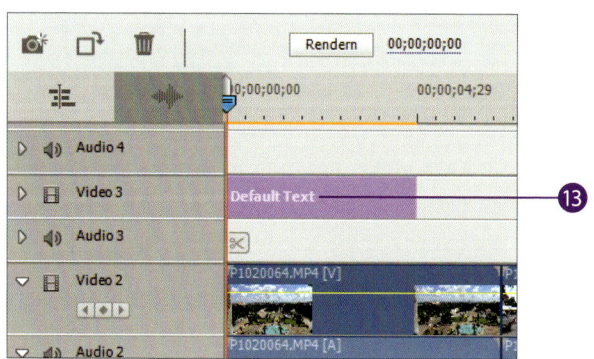

Klicken Sie hinter den letzen Buchstaben von *Add Text*. Löschen Sie den vorgegebenen Text und geben Sie einen eigenen Titel ein. Richten Sie den Text mittig aus ⓮ und schauen Sie sich das Ergebnis an.

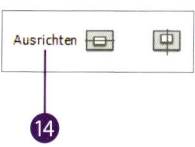

Ein Titelbild in der Schnellansicht hinzufügen

Die Titelvorlagen

Die Titelvorlagen sind in die beiden Kategorien *Bewegungstitel* und *Klassische Titel* einsortiert. Die Kategorie *Bewegungstitel* enthält die Vorlagengruppen *Modern*, *Dekorativ*, *Formell*, *Spaß*, *Geometrisch*, *Typografie* und *Benutzerdefiniert*.

Die letztgenannte Gruppe ist noch leer und soll später Ihre eigenen Titelvorlagen aufnehmen.

Die Kategorie *Klassische Titel* enthält die Vorlagengruppe *Allgemein*, *HD-Vorlagen*, *Diashow*, *Happy Birthday*, *Urlaub und Ereignisse*, *Kinderecke*, *Erinnerungen*, *Filmgenre*, *Geburt*, *Haustiere*, *Jahreszeiten*, *Sport*, *Reise* und *Hochzeit*.

Das Bedienfeld mit den verschiedenen Vorlagen vermittelt einen ersten Eindruck derselben. So findet sich schnell ein passender Titel.

4.4 Mit Musik ein Video auffrischen

In der Schnellansicht klicken Sie auf die Schaltfläche *Musik hinzufügen* ❶ im Schnittfenster oder auf *Audio zum Soundtrack hinzufügen* ❷ in der Werkzeugleiste. Letzteres nutzen Sie ebenso in der Expertenansicht.

Das Bedienfeld *Musik* klappt auf. Klicken Sie auf die oberste Zeile und wählen Sie hier die Kategorie *Musik-Score - Alles einblenden* ❸. Wählen Sie dann *Music-Score* ❹ und entscheiden Sie sich für eine der Kategorien. Im Beispiel entscheide ich mich für *Stimmungsvoll* ❺. Schauen Sie sich die verschiedenen Musikstücke einmal an. Hören Sie mit der Wiedergabe-Schaltfläche, die zu jedem Track gehört, einmal rein. Wählen Sie einen Titel aus. Ich nehme den Titel *Dunkle Materie* ❻. Ziehen Sie ihn per Drag-and-drop in das Schnittfenster. Schauen Sie sich an, wie die eingefügte Musik wirkt.

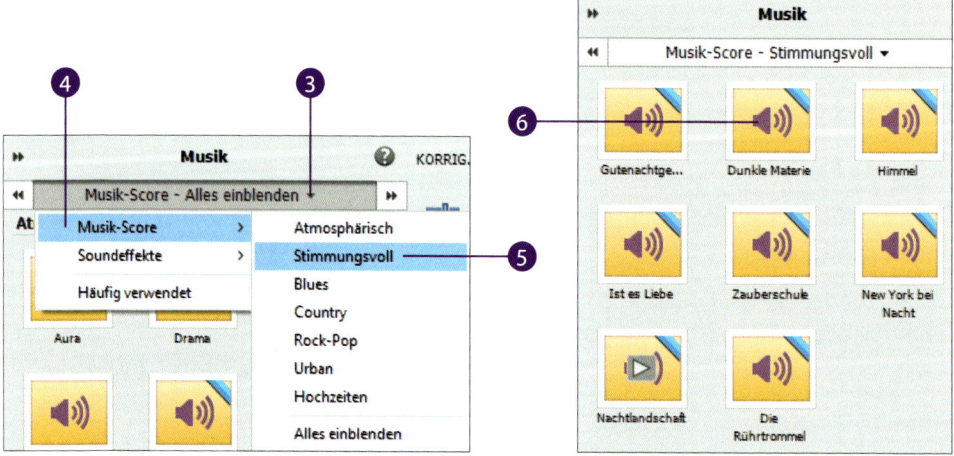

Der Musiktitel wird, wenn Sie ihn das erste Mal verwenden, aus dem Internet geladen ❼. Warten Sie, bis der Downloadvorgang abgeschlossen ist. Der Titel wird anschließend angepasst und in das Schnittfenster eingefügt.

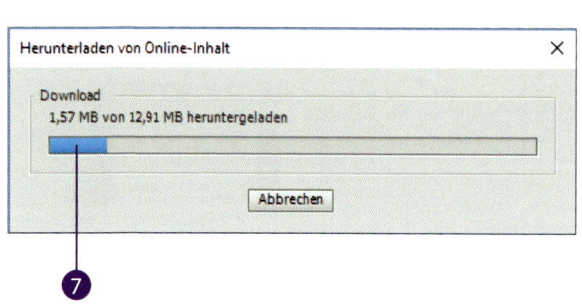
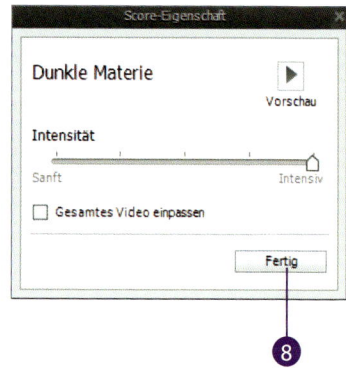

Mit Musik ein Video auffrischen

Premiere Elements blendet den Dialog *Score-Eigenschaft* ein. Bestätigen Sie ihn mit einem Mausklick auf die Schaltfläche *Fertig* ❽. Im Schnittfenster sehen Sie nun den eingefügten Musiktrack ❾. Die Musikspur enthält eine grüne Spur.

Befindet sich die eingefügte Audiospur zu weit hinten, ändern Sie dies per Drag-and-drop. Setzen Sie die Maus auf die Audiospur und ziehen Sie diese an den Anfang der Spur. Mit den Anfassern zu Beginn und am Ende der Audiospur passen Sie deren Länge an.

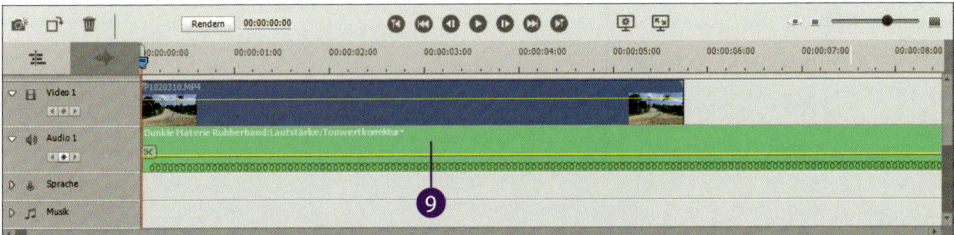

In der Schnellansicht wird die Musik mit einem Listenfeld unter dem Clip angezeigt. Klicken Sie auf den nach unten zeigenden Pfeil ❿ auf diesem Feld, können Sie die Musik ein- und ausblenden ⓫ sowie die Lautstärke anpassen ⓬. Mit *An Film anpassen* wird die Musik zum Ende des Videoclips ausgeblendet.

Länge der Musikspur anpassen

In der Regel passt die Länge der Musikspur nicht. Die Musikspur ist länger oder kürzer als der Videoclip. Manchmal fängt die Musik erst später an und der Clip ist bereits beendet.

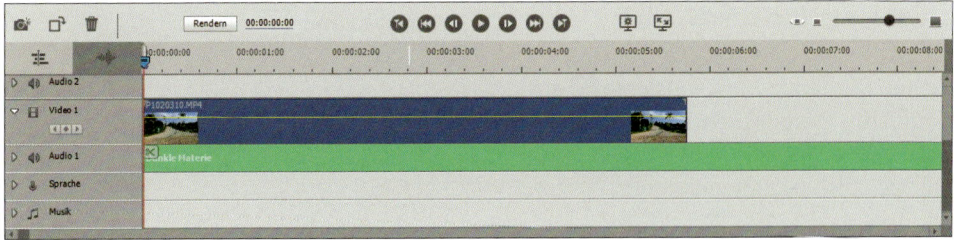

4. Clips schnell schneiden und bearbeiten

Bevor Sie die Lautstärke der Musik ändern oder Audioeffekte verwenden, sollten Sie die Länge der Musikspur an die Videospur anpassen. Doppelklicken Sie dazu auf die Audiospur in der Expertenansicht und aktivieren Sie die Option *Gesamtes Video einpassen* ❶. Bestätigen Sie mit *Fertig* ❷.

In der Schnellansicht öffnen Sie mit dem nach unten zeigenden Pfeil ein kleines Dialogfenster und klicken auf *An Film anpassen*.

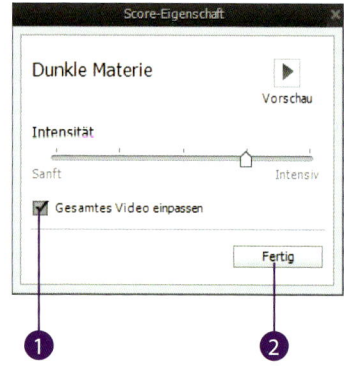

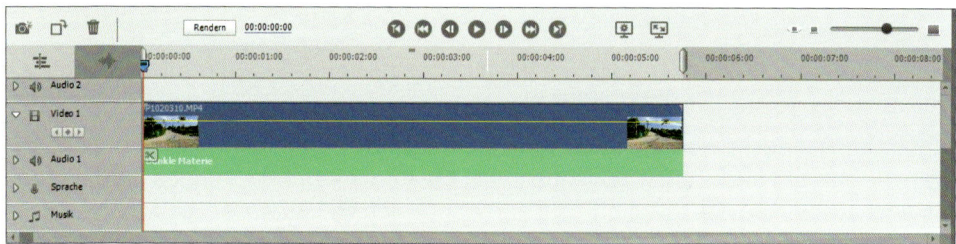

Mit den Anfassern am Beginn und Ende der Musikspur können Sie diese auch verlängern oder kürzen. Per Drag-and-drop kann auch die gesamte Musikspur an eine andere Position gezogen werden.

Die Lautstärke des eingefügten Musiktracks anpassen

Manchmal ist die Lautstärke eines eingefügten Musikstücks etwas zu laut. Oder man möchte einfach die Hintergrundgeräusche und die gesprochenen Inhalte nicht zu stark übertönen. In einem solchen Fall passen Sie die Lautstärke an.

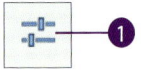 Arbeiten Sie für diese Aufgabe in der Expertenansicht. Markieren Sie den Musiktrack im Schnittfenster und wählen Sie das *Bearbeiten*-Symbol ❶ in der Werkzeugleiste. Sie finden es an oberster Stelle der Leiste.

Öffnen Sie die Lautstärkeeinstellung mit einem Mausklick auf den nach rechts zeigenden Pfeil ❷ oder auf die Zeile *Lautstärke* im Bedienfeld.

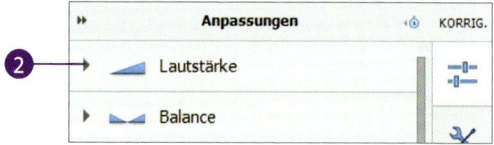

Ziehen Sie den Regler *Lautstärke* ❸ auf ungefähr *-15 db*. Hören Sie sich das Ergebnis Ihrer Arbeit an. Die Musik sollte jetzt deutlich dezenter klingen.

Mit Musik ein Video auffrischen

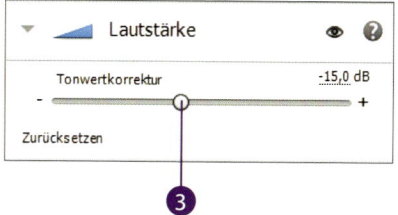

Möchten Sie eine andere Einstellung verwenden, machen Sie die zuvor verwendete mit *Zurücksetzen* rückgängig. Tun Sie dies nicht, bleibt sie erhalten und Sie haben am Ende auf der Audiospur mehrere Tonwertkorrekturen liegen.

Musik in Adobe Premiere Elements

In Premiere Elements lassen sich sehr einfach Musik-Tracks und Effekte in ein Videoprojekt einfügen. Dabei unterscheidet das Programm zwischen *Soundeffekte* und *Musik-Score*. *Soundeffekte* gibt es in den Kategorien *Umgebung*, *Tiere*, *Cartoon-Effekte*, *Unfälle*, *Feuer und Explosionen*, *Foley*, *Einschläge*, *Industrie*, *Flüssigkeiten*, *Science Fiction*, *Technologie*, *Transport* und *Wetter*. »Foley« ist ein Begriff aus der Filmsprache und steht für Geräuschemacher. Das ist der Mann beim Film, der mit technischen Hilfsmitteln für Schrittgeräusche, Türknarren und Ähnliches sorgt. In der Kategorie *Musik-Score* finden Sie *Atmosphärisch*, *Stimmungsvoll*, *Blues*, *Country*, *Rock-Pop*, *Urban* und *Hochzeiten*.

Eine Musikspur teilen

Die Musikspur können Sie bei Bedarf auch auftrennen. Dabei entstehen zwei Spuren, die unabhängig voneinander bearbeitet werden können. Spielen Sie das Videoprojekt ab. Suchen Sie die Position, an dem Sie die Audiospur aufteilen wollen. Führen Sie die Maus auf den Wiedergabezeiger in der Musikspur und klicken Sie auf *Clip teilen*.

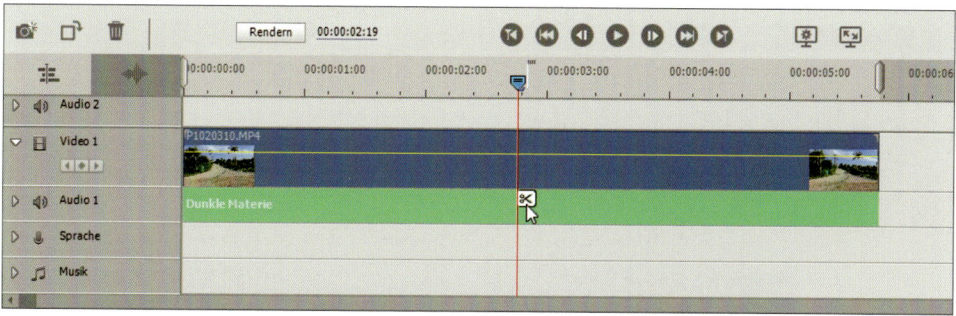

4. Clips schnell schneiden und bearbeiten

Einen eigenen Audiotrack in der Schnellansicht einfügen

Vielleicht gefallen Ihnen die Musikstücke nicht, die Ihnen das Programm anbietet. Sie möchten einen ganz bestimmten Song zu Ihrem Video hinzufügen. Vielleicht hat das Lied auch eine wichtige Rolle gespielt oder es passt einfach gut zu Ihrem Videoprojekt.

Beachten Sie bitte: Bei Videoclips, die Sie im Internet veröffentlichen wollen, müssen alle Inhalte frei von Rechten Dritter sein. Es müssen Ihre Videos und Ihre Musikstücke sein. Oder Sie greifen auf Musik mit einer Creative-Commons-Lizenz zurück. Diese können Sie frei verwenden.

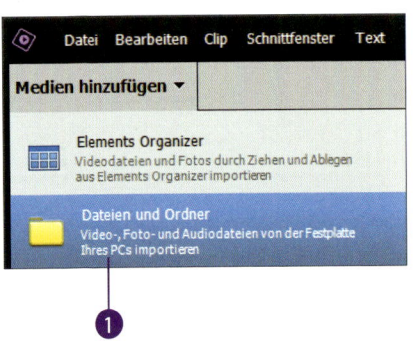

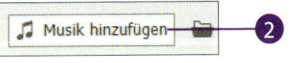

Wählen Sie *Medien hinzufügen/Dateien und Ordner* ❶. Doppelklicken Sie alternativ auf das Ordnersymbol neben der Schaltfläche *Musik hinzufügen* ❷. Suchen Sie das Verzeichnis, in dem sich die Audiodateien befinden, die Sie verwenden möchten. Markieren Sie diese ❸ und bestätigen Sie mit *Öffnen* ❹.

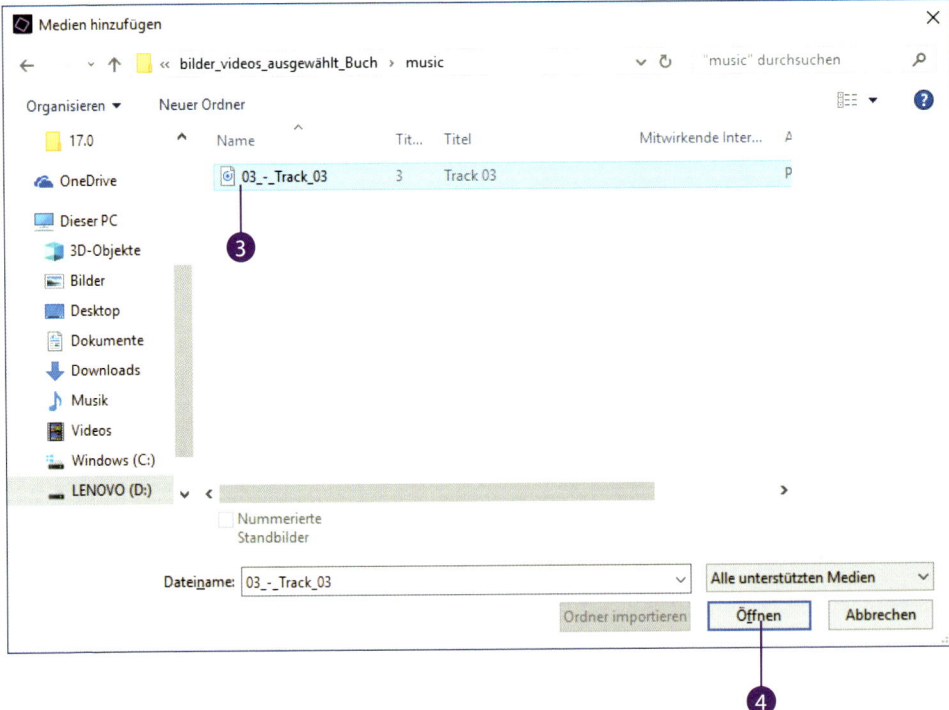

Mit Musik ein Video auffrischen

In der Schnellansicht wird die gewählte Audiodatei sofort in das Schnittfenster eingefügt. Die blaue Spur im Schnittfenster kennzeichnet die hinzugefügte Musik. Markieren Sie die Spur und führen Sie die Maus darauf (ohne zu klicken), wird die Titelinformation angezeigt ❺. Passen Sie die Länge der Audiospur an die Länge des Videoclips an.

Eigene Musiktracks in der Expertenansicht einfügen

In der Expertenansicht haben Sie den Vorteil, dass Sie mehrere Musiktracks im Bedienfeld *Projektelemente* verwalten können. Sie können sich mehrere Audiostücke »zurechtlegen«. Hören Sie mit dem Clipmonitor in eine Audiodatei hinein und wählen Sie aus, welche Stücke Sie in Ihrem Videoprojekt verwenden wollen. Ziehen Sie diese dann per Drag-and-drop in Ihr Videoprojekt. Die im Projekt verwendeten Audiotracks werden, so wie Videoclips auch, im Fenster *Projektelemente* mit einem grünen Punkt gekennzeichnet.

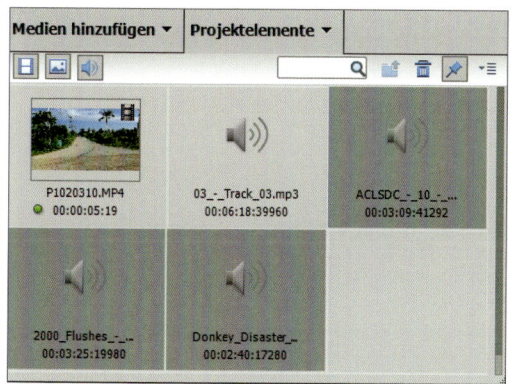
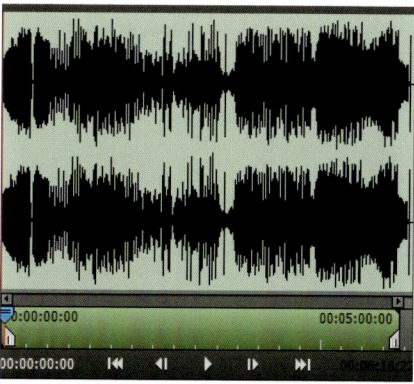

Im Clipmonitor können Sie einen Musiktrack wie ein Video schneiden. Verschieben Sie einfach den Audio-In-Point und den Audio-Out-Point. Einige erweiterte Möglichkeiten im Umgang mit Musik- und Audiotracks zeige ich Ihnen in Kapitel 12 »Mit Audio- und Musikelementen arbeiten«.

4.5 Mit den Premiere-Elements-Werkzeugen einen Clip bearbeiten

Adobe Premiere Elements bietet Ihnen verschiedene Werkzeuge an, mit denen Sie schnell einen Clip bearbeiten können. Diese Werkzeuge sind einfach zu bedienen. Sie erhalten rasch das gewünschte Ergebnis.

Sie öffnen die Werkzeuge mit dem zweiten Symbol (von oben gesehen) ❶. In der Expertenansicht werden die Werkzeuge in die Kategorien *Video* ❷ und *Audio* aufgeteilt ❸. In der Schnellansicht gibt es diese Aufteilung nicht. Hier stehen nur die Werkzeuge *Schwenken und Zoomen*, *Frame einfrieren*, *Ungestellte Momente*, *SmartTrim* und *Zeit-Neuzuordnung* zur Verfügung. Ich stelle Ihnen in den folgenden Abschnitten alle Werkzeuge vor, die Sie in der Expertenansicht finden.

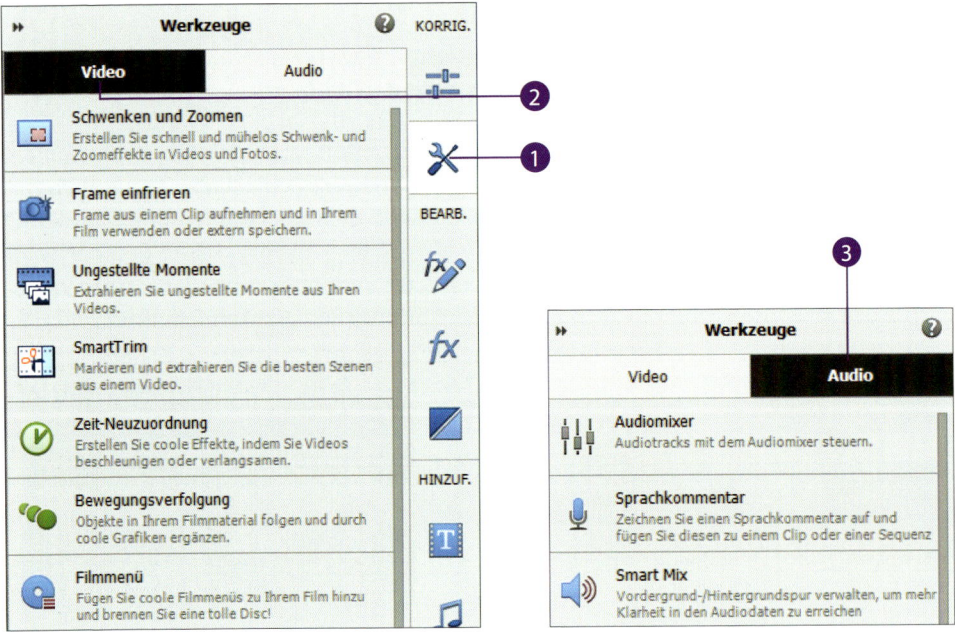

Schwenken und Zoomen

Mit dieser Funktion erstellen Sie auf sehr einfache Weise Schwenk- und Zoomeffekte. Für den Effekt wird ein Fokusframe erstellt. Premiere Elements erstellt diesen automatisch und analysiert das Bild.

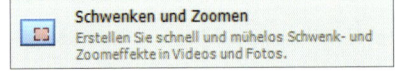

Vorhandene Gesichter werden erkannt und können für den Effekt verwendet werden. Sie können selbst einen neuen Frame oder einen neuen Gesichtsframe über eine Schaltfläche erstellen und so dem Bild hinzufügen.

Mit den Premiere-Elements-Werkzeugen einen Clip bearbeiten

Der Fokusframe ❶ wird mit einem grünen Rahmen umschlossen. An allen vier Ecken finden Sie Anfasser ❷, mit denen Sie den Fokusframe größer ziehen können. In der linken unteren Ecke finden Sie die Frame-Nummer ❸. Im Beispiel ist dies eine 2. Setzen Sie den Cursor auf diese Zahl, können Sie den Frame-Rahmen verschieben. Setzen Sie die Maus in den Fokusframe, kennzeichnet ein Pfeil ❹ die Richtung des Effekts. Auf dem Pfeil finden Sie einen Zahlenwert ❺. Er gibt die Dauer des Effekts an. Links oben wird die Haltezeit ❻ angezeigt. Sie gibt die Dauer an, in der der Fokus auf einem Objekt bleibt, bevor ein Schwenk erfolgt. Im Beispiel wird keine Zeit angezeigt. Verwendet wird hier die Standardeinstellung. In der rechten oberen Ecke sehen Sie ein Kreuzsymbol ❼, darüber wird ein Fokusframe gelöscht. In der rechten unteren Ecke sehen Sie ein Minus- und ein Pluszeichen ❽. Damit können Sie den Fokusframe vergrößern oder verkleinern.

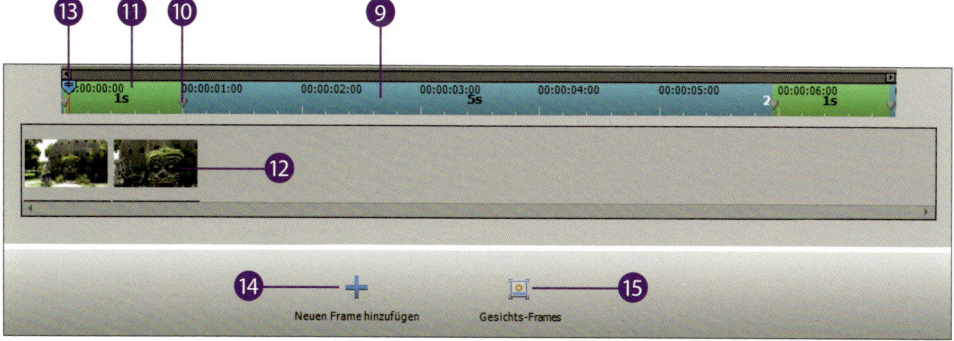

Im Schwenk- und Zoomwerkzeug wird das gewählte Bild angezeigt. Vorhandene Gesichter werden vom Programm erkannt. In der Zeitleiste ❾ sehen Sie auch die kleinen grauen Marker ❿, die die Fokusframes kennzeichnen. Die grünen Abschnitte ⓫ geben die Haltezeit der Fokusframes an. Sie zählen diese auch anhand der Ziffer auf diesen Abschnitten. Die Miniaturansichten ⓬ zeigen die Fokusframes. Der blaue Marker ⓭ gibt die aktuelle Position an. Unterhalb der Miniaturansichten sehen Sie die beiden Schaltflächen zum Hinzufügen eines neuen Frames ⓮ und eines neuen Gesichtsframes ⓯.

4. Clips schnell schneiden und bearbeiten

Einen Schwenk- und Zoomeffekt festlegen

Markieren Sie in Ihrem Clip die Bilddatei und wählen Sie aus den Werkzeugen das *Schwenk- und Zoomwerkzeug* ❶.

Erstellen Sie einen Fokusframe ❷. Alternativ nutzen Sie den Fokusframe, den das Werkzeug beim Aufruf erzeugt hat. Passen Sie seine Position und Größe an. Ziehen Sie dazu den Rahmen auf die gewünschte Größe. Schauen Sie sich die Vorschau ❸ an. Bestätigen Sie mit einem Mausklick auf *Fertig* ❹.

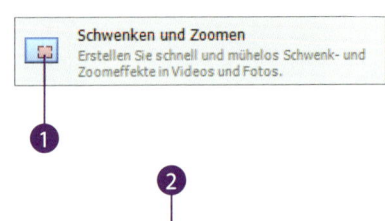

Ziehen Sie den blauen Marker auf der Zeitleiste nach rechts, wird ein leerer Frame mit gepunkteten Rahmen sichtbar. Er wird größer, je mehr Sie den Positionsmarker nach rechts ziehen. Diesen noch leeren Rahmen nennt man »Ghostframe«. Klicken Sie diesen Frame an, wird er mit einem grünen Rahmen umschlossen und zu einem weiteren Fokusframe.

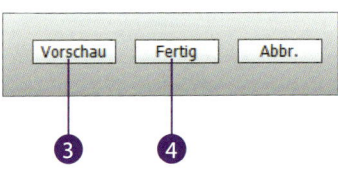

Führen die gewünschten Einstellungen nicht zum Erfolg, korrigieren Sie diese oder setzen sie mit einem Mausklick auf *Zurücks.* ❺ zurück. Mit einem Klick auf *Einstellungen* ❻ können Sie die Haltezeit ❼ und die Schwenkzeit ❽ direkt eingeben. Setzen Sie einfach die Maus auf eine der Zeiten und geben Sie die gewünschte Dauer ein. Bestätigen Sie mit ⏎. Mit der gleichnamigen Option können Sie die automatische Schwenkrichtung umkehren ❾. Mit *OK* ❿ verlassen Sie den Dialog wieder.

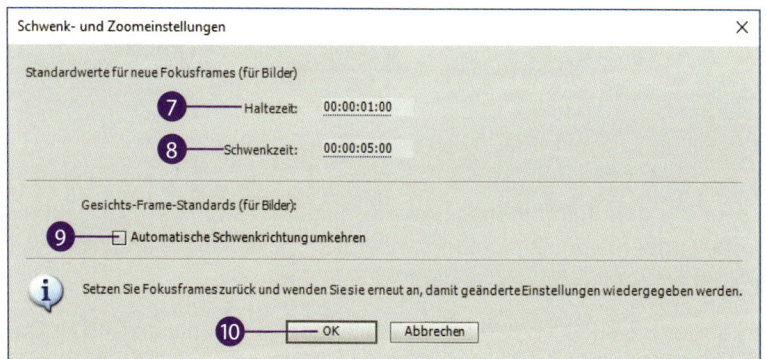

Frame einfrieren

Mit *Frame einfrieren* wird ein Stück aus einem Clip aufgenommen und im aktuellen Videoprojekt als Standbild verwendet. Alternativ kann der eingefrorene Frame auch als einzelne Videodatei gespeichert werden. Spielen Sie das Videoprojekt bis zu dem Clip und der Position ab, die Sie einfrieren wollen. Öffnen Sie die Werkzeuge und wählen Sie *Frame einfrieren* ❶.

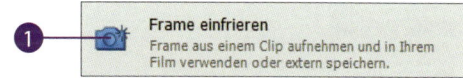

In der vorgegebenen Einstellung wird das Standbild für *5* Sekunden gezeigt. Klicken Sie auf den vorgegebenen Wert *5* und geben Sie einen eigenen Wert ein ❷. Im Beispiel entscheide ich mich für *7* Sekunden. Klicken Sie auf die Schaltfläche *In Film einfügen* ❸. Der ausgewählte Abschnitt wird aus dem Clip herausgetrennt und in das Videoprojekt eingefügt. Eingesetzt wird das Standbild vor dem Clip, aus dem es genommen wurde. Daneben wird es auch in die Projektelemente eingefügt.

4. Clips schnell schneiden und bearbeiten

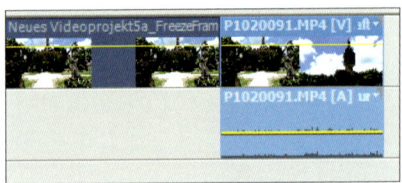

Ein mit *Frame einfrieren* aus dem Clip herausgetrenntes Bild lässt sich auch sehr gut als Titel für das Videoprojekt oder für ein Filmkapitel verwenden. Ergänzen Sie es einfach mit einem passenden Textinhalt, und fertig ist das Titelbild.

Mit *Frame einfrieren* können Sie auch ein Bild aus einem Videoclip extrahieren und als Datei ablegen. Gehen Sie hier vor wie beschrieben. Wählen Sie im Dialog *Frame einfrieren* die Schaltfläche *Exportieren* ❹. Wählen Sie ein Verzeichnis, in dem Sie die exportierte Bilddatei ablegen wollen. Geben Sie einen Dateinamen ❺ ein. Als Dateiformat wird *JPEG* verwendet ❻. Alternativ können Sie im Feld *Dateiformat* auch *BMP* wählen. Bestätigen Sie mit *Speichern* ❼.

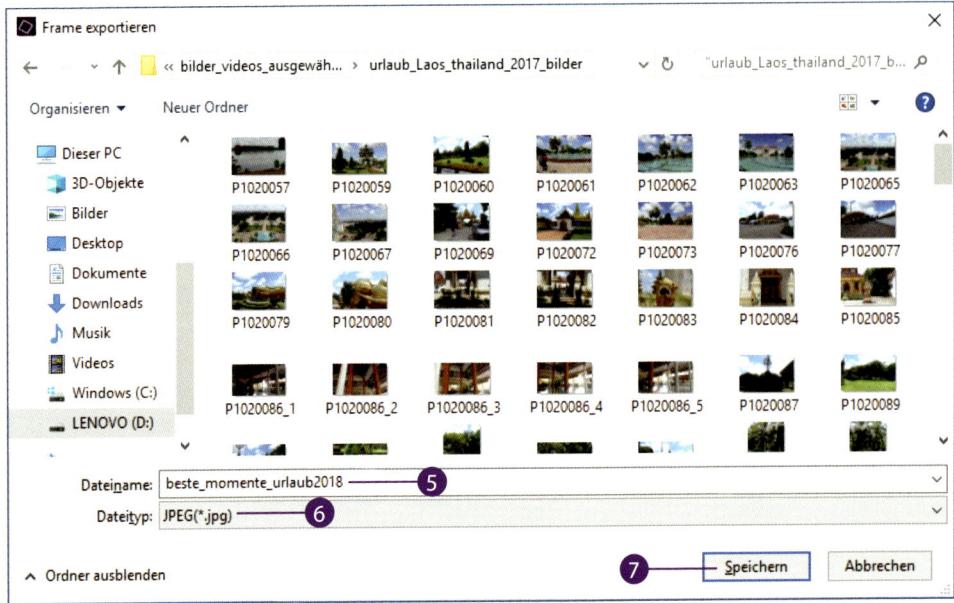

Ein Mausklick auf *Ungestellte Fotos werden extrahiert* verweist Sie auf die Schaltfläche *Ungestellte Momente* im Bedienfeld *Werkzeuge*.

Mit den Premiere-Elements-Werkzeugen einen Clip bearbeiten

Ungestellte Momente

Oftmals hält man sehr eindrucksvolle und schöne Bilder in einem Film fest. Sie sind jedoch Bestandteil des Videoclips. Mit *Ungestellte Momente* werden aus den Bildern eines Videos mehrere einzelne Bilddateien. Sie müssen dabei die Bilder nicht einzeln auswählen. *Ungestellte Momente* sucht automatisch die besten Bilder aus einem Video und wandelt sie in statische Bilddateien um.

> **Die Beschränkungen von »Ungestellte Momente«**
>
> *Ungestellte Momente* funktioniert nur bei einem Videoclip. Bei Bildern, Titelbildern, InstantMovies, Video-Collagen, Einstellungsebenen und Audio-Inhalten ist die Funktion nicht verfügbar.

Markieren Sie Ihren Videoclip. Wählen Sie *Ungestellte Momente* ❶ im Bedienfeld *Werkzeuge*.

Noch werden keine Einzelbilder angezeigt. Um dies zu ändern, klicken Sie auf *Automatisch extrahieren* ❷.

Adobe Premiere Elements zeigt nun eine bestimmte Anzahl Momente an ❸. Mit dem Schieberegler ❹ verändern Sie die Anzahl der ausgewählten Momente.

Wählen Sie *Auf Desktop exportieren* ❺. Nun wird der Dateimanager geöffnet. Suchen Sie einen passenden Ordner oder erstellen Sie einen solchen. Speichern Sie die extrahierten Bilddateien mit einem Mausklick auf *Ordner auswählen* ❻ ab. Adobe Premiere Elements

4. **Clips schnell schneiden und bearbeiten**

legt die Bilddateien im ausgewählten Ordner ab. Dies wird mit einem kleinen Dialog bestätigt. Schließen Sie diesen mit *Fertig* ❼.

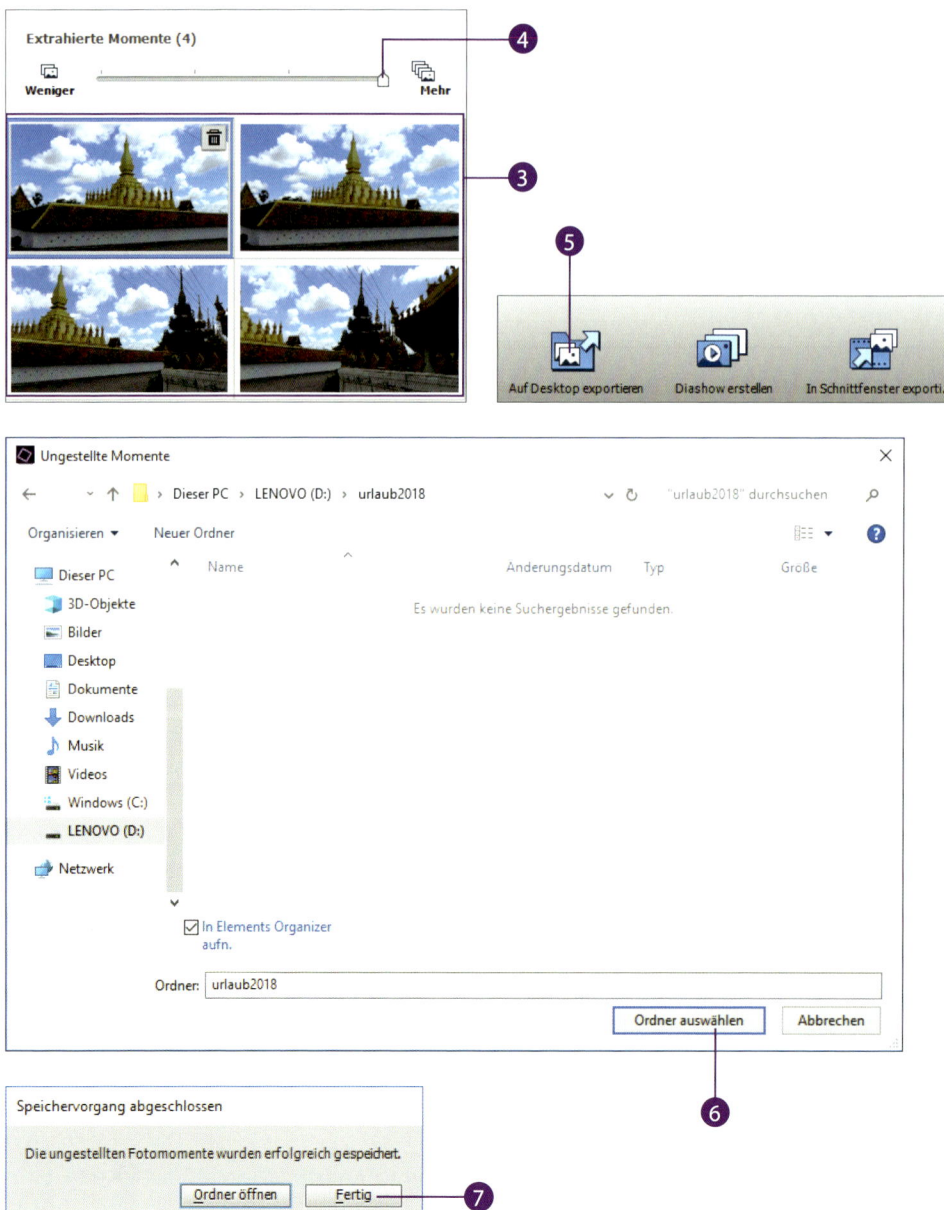

Die extrahierten Bilddateien werden im Videoclip mit einem kleinen nach unten zeigenden Pfeilsymbol markiert ❽. So sehen Sie genau, welche Bilder aus Ihrem Clip die Funktion *Ungestellte Momente* gewählt hat. Möchten Sie eine Bilddatei aus dem Clip gewinnen, die

Mit den Premiere-Elements-Werkzeugen einen Clip bearbeiten

nicht vom Programm automatisch ausgewählt wurde, verschieben Sie den Zeiger mit dem Kamerasymbol ❾. So wird das gewünschte Bild ausgewählt und anschließend extrahiert.

Möchten Sie eine Diashow aus den extrahierten Bildern erstellen, wählen Sie *Diashow erstellen*. Die Bilder werden exportiert. Der Adobe Elements 2019 Organizer wird gestartet und die Diashow wird in diesem gezeigt.

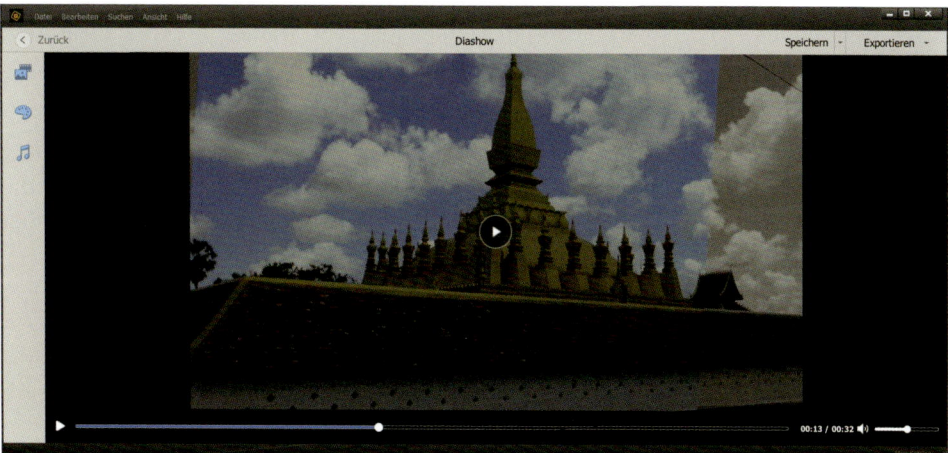

Mit *In Schnittfenster exportieren* werden die Bilder an das Ende Ihres Videoclips eingefügt. Sie werden für eine Dauer von jeweils 5 Sekunden angezeigt. Das eignet sich gut, um am Ende eines Films oder Kapitels noch einmal bestimmte Momente zu genießen.

107

4. Clips schnell schneiden und bearbeiten

Darüber hinaus wird ein Ordner mit dem Namen *Ungestellte Momente* erstellt und im Bedienfeld *Projektelemente* eingefügt. Er enthält die Bilddateien, die mit dem Werkzeug *Ungestellte Momente* entstanden sind.

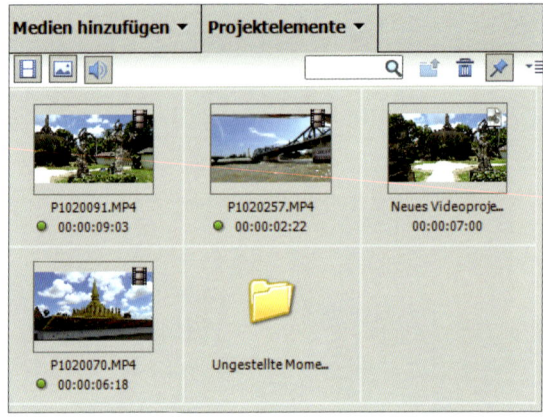

SmartTrim

Die Qualität Ihrer Videodatei erhöht sich, wenn Sie verwackelte und verschwommene Videoabschnitte entfernen. Auch das Heraustrennen von Videoabschnitten mit einer schlechten Bildqualität verbessert das Ergebnis. Mit *SmartTrim* finden Sie die besten Szenen in einem Videoclip und verwenden diese.

SmartTrim bietet Ihnen einen automatischen und einen manuellen Modus an. Im automatischen Modus werden die markierten Frames gelöscht. Weitere Arbeitsschritte sind hier nicht notwendig. Im manuellen Modus schlägt Premiere Elements vor, welche Frames aus dem Videoprojekt entfernt werden. Ich zeige Ihnen einmal beide Varianten.

Die Funktion *Smart Trim* wurde in Adobe Premiere Elements 2019 überarbeitet. Sie ist jetzt einfacher zu bedienen und liefert bessere Ergebnisse. Mit wenigen Mausklicks werden die besten Szenen aus einem Video gefunden und können so in einem neuen Clip verwendet werden.

Mit SmartTrim die besten Videoszenen finden

Markieren Sie den Videoclip ❶, in dem Sie die besten Videoszenen finden möchten. Öffnen Sie die Werkzeuge ❷ und wählen Sie *SmartTrim* ❸ aus. Das Programm analysiert ❹ sofort das geöffnete Videoprojekt und markiert die besten Videoszenen ❺. Sie können diese sofort in einen neuen Clip übernehmen.

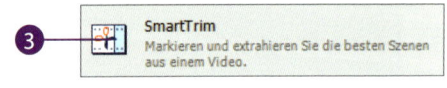

Schauen Sie sich die Vorschau der Auswahl an. Klicken Sie dazu auf *Vorschau* ❻. Sind Sie mit dem Ergebnis zufrieden, wählen Sie *Einzelne Clips exportieren* ❼. Damit werden die gefundenen Szenen als einzelne Clips verwendet. In meinem Beispiel hat *SmartTrim* nur eine Szene gefunden und markiert. Werden mehrere gefunden, werden alle als einzelne Clips im Schnittfenster eingefügt.

Mit den Premiere-Elements-Werkzeugen einen Clip bearbeiten

4. Clips schnell schneiden und bearbeiten

8

Sie finden sich nun im Schnittfenster wieder. Der Ausgangsclip wurde automatisch entfernt. An seiner Stelle sehen Sie nun den mit SmartTrim gefundenen Clip **8**. Schauen Sie sich diesen noch einmal an. Speichern Sie Ihr Videoprojekt oder bearbeiten Sie es weiter.

Im Bedienfeld *Projektelemente* finden Sie einen neuen Ordner vor. Er trägt die Bezeichnung *SmartTrim* **9**. Doppelklicken Sie darauf, finden Sie darin den Clip, den Sie mit SmartTrim aus Ihrem Video extrahiert haben.

Das Ausgangsvideo ist natürlich in den Projektelementen auch noch vorhanden. Es ist mit einem grünen Punkt markiert.

Bei sehr langen Videos startet beim Aufruf von SmartTrim zunächst eine Medienanalyse. Warten Sie, bis diese beendet ist. Ist dies der Fall, finden Sie im Fenster der Funktion *SmartTrim* die gefundenen Szenen.

Möchten Sie die mit SmartTrim gefundenen Szenen und die Originalszenen verwenden, wählen Sie *Zusammengeführten Clip exportieren*. Alle von SmartTrim gefundenen Szenen werden zu einem neuen Clip zusammengesetzt und sind als solcher auch im Schnittfenster zu sehen. Aktivieren Sie die Option *Überblendungen anwenden*, um dieselben zu verwenden. Ansonsten haben Sie zwischen den Clips einen harten Übergang ohne Überblendung.

Eine Szene manuell auswählen

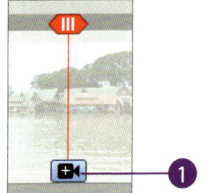 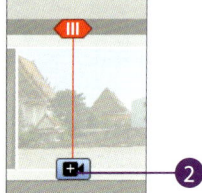 

Um eine Szene selbst auszuwählen, verschieben Sie den Zeiger mit dem Kamerasymbol bis auf die gewünschte Szene **1**. Klicken Sie dann mit der Maus auf die Kamera **2**. Die Szene wird markiert **3** und ist nun mit einem Rahmen umschlossen.

Mit den Premiere-Elements-Werkzeugen einen Clip bearbeiten

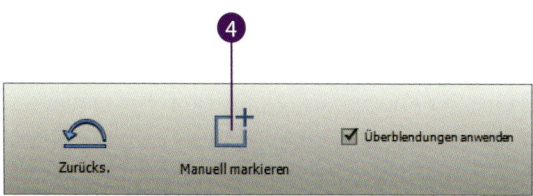 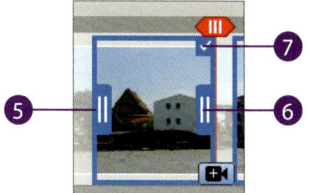

Mit einem Mausklick auf *Manuell markieren* ❹ markieren Sie ebenfalls eine Szene. Auch hier müssen Sie erst den Zeiger auf die Szene ziehen. Dann wählen Sie diese mit *Manuell markieren* aus. Mit den beiden Anfassern ❺, ❻ können Sie den Beginn und das Ende der Szene auch verändern. Ziehen Sie die Anfasser bei gedrückt gehaltener Maustaste einfach nach links oder rechts. Möchten Sie diese oder eine andere Szene löschen, klicken Sie in der rechten oberen Ecke auf das Häkchensymbol ❼.

Die Vorlage verändern und SmartTrim einstellen

SmartTrim bietet Ihnen drei Vorlagen an, mit denen die besten Szenen in Ihrem Clip automatisch ausgewählt werden. Diese Vorlagen sind *Personen*, *Action*, *Mix*. Welche Vorlage Sie verwenden, wählen Sie mit der gleichnamigen Schaltfläche aus.

Über den Schieberegler können Sie die Anzahl der ausgewählten Szenen erhöhen oder reduzieren. Um die Anzahl der Szenen zu senken, ziehen Sie den Regler in Richtung *Weniger*. Möchten Sie die Anzahl der Szenen erhöhen, ziehen Sie den Regler in Richtung *Mehr*.

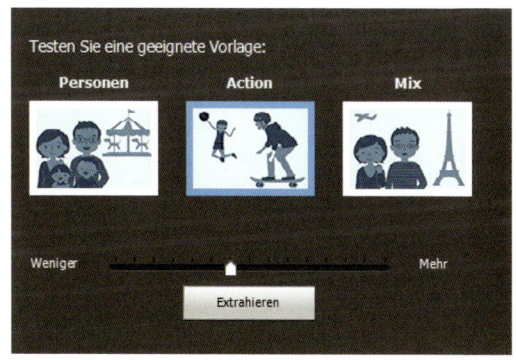

Im Schnellmodus werden die Vorlagen erst nach einem Klick auf die Schaltfläche *Vorgaben anzeigen* sichtbar. In diesem Modus finden Sie rechts unten die beiden Schaltflächen *Exportieren* und *Bearbeitung fortsetzen*. Die beiden Funktionen *Zusammengeführten Clip exportieren* und *Einzelne Clips exportieren* sind hier nicht vorhanden.

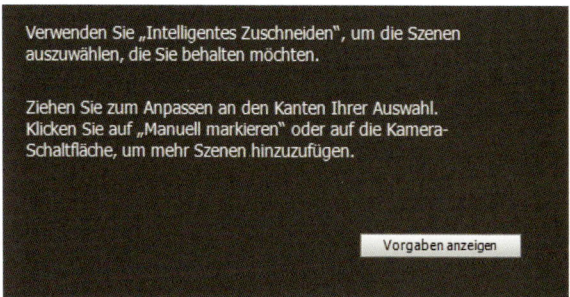

111

4. Clips schnell schneiden und bearbeiten

Zeit-Neuzuordnung

Mit dem Werkzeug *Zeit-Neuzuordnung* werden Frames beschleunigt oder verlangsamt. Dadurch entstehen sehr interessante Effekte. Die Anwendung ist wie gewohnt einfach.

Markieren Sie einen Clip im Schnittfenster. Öffnen Sie die Werkzeugauswahl und wählen Sie das Werkzeug *Zeit-Neuzuordnung* ❶.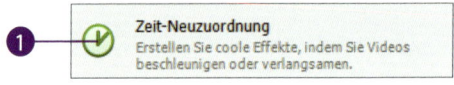

Ganz links finden Sie die CTI . Das ist ein Markierungspunkt, der dem Clip eine Zeitzone hinzufügt. Sie erkennen ihn an dem blauen Pluszeichen.

Ziehen Sie die CTI ❷ an den Punkt des Videoclips, an dem Sie die Geschwindigkeit des Clips verändern möchten. Klicken Sie auf das Pluszeichen. Der Abschnitt wird mit einem hellen Farbton hervorgehoben ❸.

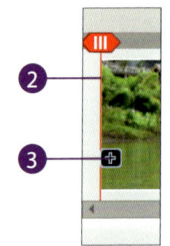

Nehmen Sie nun die Feinarbeit vor. Ziehen Sie den Anfasser links ❹ bis zu dem Punkt, an dem die Szene beginnt. Ziehen Sie den Anfasser rechts ❺ bis zu dem Punkt, an dem die Szene endet.

Wählen Sie mit dem Regler im unteren Bereich, wie die Geschwindigkeit verändert werden soll. Im Beispiel habe ich mich für *Sehr schnell* ❻ entschieden. Möglich ist hier auch *Extrem schnell*, *Schnell*, *Langsam*, *Sehr langsam* und *Extrem langsam*. *Normal* steht für die Standardgeschwindigkeit.

Ziehen Sie den CTI-Marker (blauer Zeiger) vor die markierte Szene und drücken Sie die Wiedergabeschaltfläche. Beurteilen Sie, ob Sie mit dem Ergebnis zufrieden sind. Ist dies der Fall, bestätigen Sie mit einem Klick auf *Fertig* ❼.

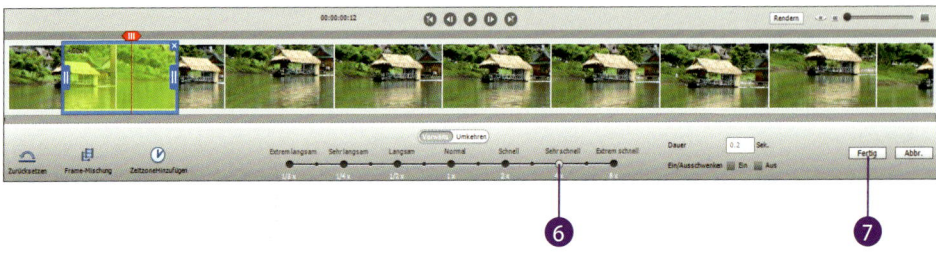

Adobe Premiere Elements weist Sie darauf hin, dass mit der Zeitveränderung die Audio-Inhalte nicht mehr synchron laufen. Das Programm bietet das Entfernen der Inhalte an. Bestätigen Sie dies mit *Ja* ❽.

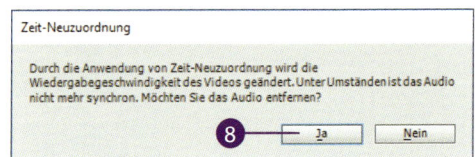

Mit den Premiere-Elements-Werkzeugen einen Clip bearbeiten

Erweiterte Möglichkeiten mit dem Werkzeug Zeit-Neuzuordnung

- Mit der Funktion *Frame-Mischung* ❶ können Sie die Frames bei langsameren Geschwindigkeiten glätten. Hiermit wird die Bildqualität deutlich verbessert.
- *ZeitzoneHinzufügen* ❷ fügt selbige an der aktuellen Wiedergabeposition hinzu. Diese Funktion tut das Gleiche, als wenn Sie den Zeiger an die gewünschte Position ziehen und den CTI-Marker verschieben.
- Mit *Umkehren* ❸ wird die Zeitveränderung umgekehrt.
- Über eine Optionsschaltfläche können Sie in einen Abschnitt mit einer Zeitveränderung ein- und ausschwenken. Setzen Sie dazu einfach ein Häkchen in das Optionsfeld *Ein* der Funktion *Ein/Ausschwenken* ❹.
- Im Feld *Dauer* ❺ finden Sie die Länge des Zeiteffekts. Sie können den hier angegebenen Wert auch direkt in das Eingabefeld eintragen.

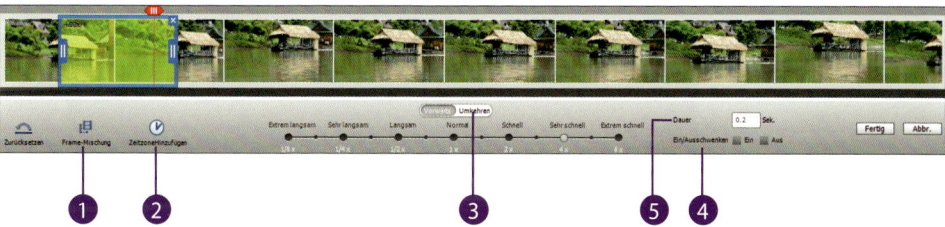

Bewegungsverfolgung

Mit der Bewegungsverfolgung verfolgen Sie bewegte Objekte in einem Clip. Das Objekt wird markiert. Adobe Premiere Elements analysiert die nächsten Videobilder und kennzeichnet die Bewegung des markierten Objekts. Sie können anschließend eine Clipart anhängen, ein Standbild oder auch einen Videoclip hinzufügen.

4. Clips schnell schneiden und bearbeiten

Markieren Sie den Clip ❶. Wählen Sie in der Werkzeugleiste das Symbol für die Werkzeuge ❷. Es ist gleich das zweite von oben. Entscheiden Sie sich nun für den untersten Eintrag *Bewegungsverfolgung* ❸. Im nächsten Schritt geht es nun daran, das Objekt, das sich im Videoclip bewegt, auszuwählen. Klicken Sie auf die Schaltfläche *Objekt auswählen* ❹.

Sie sehen einen Markierungsrahmen mit vier Anfassern. Diese befinden sich an den Eckpunkten des Markierungsrahmens ❺. Führen Sie den Mauscursor auf einen der Markierungspunkte. Drücken Sie die linke Maustaste. Halten Sie sie gedrückt und ziehen Sie die Maus in die Richtung, in der sich der Rahmen um das Objekt verkleinert. In meinem Beispiel ziehe ich den Anfasser in der linken oberen Ecke ❻ auf den Vogel im Bild zu. Anschließend gehe ich im Uhrzeigersinn vor und ziehe jeden der Anfasser näher an das Objekt. Auf diese Weise verkleinert sich der Rahmen und das sich bewegende Objekt wird genauer gekennzeichnet. Sie sollten einen möglichst kleinen Rahmen um das Objekt ziehen, um so ein besseres Ergebnis zu erzielen.

Mit den Premiere-Elements-Werkzeugen einen Clip bearbeiten

Klicken Sie auf *Objekt verfolgen* ❼. Die eigentliche »Bewegungsverfolgung« wird von Adobe Premiere Elements automatisch ermittelt ❽. Warten Sie einen kurzen Augenblick, bis dieser Vorgang beendet ist.

Fügen Sie nun eine Grafik ein. Die *Bewegungsverfolgung* blendet Ihnen dazu eine Auswahl an Grafiken ein. Markieren Sie eine davon. Ich entscheide mich einfach mal für eine Sprechblase ❾. Ziehen Sie sie per Drag-and-drop in den Markierungsrahmen.

Verwenden Sie die Grafik das erste Mal, wird sie zunächst aus dem Internet auf Ihren Rechner geladen. Da die Grafiken alle nicht besonders groß sind, ist dieser Vorgang schnell beendet.

Im Fall der Sprechblase müssen Sie noch einen Text eingeben. Adobe Premiere Elements blendet Ihnen dazu einen Dialog ein. Geben Sie dort den gewünschten Text ein ❿ und bestätigen Sie mit *OK* ⓫. Klicken Sie dann auf *Fertig* ⓬.

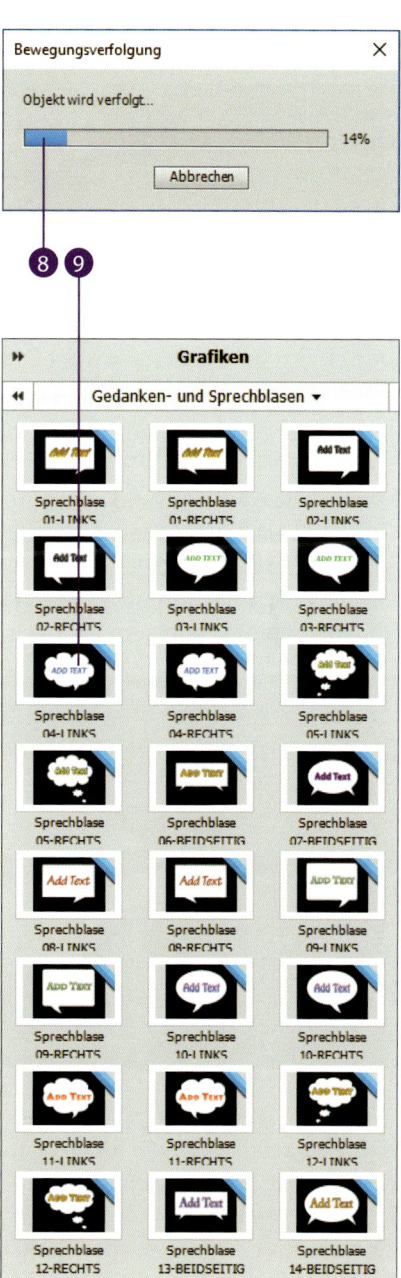

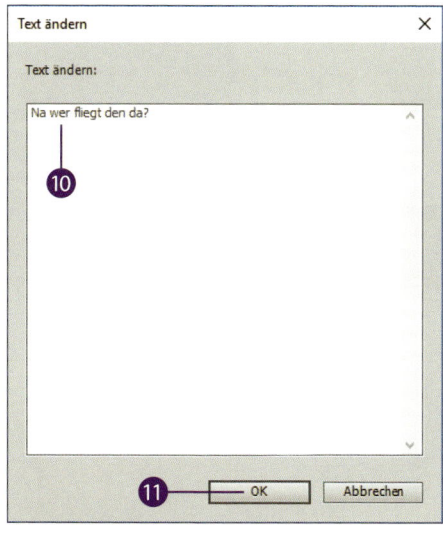

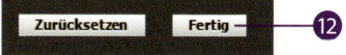

4. Clips schnell schneiden und bearbeiten

Schauen Sie sich das fertige Video an. Beurteilen Sie das Ergebnis und speichern Sie es ab.

Korrekturen durchführen

Hier und da ist es notwendig, das Ergebnis der Bewegungsverfolgung zu korrigieren. Die Grafik können Sie per Drag-and-drop an eine andere Position im Bild verschieben. Haben Sie einen Text verwendet, lässt sich dieser natürlich formatieren. In meinem Beispiel sehen Sie, dass nicht der komplette Text gezeigt wird. Ich kann also entweder den Text kürzen oder die Schrift verkleinern.

Öffnen Sie die *Anpassungen* (erstes Symbol in der Werkzeugleiste von oben gesehen) und editieren Sie hier den Schriftfont und den Textinhalt. Im Bedienfeld *Anpassungen* verändern Sie Schriftart, -stil und -größe. Hier kann die Schrift auch animiert und die Form verändert werden. In Kapitel 11 »Mit Text und Formen arbeiten« komme ich auf alle diese Einstellungen zurück. Um den eigentlichen Textinhalt anzupassen, doppelklicken Sie in die Sprechblase und geben das Gewünschte ein.

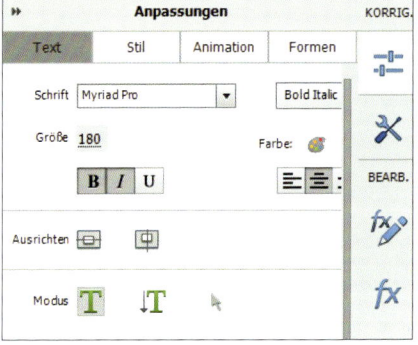

Mit den Premiere-Elements-Werkzeugen einen Clip bearbeiten

In meinem Beispiel habe ich die Schriftart verkleinert und den Text etwas gekürzt. Außerdem habe ich die Grafik verschoben.

Gefällt Ihnen ein Bild nicht, können Sie es auch löschen. Markieren Sie es mit einem Mausklick. Setzen Sie die Maus auf den Mittelpunkt. Er ist mit einer kreisförmigen Markierung gekennzeichnet. Öffnen Sie darauf das Kontextmenü und wählen Sie *Löschen*.

Sie finden die Grafik in der Videospur 2 wieder. Hier können Sie diese bearbeiten.

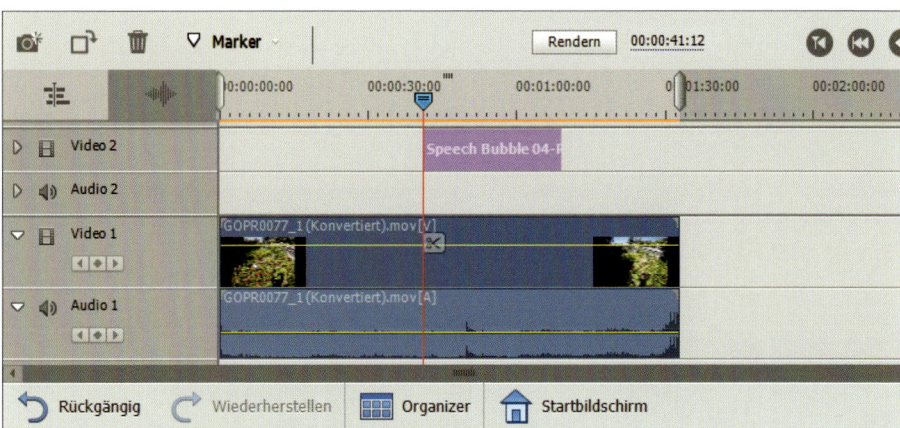

Den Pfad der Bewegung einsehen und verändern

Wenn Sie die mit der Bewegungsverfolgung eingefügte Grafik anklicken, wird der Bewegungspfad sichtbar. Mit einem Mausklick korrigieren Sie den Pfad oder fügen einen Punkt hinzu.

Über das Kontextmenü können Sie die Kurve auch gleichmäßiger machen oder eine lineare Kurve verwenden.

4. Clips schnell schneiden und bearbeiten

Filmmenü

Wie der Name dieser Funktion bereits verrät, können Sie mit ihr schnell und einfach ein Menü erstellen. Dies eignet sich sehr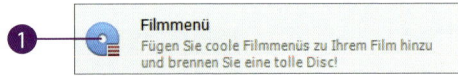
gut für ein Filmprojekt, das Sie auf DVD brennen und an einem TV-Gerät wiedergeben möchten. Öffnen Sie die Werkzeuge und wählen Sie *Filmmenü* ❶. Öffnen Sie das Listenmenü ❷ und legen Sie eines der möglichen Menüthemen fest. Ich entscheide mich hier für *Reise* ❸.

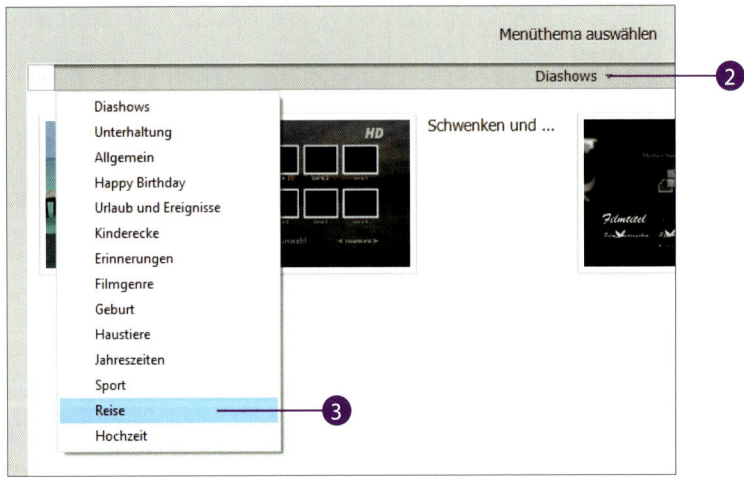

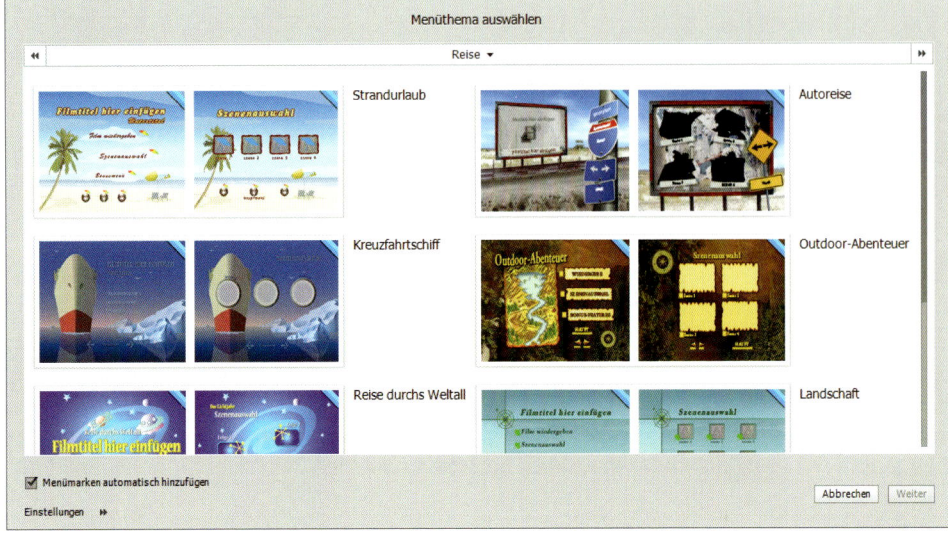

Schauen Sie sich die verschiedenen Menüvorlagen einmal an. Markieren Sie die Vorlage, die Ihnen am besten gefällt und klicken Sie auf *Weiter*.

Mit den Premiere-Elements-Werkzeugen einen Clip bearbeiten

Erstellt werden ein Hauptmenü und ein oder mehrere Szenenmenüs. Je nach Anzahl der Clips im Videoprojekt gibt es auch mehrere Szenenmenüs. Klicken Sie im Arbeitsfenster von Premiere Elements auf *Discvorschau* ❹, um zu sehen, wie das Menü nach dem Brennen des Videoprojekts auf DVD aussehen wird. Mit *Menüthemen* ❺ kommen Sie in die Themenauswahl zurück. *Zurücksetzen* ❻ macht die Anwendung des Menüthemas rückgängig. Sie können dann eine andere Menüvorlage wählen. Klicken Sie auf die Schaltfläche *Fertig* ❼, um das ausgewählte Thema zu übernehmen.

Das Programm hat in meinem Beispiel bereits die einzelnen Szenen erkannt und bietet mir eine entsprechende Szenenauswahl mit passenden Vorschaubildern an. Diese kann ich ohne Veränderung übernehmen.

Die Einstellungen eines Menüthemas

Die folgenden Menüvorlagen bietet Ihnen Premiere Elements an: *Diashows*, *Unterhaltung*, *Allgemein*, *Happy Birthday*, *Urlaub und Ereignisse*, *Kinderecke*, *Erinnerungen*, *Filmgenre*, *Geburt*, *Haustiere*, *Jahreszeiten*, *Sport*, *Reise* und *Hochzeit*.

In den Einstellungen des Menüthemas, das Sie am rechten Rand sehen, können Sie mit Optionen dafür sorgen, dass Menümarken automatisch hinzugefügt und vorhandene Menümarken gelöscht werden. Die Menümarken werden in der Vorgabeeinstellung an jede Szene angefügt. Alternativ können Sie sie im Abstand von einigen Minuten setzen lassen. Den Abstand legen Sie fest.

Das Menü anpassen

Markieren Sie das Hauptmenü oder ein Szenenmenü, wird rechts ein Bedienfeld eingeblendet, in dem Sie das Menü anpassen können. Statt der animierten Vorlage lässt sich ein Standbild für das Menü verwenden.

4. Clips schnell schneiden und bearbeiten

Sie können die in der Vorlage verwendete Musik austauschen, die Anzeigedauer des Menüs, die Abspieldauer der Musik sowie die Dauer der Anzeige der Bewegungsmenüschaltflächen anpassen. Im Szenenmenü können Sie auch die Schriftelemente variieren und so einen anderen Schriftfont wählen, die Farbe der Schrift gestalten oder die Schriftgröße verändern.

Markieren Sie ein Textelement im Menü, wird in den Anpassungen auch das Bedienfeld *Text* eingeblendet und Sie können den Schriftfont, dessen Farbe und Größe an die eigenen Wünsche anpassen.

Audiomixer

Premiere Elements 2019 stellt Ihnen drei Audiowerkzeuge zur Verfügung: *Audiomixer*, *Sprachkommentar* und *Smart Mix*. Alle diese Werkzeuge stehen Ihnen nur im Expertenmodus zur Verfügung. Um sie sehen zu können, klicken Sie zuerst auf die Schaltfläche *Werkzeuge* und wählen hier die Kategorie *Audio*. Entscheiden Sie sich dann mit einem Klick für das gewünschte Werkzeug.

Ziehen Sie den Positionsmarker an die Stelle, an der Sie die Audio-Inhalte mischen wollen. Öffnen Sie die Werkzeuge. Wählen Sie die Werkzeugkategorie *Audio* ❶ und öffnen Sie den *Audiomixer* ❷ mit dem obersten Eintrag.

Verändern Sie mit den runden Reglern die *Balance* der Spur *Audio* ❸. Ziehen Sie den Regler *Pegel* ❹ nach oben oder unten, um die Lautstärke der Spur zu erhöhen bzw. zu senken. Schalten Sie bei Bedarf mit der gleichnamigen Optionsschaltfläche eine Spur *Stumm* ❺. Wiederholen Sie dies bei allen Spuren Ihres Projekts, die Audio-Inhalte enthalten.

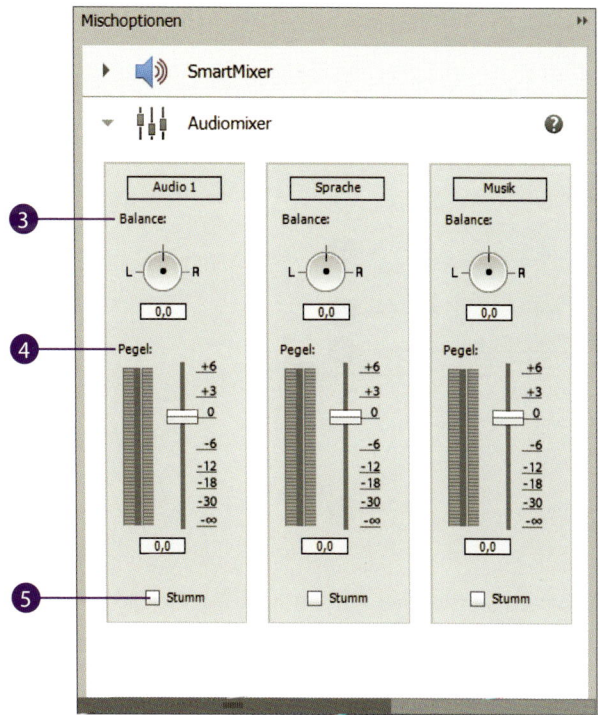

4. Clips schnell schneiden und bearbeiten

Sprachkommentar

Die Funktion *Sprachkommentar* ermöglicht es Ihnen, direkt mit einem integrierten oder angeschlossenen Mikrofon eine Sprachaufnahme zu erstellen. Diese wird direkt in Ihr Videoprojekt eingefügt.

Wählen Sie in der Werkzeugleiste die Werkzeuge und entscheiden Sie sich für *Sprachkommentar* ❶. Der gleichnamige Dialog wird aufgeklappt. Klicken Sie dort auf *Aufnahme* ❷.

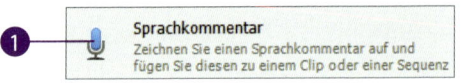

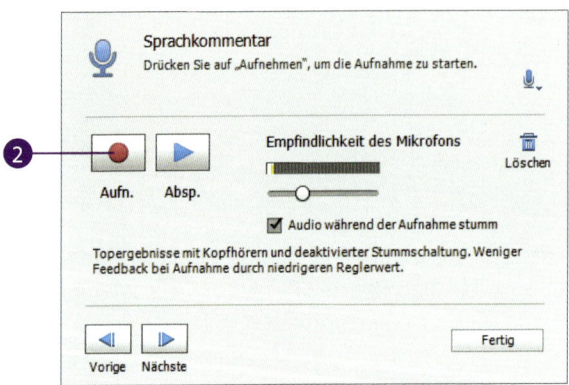

Die Aufnehmen-Schaltfläche verändert sich nun. Sprechen Sie Ihren Kommentar ein. Sind Sie damit fertig, klicken Sie auf *Anhalten* ❸. Der eingesprochene Inhalt wird sofort in das Videoprojekt eingefügt. Sie finden ihn als eigenen Track in der Audiospur.

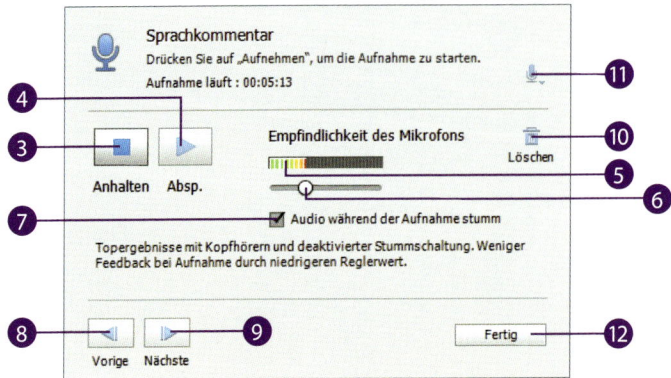

Mit der Abspielen-Schaltfläche ❹ können Sie sich die Aufnahme anhören. Die Empfindlichkeit des Mikrofons wird mit einer Pegelanzeige ❺ angezeigt. Mit einem Schieberegler ❻ können Sie die Empfindlichkeit des Mikrofons anpassen. *Audio während der Aufnahme stumm* ❼ ist selbsterklärend. Bei mehreren Aufnahmen können Sie mit *Vorige* ❽ und

122

Nächste ❾ zwischen den Sprachkommentaren wechseln. Mit *Löschen* ❿ können Sie einen nicht gelungenen Sprachkommentar wieder aus dem Videoprojekt entfernen. Rechts oben gibt es noch ein Listenfeld, mit dem Sie die Mikrofonquelle ⓫ wählen können. In der Regel wird hier nur eine Auswahl getroffen und das integrierte Mikrofon oder auch ein verbundenes Gerät korrekt erkannt. Die Schaltfläche *Fertig* ⓬ schließt den Dialog.

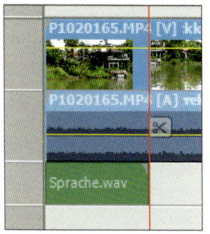

Die Sprachkommentare werden in einer eigenen Spur im Schnittfenster abgelegt. Sie werden unabhängig von einer Musikspur behandelt. Sie sollten die Musik etwas abdämpfen oder ganz aus dem Teil entfernen, in dem Sie einen Sprachkommentar verwenden. In der Expertenansicht haben Sie hier auch erweiterte Möglichkeiten der Bearbeitung.

Smart Mix

Verschiedene Audio-Inhalte in einem Video müssen aufeinander abgestimmt werden. Vielleicht haben Sie verschiedene Clips in Ihr Projekt eingefügt, die eigene Audio-Inhalte besitzen. Zusätzlich verwenden Sie eine Hintergrundmusik, einen Sprachkommentar und vielleicht auch ein paar Audioeffekte. All diese Inhalte müssen aufeinander abgestimmt werden. Sprachinhalte dürfen von einer Hintergrundmusik nicht überdeckt werden. Sie sollen laut und deutlich hörbar sein.

Adobe Premiere Elements bietet Ihnen mehrere Möglichkeiten, die Audio-Inhalte anzupassen:

- Verwenden Sie die Regler *Balance* und *Lautstärke* in den *Anpassungen*.
- Richten Sie in den *Anpassungen* der Expertenansicht Höhen, Bässe und die Audioverstärkung ein.
- Nutzen Sie das Werkzeug *Smart Mix*.
- Verwenden Sie das Werkzeug *Audiomixer*.
- Ziehen Sie in der Expertenansicht das Diagramm einer Audiospur größer oder kleiner.
- Richten Sie in der Expertenansicht den Eingangspegel ein.
- Schalten Sie bei Bedarf einzelne Audiospuren aus.

Mit *Smart Mix* stellen Sie ein, welche Audio-Inhalte im Vordergrund, welche im Hintergrund und welche deaktiviert werden. Rufen Sie den Smart Mix ❶ über die Werkzeugauswahl auf.

Öffnen Sie unter *Audio 1* ❷ das Listenfeld und wählen Sie eine der Möglichkeiten *Vordergrund*, *Hintergrund* und *Deaktiviert*. In meinem Beispiel entscheide ich mich für *Vordergrund*. Wiederholen Sie dies bei *Sprache* ❸ und *Musik* ❹. Sofern erforderlich, scrollen Sie

4. Clips schnell schneiden und bearbeiten

nach links und nehmen diese Einstellungen auch für die Spuren *Audio 2* und *Audio 3* vor. Bestätigen Sie mit einem Mausklick auf *Anwenden* 5.

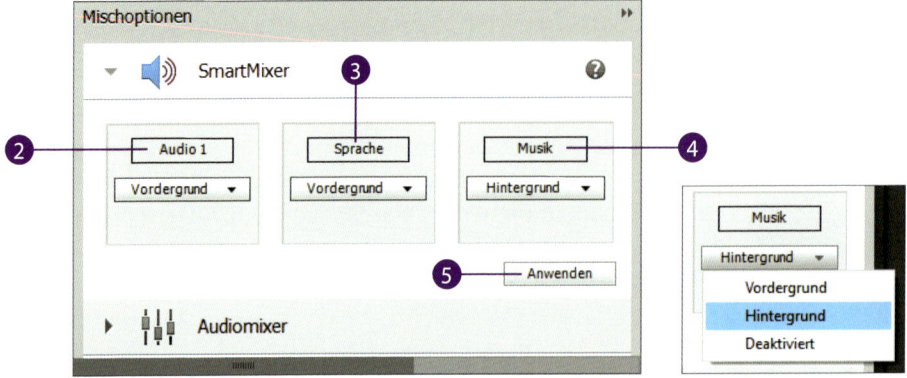

Adobe Premiere Elements führt eine automatische Analyse durch. Anschließend werden die Einstellungen von Smart Mix angewandt. Ist dies geschehen, gibt das Programm einen kurzen Bestätigungsdialog aus. Klicken Sie hier auf *OK*. Spielen Sie das Videoprojekt ab und hören Sie sich die Wirkung der Mixereinstellung an.

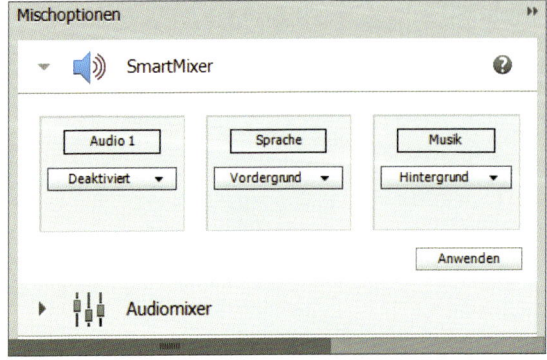

Voraussetzung für die Anwendung ist natürlich, dass die entsprechenden Audio-Inhalte und Audiospuren auch vorhanden sind. In dem folgenden Beispiel habe ich *Audio 1* in den Vordergrund und die Musik in den Hintergrund gesetzt. *Sprache* sowie *Audio 2* und *3* sind deaktiviert.

4.6 Das fertige Videoprojekt exportieren und freigeben

Haben Sie alle Clips zu Ihrem Videoprojekt zusammengefügt, bearbeitet und optimiert, geht es daran, das fertige Video zu exportieren. Hierbei ist entscheidend, auf welchem
Medium es wiedergegeben werden soll. Möchten Sie es bei Vimeo oder YouTube veröffentlichen? Vielleicht wollen Sie den fertigen Film auf DVD brennen und ihn später einmal auf einem TV-Gerät anschauen? Adobe Premiere Elements unterstützt verschiedene Exportformate. Sie erreichen sie mit der Funktion *Exportieren und freigeben*.

Das fertige Videoprojekt exportieren und freigeben

Geräteexport

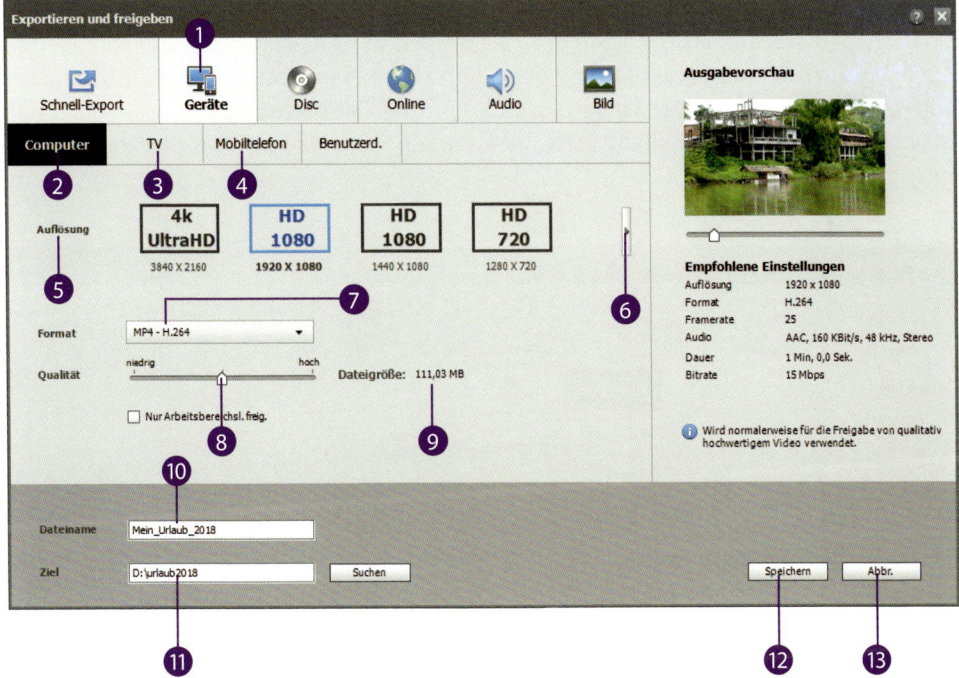

Wählen Sie zunächst *Geräte* ❶ und entscheiden Sie sich für eine der Möglichkeiten *Computer* ❷, *TV* ❸ oder *Mobiltelefon* ❹. Bestimmen Sie eine *Auflösung* ❺. Die HD-Auflösung mit *1920 x 1080* Bildpunkten ist vorausgewählt. Sie ist eine gute Wahl. Möglich ist auch eine 4K-Ultra-HD-Auflösung mit *3840 x 2160* px, ferner gibt es die Optionen *1440 x 1080* px, *1280 x 720* px, *720 x 576* px und *720 x 480* px. Die beiden Letztgenannten erreichen Sie mit dem nach rechts zeigenden Pfeil ❻. Das *Format* ❼ wird entsprechend der Geräteauswahl von Adobe Premiere vorausgewählt. Bei der Auswahl *Computer* wird das MP4-Format gewählt. Darüber hinaus können Sie die Formate MOV, M2T und MPEG verwenden.

Über den gleichnamigen Schieberegler bestimmen Sie die *Qualität* ❽ des Videos. Passend zu dieser Einstellung wird die *Dateigröße* ❾ angezeigt. Diese ist entscheidend, wenn Sie das Video auf einer Videoplattform veröffentlichen oder auf ein Mobiltelefon übertragen wollen. Hier darf die Größe nicht zu hoch sein und gleichzeitig muss die Qualität gut sein. Im Allgemeinen gilt: Eine hohe Qualität sorgt für eine sehr große Datei, eine niedrige Qualität dagegen für eine kleine Dateigröße. Darüber hinaus wird die Größe der Datei auch von der gewählten Auflösung und vom Dateiformat bestimmt.

Im unteren Bereich finden Sie die Eingabefelder für das Festlegen des Dateinamens ❿ und der Auswahl des Verzeichnisses ⓫, in dem die Datei abgelegt werden soll. Rechts sehen Sie die Schaltflächen zum Speichern der Einstellungen ⓬ sowie zum Abbrechen des Dialogs ⓭.

4. Clips schnell schneiden und bearbeiten

Benutzerdefinierter Geräteexport

Mit der benutzerdefinierten Einstellung können Sie selbst festlegen, für welches Medium Sie das Video exportieren. Sie legen das Zielformat und die Qualität fest und können Ihre Angaben auch als Vorlage für spätere Videoexporte festhalten. Wählen Sie *Geräte* ❶ und *Benutzerd.* ❷, um diese Möglichkeit zu nutzen. Verwenden Sie diese Einstellung das erste Mal, ist noch keine Vorgabeeinstellung vorhanden. Klicken Sie auf *Erweiterte Einstellungen* ❸.

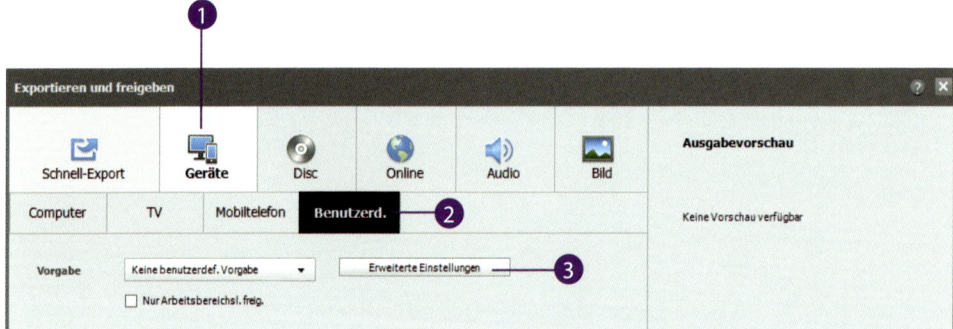

Es öffnet sich der Dialog *Exporteinstellungen*. Gehen Sie von oben nach unten die möglichen Einstellungsoptionen durch. Wählen Sie zuerst das *Format* ❹. Möglich ist hier *AAC Audio*, *AIF*, *BMP*, *H.264*, *H.264 AVCHD*, *H.264 Blu-ray*, *JPG*, *MP3*, *MPEG 2*, *MPEG 2 Blu-ray*, *MPEG 2-DVD*, *MPEG4* und *QuickTime*. Das Format wird unter der Vorgabeeinstellung *Benutzerdefiniert* festgehalten. Sie müssen im Auswahlfeld *Vorgabe* nichts wählen. Die beiden Optionen *Video exportieren* ❺ und *Audio exportieren* sind in der Vorgabeeinstellung eingeschaltet. In der *Zusammenfassung* ❻ werden alle getätigten und die grundlegenden Einstellungen aus dem unteren Bereich des Dialogfensters zusammengefasst.

Der untere Bereich des Dialogs ist noch einmal unterteilt in *Video*, *Audio* und *Multiplexer* ❼. Unter *Video* legen Sie die *Videoabmessungen* und die *Framerate* fest. Scrollen Sie weiter nach unten, können Sie unter anderem zwischen der Videonorm *PAL* und *NTSC* wählen. In unserem Bereich ist *PAL* üblich. Die Einstellungen hier richten sich an erfahrene Video- und Audioprofis. Sie sollen an dieser Stelle nicht in allen Einzelheiten genannt und erklärt werden. Dies würde den Rahmen des Buches sprengen.

Nach dem Bestätigen mit *OK* ❽ öffnet Adobe Premiere Elements eine kleine Dialogbox, in der Sie eine Bezeichnung für die Vorgabedatei eingeben ❾. Tun Sie dies und bestätigen Sie es ❿. Unter dem angegebenen Namen können Sie später die Datei unter *Geräte/Benutzerd.* abrufen und wiederverwenden.

Auf diese Weise müssen Sie die Einstellungen für eine Video-DVD, Blu-ray oder ein anderes Medium nur einmal festlegen. Später rufen Sie einfach die Vorlage ab und verwenden diese.

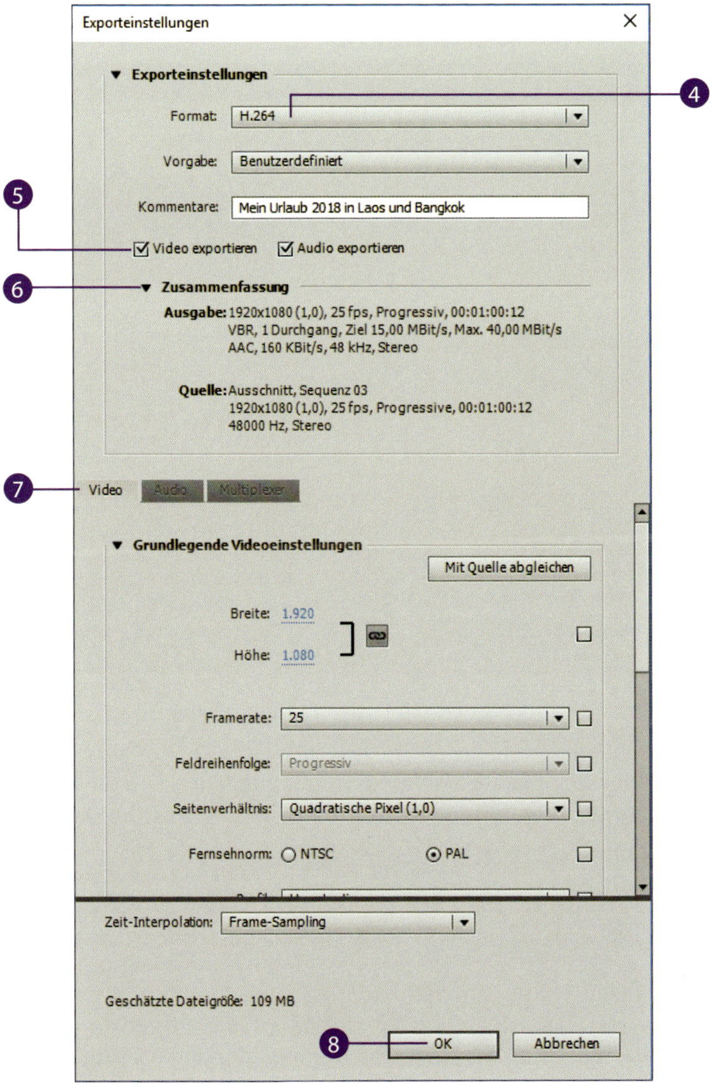

Das fertige Videoprojekt exportieren und freigeben

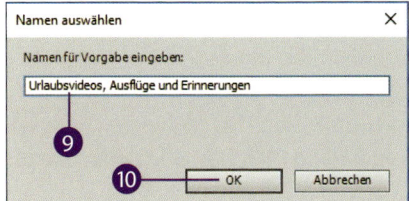
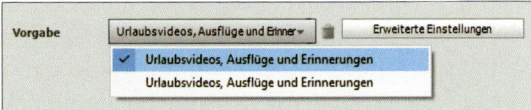

4. Clips schnell schneiden und bearbeiten

Exporteinstellung Disc

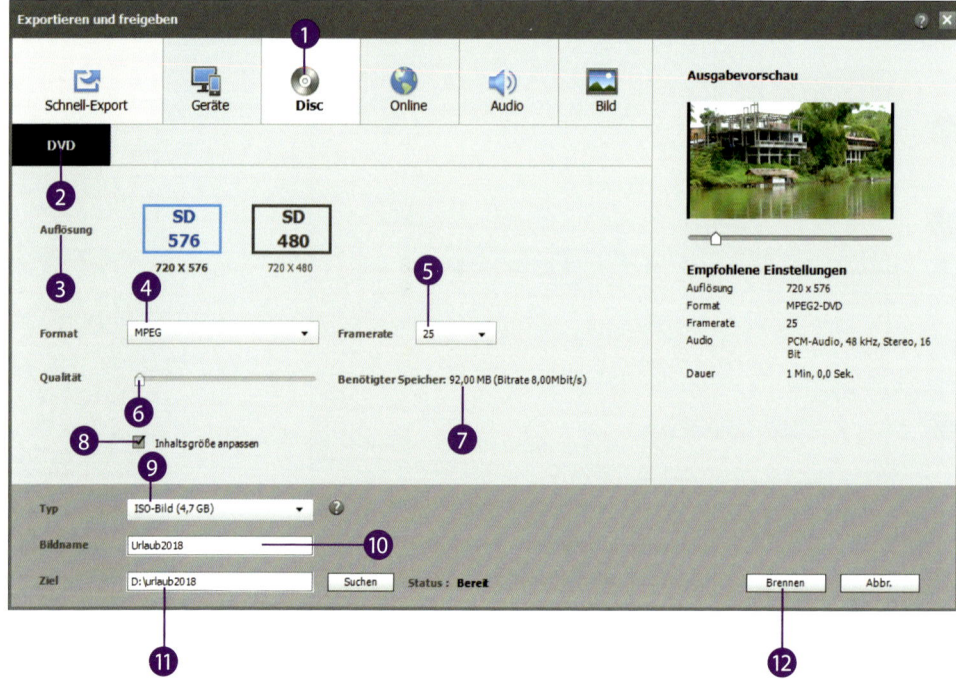

Das Register *Disc* ❶ kommt beim Erstellen eines Videos mit Kapiteln und Discmenü zum Einsatz. Ist beides nicht vorhanden, bietet Ihnen Adobe Premiere Elements bei Auswahl der Funktion diese Möglichkeiten an.

Sie wählen zunächst eines der Zielmedien *DVD*, *Blu-ray* oder *AVCHD* ❷. Danach entscheiden Sie sich für eine *Auflösung* ❸, wählen ein *Format* ❹ und eine passende *Framerate* ❺.

Mit einem Schieberegler ❻ stellen Sie die *Qualität* der Videodatei ein. Hinter dem Regler wird die zu erwartende Größe der Datei angezeigt ❼. Die Option *Inhaltsgröße anpassen* ❽ ist selbsterklärend. Auch hier gilt, je höher die Qualität ist, umso größer wird die Datei.

Im unteren Bereich wählen Sie das Zielmedium ❾ aus. Sie können hier *ISO-Bild (4,7 GB)* und *ISO-Bild (8,5 GB)* wählen. Damit wird ein Abbild des Mediums auf der Festplatte erstellt.

Alternativ können Sie mit *Disc* direkt auf einen angeschlossenen DVD-Brenner zugreifen. Hier geben Sie wieder den Dateinamen ❿ ein und bestimmen das Zielverzeichnis ⓫. Statt der Schaltfläche *Speichern* finden Sie die Funktion *Brennen* ⓬. Damit können Sie das Medium direkt aus dem Programm heraus brennen.

Direkt aus Adobe Premiere Elements auf einen DVD-Brenner zugreifen

Wählen Sie unter *Disc/DVD* den Typ *Disc*, können Sie direkt aus dem Programm heraus eine DVD brennen und auf einen angeschlossenen Brenner zugreifen. Sie müssen nicht erst ein Abbild aus dem Programm heraus erstellen und dieses dann mit einem anderen Programm auf DVD brennen.

Geben Sie in das Feld *Discname* eine passende Bezeichnung für das Medium ein. Mit *Kopien* können Sie mehr als nur eine DVD erstellen. Vielleicht wollen Sie Ihren Film auch an Freunde verteilen oder als Gimmick auf einer Party jedem an den Platz legen. Unter *Ziel* wählen Sie den Brenner. Mit *Scannen* können Sie das Gerät suchen. Ein Mausklick auf *Brennen* startet den Brennvorgang des Mediums. *Abbr.* schließt den Dialog, ohne einen Brennvorgang zu starten.

Eine Blu-ray aus Premiere Elements heraus erstellen

Bei der Auswahl von *Blu-ray* können Sie zwischen zwei Auflösungen wählen. Das *Format* ist bereits auf *Blu-ray* gestellt. Eine andere Auswahl steht hier nicht zur Verfügung. Nur bei der *Framerate* können Sie zwischen *23,976*, *25* und *29,97* wählen. Wer mag, kann die Option *Inhaltsgröße anpassen* aktivieren.

Im unteren Bereich wählen Sie, ob Sie eine Disc brennen oder ein ISO-Abbild erstellen wollen. Je nach Auswahl stehen Ihnen unterschiedliche Optionen zur Verfügung. Diese entsprechen denen beim Erstellen einer DVD bzw. eines DVD-ISO-Abbilds. Beim Brennen einer Blu-ray wählen Sie *Disc* und geben unter *Discname* eine Bezeichnung für das Medium ein. Mit *Kopien* können Sie mehr als eine Kopie erstellen. Im Feld *Ziel* ist der Name des Brenners zu sehen. Mit *Scannen* können Sie diesen suchen. Ein Mausklick auf *Brennen* startet den Vorgang. Mit *Abbr.* schließen Sie wie gewohnt den Dialog, ohne dass etwas geschieht.

Die Einstellungen für das Brennen eines AVHCD-Mediums sind ähnlich. Auch hier können Sie ein Medium direkt brennen oder ein ISO-Abbild erstellen.

Audio- und Bildexport

Adobe Premiere Elements erlaubt es auch, nur die Audio-Inhalte eines Videoprojekts oder auch nur die Bilddateien zu exportieren. Ersteres geschieht unter *Audio* ❶. Wählen Sie *Spur* ❷, um den Inhalt einer Audiospur zu exportieren.

Als Nächstes entscheiden Sie sich für ein *Format* ❸. Zur Auswahl stehen *MP3*, *AIFF* und *AAC*. Letzteres ist vor allem unter macOS verbreitet.

4. Clips schnell schneiden und bearbeiten

Mit einem Schieberegler stellen Sie die *Qualität* ❹ der Audiodatei ein. Auch hier erhöht eine bessere Qualität die Größe der Datei. Diese Größe können Sie hinter dem Schieberegler sehen ❺.

Im unteren Bereich des Dialogs geben Sie der Audiodatei eine Bezeichnung ❻ und legen fest, wo sie abgelegt werden soll ❼. Mit *Speichern* ❽ starten Sie den Export. *Abbr.* ❾ schließt wie gewohnt den Dialog, ohne eine Aktion durchzuführen.

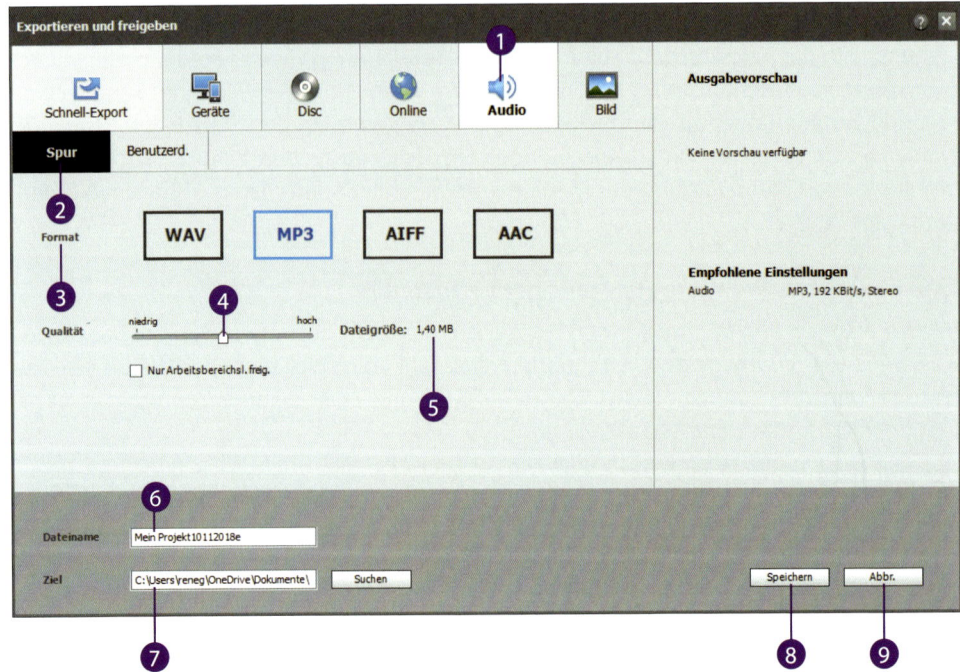

Eine Bilddatei exportieren

Über Bild ❶ und *Frame* ❷ können Sie ein markiertes Bild exportieren. Hier wählen Sie zuerst die *Auflösung* ❸, ein *Format* ❹ und mithilfe eines Schiebereglers stellen Sie die *Qualität* ❺ ein.

Im unteren Bereich legen Sie wie gewohnt den Namen der Datei ❻ fest und bestimmen, wo sie gespeichert werden soll ❼. Mit *Speichern* ❽ starten Sie den Vorgang. *Abbr.* ❾ beendet wie gewohnt den Dialog.

Das fertige Videoprojekt exportieren und freigeben

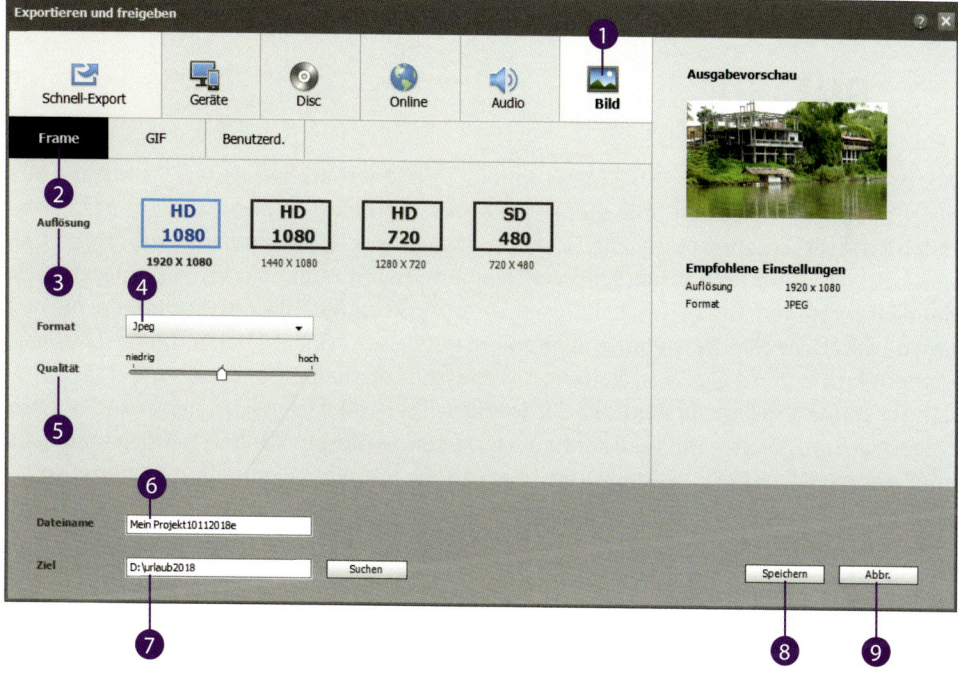

5. Intelligente Korrekturfunktionen nutzen

Adobe Premiere Elements 2019 bietet Ihnen Funktionen an, mit denen Sie schnell Ihre Videos korrigieren können. Alle diese Funktionen sind einfach anzuwenden und bieten Ihnen schnelle Ergebnisse an. Die Funktion *Intelligentes Korrigieren* analysiert Ihren Clip und korrigiert ihn automatisch. Schon nach einem kurzen Augenblick ist die Videoqualität deutlich verbessert. Die Verwackelungsreduzierung korrigiert die Verwacklungen, die hier und da durch die Handbewegung der Kamera entstehen können. Die automatische Farbtonkorrektur und die RGB-Farbkorrektur verbessern die Farbeigenschaften der Videobilder. Sie können Helligkeit, Kontrast, Sättigung schnell mit Filtern korrigieren und ebenso Lautstärke und Balance der Audio-Inhalte anpassen. In diesem Kapitel stelle ich Ihnen alle intelligenten Korrekturfunktionen, die Ihnen Adobe Premiere Elements 2019 bietet, vor.

5.1 Mit den intelligenten Korrekturfunktionen einen Clip bearbeiten

Adobe Premiere Elements 2019 bietet Ihnen eine Reihe automatischer Korrekturfunktionen an. Hierbei wählen Sie nur die passende Funktion und lassen die Arbeit vom Programm ausführen. Es sind keine Einstellungen notwendig. Das geht schnell und führt in den meisten Fällen zu einem guten Ergebnis. Neben diesen »automatischen Funktionen« lassen sich viele Einstellungen auch von Hand anpassen.

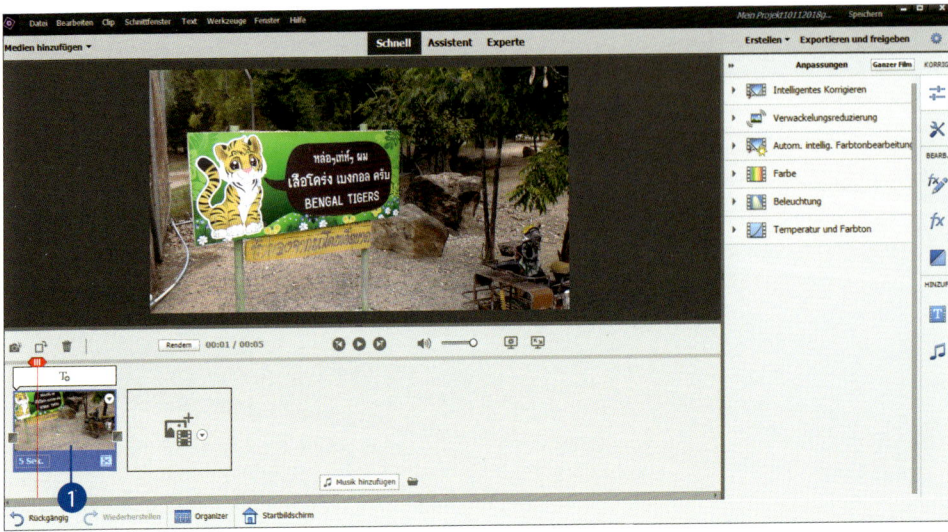

Mit den intelligenten Korrekturfunktionen einen Clip bearbeiten

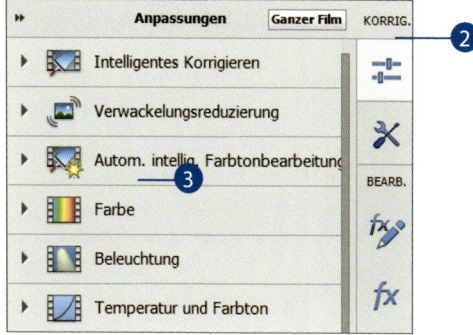

Alle Korrekturfunktionen erreichen Sie auf die gleiche Art und Weise. Markieren Sie zunächst den Clip im Schnittfenster, den Sie bearbeiten lassen wollen ❶. Klicken Sie in der Werkzeugleiste auf die oberste Schaltfläche *Anpassungen* ❷. Wählen Sie das gewünschte Werkzeug aus ❸. Klicken Sie auf die Pfeilschaltfläche vor dem Werkzeug. Beachten Sie, dass einige Korrekturwerkzeuge nur im Expertenmodus verfügbar sind. In den folgenden Abschnitten stelle ich Ihnen alle Werkzeuge vor, mit denen Sie Ihre Clips bearbeiten können. Zuerst die Werkzeuge, die Ihnen im *Schnell*-Modus zur Verfügung stehen. Danach lernen Sie die Werkzeuge kennen, die Sie im Expertenmodus nutzen können.

Intelligentes Korrigieren

Intelligentes Korrigieren analysiert Ihren Clip und entfernt Verwacklungen, unscharfe Bilder und Farbfehler. Der Korrekturfilter arbeitet vollautomatisch. Markieren Sie zuerst den Videoclip im Schnittfenster, der korrigiert werden soll. Öffnen Sie die *Anpassungen* in der Werkzeugleiste. Wählen Sie den obersten Eintrag *Intelligentes Korrigieren*. Klicken Sie auf die Pfeilschaltfläche ❶ (links vom Namen der Funktion) und wählen Sie *Anwenden* ❷. *Intelligentes Korrigieren* analysiert nun den Clip. Je nach Länge des Clips und Leistung Ihres Rechners kann dies mehr oder weniger lange dauern. Anhand eines Fortschrittsbalkens und einer Prozentanzeige ❸ können Sie mitverfolgen, wie weit die Medienanalyse bereits fortgeschritten ist. Findet die Funktion Fehler, die sie beheben kann, wird die Korrektur sofort durchgeführt. Das Ergebnis sehen Sie im Monitorfenster.

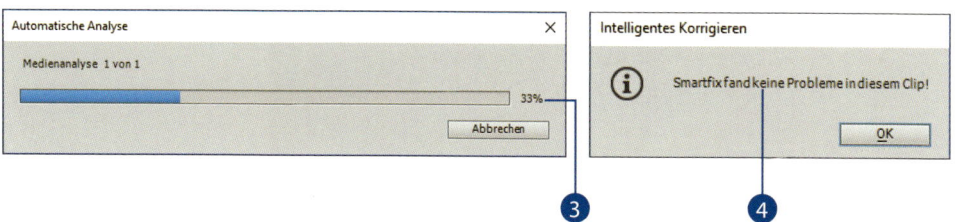

Es kann auch vorkommen, dass Adobe Premiere Elements keine Fehler findet oder auch die vorhandenen Bildfehler nicht erkennt. Dann erhalten Sie eine entsprechende Meldung ❹. Nutzen Sie dann andere Bearbeitungsfunktionen, um den Clip manuell zu verbessern. Schneiden Sie nicht gelungene Frames aus dem Clip heraus.

5. Intelligente Korrekturfunktionen nutzen

> **Korrekturfunktionen kombinieren**
>
> Oft ist es sinnvoll, verschiedene Korrekturfunktionen miteinander zu kombinieren. Schauen Sie sich den Clip an, den Sie bearbeiten wollen. Wählen Sie eine passende Korrekturfunktion aus und wenden Sie sie an. Überprüfen Sie wieder das Ergebnis und nutzen Sie ein weiteres Werkzeug. Nicht alle Fehler können mit einem Werkzeug entfernt werden. Wenig gelungene Frames schneiden Sie später aus dem Clip heraus.

Verwackelungsreduzierung

Mit der *Verwackelungsreduzierung* ❶ entfernen Sie Kamerawackler aus einem Clip. Das Werkzeug besitzt einen schnellen und einen detaillierten Arbeitsmodus.

Wählen Sie die Variante *Schnell* ❷, arbeitet die Funktion recht flott und bietet eine Standardqualität. Mit *Detailliert* ❸ arbeitet die Funktion langsamer, führt aber zu einer besseren Qualität.

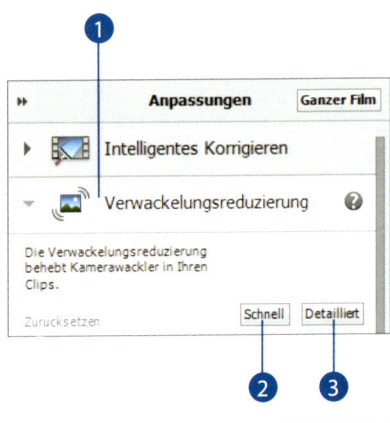

Das Programm analysiert das Video und korrigiert Frame für Frame vorhandene Verwacklungen. Sie sehen auf dem Monitor einen Hinweisbalken ❹ und können den Fortschritt der Arbeit dieses Werkzeugs auf der rechten Seite verfolgen ❺. Hier sehen Sie wieder eine Prozentanzeige, die Ihnen verrät, wie weit die Funktion mit ihrer Arbeit ist, und können verfolgen, welcher Frame im Clip gerade untersucht und korrigiert wird.

Mit den intelligenten Korrekturfunktionen einen Clip bearbeiten

In meinem Beispiel hat die Verwackelungsreduzierung das Bildformat verändert und damit für mehr Schärfe und klarere Bilder gesorgt. Der Clip ist im Schnittfenster mit einer Markierung versehen worden. Dies bedeutet, dass ein Effekt auf den Clip angewandt wurde.

Unter *Zugewiesene Effekte* können Sie die angewandten Effekte und Bearbeitungsfunktionen einsehen, verändern oder auch entfernen. Wundern Sie sich nicht, dass Sie hier immer mehr Funktionen finden, als Sie eigentlich ausgeführt haben. *Bewegung* und *Deckkraft* werden immer angezeigt. In meinem Beispiel wurde *Schatten/Glanzlicht* durch *Intelligentes Korrigieren* angewandt.

Bei einigen Effekten und Videobearbeitungsfunktionen können Sie die Einstellungen später korrigieren. Das geht natürlich nicht bei Funktionen, die selbstständig arbeiten, wie zum Beispiel die *Verwackelungsreduzierung* und *Intelligentes Korrigieren*. Öffnen Sie mit der Pfeilschaltfläche die Einstellungen eines verwendeten Effekts.

Bei jeder auf den Clip angewandten Funktion finden Sie ein Augensymbol, einen gegen den Uhrzeigersinn zeigenden Pfeil und ein Mülleimersymbol. Ein Mausklick auf das Augensymbol schaltet die Wirkung eines Effekts aus. Ein weiterer Mausklick auf dieses Symbol schaltet den Effekt wieder ein. Mit dem im Kreis zeigenden Pfeil setzen Sie den Clip auf den Zustand vor der Anwendung des Filters zurück. Der Filter wird anschließend neu angewandt. Ein Mausklick auf das Mülleimersymbol löscht den Effekt.

Darüber hinaus zeigt ein grüner Punkt auf der Funktion, dass diese angewendet wurde.

Die automatische intelligente Farbtonkorrektur verwenden

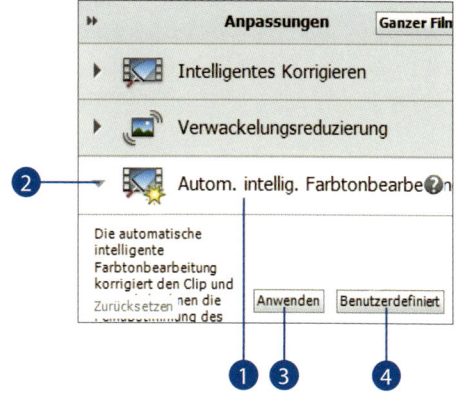

Mit der automatischen Farbtonkorrektur passen Sie die Farbabstimmung eines Clips an. Dieser Filter besitzt einen schnellen automatischen Modus und einen benutzerdefinierten Modus. Schauen wir uns zunächst den automatischen Arbeitsmodus an.

Markieren Sie den Clip, dessen Farbeigenschaften Sie anpassen wollen. Öffnen Sie die *Anpassungen* aus der Werkzeugleiste und wählen Sie *Automatische intelligente Farbtonkorrektur* ❶. Erweitern Sie mit der Pfeilschaltfläche den Filterdialog ❷ und wählen Sie *Anwenden* ❸.

Adobe Premiere Elements analysiert den Clip und führt automatisch eine Farbkorrektur durch. Schauen Sie sich anschließend den Clip an und beurteilen Sie selbst, ob das Ergebnis zu einer deutlichen Verbesserung geführt hat.

5. Intelligente Korrekturfunktionen nutzen

Farbinhalte eines Clips mit der benutzerdefinierten Farbkorrektur bearbeiten

Die benutzerdefinierte Variante der automatischen Farbkorrektur führt ebenfalls erst eine Analyse Ihres Clips durch. Anschließend sehen Sie in einem Fenster vier Varianten einer Farbanpassung. Mit einem Mausklick können Sie eine auswählen. Durch Verschieben eines Zielkreuzes führen Sie eine Feinabstimmung durch. Ich zeige Ihnen das gleich einmal an einem Beispiel:

Markieren Sie zuerst den Clip im Schnittfenster, den Sie bearbeiten wollen. Wählen Sie das oberste Werkzeug in der Werkzeugleiste und entscheiden Sie sich für die *Automatische intelligente Farbtonkorrektur*. Erweitern Sie den Dialog des Filters und wählen Sie *Benutzerdefiniert* ❹.

Im nächsten Fenster sehen Sie vier verkleinerte Abbildungen Ihres Videos. Rechts die beiden Bilder sind etwas heller und farbenfroher, links die Bilder sind dunkler gehalten. Das Programm hat bei Ihrem Clip bereits eine automatische Farbkorrektur vorgenommen. Sie führen nur noch eine Feinabstimmung durch. Dazu klicken Sie eines der Bilder an oder ziehen den Markierungspunkt, den Sie in der Mitte Ihres Arbeitsfensters sehen, in eine der Richtungen.

Klicken Sie auf den Markierungspunkt, wird ein 5 mal 5 Felder großes Quadrat ❺ sichtbar. Es kennzeichnet die möglichen Veränderungen. Ziehen Sie nun den Markierungspunkt auf eine andere Position in diesem Quadrat. Schauen Sie sich die Veränderungen des Bildes an. Sind Sie mit dem Ergebnis zufrieden, klicken Sie auf die Schaltfläche *Fertig* ❻. Schauen Sie sich wie gewohnt den Videoclip an und beurteilen Sie das Ergebnis. Die automatische intelligente Farbtonkorrektur mit der benutzerdefinierten Einstellung führt zu einem sehr guten Ergebnis. Die Korrektur können Sie sehen und feinabstimmen.

Mit den intelligenten Korrekturfunktionen einen Clip bearbeiten

Die beiden selbsterklärenden Optionen *Aus dieser Korrektur lernen* ❼ und *Effekt sichtbar* ❽ lassen Sie aktiviert. Sie zeigen, welche Wirkung eine Veränderung des Zielkreuzes hat, und »merken« sich Ihre Einstellungen für spätere Anwendungen des Filtereffekts. Führt die *Automatische intelligente Farbtonkorrektur* zu keinem akzeptablen Ergebnis, finden Sie eine bessere Lösung in der Bearbeitung Ihres Clips mit dem Effekt *Farbe korrigieren*. Diesen erkläre ich im folgenden Abschnitt.

Farbe korrigieren

Bei einem Clip können Sie mit dem Werkzeug *Farbe korrigieren* den Farbton, die Helligkeit, die Sättigung oder die Dynamik verändern. Adobe Premiere Elements bietet Ihnen hier eine automatische Korrekturfunktion an. Darüber hinaus können Sie eine Voreinstellung nutzen oder eine Feineinstellung mit Reglern vornehmen.

Die automatische Farbkorrektur

Markieren Sie den Clip, dessen Farbeigenschaften Sie korrigieren möchten. Öffnen Sie in der Werkzeugleiste das oberste Werkzeug *Anpassen*. Erweitern Sie mit der Pfeilschaltfläche den Dialog des Werkzeugs *Farbe* ❶. Unterhalb der Vorlagen sehen Sie die Schaltfläche *Auto-Farbe* ❷. Klicken Sie darauf, um die automatische Farbkorrektur durchzuführen. Die Funktion wird sofort ausgeführt. Schauen Sie sich wie gewohnt den Clip an und beurteilen Sie, ob das Ergebnis Ihren Vorstellungen entspricht.

Die Korrektur der Farbe mithilfe der Filtervorlagen

Adobe Premiere Elements bietet Ihnen einfach und schnell anwendbare Filter an, mit denen Sie die Farbe eines Clips korrigieren können. Dabei unterscheidet das Programm die Eigenschaften *Farbton*, *Helligkeit*, *Sättigung* und *Dynamik*. Der Filtereffekt wird mit einem kleinen Piktogramm dargestellt. Anhand dieses »Bildchens« sehen Sie, welche Farbe oder welche Eigenschaft verändert wird. Sie klicken einfach nur auf ein Piktogramm und sehen die Veränderung im Monitorfenster sofort.

Auch hier markieren Sie zuerst den Clip, dessen Eigenschaften Sie bearbeiten wollen. Klicken Sie auf das Werkzeug *Anpassen* aus der Werkzeugleiste. Wählen Sie *Farbe*. Entscheiden Sie sich für eine der Möglichkeiten *Farbton* ❸, *Helligkeit* ❹ oder *Sättigung* ❺. Mit der Pfeilschaltfläche rechts neben *Sättigung* ❻ gelangen Sie zu dem Filtereffekt *Dynamik*. Wählen Sie ein passendes Filterpiktogramm aus ❼. In meinem Beispiel habe ich einfach einmal das mittlere in der Gruppe *Farbton* gewählt.

5. Intelligente Korrekturfunktionen nutzen

Wenn Sie möchten, führen Sie mehrere Korrekturen nacheinander durch. Klicken Sie einfach auf ein weiteres Piktogramm. Möchten Sie den Clip in den Zustand bringen, in dem er vor der Nutzung der Farbfilter war, klicken Sie auf *Zurücksetzen* ❽.

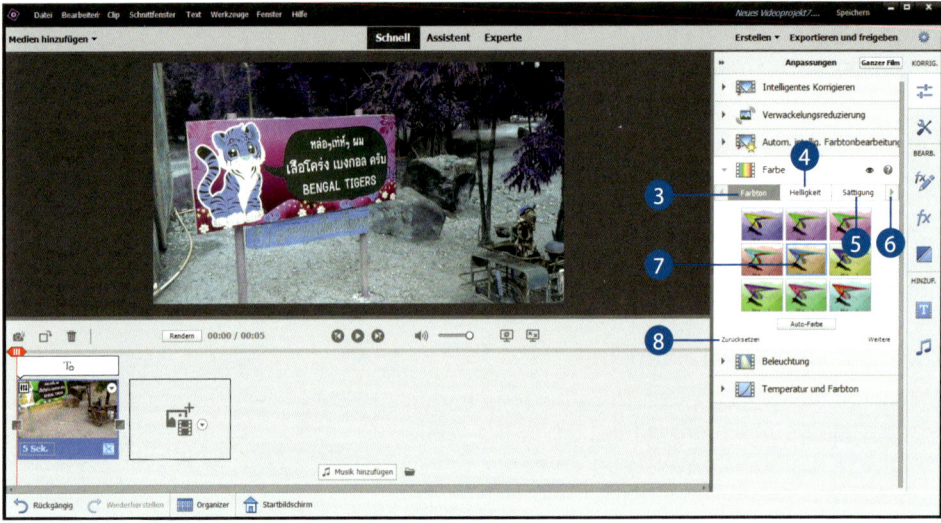

Die Farbfilter und ihre Wirkung

Der Name der Filterkategorie sagt bereits, was Sie damit verändern können. Jeweils neun einzelne Piktogramme für die Auswahl eines Effekts stellt Ihnen Adobe Premiere Elements zur Verfügung. Unter *Farbton* ❶ sehen Sie, wie der Filtereffekt von einem blauen Farbton links oben zu einem Rot, Orange, Gelb bis zu einem grünen Farbton wird. Beachten Sie, dass Sie nicht einfach alle Piktogramme nacheinander durchprobieren sollten, um die richtige Einstellung für Ihren Clip zu finden, sondern nach einer Anwendung erst auf *Zurücksetzen* ❷ klicken müssen und dann den nächsten Filtereffekt auswählen können. Eine Ausnahme ist natürlich, wenn Sie zwei Farbfilter anwenden wollen.

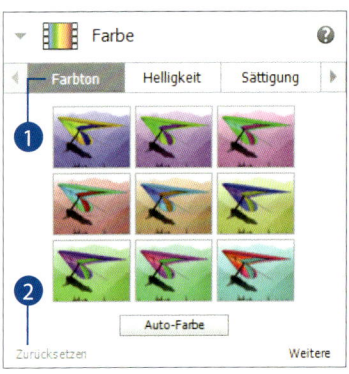 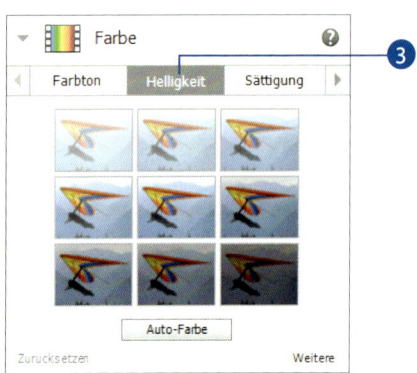

Mit den intelligenten Korrekturfunktionen einen Clip bearbeiten

In der Filterkategorie *Helligkeit* ❸ ist sehr schön zu sehen, wie die Filtereffekte von sehr hell über eine mittlere Helligkeit zu einem sehr dunklen Farbton führen. In den Filterkategorien *Sättigung* ❹ und *Dynamik* ❺ sehen Sie auch sehr schön, welche Effekte die einzelnen Filterschaltflächen haben. *Sättigung* steht für die Intensität der Farben.

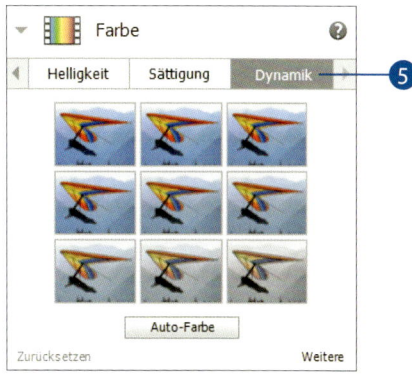

Haben Sie einen Filtereffekt angewandt, wird der Clip wie gewohnt mit einer Markierung versehen ❻.

Der Clip im folgenden Beispiel wirkt etwas langweilig und trostlos. Die Sonne war wohl bei der Aufnahme hinter dicken Wolken verborgen. Um die Bilder des Clips lebendiger aussehen zu lassen, habe ich die Sättigung auf den höchsten Wert gesetzt. Die Farben wirken nun kräftiger und freundlicher.

139

5. Intelligente Korrekturfunktionen nutzen

Die Feineinstellung der Farbkorrektur verwenden

Markieren Sie den Videoclip, dessen Farben Sie korrigieren wollen. Öffnen Sie die Werkzeugleiste und wählen Sie das oberste Werkzeug *Anpassen* aus. Entscheiden Sie sich für das Werkzeug *Farbe*. Erweitern Sie die Optionen des Werkzeugs. Klicken Sie rechts unten auf *Weitere*.

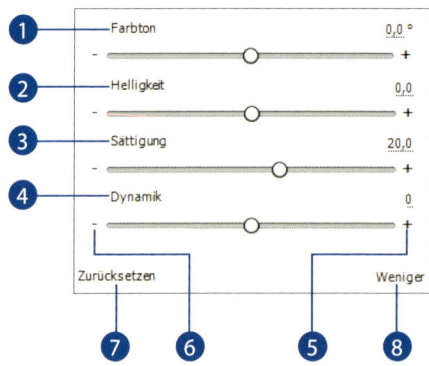

Der Dialog wird erweitert und Sie sehen vier Regler vor sich. Ziehen Sie die Regler *Farbton* ❶, *Helligkeit* ❷, *Sättigung* ❸ und *Dynamik* ❹ nach rechts oder links, um entsprechend die Farbeigenschaften Ihres Clips zu verändern.

Mit den Plus- ❺ und Minus-Schaltflächen ❻ werden die Werte bis auf den geringsten und höchstmöglichen Wert gesetzt. *Zurücksetzen* ❼ bringt alle Regler wieder in die Ausgangsposition. Mit *Weniger* ❽ klappen Sie das Bedienfeld wieder zu.

Verändern Sie die Einstellungen in kleinen Schritten. Sie müssen nicht alle Regler benutzen, nur die des Wertes, den Sie verändern möchten. Schauen Sie sich das Ergebnis an und speichern Sie das Projekt.

Übrigens: Wenn Sie einen der Farbfilter wählen, wandern die Regler mit. Sie können so eine Einstellung als Ausgangspunkt wählen und anschließend mit den Reglern feineinstellen.

Beleuchtung korrigieren

Unter dem Oberbegriff *Beleuchtung* fallen die Einstellungen für *Helligkeit*, *Kontrast* und *Belichtung*. Das Werkzeug dafür ähnelt sehr dem Werkzeug *Farbe*. Auch hier können Sie eine Filtereinstellung über Grafikschaltflächen nutzen. Sie können mit einer automatischen Einstellung eine Optimierung Ihres Clips dem Programm überlassen. Und Sie können für eine Feineinstellung Regler nutzen, die Sie mit der Maus verschieben.

Belichtung, Tonwerte und Helligkeit automatisch korrigieren

Markieren Sie zuerst wieder den Clip ❶, den Sie bearbeiten wollen. Öffnen Sie in der Werkzeugleiste das Werkzeug *Anpassen* ❷ und wählen Sie *Beleuchtung* ❸ aus. Erweitern Sie mit einem Mausklick auf die Pfeilschaltfläche ❹ das Bedienfeld. Setzen Sie ein Häkchen in das Optionsfeld *Automatische Korrektur* ❺. Schauen Sie sich das Ergebnis des Filters an. Speichern Sie Ihr Videoprojekt, wenn Sie damit einverstanden sind. Gefällt Ihnen die Wirkung der automatischen Beleuchtungskorrektur nicht, wählen Sie im Bedienfeld *Zurücksetzen* ❻.

Mit den intelligenten Korrekturfunktionen einen Clip bearbeiten

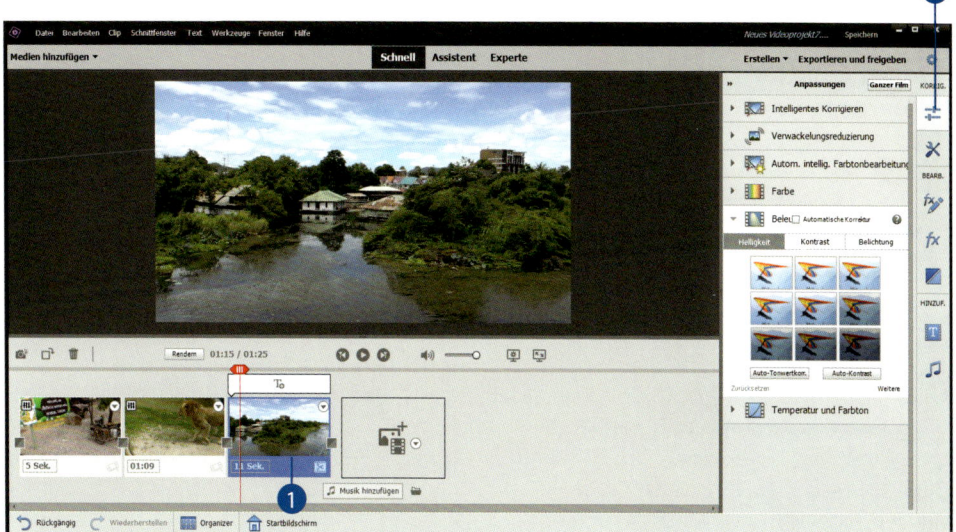

In dem Bedienfeld finden Sie zwei weitere automatische Korrekturen. Sie können Kontrast und Tonwertkorrektur von Adobe Premiere Elements durchführen lassen. Möchten Sie dies tun, klicken Sie auf *Auto-Tonwertkorr.* 7 oder *Auto-Kontrast* 8.

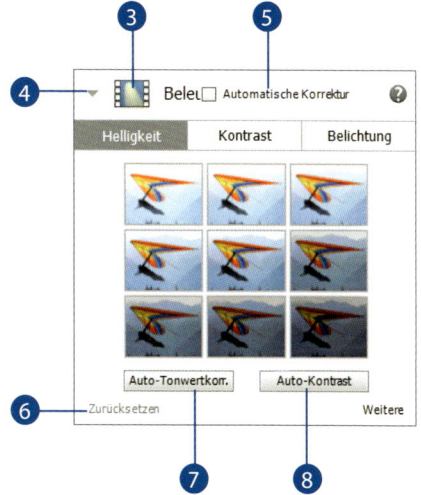

> **Ansicht im Bedienfeld**
>
> Stören Sie sich nicht daran, dass im aufgeklappten Bedienfeld der Name des Filters *Beleuchtung* verdeckt wird. Hier wurde ein wenig unglücklich das Optionsfeld für die automatische Korrektur über dem Namen des Bedienfelds platziert.

Die Beleuchtung mit Filtervorlagen durchführen

Die Filtervorlagen ermöglichen eine schnelle Verwendung von Videobearbeitungseffekten. Auch hier finden Sie wieder neun verschiedene Piktogramme vor. Eine kleine Clipart verdeutlicht die Wirkung des Filters.

Um eine der Filtervorlagen zu verwenden, markieren Sie zuerst wieder den Clip, dessen Eigenschaften Sie bearbeiten wollen. Wählen Sie das Werkzeug *Anpassen* aus und entscheiden Sie sich für *Farbe*. Erweitern Sie das

141

5. Intelligente Korrekturfunktionen nutzen

Bedienfeld und wählen Sie eine der Kategorien *Helligkeit* ❶, *Kontrast* ❷ oder *Belichtung* ❸. Schauen Sie sich die Filterbilder an und wählen Sie mit der Maus eines aus. Erhalten Sie nicht den gewünschten Effekt, setzen Sie den Clip auf den vorhergehenden Zustand zurück.

Auch hier sehen Sie sehr schön an den Cliparts, wie unterschiedlich die Wirkung von Filter zu Filter ist. Unter *Helligkeit* wird mit der Clipart links oben Ihr Videoclip auf den stärksten Wert aufgehellt. Nach rechts nimmt diese Einstellung ab. Einen mittleren Helligkeitseffekt erhalten Sie mit der mittleren Clipart. Stark abgedunkelt wird dagegen mit der Clipart rechts unten in diesem Bedienfeld.

Belichtung funktioniert ähnlich. Nur wird hier das Bild nicht »aufgehellt«, sondern eine bessere Belichtung beim Fotografieren simuliert. Vergleichen Sie einmal die Effekte auf ein Bild mit dem Filter *Helligkeit* und dem Filter *Belichtung*. Das Ergebnis ist unterschiedlich. Auch hier ist der stärkste Belichtungseffekt mit der Clipart links oben und der dunkelste Effekt mit der rechts unten zu erreichen.

Kontrast steht für den Unterschied zwischen den hellen und dunklen Inhalten Ihres Clips. Ein sehr hoher Kontrast sorgt für ein klares Bild. Ist der Kontrast nicht so hoch, wird das Bild eher neblig und lichtarm. Einen hohen Kontrast erreichen Sie mit dem Filter links oben. Einen geringen Kontrast mit dem rechts unten. Und auch hier gilt wieder: Probieren Sie verschiedene Filter aus. Kombinieren Sie *Helligkeit*, *Kontrast* und *Belichtung* miteinander. Gehen Sie Schritt für Schritt vor und schauen Sie sich immer die Wirkung eines Filtereffekts an. Sind Sie mit dem Ergebnis nicht zufrieden, setzen Sie die Einstellung zurück.

> **Zurücksetzen**
>
> Beachten Sie bitte, dass Sie mit *Zurücksetzen* aus einer Bedienfeldgruppe nur die Filteranwendungen aus dieser Gruppe entfernen. Kombinieren Sie verschiedene Bedienfeldgruppen, zum Beispiel *Farbe*, *Beleuchtung* und *Temperatur und Farbton*, bringt ein Klick auf *Zurücksetzen* im Feld *Farbe* nur die Filteranwendungen aus der Gruppe *Farbe* zurück.

Helligkeit, Kontrast und Belichtung mit der Feineinstellung verändern

Die Feineinstellung der Beleuchtung erlaubt es Ihnen, die Werte Ihres Clips mit Reglern genau anzupassen. Um diese Möglichkeit zu verwenden, markieren Sie Ihren Videoclip. Öffnen Sie das Werkzeug *Anpassen* und wählen Sie das Bedienfeld *Beleuchtung* aus. Erweitern Sie das Bedienfeld und wählen Sie rechts unten *Weitere*.

Sie sehen nun die Regler *Helligkeit* ❶, *Kontrast* ❷ und *Belichtung* ❸. Ziehen Sie sie mit der Maus nach rechts oder links und schauen Sie sich die Wirkung dieser Einstellungen im Monitorfenster an. Mit *Weniger* ❹ wird das Bedienfeld wieder eingeklappt und die Regler verschwinden. In meinem Beispiel habe ich die Werte für *Helligkeit* und *Kontrast* nur leicht erhöht.

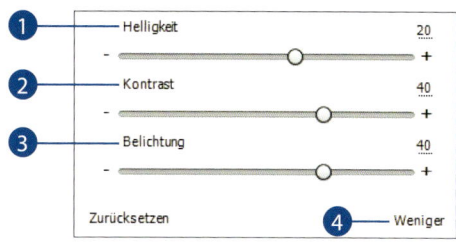

Temperatur und Farbton korrigieren

Das Bedienfeld *Temperatur und Farbton* besitzt keine automatische Funktion. Sie wählen einen der Filter über eine Clipart oder nutzen Regler für die Feineinstellung. Aber was ist eigentlich ein Farbton? Farben besitzen eine Wellenlänge. Es sind elektromagnetische Wellen, die wir über unser Sinnesorgan Auge erfassen. Diese Wellenlänge wird in Kelvin angegeben. Abgekürzt wird dies mit einem **K**.

Unterschiedliche Lichtquellen haben unterschiedliche Farbtemperaturen. Auch bei den verschiedenen Tageszeiten gibt es Farbtemperaturunterschiede. Das Licht einer Kerze hat eine Farbtemperatur von 1.500 K. Der Auf- und Untergang der Sonne liegt bei 3.000 K. Die Sonne zur Mittagszeit bringt es auf 6.000 K. Ein blauer Himmel ohne Wolken kann eine Farbtemperatur von 10.000 bis 20.000 K haben.

Die Farbe, die durch die Farbtemperatur einer Lichtquelle hervorgerufen wird, verschiebt sich von einem kräftigen Rot (1.000 K) über einen gelben Ton zu Weiß und weiter zu einem kräftigen Blau (20.000 K). In der Profifotografie werden Farbtemperaturen genutzt, um bestimmte Bildeffekte zu erzielen. Man nutzt oft entsprechende Lichtquellen und Filter. Vielleicht kennen Sie das auch von Ihrer Digitalkamera. Bei modernen Kameras lassen sich Farbtemperaturen einstellen.

Hierzu sollten Sie wissen, dass wir mit unseren Augen nicht jeden feinen Unterschied verschiedener Farbtemperaturen wahrnehmen. Die Linse einer Kamera tut dies jedoch. So kann ein Foto oder auch ein Videoclip einen »Gelbstich« bekommen, einen zu starken Blauton aufweisen oder leicht in ein Orange gehen. Bei einer Kamera können Sie diese Farbfehler mit dem Weißabgleich korrigieren und ein klares Bild erhalten. Bei Adobe Premiere Elements helfen Ihnen Filter dabei, Farbfehler, die durch eine bestimmte Farbtemperatur hervorgerufen werden, zu korrigieren. Sie können jedoch auch bestimmte Farbtemperaturen nutzen, um für eine entsprechende Stimmung zu sorgen.

5. Intelligente Korrekturfunktionen nutzen

Markieren Sie den Clip ❶, den Sie bearbeiten wollen. Wählen Sie das Werkzeug *Anpassen* ❷ aus der Werkzeugleiste aus. Wählen Sie *Temperatur und Farbton* ❸ mit einem Mausklick aus. Achten Sie darauf, dass im Bedienfeld die Kategorie *Temperatur* ❹ gewählt ist.

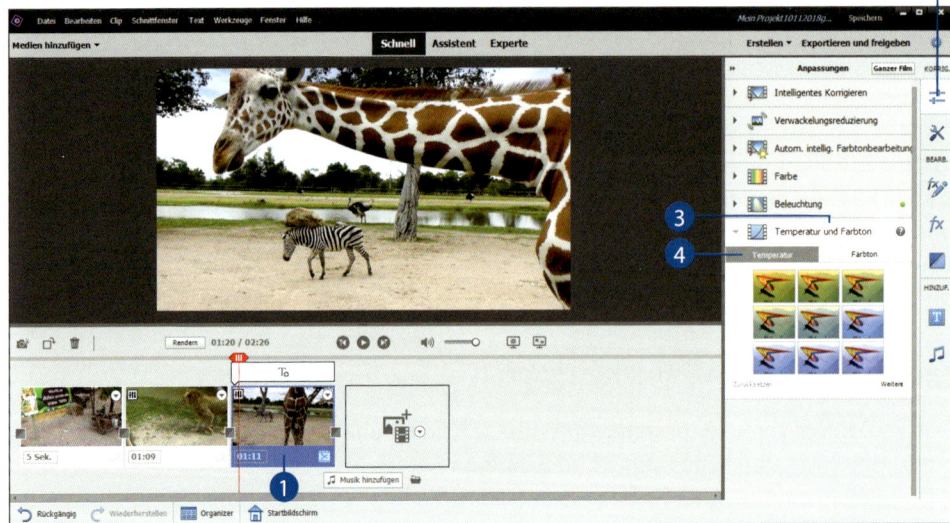

Wählen Sie nun einen der Filter. Um die passenden Effekte zu finden, probieren Sie einfach die Filter ❺ von oben nach unten aus. Klicken Sie nach der Anwendung auf *Zurücksetzen* ❻. Nutzen Sie den nächsten Filter, bis Sie den passenden gefunden haben. In meinem Beispiel habe ich mich für eine ins Blau gehende Farbtemperatur entschieden (untere Reihe, ganz linker Filter). Zusätzlich habe ich *Belichtung* und *Helligkeit* auf einen mittleren Wert gesetzt.

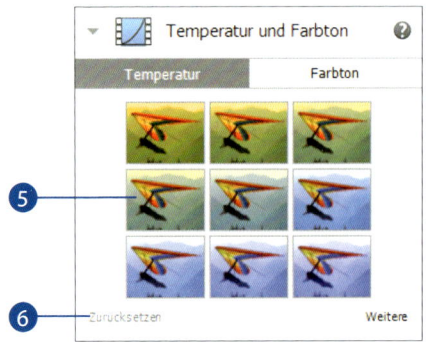

Beim Verändern des Farbtons gehen Sie ebenso vor. Nur wählen Sie diesmal das Register *Farbton* ❼ und entscheiden sich für einen der Filter ❽.

Auf den folgenden beiden Seiten habe ich Ihnen eine Übersicht mit den optischen Wirkungen der Filter aus dem Bedienfeld *Temperatur und Farbton* zusammengestellt. Zuerst *Temperatur* und dann *Farbton*. Dabei habe ich die Filter der Reihe nach beginnend von links oben nach rechts unten verwendet.

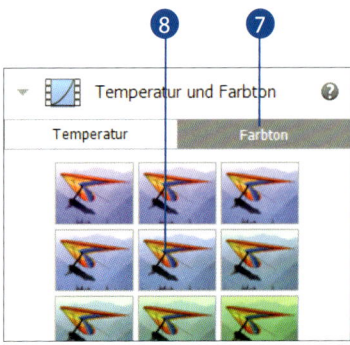

Mit den intelligenten Korrekturfunktionen einen Clip bearbeiten

Die optische Wirkung der Filter im Bedienfeld »Temperatur«

Die optische Wirkung der Filter im Bedienfeld »Farbton«

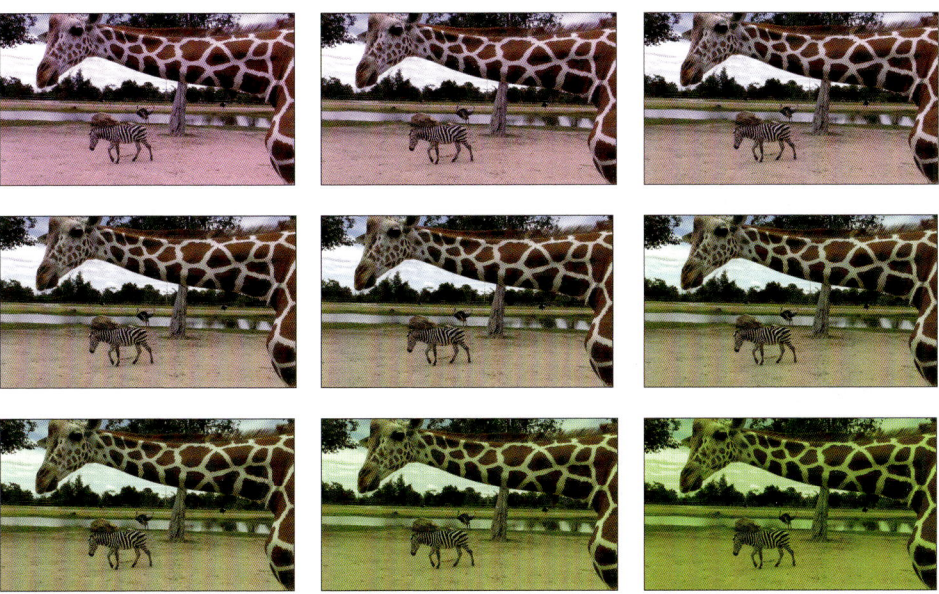

5. Intelligente Korrekturfunktionen nutzen

Hier sehen Sie das Ausgangsbild für diese Filterbeispiele.

Die Feineinstellung von Temperatur und Farbton verwenden

Gehen Sie wie gehabt vor. Markieren Sie den Clip ❶, dessen Farbeigenschaften Sie verändern wollen. Wählen Sie das Werkzeug *Anpassen* ❷ aus der Werkzeugleiste aus. Entscheiden Sie sich für das Bedienfeld *Temperatur und Farbton* ❸. Klicken Sie darin auf *Weitere* ❹.

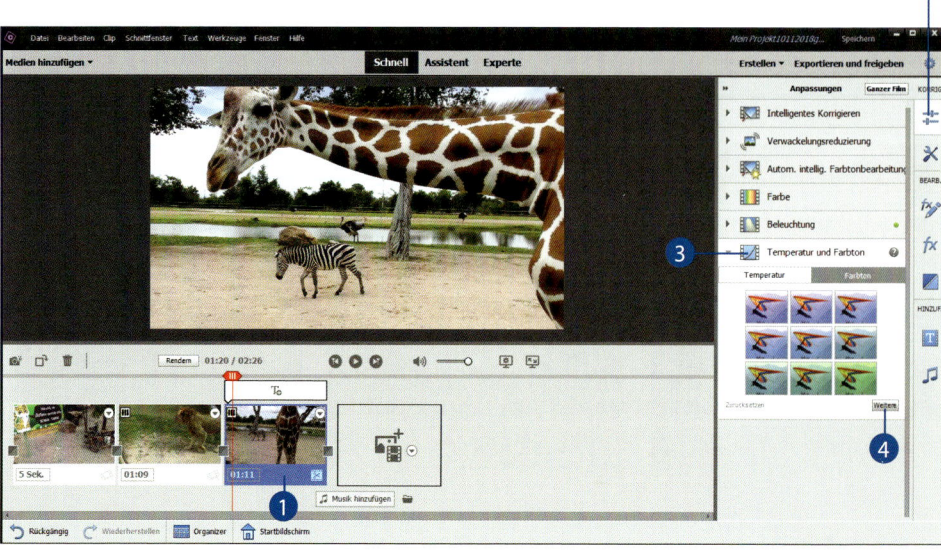

Mit den intelligenten Korrekturfunktionen einen Clip bearbeiten

Ziehen Sie die Regler *Temperatur* ❺ und/oder *Einfärben* ❻ nach rechts oder links und passen Sie so die Farben im Videoclip an.

In meinem Beispiel sehen Sie, das auch hier das Sprichwort »Weniger ist oft mehr« richtig ist. Mit einer Farbtemperatur von +30 bekommt der Clip einen leichten Gelbton und der Tempel sieht nach Sonnenschein aus. Der Effekt wird mit einem Farbtonwert von +20 erhöht.

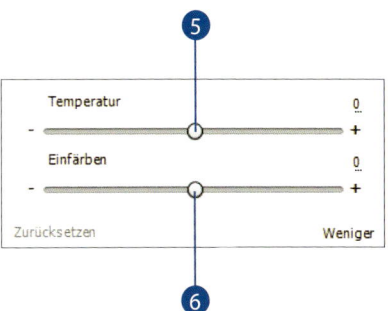

Schauen Sie sich zunächst einmal das Ausgangsbild an:

Und so sehen die Filtereinstellungen nach der Korrektur und das Ergebnisbild aus:

5. Intelligente Korrekturfunktionen nutzen

Das sieht doch schon mal ganz gut aus. Was Sie noch machen können, ist, die anderen Bearbeitungseffekte zu nutzen, um den Clip noch etwas aufzuwerten.

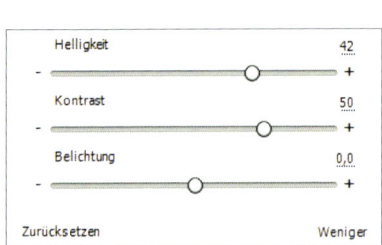 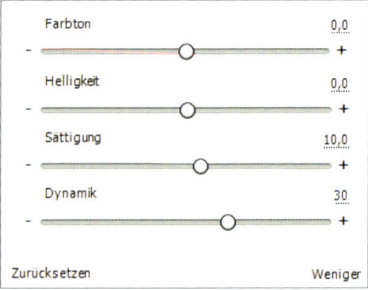

Der Filter *Temperatur und Farbton* verändert auch die Einstellungen in den Bearbeitungsfiltern *Beleuchtung*. Die Werte können über die Regler noch etwas angepasst werden. So können Sie Ihren Clip noch weiter aufwerten. In meinem Beispiel habe ich beim Filter *Beleuchtung* den Regler *Helligkeit* auf den Wert *42* gesetzt und den Regler *Kontrast* auf *50*. Den Regler *Sättigung* beim Filter *Farbe* habe ich auf *10* gesetzt und den Regler *Dynamik* auf einen Wert von *30* gezogen.

Filter, die angewendet wurden, werden mit einem grünen Punkt markiert. Klappen Sie die Bedienfelder auf, um die Einstellungen einsehen zu können und sie eventuell auch anzupassen. Probieren Sie ruhig ein wenig herum und experimentieren Sie mit den Möglichkeiten, die Ihnen das Programm bietet.

5.2 Bearbeitungsfilter ausschließlich im Expertenmodus

Einige der Bearbeitungsfilter stehen nur im Expertenmodus zur Verfügung. Dazu gehören die Filter für die Anpassungen der Rot-, Grün- und Blauinhalte im Clip, die Gamma-Korrektur, die Filter für die Anpassung von Höhen und Bässen sowie die Audioverstärkung. Die Filter *Lautstärke* und *Balance* stehen in der aktuellen Version des Programms ebenfalls nur im Expertenmodus zur Verfügung. All diese Filter möchte ich Ihnen nun vorstellen. Beginnen möchte ich mit dem RGB-Filter von Adobe Premiere Elements.

Beachten Sie bitte: Entscheiden Sie sich bei der Bearbeitung Ihrer Videoclips für einen der beiden Modi. Der Wechsel aus dem Expertenmodus in den Schnellmodus kann dazu führen, dass einige vorgenommene Änderungen nicht weiterbearbeitet werden können. Umgekehrt ist es kein Problem, zuerst im Schnellmodus etwas zu bearbeiten und dann

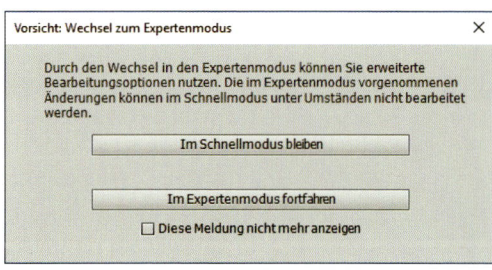

im Expertenmodus zusätzliche und erweiterte Möglichkeiten zu nutzen. Beim Wechsel vom Schnell- in den Expertenmodus weist Sie Premiere Elements 2019 auf diesen Umstand hin.

Die RGB-Farbeinstellungen anpassen

Rechts oben im Kopf des Bedienfelds erscheint im Expertenmodus noch eine Schaltfläche, die einer kleinen Uhr ähnelt. Damit erweitern Sie das Bedienfeld und blenden die »Schlüsselbild-Bedienelemente« ein. Dazu komme ich später noch. Schauen wir uns zunächst einmal die Filter an, die Ihnen im Expertenmodus zusätzlich zur Verfügung stehen.

Um den Filter zum Anpassen der RGB-Farben zu verwenden, gehen Sie wie folgt vor: Sofern noch nicht geschehen, wechseln Sie in die Expertenansicht ❶. Markieren Sie den Clip ❷, dessen Farbeigenschaften Sie anpassen möchten. Klicken Sie in der Werkzeugleiste auf *Anpassen* ❸ und wählen Sie das Werkzeug *Farbe (RGB)* ❹.

5. Intelligente Korrekturfunktionen nutzen

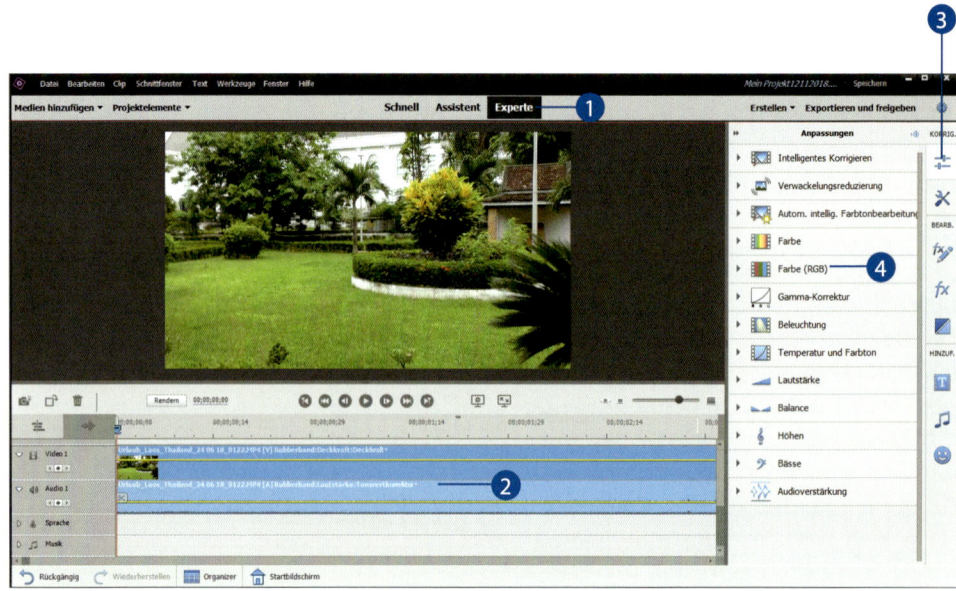

Wählen Sie eine der Filtergruppen *Rot* 5, *Grün* 6 oder *Blau* 7, je nachdem, welche Farbeigenschaften Sie anpassen möchten. Wählen Sie einen der passenden Filter.

Mit *Zurücksetzen* 8 können Sie die Einstellung löschen und einen anderen Filter probieren. Schauen Sie sich das Ergebnis im Monitorfenster an. Sind Sie zufrieden, speichern Sie das Projekt ab.

> **Abschnitt ausschneiden**
>
> Schneiden Sie vor dem Einfärben den Clip-Abschnitt heraus, den Sie einfärben und so hervorheben möchten. Ansonsten erhält der ganze Clip die gewählte Farbe.

Bearbeitungsfilter ausschließlich im Expertenmodus

In den nächsten Übersichten möchte ich Ihnen den Unterschied und die Wirkung der verschiedenen Farbfilter zeigen. Ich verwende das folgende Ausgangsbild:

Die optische Wirkung der Rot-Filter im Bedienfeld »Farbe (RGB)«

Die optische Wirkung der Grün-Filter im Bedienfeld »Farbe (RGB)«

Die Verwendung eines Farbfilters ist immer ein wenig abhängig vom Inhalt des Clips. Grün passt natürlich zu Bäumen, Wald, Wiesen usw.

Die optische Wirkung der Blau-Filter im Bedienfeld »Farbe (RGB)«

Farbfilter kombinieren, Farben mischen

Wenn Sie sich die Beispielbilder für die Farbeffektfilter anschauen, werden Ihnen einige zu grell und überfärbt vorkommen.

Der Clip wirkt unnatürlich bis geradezu hässlich. Der Trick ist, die Farbfilter geschickt miteinander zu kombinieren. »Mischen« Sie die Farben.

Bei der additiven Farbmischung werden bestimmte Farben miteinander addiert. Grün und Rot ergibt einen gelben Farbton. Grün und Blau wird zu einem hellen Blau. Rot, Grün und Blau wird zu Weiß.

Da einige der Filter bereits gemischt sind, müssen Sie ein wenig experimentieren, bis Sie die gewünschte Einstellung gefunden haben. Wenn Sie das nicht möchten, stellen Sie die Farben Ihres Clips mit den RGB-Schiebereglern ein.

Die Feineinstellung der RGB-Farben verwenden

Markieren Sie wie gewohnt Ihren Clip. Wählen Sie das Werkzeug *Anpassen* und öffnen Sie das Bedienfeld *Farbe (RGB)*. Klicken Sie darin auf *Weitere* ❶. Verschieben Sie nun die Regler Rot ❷, Grün ❸ und Blau ❹, bis Sie das gewünschte Ergebnis erhalten haben.

In meinem Beispiel sehen Sie die Filtereinstellung, die ich im vorhergehenden Abschnitt bei dem Clip mit den Fischen verwendet habe. Grün und Blau sorgen hier für den richtigen Farbton.

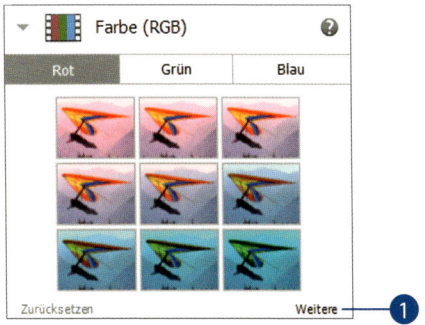
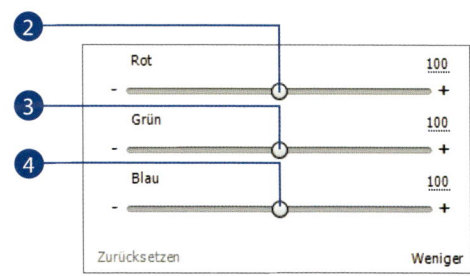

Die Gamma-Korrektur verwenden

Die Gamma-Korrektur verändert nur die Helligkeitswerte der Mitteltöne, das heißt der mittleren Graustufen. Dunkle und helle Bereiche im Bild werden davon nicht beeinflusst. Sie bleiben unverändert. Schatten- und Lichteffekte verbleiben im Bild. Die normale Einstellung für den Gammawert ist 7. Diesen Wert können Sie senken oder auch anheben. Er kann zwischen 0 und 29 liegen. Adobe Premiere Elements bietet Ihnen für die Gamma-Korrektur vorgefertigte Filter an. Diese wählen Sie wie gewohnt über Cliparts. Alternativ können Sie die Einstellung über einen Schieberegler vornehmen.

5. Intelligente Korrekturfunktionen nutzen

Markieren Sie den Clip, den Sie bearbeiten wollen ❶. Achten Sie darauf, dass Sie sich im Expertenmodus befinden ❷. Klicken Sie auf das Werkzeug *Anpassen* ❸ in der Werkzeugleiste. Wählen Sie den Filter *Gamma-Korrektur* ❹.

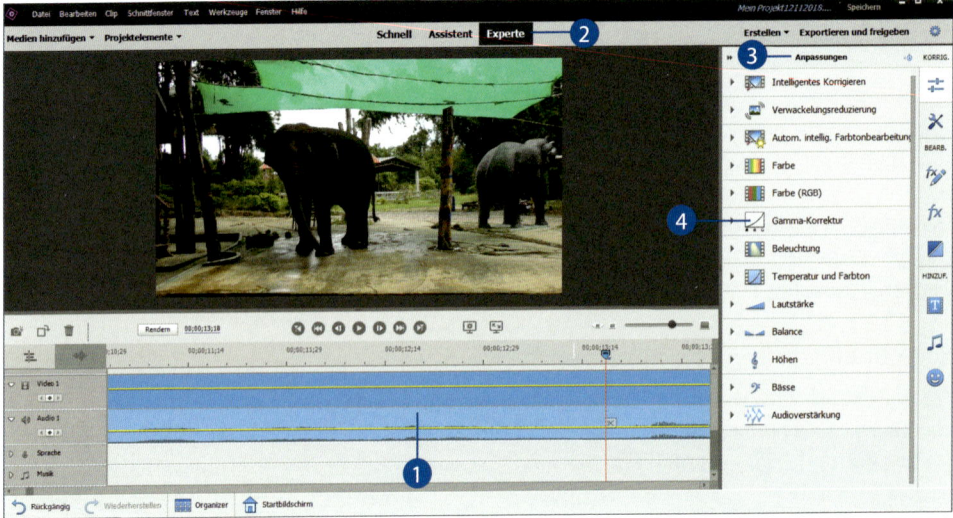

Probieren Sie die verschiedenen Filter aus und finden Sie so den für den Clip am besten geeigneten.

Mit dem nachfolgenden Ausgangsbild möchte ich Ihnen die Wirkung aller Gammafilter aufzeigen. In der Tabelle sehen Sie die Wirkung eines jeden Filters. Begonnen habe ich wieder mit dem Filter links oben und bin dann bis zu dem nach rechts unten gewandert.

Die besten Ergebnisse erhalten Sie mit dem dritten und vierten Filter. Aber: Die Anwendung kommt natürlich auf Ihren Clip sowie die Licht- und Farbverhältnisse an. Probieren Sie einfach aus, welches Ergebnis Ihnen am besten zusagt.

Bearbeitungsfilter ausschließlich im Expertenmodus

Die Feineinstellung für die Gamma-Korrektur verwenden

Nicht immer ist ein vorgefertigter Filter die beste Wahl. Oftmals erreichen Sie mit einer behutsamen Feineinstellung sehr viel bessere und genauere Ergebnisse. Dies trifft auch bei der Gamma-Korrektur zu. Hier bietet Ihnen Adobe Premiere Elements einen Schieberegler an.

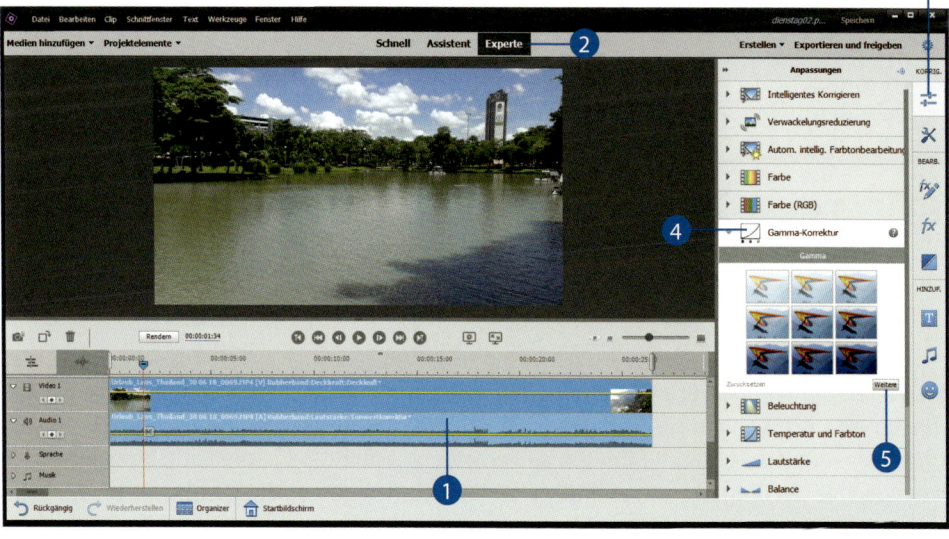

5. Intelligente Korrekturfunktionen nutzen

Markieren Sie Ihren Videoclip ❶. Achten Sie darauf, dass Sie sich in der Expertenansicht ❷ befinden. Öffnen Sie die *Anpassungen* ❸ aus der Werkzeugleiste und wählen Sie die *Gamma-Korrektur* ❹. Klicken Sie in dieser rechts unten auf *Weitere* ❺. Verwenden Sie nun den Schieberegler ❻, um die optimale Einstellung zu finden.

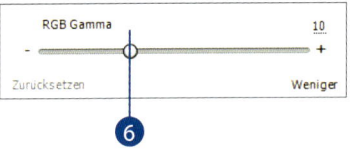

Lautstärke und Balance der Audio-Inhalte anpassen

Für die Anpassung der Audiospur stehen Ihnen im Expertenmodus fünf Filter zur Verfügung: *Lautstärke, Balance, Höhen, Bässe und die Audioverstärkung*. Die ersten vier Filter werden sehr einfach über einen Schieberegler bedient.

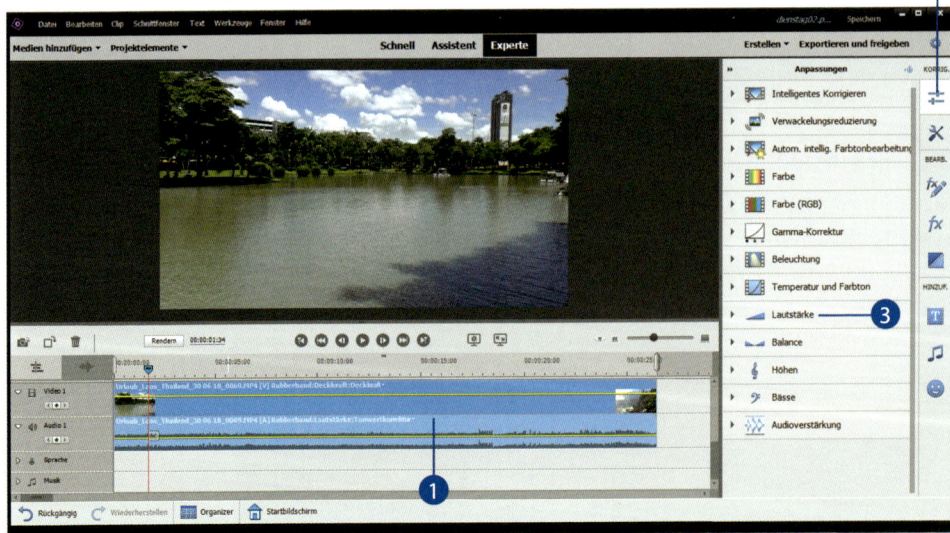

Markieren Sie wie gewohnt Ihren Clip ❶. Öffnen Sie in der Werkzeugleiste die *Anpassungen* ❷ und wählen Sie *Lautstärke* ❸. Ziehen Sie den Regler ❹ nach links, um die Lautstärke der Audio-Inhalte im Clip zu verringern. Möchten Sie die Lautstärke erhöhen, bewegen Sie den Regler nach rechts. Gehen Sie schrittweise vor. Hören Sie sich das Ergebnis einer Einstellung an. Möchten Sie danach auch die *Balance* verändern, öffnen Sie diese über den gleichnamigen Eintrag in den Anpassungen der Werkzeugleiste. Verändern Sie mit dem Regler die Einstellung ❺.

Die Höhen und Bässe anpassen

Die Anpassung der Höhen und Bässe erfolgt mit einem Schieberegler. Gehen Sie wie gewohnt vor. Wechseln Sie, sofern nicht bereits geschehen, in die Expertenansicht. Markieren Sie Ihren Videoclip. Wählen Sie das *Anpassen*-Werkzeug aus. Öffnen Sie die Funktion *Höhen* oder *Bässe*, je nachdem, was Sie bei Ihrem Video anpassen möchten. Nutzen Sie anschließend einfach die Schieberegler, um die *Höhen* ❶ und die *Bässe* ❷ anzupassen. Gehen Sie in kleinen Schritten vor. Sehen bzw. eigentlich hören Sie sich Ihren Videoclip immer wieder an und beurteilen Sie, ob die Einstellung zu dem gewünschten Ergebnis führt. Speichern Sie anschließend Ihr Videoprojekt ab.

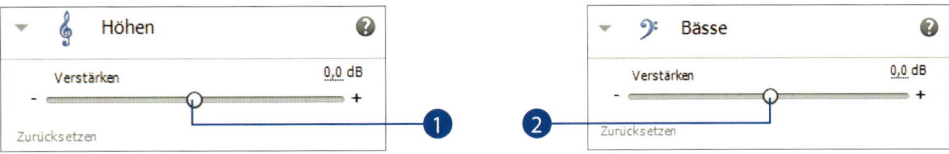

Den Filter »Audioverstärkung« verwenden

Die *Audioverstärkung* passt Audiodaten an. Sie werden erhöht oder auch gesenkt und so an andere Audiodaten angepasst. Diese Funktion ist besonders dann nützlich, wenn Sie unterschiedliche Audiodaten in einem Clip haben. Ein Beispiel sind die Originalhintergrundgeräusche, die Sie mit einem Kommentar und einer Hintergrundmusik mischen.

5. Intelligente Korrekturfunktionen nutzen

Achten Sie wieder darauf, dass Sie sich im Modus *Experte* ❶ befinden. Markieren Sie Ihren Clip ❷. Wählen Sie *Anpassen* ❸ in der Werkzeugleiste aus. Klicken Sie auf *Audioverstärkung* ❹ und im Bedienfeld dieses Filters auf die Schaltfläche *Anwenden* ❺.

Adobe Premiere Elements blendet nun das Dialogfenster *Clip-Verstärkung* ein. Klicken Sie darin auf *Normalisieren* ❻, um die Audio-Inhalte anzupassen. Bei Bedarf können Sie den dB-Wert auch ändern und so die Normalisierung beeinflussen.

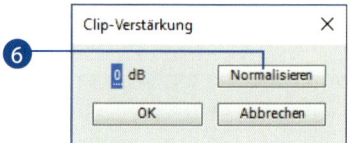

6. Effekte verwenden

Mit den Effekten aus Adobe Premiere Elements verändern Sie auf sehr schnelle und einfache Weise die Optik und Wirkung Ihrer Videoclips. Aus einem Urlaubsfilm wird ein »alter« Film. Einige schnell erstellte Videoaufnahmen verwandeln sich in einen futuristischen Film. Sie können Farben verbessern, verfälschen, Beleuchtungsquellen in den Film platzieren, Nebeleffekte verschwinden lassen, Blitze in das Bild zaubern und vieles mehr. Viele Filter erreichen schon mit den Voreinstellungen gute und interessante Ergebnisse. Natürlich lassen sich bei allen Filtereffekten die Einstellungen anpassen und verändern. In diesem Kapitel stelle ich Ihnen alle Effekte und Hollywood-Looks vor, die Ihnen Adobe Premiere Elements 2019 im Schnellmodus bietet. Ich zeige Ihnen an einem Beispiel die Wirkung des Effekts und gehe auf die verschiedenen Einstellungsmöglichkeiten ein.

6.1 Effekte nutzen

Mit Effekten optimieren Sie Ihre Clips oder geben ihnen einen besonderen Look. Die Anwendung ist sehr einfach. Sie wählen einen der Effekte aus und ziehen ihn auf Ihren Clip in das Schnittfenster. In einem Bedienfeld passen Sie anschließend die Einstellungen des Effekts an. So verstärken oder verringern Sie die Wirkung. Die Einstellungen geschehen mit Schiebereglern oder durch die Eingabe von Werten. Verschiedene Varianten eines Effekts lassen sich über Listenfelder auswählen. Die Audioeffekte beschreibe ich in Kapitel 12 »Mit Audio- und Musikelementen arbeiten«. In diesem Kapitel möchte ich nur auf Bildeffekte eingehen. Begeben Sie sich in die Schnellansicht ❶. Öffnen Sie in der Werkzeugleiste die Schaltfläche für die Effekte ❷. Sie erkennen Sie an dem *fx*.

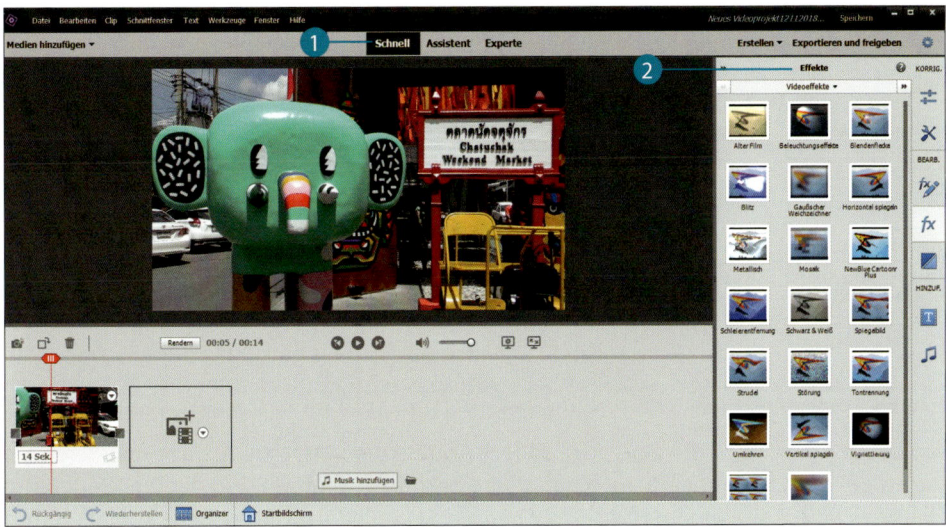

6. Effekte verwenden

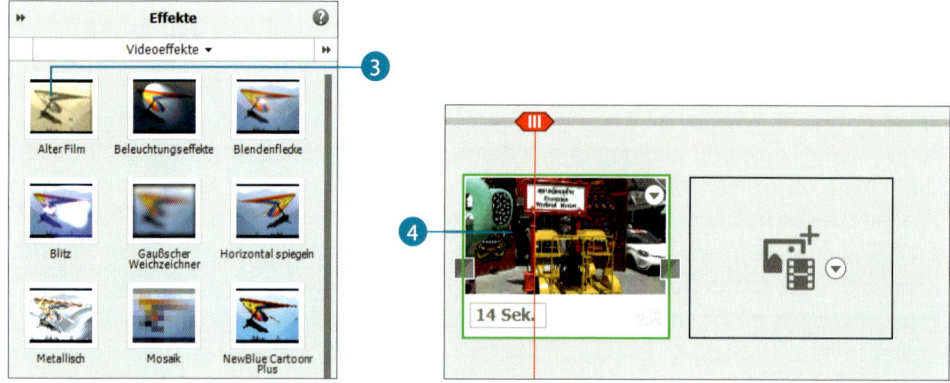

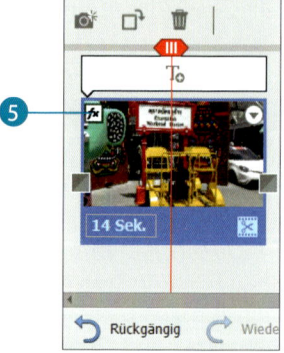

Wählen Sie einen der Effekte aus. Er wird mit einem blauen Rand markiert. In diesem Beispiel teste ich dies einmal mit dem Effekt *Alter Film* ❸. Ziehen Sie diesen auf den Clip, den Sie mit diesem Effekt versehen wollen ❹. Sie sehen hier, dass der Clip mit einem grünen Rahmen markiert wird. Da sich in Ihrem Videoprojekt wahrscheinlich mehrere Clips befinden, ist diese Markierung besonders wichtig. Sie sehen so, auf welchem Clip der Effekt landet. Lassen Sie nun die Maustaste los. Der Effekt wird auf den gekennzeichneten Clip angewendet. Sie sehen dies an einem kleinen *fx*-Symbol ❺ in der linken oberen Ecke des Clips.

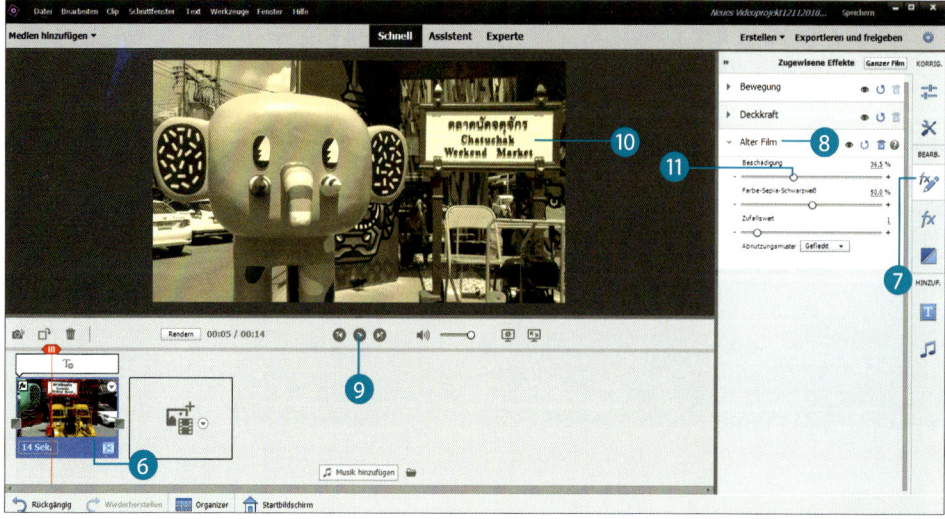

Sie müssen nun noch die eine oder andere Anpassung vornehmen. Dazu markieren Sie zuerst den Clip ❻, auf dem auch der neue Effekt liegt. Öffnen Sie in der Werkzeugleiste das Werkzeug *Angewandte Effekte anzeigen* ❼. Sie erkennen dieses Werkzeug an dem *fx*

Effekte nutzen

mit dem Bleistift. Wählen Sie hier den zuletzt eingefügten Effekt, in diesem Beispiel ist es der Effekt *Alter Film* ❽. Schauen Sie sich mit der Play-Schaltfläche ❾ im Monitorfenster ❿ an, wie die Vorgabeeinstellungen des Filters wirken. Verwenden Sie nun die Schieberegler im Bedienfeld des Filters ⓫, um den Effekt zu verstärken oder abzuschwächen und weitere Anpassungen vorzunehmen. Anschließend überprüfen Sie das Ergebnis im Monitorfenster. Sind Sie zufrieden, speichern Sie Ihr Projekt ab.

Effekte im Expertenmodus verwenden

Im Expertenmodus stehen Ihnen einige zusätzliche Effekte zur Verfügung. Hier wählen Sie zuerst eine Kategorie und entscheiden sich dann für einen der Effekte.

Schauen wir uns die Schrittfolge zur Anwendung eines Effekts der Reihe nach an:

Wechseln Sie in die Expertenansicht ❶. Öffnen Sie die Werkzeugleiste und wählen Sie hier die Effekte ❷. Entscheiden Sie sich im Bedienfeld *Effekte* für *Video* ❸. Öffnen Sie die vorgegebene Kategorie ❹ und wählen Sie die aus, in der Sie den gesuchten Effekt vermuten.

In diesem Beispiel entscheide ich mich einfach einmal für die Kategorie *Perspektive* ❺.

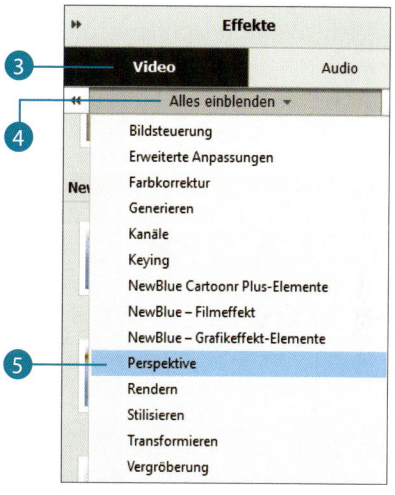

Die weitere Vorgehensweise entspricht der in der Schnellansicht. Sie suchen sich den passenden Effekt aus und ziehen ihn auf Ihren Clip. Anschließend passen Sie die Einstellun-

6. Effekte verwenden

gen des Effekts an. Das Ergebnis schauen Sie sich am Monitor an. Hier müssen Sie eventuell noch mal den Filter anpassen. Sind Sie zufrieden, speichern Sie Ihr Videoprojekt ab.

Natürlich können Sie auch verschiedene Effekte miteinander kombinieren. Oft erreichen Sie dadurch kreative und interessante Ergebnisse. Probieren Sie einfach einmal ein paar Kombinationen aus.

Effekte bearbeiten

Das Bearbeiten und auch das Entfernen sowie Ausblenden von Effekten geschieht auf die gleiche Weise, unabhängig davon, ob Sie sich im Schnell- oder Expertenmodus befinden. Markieren Sie zuerst den Clip ❶, auf dem sich die zu bearbeitenden Effekte befinden. Öffnen Sie in der Werkzeugleiste das Werkzeug *Angewandte Effekte anzeigen* ❷. Sie erkennen es an dem *fx* mit dem Bleistift.

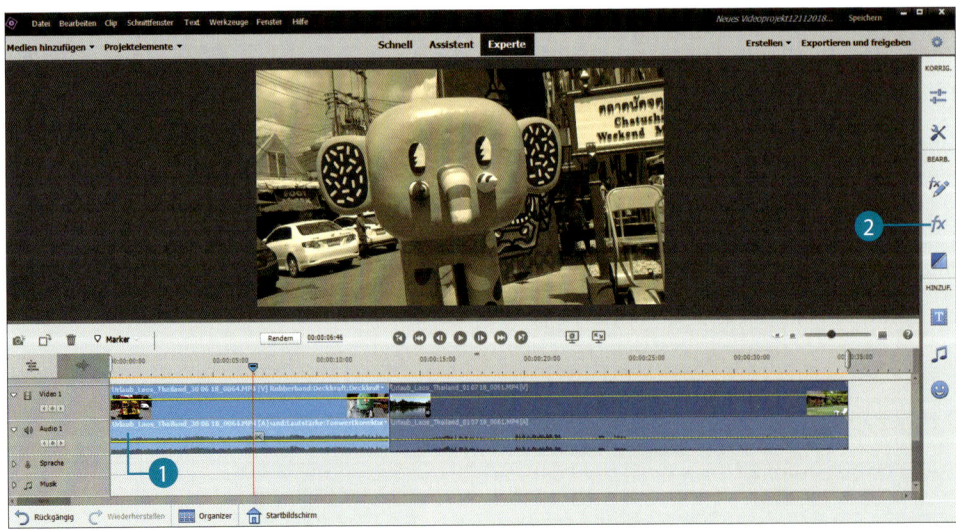

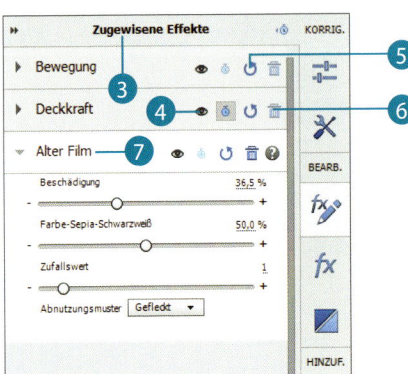

Nun sehen Sie die Liste *Zugewiesene Effekte* ❸. Die Optionen *Bewegung* und *Deckkraft* sind hier immer vorhanden. Bereits hier finden Sie die Symbole zum Aus- und Einblenden eines Effekts ❹, zum Zurücksetzen auf die Vorgaben ❺ und zum Löschen des Effekts ❻. Diese drei Symbole sind genau hinter dem Namen der Effekte platziert.

Wählen Sie aus der Liste den Effekt, den Sie anpassen wollen. Ein Mausklick öffnet das Bedienfeld dazu. Im Beispiel schaue ich mir die Einstellungen zum Effekt *Alter Film* ❼ an.

162

Die Videoeffekte im Schnellmodus

Je nach Effekt gibt es unterschiedlich viele Schieberegler für die Einstellungen und Listenfelder in seinem Bedienfeld. Im Fall von *Alter Film* lassen sich drei Werte mit einem Schieberegler anpassen. Probieren Sie verschiedene Einstellungen aus und schauen Sie sich die Wirkung im Vorschaufenster an. Gehen Sie in kleinen Schritten vor. Sind Sie zufrieden, speichern Sie Ihr Projekt ab.

In den nachfolgenden Abschnitten stelle ich Ihnen alle Effektfilter und deren Optionen ausführlich vor. Zuerst lernen Sie alle Effekte, die Ihnen im Schnellmodus zur Verfügung stehen, kennen, in Kapitel 7 dann die im Expertenmodus. Bei Letzteren erfahren Sie natürlich auch, zu welcher Kategorie die jeweiligen Filter gehören.

6.2 Die Videoeffekte im Schnellmodus

In dem folgenden Abschnitt möchte ich Ihnen alle Videoeffekte vorstellen, die Ihnen im Schnellmodus von Adobe Premiere Elements 2019 zur Verfügung stehen. Bei jedem Effekt zeige ich Ihnen an einem Beispiel, wie dieser wirkt und was Sie damit tun können. Natürlich stelle ich Ihnen auch alle Einstellungsoptionen des Effektfilters vor.

Im nächsten Bild sehen Sie rechts die Effekte, die Ihnen das Programm bietet. Links daneben sehen Sie ein Bild aus dem Clip, an dem ich die Effekte ausprobiert habe. Der Wochenendmarkt Chatuchak in Bangkok eignet sich sehr gut dafür. Als einer der größten Märkte mit mehr als 10.000 Ständen auf 1,13 km2 gibt es hier genug Futter für Videokameras und Fotoapparate.

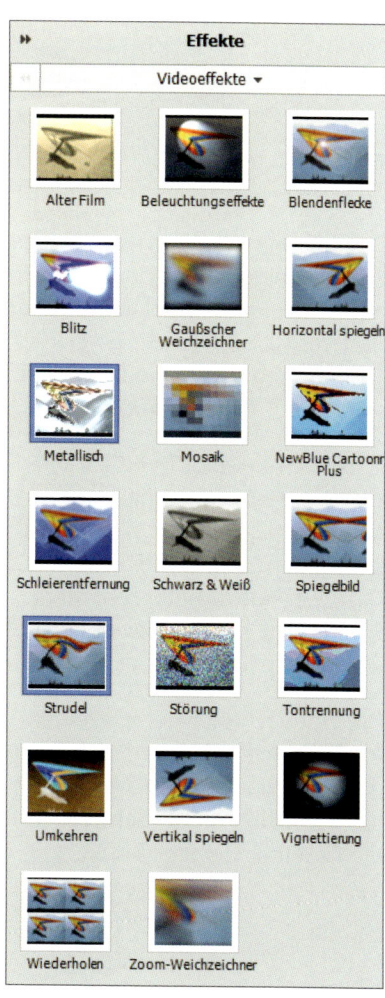

6. Effekte verwenden

Alter Film

Dieser Filter simuliert, wie der Name bereits vermuten lässt, die Alterung eines Films. Der Clip wird in Graustufen wiedergegeben. Die Alterung wird durch kleine Filmbeschädigungen verstärkt. Die *Beschädigung* ❶ und die farbliche Veränderung mit einem Sepia-Filter ❷ stellen Sie über Schieberegler ein. Hinzu kommt noch ein *Zufallswert* ❸, der den Effekt verstärkt oder abschwächt. Über ein Listenfeld wählen Sie das *Abnutzungsmuster* ❹. Vorgegeben ist hier *Gefleckt*. Möglich sind auch die Muster *Wellenförmig*, *Körnig*, *Fein*, *Fleckig*, *Lite* und *Risseffekt*. Bereits mit den Vorgaben liefert der Filter ein sehr gutes Ergebnis. Dennoch lohnt es sich auch hier, ein wenig »herumzuprobieren«.

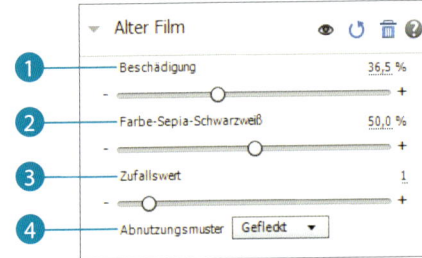

Erhöhen Sie den Wert *Beschädigung* auf den maximalen Wert *100*, wird der Clip grobkörnig. Einige Streifen laufen durch das Bild. Es sieht tatsächlich so aus, als wäre der Clip aus einer uralten Raritätensammlung. Schieben Sie den Regler *Farbe-Sepia-Schwarz* ganz nach rechts, erhalten Sie einen Clip in Schwarz-Weiß. Die für alte Fotos und Filme typische Gelbfärbung verschwindet so. Der *Zufallswert* sorgt für ein »Bildwackeln«. Ist er zu hoch, wackelt das Bild zu stark.

In diesem Beispiel habe ich einmal alle Regler ganz nach rechts geschoben. Der Clip wirkt sehr krisselig und besitzt viele Streifen. Dazu wackelt das Bild sehr stark. So entsteht historisches Material am eigenen Rechner.

Die Unterschiede der einzelnen Abnutzungserscheinungen fallen nicht sofort auf. Beim Abspielen des Videoclips sieht man jedoch die Wellenmuster oder Risse.

Die Videoeffekte im Schnellmodus

Beleuchtungseffekte

Der Effektfilter *Beleuchtungseffekte* ist ein sehr umfangreicher Filter. Bis zu fünf verschiedene Lichtquellen bringt er in dem Videoclip unter. Sie können die Umgebung mit einem Farbfilter verändern, ein Relief ins Bild bringen, mit Oberflächenglanz arbeiten und einiges mehr.

Wenn Sie den Filter mit den Vorgabeeinstellungen aufrufen, wird eine Lichtquelle im Clip platziert. Um diesen »Lichtfleck« herum werden die Bildinhalte abgedunkelt. Die Farbe der Umgebung wird nicht verändert. Schauen wir uns zunächst einmal die Optionen des Filters an:

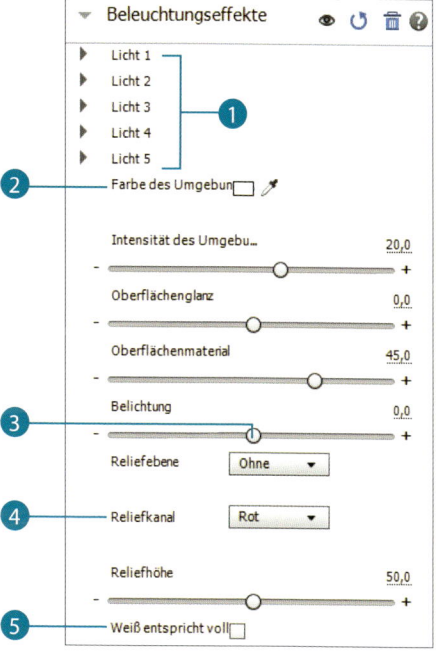

Mit *Licht 1* bis *Licht 5* ❶ werden die verschiedenen Lichtquellen eingeschaltet. Darunter legen Sie die *Farbe des Umgebungslichtes* fest ❷. Es folgen Schieberegler für die *Intensität des Umgebungslichtes*, den *Oberflächenglanz*, das *Oberflächenmaterial* und die Stärke der *Belichtung* ❸. Über zwei Listenfelder wählen Sie eine zu verwendende *Reliefebene* und den *Reliefkanal* ❹. In der Vorgabeeinstellung wird keine Reliefebene und der Reliefkanal *Rot* verwendet. Ganz unten im Bedienfeld finden Sie noch einen Schieberegler für das Einstellen der *Reliefhöhe* und das Optionskästchen *Weiß entspricht voll* ❺.

Legen Sie eine Lichtquelle fest, erhalten Sie noch weitere Einstellungsoptionen. In einem eigenen Bedienfeld legen Sie zunächst die Lichtquelle selbst ❻ fest. In der vorgegebenen Einstellung ist hier *Spot* gewählt. Möglich ist auch *Ohne*, *Diffuses Licht* und *Strahler*. Darunter wird über ein Auswahlfeld die Farbe des Lichtes ❼ bestimmt. Ohne eine Änderung ist hier *Weiß* als Lichtfarbe gewählt. Der Lichtkegel wird dann mit den folgenden Einstellungen gestaltet. Mit Schiebereglern legen Sie hier *Hauptradius*, *Nebenradius*, *Winkel*, *Lichtintensität* und *Fokus* des Lichteinfalls fest ❽. Die eigentliche Position des Lichtein-

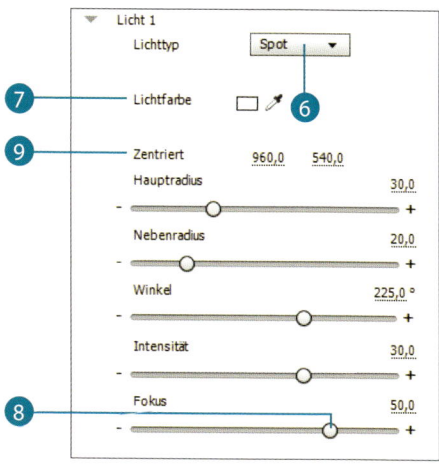

165

6. Effekte verwenden

falls bestimmen Sie mit den beiden Werten unter *Zentriert* ❾. Stellen Sie sich hier ein X/Y-Diagramm vor. Beide Zahlenwerte bestimmen das Zentrum des Lichteinfalls.

Auf den ersten Blick sind all diese Werte etwas verwirrend. Wie bei anderen Effekten und Filtern empfehle ich Ihnen auch hier, etwas mit den verschiedenen Einstellungen zu experimentieren. Lassen Sie uns an dieser Stelle einfach einmal ein paar Beispiele durchprobieren. Das ist auch notwendig, denn, wie Sie unten sehen, führt die vorgegebene Einstellung zu keinem sehr schönen Effekt.

Die verschiedenen Lichtquellen

Schauen wir uns zunächst einmal die Unterschiede der verschiedenen Lichtquellen an. *Ohne* verzichtet auf eine Lichtquelle. Diese Einstellung ist nur dann interessant, wenn Sie mit *Intensität des Umgebungslichtes* das Bild etwas aufhellen oder abdunkeln und den Belichtungswert verändern wollen. Das funktioniert auch ganz gut.

Diffuses Licht verbreitet den Lichtkegel über das ganze Bild. Sie haben keine unschöne Wirkung wie bei *Spot*. Es wirkt fast, als würde alles, was die Linse der Videokamera erfasst hat, mit der Kameratechnik gleichmäßig angestrahlt werden. Wählen Sie einen leichten Gelbton, wirkt der Clip wie an einem sonnigen Tag aufgenommen. Überhaupt lassen sich durch helle, sanfte Farben interessante Effekte erzielen.

Bei Auswahl dieser Lichtquelle werden die Regler *Nebenradius* und *Fokus* ausgegraut. Sie legen nur den *Radius*, den *Winkel* und die Stärke des Lichtes (*Lichtintensität*) fest. Außerdem bestimmen Sie mit *Zentriert* den Mittelpunkt der Lichtquelle.

Die Lichtquelle *Strahler* gefällt mir auch sehr gut. Sie lässt die Objekte im Zentrum des Bildes in ein helles Licht eintauchen. Die Bildmitte wirkt dadurch schärfer und interessanter. Nach außen hin wird das Bild gleichmäßig abgedunkelt. Mit dieser Lichtquelle lässt sich sehr gut das Auge des Betrachters steuern. Die Objekte und Personen im Mittelpunkt des Bildes werden sofort wahrgenommen.

Bei Auswahl der Lichtquelle *Strahler* sind die Regler *Nebenradius*, *Winkel* und *Fokus* ausgegraut. Sie richten nur Hauptradius und Lichtintensität ein. Zusätzlich legen Sie mit *Zentriert* den Mittelpunkt der Lichtquelle fest.

Lichtfarbe und Umgebungsfarbe anpassen

Sowohl die Farbe der Lichtquelle wie auch die Farbe der Umgebung können Sie anpassen und verändern. Hier bringt natürlich ein dunkles Grau oder ein starkes Blau ein futuristisches Ergebnis, das man nicht haben möchte. Jedoch führt der Einsatz von hellen Farben oder auch die Auswahl einer Farbe aus der Umgebung zu sehr guten Ergebnissen.

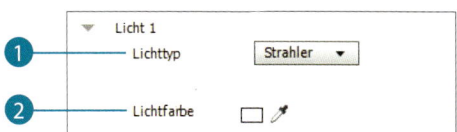
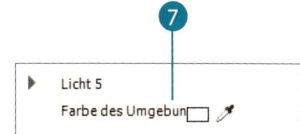

Unterhalb des Auswahlfelds für den *Lichttyp* ❶ finden Sie die Schaltflächen für die Auswahl der Farben. In der vorgegebenen Einstellung wird hier Weiß verwendet. Die Auswahl beider Farbeinstellungen kann auf zwei Arten erfolgen: einmal über einen Farbauswahldialog und einmal über die Farbpipette. Bei Letzterer kopieren Sie eine Farbe aus dem Bild Ihres Videoclips. Das geht einfach und schnell. Außerdem können Sie so einen Lichtton aus der Umgebung sehr einfach verwenden. Ich möchte Ihnen beide Varianten einmal zeigen.

Wählen Sie den Lichttyp *Strahler*. Klicken Sie auf die Schaltfläche *Lichtfarbe* ❷. Sie sehen nun den Dialog *Farbe wählen* vor sich. Wählen Sie mit der Maus rechts im Farbbalken einen Farbton aus. Ich entscheide mich hier für ein Gelb ❸. Diese Auswahl wird mit zwei Pfeilen markiert. Danach wählen Sie im Farbquadrat, wie hell der Ton sein soll. Rechts unten im Quadrat ist die Farbe stärker. Nach links unten wird sie heller und geht in ein Grau über.

Nach oben hin wird sie dunkler und endet schließlich in einem schwarzen Farbton. Ich entscheide mich für einen hellen ockerfarbenen Farbton. Diese Auswahl wird mit einer kleinen Kreismarkierung gekennzeichnet ❹ und in die Farbauswahl rechts oben neben dem Farbbalken ❺ übernommen. Bestätigen Sie die ausgewählte Farbe mit *OK* ❻.

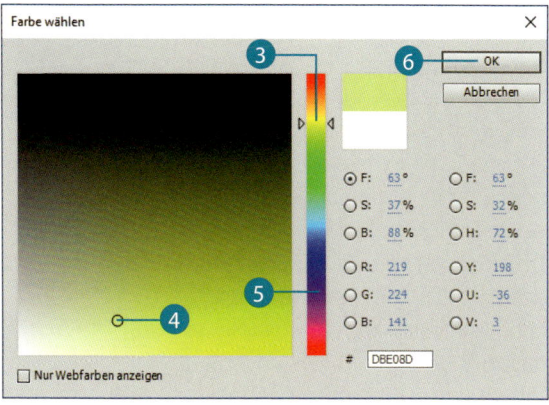

6. Effekte verwenden

Auf die gleiche Weise wähle ich nun einen hellen blauen Ton für die Farbe der Umgebung. Klicken Sie auf *Farbe der Umgebung* ❼ unter *Licht 5*. Wählen Sie im Farbbalken rechts einen blauen Ton ❽. Setzen Sie die zweite Markierung für die Helligkeit der Farbe weit links unten, sodass Sie einen hellen blauen Ton erhalten ❾. Bestätigen Sie mit *OK* ❿. Die Kombination aus einem hellen Gelbton und einem hellen Blau passt sehr gut zusammen.

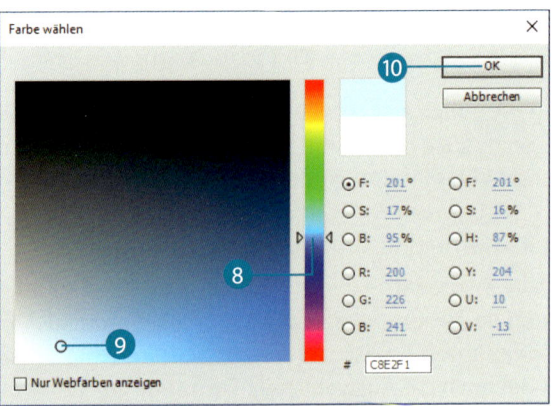

Den Farbauswahldialog verwenden

Der Farbauswahldialog bietet Ihnen noch viel mehr Möglichkeiten. Sie können sich über die gleichnamige Schaltfläche nur Webfarben anzeigen lassen ❶. Das ist sinnvoll, wenn Sie vorhaben, das Video auf einer Website, in einem Blog oder einem sozialen Netzwerk zu veröffentlichen. Farben, Sättigung, Druckfarben können Sie direkt eingeben. Mit den Optionsschaltflächen wechseln Sie den Dialog so, dass Sie die Rot-, Grün- und Blautöne des RGB-Farbraums sehen.

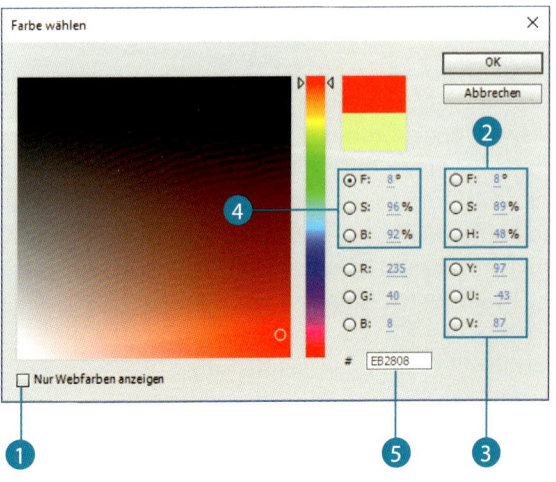

168

Die Videoeffekte im Schnellmodus

Mit *F S H* ❷ können Sie das HSV-Farbmodell verwenden. Hierbei wird der Farbwert als Winkel auf dem Farbkreis angegeben. 0 Grad steht für Rot. Bei 120 Grad erhalten Sie Grün. 240 Grad steht für Blau. Sättigung und Helligkeitswert werden bei diesem Farbmodell in Prozent angegeben.

Das YUV-Farbmodell ❸ können Sie rechts unten verwenden. Hier werden mit den beiden Werten für Lichtstärke und Farbanteil die Farben dargestellt.

Das FSB-Farbmodell ❹ steht Ihnen ebenfalls zur Verfügung. Es ähnelt ein wenig dem HSV-Farbmodell. Es verwendet auch einen Wert als Winkelangabe und zwei weitere in Form von Prozentangaben.

Letztendlich steht Ihnen auch noch die Möglichkeit offen, den hexadezimalen Code einer Farbe direkt in den Dialog einzugeben. Dazu finden Sie ein Eingabefeld unten ❺. *202000* steht hier für ein dunkles Blau.

Möchten Sie mehr zu Farbmodellen und der Farblehre wissen, schauen Sie sich im Internet um. Es gibt viele interessante Websites zu diesen Themen.

Die Farbe der Lichtquelle und die Umgebungsfarbe mit der Pipette wählen

Die Pipette gibt Ihnen eine einfache Möglichkeit, eine Farbe aus einem Bild Ihres Clips zu wählen und als Lichtfarbe oder als Umgebungsfarbe zu verwenden. So verwenden Sie den weißen Farbton des Schildes als Lichtquelle und tauchen Ihre Bilder in ein sehr schönes und natürlich wirkendes Licht. Die Anwendung ist denkbar einfach.

Wählen Sie zuerst den Lichttyp *Strahler* ❶. Klicken Sie mit dem Mauscursor auf die kleine Farbpipette hinter dem Farbauswahlfeld der *Lichtfarbe* ❷. Der Cursor ändert sich nun zu einer kleinen Pipette.

Bewegen Sie die Maus in das Bild und klicken Sie einen hellen Ton an, der sich auf dem Schild des Wochenendmarktes befindet ❸. Die Farbe wird sofort als Lichtfarbe übernommen und der Clip wird entsprechend angepasst. Schauen Sie sich den Clip im Monitorfenster an.

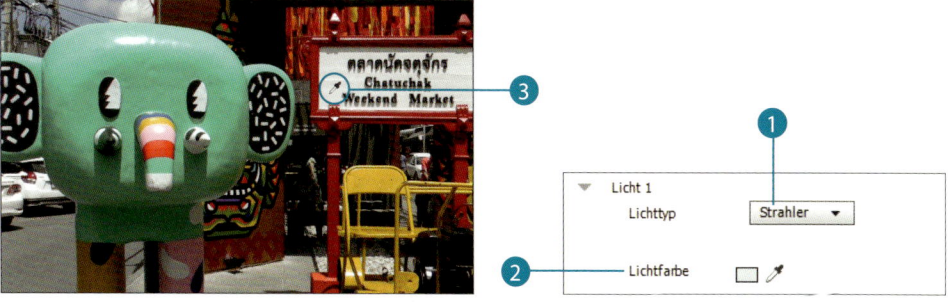

6. Effekte verwenden

Auf die gleiche Weise wählen Sie die Farbe des Umgebungslichtes. Wählen Sie auch hier einen hellen Ton vom Schild des Marktes.

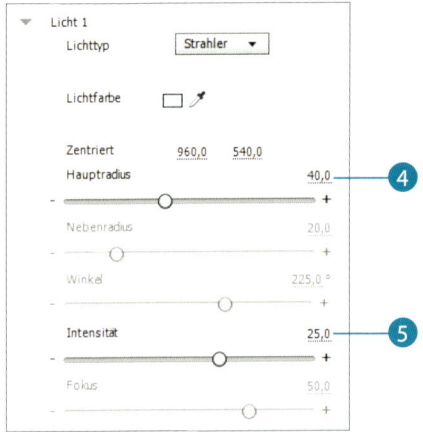

Den *Hauptradius* der Lichtquelle erhöhen Sie auf *40,0* ❹. Die *Lichtintensität* erhöhen Sie um einen kleinen Wert auf *25,0* ❺.

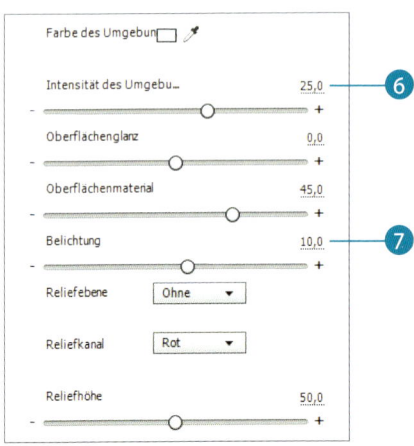

Die *Intensität des Umgebungslichtes* erhöhen Sie auf *25,0* ❻. Die *Belichtung* setzen Sie auf den Wert *10,0* ❼.

Um die genannten Werte direkt einzugeben, verwenden Sie nicht den Schieberegler. Klicken Sie auf die vorgegebenen Zahlenwerte und tragen Sie die Daten über die Tastatur ein. Bestätigen Sie jeden Zahlenwert mit ⏎.

Experimentieren Sie ein wenig mit den verschiedenen Reglern und Optionen. Kombinieren Sie auch einmal verschiedene Lichtquellen und verändern Sie deren Position und Ausrichtung. Dadurch erzielen Sie sehr schöne und interessante Effekte.

Um die Position des Effektes zu verändern, müssen Sie die Zahlenwerte am oberen Rand der Filtereinstellungen anpassen. Stellen Sie sich ein x-/y-Diagramm vor. Geben Sie einmal die Werte 200,0 und 50,0 ein. Der Effekt befindet sich nun in der linken oberen Ecke.

Blendenflecke

Mit Blendenflecken können Sie eine Lens-Flare-Lichtspiegelung in Ihren Clip zaubern. Der Effekt bildet die Lichtbrechung nach, die durch einen Lichteinfall auf die Objektivlinse entsteht. In den Optionen des Effekts können Sie die Position des Lichtflecks festlegen sowie seine Helligkeit.

In diesem Effektfilter können Sie auch einen von drei Objektivtypen wählen. In der Vorgabeeinstellung ist ein 50-300-mm-Zoomobjektiv gewählt. Möglich ist auch die Wahl eines 35-mm- und eines 105-mm-Objektivs. *Mit Original mischen* vermischt den Effekt mit dem Inhalt des Originalbildes.

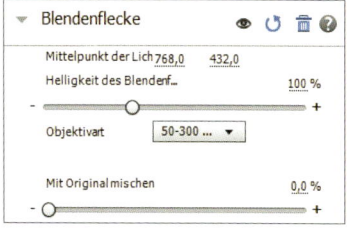

6. Effekte verwenden

Blitz

Wie der Name dieses Effekts bereits verrät, können Sie hiermit einen Blitz in das Bild zaubern.

Der Effektfilter besitzt eine große Anzahl von Einstellungen. Sie können die Segmente des Blitzes, die Stärke, Ausrichtung, Anfangs- und Endpunkt und vieles mehr festlegen. Experimentieren Sie ein wenig mit diesem Effektfilter.

Der Effekt wirkt in der Praxis recht verspielt und unrealistisch. Er wird auf den gesamten Clip angewandt. Um dies realistischer zu machen, trennen Sie nur einen kleinen Abschnitt aus dem Clip heraus und wenden darauf den Effekt an.

Platzieren Sie im Hintergrund noch ein passendes Geräusch. In den Audioeffekten finden sich Geräusche für Regen und Explosionen bzw. Kanonenschläge, die entfernt auch an Gewitter erinnern.

Die Videoeffekte im Schnellmodus

Gaußscher Weichzeichner

Dieser Effekt entfernt Störungen und bringt einen Weichzeichner in das Bild ein. Über einen Schieberegler legen Sie die Stärke des Effekts fest. Darüber hinaus können Sie die Richtung des Effekts bestimmen. Vorgegeben ist hier *Horizontal und Vertikal*. Möglich ist auch, nur eine dieser Richtungen zu verwenden.

Der vorgegebene Wert *8,0* macht den Clip unscharf und lässt ihn verwaschen wirken. Die Wirkung ist sehr schön im Beispielclip an dem Schild des Wochenmarktes zu erkennen. Mit einem höheren Wert wird der Effekt noch stärker.

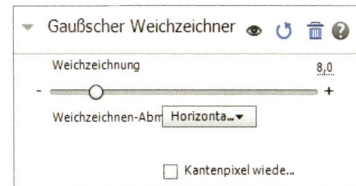

Horizontal spiegeln

Dieser Effekt besitzt keine Einstellungen, das Bild Ihres Clips wird gespiegelt. Die Objekte, Personen und Inhalte wandern von rechts nach links und umgekehrt.

6. Effekte verwenden

Metallisch

Dieser Effekt verfremdet das Bild. Es bekommt eine metallische Oberfläche und wirkt ein wenig wie aus einer Science-Fiction-Welt.

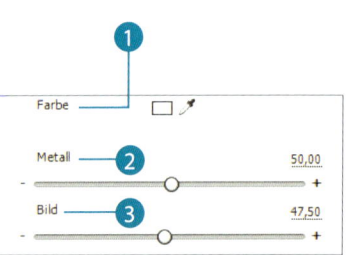

In den Einstellungen legen Sie die *Farbe* ❶ der metallischen Oberfläche fest. Die Option *Metall* ❷ bestimmt, wie viel der metallischen Oberfläche in das Bild eingebracht wird. Der Regler *Bild* ❸ wiederum legt fest, wie viel vom Inhalt der Bilder in die metallische Oberfläche gelangt.

Mosaik

Dieser Filter verwandelt den Videoclip in ein Mosaik. In seinen Einstellungen können Sie die Anzahl der horizontalen ❶ und vertikalen Mosaike ❷ festlegen. Mit der gleichnamigen Option können Sie die Farben in den Einzelbildern schärfen lassen ❸.

In dem folgenden Beispiel habe ich die Werte für die vertikalen und horizontalen Mosaike auf *100* erhöht und die Option *Farben schärfen* eingeschaltet.

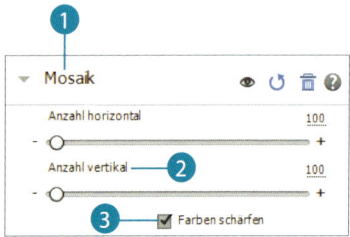

Die Videoeffekte im Schnellmodus

NewBlue Cartoon Plus

Der Effektfilter mit dem ungewöhnlichen Namen *NewBlue Cartoon Plus* verwandelt Ihren Videoclip in ein schick aussehendes Cartoon-Video. Der Look des Clips ähnelt nach der Anwendung einem modernen Zeichentrickfilm.

In den Einstellungen des Effektfilters können Sie die Linien ❶ und Farben ❷ anpassen. Darüber hinaus können Sie die Optik durch eine der Vorgaben unter *Presets* ❸ verändern. Beim ersten Start des Filters wird hier *Animation* verwendet. Öffnen Sie das Listenfeld *Presets*, finden Sie 20 weitere Stile ❹. Alle haben einen ganz eigenen Look.

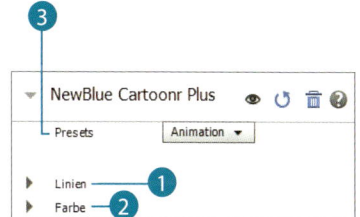

Als Beispiele für die kreativen Ergebnisse des Effekts habe ich Ihnen die Vorgaben *Stifttest*, *Illustrationen* und *Halluzination* herausgesucht.

In den Einstellungen des Effektfilters können Sie die Dichte der Linien, ihre Breite und die Stärke der Mischung einstellen.

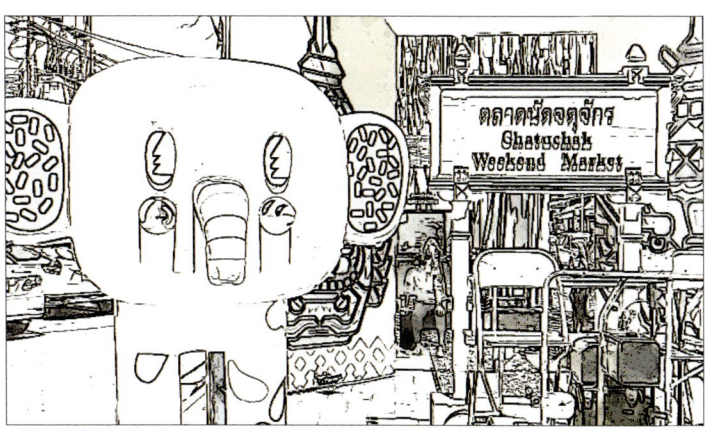

175

6. Effekte verwenden

Bei den Farben lassen sich Helligkeit, Kontrast, Schattierung, Farbverschiebung und einiges mehr anpassen.

Auch hier gilt: Probieren Sie einfach einmal verschiedene Einstellungen aus.

Die Videoeffekte im Schnellmodus

Schleierentfernung

Dieser Effektfilter entfernt störende Bildinhalte, die durch Wettereinflüsse hervorgerufen werden. Dazu zählen Nebel, Dunst, Smogeffekte und Rauch. Der Filter besitzt einen automatischen Modus und einen manuellen. Ersterer ist aktiviert, wenn Sie den Effekt in einem Video platzieren.

Entfernen Sie das Häkchen aus dem Optionskästchen *Automatische Schleierentfernung* ❶ und Sie können den Schieberegler *Schleierreduzierung* ❷ für die Einstellung der Stärke des Effekts nutzen. Sonst ist dieser ausgegraut. Die *Empfindlichkeit* ❸ stellen Sie mit dem gleichnamigen Regler ein. Die *Empfindlichkeit* legt den Schwellenwert für die Schleierentfernung fest. Je höher der Wert ist, umso mehr Schleiereffekte werden entfernt.

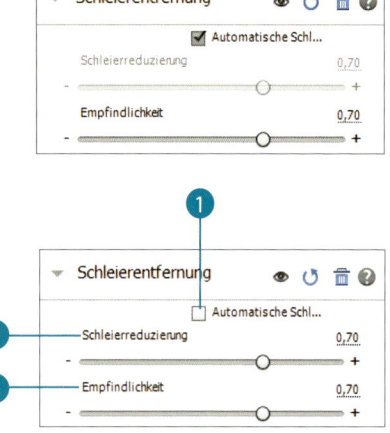

Die Schleierentfernung können Sie auch gut bei Wasseraufnahmen verwenden. Die mit dem Effekt versehenen Clips wirken in der Regel schärfer und klarer.

Schwarz & Weiß

Mit diesem Effektfilter wird Ihr Videoclip in einen Schwarz-Weiß-Clip umgewandelt. Der Filter besitzt keine Einstellungsoptionen.

6. Effekte verwenden

Spiegelbild

Was dieser Effektfilter tut, werden Sie sich sicherlich denken können. Die Objekte im Bild werden gespiegelt. Das hat eine ungewöhnliche Wirkung. In den Einstellungsoptionen des Effekts stellen Sie mit zwei Zahlenwerten den *Mittelpunkt* der Spiegelung ❶ ein. Mit dem Schieberegler können Sie den *Winkel* der Spiegelung ❷ verändern. Verändern Sie den Winkel, erhalten Sie sehr originelle Effekte.

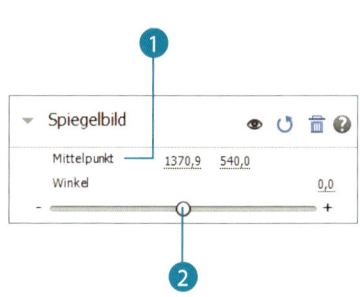

Der Effektfilter eignet sich aber nicht, einen ganzen Clip hindurch angewandt zu werden. Schneiden Sie einen kurzen Clip heraus und wenden Sie darauf den Filter an.

Die Videoeffekte im Schnellmodus

Strudel

Mit diesem Effekt zaubern Sie einen Strudel in Ihren Videoclip. Dieser Effektfilter wirkt etwas verspielt. In den Einstellungen können Sie *Winkel* ❶, *Radius* ❷ und *Mittelpunkt* ❸ des Strudeleffekts verändern.

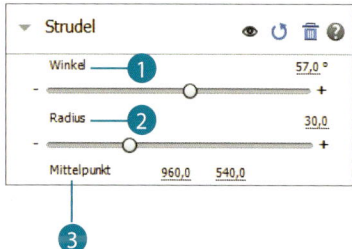

Störung

Normalerweise entfernt eine Filterfunktion Bildstörungen aus dem Clip. Mit dem Effekt *Störung* jedoch bringen Sie eine krisselige Störung in den Clip. Mit einem Schieberegler ❶ können Sie die *Stärke des Rauschens* einstellen. Über eine Optionsschaltfläche können Sie Farbrauschen ausschalten ❷. Mit der Schaltfläche *Ergebnis beschneiden* ❸ bestimmen Sie, dass die Pixelfarben, wenn sie durch die Störung ihren höchsten Wert erreicht haben, von vorn gezählt werden. Ist die Option nicht aktiviert, springt der Farbwert des Pixels bei Erreichen des Höchstwertes auf einen niedrigeren Wert.

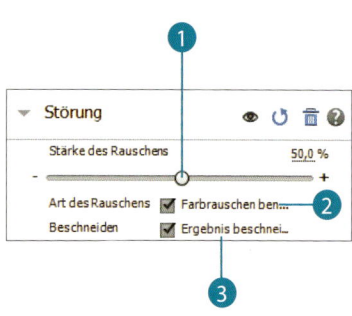

6. Effekte verwenden

Tontrennung

Mit diesem Effekt bestimmen Sie die Anzahl der Tonwertstufen für jeden Kanal in Ihrem Clip. Die Vorgabeeinstellung ist 7. Mit einem Schieberegler können Sie diesen Wert erhöhen oder auch senken.

Umkehren

Dieser Effektfilter kehrt die Farben in den Bildern Ihres Clips um. Die Farbwerte werden invertiert. Es entsteht ein Negativ-Film.

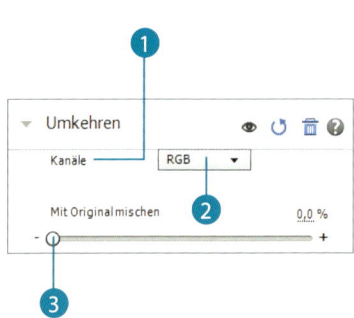

Mit dem Auswahlfeld *Kanäle* ❶ bestimmen Sie, welche Farbkanäle umgekehrt werden. Ohne eine Veränderung wird hier der RGB-Farbraum ❷ invertiert. Sie können aber auch nur den Rot-, Grün- oder Blau-Kanal invertieren, den HSV- oder den YUV-Farbraum umkehren oder einen Kanal dieser Farbräume. Über einen Schieberegler ❸ können Sie das Ergebnis des Filters mit dem Originalbild mischen.

Die Videoeffekte im Schnellmodus

Vertikal spiegeln

Dieser Effekt spiegelt einfach das Bild vertikal. Es gibt keine weiteren Einstellungsoptionen.

Vignettierung

Dieser Filter umgibt die Bilder Ihres Clips mit einem abgedunkelten Rand. Das Bild wird mit einem Schatten umzogen und bekommt so einen romantischen Touch. In den Einstellungen des Effekts stellen Sie *Stärke* ❶, *Größe* ❷, *Rundung* ❸ und die Weichheit der Kante ❹ ein.

6. Effekte verwenden

Wiederholen

Mit diesem Effekt wird das Bild vervielfacht.

Aus einem Bild werden in der Vorgabeeinstellung vier. Mit einem Schieberegler können Sie diese *Anzahl* erhöhen.

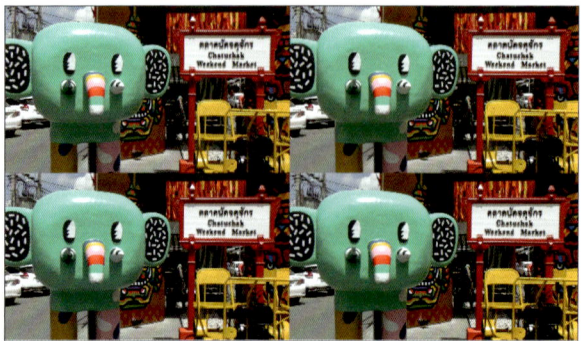

Erhöhen Sie einmal den Wert Anzahl auf vier. Ergänzen Sie die Filter *NewBlue Cartoon Plus* und *Strudel*. Stellen Sie bei *Strudel* einen Winkel von 80 Grad und einen Radius von 30 ein.

Zoom-Weichzeichner

Der Effekt *Zoom-Weichzeichner* kombiniert zwei Bildbearbeitungsfunktionen: Zum einen wird ein Weichzeichner auf Ihren Clip angewandt. Dieser wird mit einem Zoomeffekt kombiniert. Das Ergebnis ist ein ungewöhnlicher Bildeffekt. In den Einstellungen können Sie den Zoomeffekt ❶ verstärken oder abschwächen. Mit dem Regler *Angleichen* ❷ bestimmen Sie den Grad der Unschärfe, der in das Bild eingemischt wird. Ziehen Sie den Regler ganz nach links, ist die Unschärfe nicht mehr vorhanden. Die stärkste Unschärfe wird demzufolge erreicht, wenn Sie den Regler nach rechts ziehen. Mit den beiden Zahlenwerten hinter *Zentriert* ❸ legen Sie fest, wo sich das Zentrum des Effekts befindet.

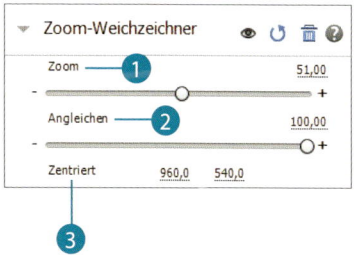

In der Vorgabeeinstellung werden ein *Zoom* von *51,00* und ein *Angleichen*-Wert von *100* verwendet. Das Ergebnis ist eher ein modernes Bild, dessen Objekte und Formen nicht mehr erkennbar sind.

Verändern Sie einmal beide Werte. Tragen Sie *40,00* bei dem Regler *Zoom* ein. Geben Sie bei *Angleichen* einen Wert von *30,00* ein.

6. Effekte verwenden

Effekte kombinieren

Einige Effekte eignen sich sehr gut, um sie miteinander zu kombinieren. Bei einigen Beschreibungen habe ich dies bereits getan. Seien Sie kreativ und probieren Sie ein wenig herum.

In dem folgenden Beispiel habe ich die Effekte *Strudel*, *Spiegelbild*, *NewBlue Cartoon Plus* und *Metallisch* angewandt. Im zweiten Beispiel habe ich *Alter Film* und *NewBlue Cartoon Plus* angewandt. Bei letzterem Effekt habe ich die Einstellung *Architektur* verwendet.

6.3 Mit Hollywood-Looks einen Clip aufpeppen

Die *Hollywood-Looks* sind Effektfilter, die Ihren Clip optisch aufpeppen und ihm ein ganz besonderes Flair geben. Auch hier lassen sich viele Einstellungen mit Reglern anpassen und so ganz unterschiedliche Ergebnisse erzielen.

Die Anwendung ist genauso einfach wie bei den Videoeffekten. Sie öffnen die Effekte in der Werkzeugleiste. Wählen Sie im Kopf des Bedienfelds *Videoeffekte*. Schauen Sie sich die verschiedenen Effekte an. Wählen Sie aus, welchen Effekt Sie verwenden wollen, und ziehen Sie diesen mit der Maus auf Ihren Clip. Anschließend passen Sie seine Einstellungen an.

Beachten Sie bitte: Im Unterschied zu den Videoeffekten kombinieren die Hollywood-Looks mehrere Effektfilter. So finden Sie nach der Anwendung des Hollywood-Looks *Alt* unter den angewendeten Effekten *Schatten/Glanzlicht*, *HSL-Feinabstimmung* und *Teiltonung* im Bedienfeld. Zusätzlich sind die Bedienfelder *Bedienung* und *Deckkraft* – wie bei jedem Clip – vorhanden. Sie können also noch viel mehr Einstellungen vornehmen und so viele unterschiedliche, sehr kreative Ergebnisse erzielen. Die Möglichkeiten der Optionen sind vielfältiger und erfordern etwas mehr Zeit zum Ausprobieren und Entdecken.

Das heißt natürlich auch, dass Sie die Effekte löschen oder zurücknehmen müssen, um sie zu entfernen bzw. auf den vorgegebenen Wert zurückzubringen.

Am Beispiel dieses Bildes möchte ich Ihnen die Wirkung der einzelnen Hollywood-Looks demonstrieren.

6. Effekte verwenden

Alt

Dieser Hollywood-Look bildet das Look-and-feel eines älteren Films nach. Der Film wird in eine gelbe Farbe getaucht.

Das Bild wirkt schärfer, die Konturen kommen stärker zum Vorschein. Der Effekt verwendet die drei Filter *Schatten/Glanzlicht*, *HSL-Feinabstimmung* und *Teiltonung*. Letzterer kombiniert Schatten und Lichter des Bildes mit zwei unterschiedlichen Farben.

In der Vorgabeeinstellung wird die Farbe Weiß für Schatten und Lichter verwendet. Sie können mit Schiebereglern *Farbton* und *Sättigung* festlegen.

Einstellen lässt sich auch die Stärke der Schatteneffekte (*Balance*). Verwenden Sie die *Teiltonung*, um die sehr hellen und sehr dunklen Teile Ihres Clips einzufärben.

Die *HSL-Feinabstimmung* nutzen Sie, um *Farbton*, *Sättigung* und *Lumineszenz* der Farben anzupassen. In den Einstellungen finden Sie unter diesen drei Überschriften Regler für Rot, Orange, Gelb, Grün, Aqua, Blau, Lila und Magenta. Damit stehen Ihnen 24 Regler für die HSL-Feinabstimmung zur Verfügung.

Die Einstellungen zum Effektfilter *Schatten/Glanzlicht* dienen dazu, die dunklen und die hellen Bildelemente anzupassen. Sie können zum Beispiel Schatten aufhellen und Glanzlichter reduzieren.

Die Bilder des Clips werden mit diesem Effektfilter nicht komplett abgedunkelt, sondern Sie passen unabhängig voneinander die dunklen und die hellen Bildelemente an. Die Optionen dieses Effektfilters schauen wir uns nachfolgend etwas genauer an.

Der Effektfilter »Schatten/Glanzlicht«

Die Option *Automatische Stärke* ❶ sorgt dafür, dass Adobe Premiere Elements Schatten und Glanzlichter im Clip analysiert und selbstständig anpasst. Ist die Option ausgeschaltet, können Sie beides mit den Schiebereglern *Schattenstärke* ❷ und *Glanzlichtstärke* ❸ festlegen. Ist *Automatische Stärke* eingeschaltet, wird der Regler *Glättungszeit* ❹ aktiv. Die Einstellung des Reglers bestimmt, wie lange die Frames vor dem angezeigten Bild untersucht werden. Stellen Sie zwei Sekunden ein, werden die Frames zwei Sekunden lang untersucht. Das Ergebnis dieser Analyse wird für die Anpassung der Schatten und Glanzlichter im Bild verwendet. Das Optionsfeld *Szene suchen* ❺ können Sie verwenden, wenn *Automatische Stärke* eingeschaltet und eine *Glättungszeit* eingestellt ist. Aktivieren Sie *Szene suchen*, um die Szenenänderungen zu ignorieren.

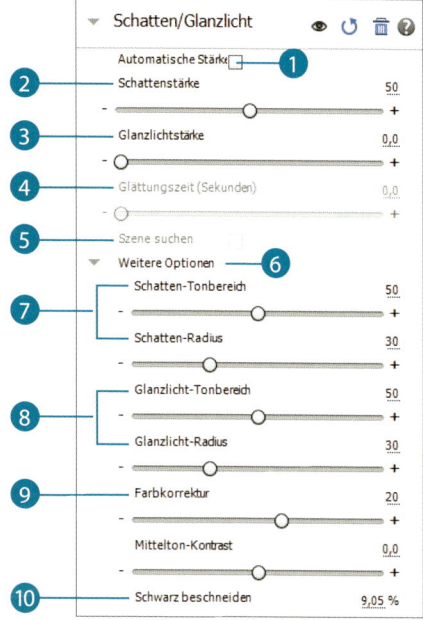

Unter *Weitere Optionen* ❻ finden sich noch neun verschiedene Regler. Sowohl für den dunklen Schattenbereich ❼ wie auch für den hellen Glanzlichtbereich ❽ in den Frames legen Sie den Tonbereich und den Radius fest. *Radius* steht hier für den Bereich in Bildpunkten (Pixeln), der den Effekt beeinflusst. Im Beispiel wird ein Bereich von *30* Bildpunkten für die Analyse des Schatten- und auch des Glanzlichtbereichs verwendet.

Mit einem weiteren Regler bestimmen Sie den Grad der Farbkorrektur ❾. Mit *Schwarz beschneiden* ❿ und *Weiß beschneiden* bestimmen Sie, wie weit Schatten und Glanzlichter beschnitten werden. Ganz unten versteckt sich noch der Regler *Mit Original mischen*. Er bestimmt, inwieweit die Wirkung des Effekts mit dem Originalbild zu einem Bild vermischt wird.

Die Filteroptionen des Effekts »Alt« einstellen

Auf den ersten Blick sind die drei Filter des Hollywood-Effekts *Alt* und ihre Optionen umfassend und kompliziert. Gehen Sie einfach schrittweise vor, um die Einstellungen des Filters anzupassen. Beginnen wir mit dem Effektfilter *Schatten/Glanzlicht*.

6. Effekte verwenden

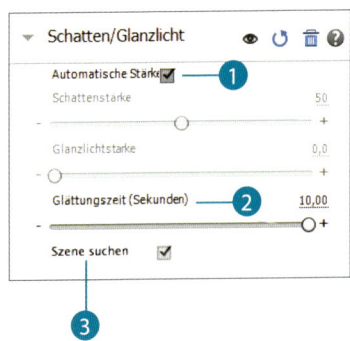
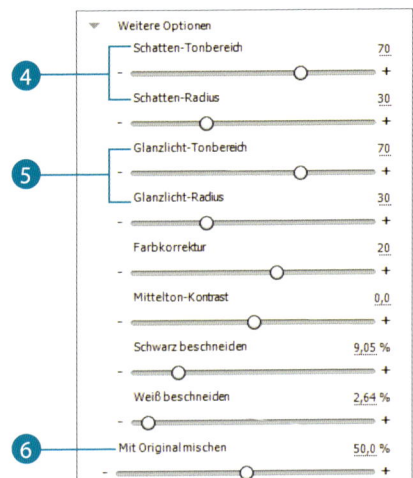

Öffnen Sie das Bedienfeld dieses Filters. Schalten Sie die Option *Automatische Stärke* ❶ ganz oben ein. So überlassen Sie dem Programm die Analyse der Farbinformation. In meinem Beispiel sehe ich sofort im Monitorfenster ein schärferes, kontrastreicheres Bild. Die Option sorgt für ein besseres Ergebnis und nimmt mir auch ein wenig Arbeit ab. Den Regler *Glättungszeit* ❷ schieben Sie ganz nach rechts. Er beträgt so *10* Sekunden. Schalten Sie die Option *Szene suchen* ❸ an. Mit dieser Einstellung werden die benachbarten Frames eine Sekunde lang analysiert. Das Ergebnis dieser Analyse wird für die Anpassung der Glanzlichter und Schatten verwendet. Mit *Szene suchen* werden bei diesen Einstellungen die Änderungen der Szenen ignoriert.

Die vorgegebenen Einstellungen im Bereich *Weitere Optionen* ändere ich nur in sehr geringem Maß. Den Schatten- ❹ und den Glanzlichtertonbereich ❺ erhöhen Sie jeweils auf den Wert *70*. Den Regler *Mit Original mischen* ❻ ganz unten in den Filtereinstellungen setzen Sie auf *50 %*.

Öffnen Sie nun die Einstellungen des Filters *Teiltonung*. Wählen Sie mit der Pipette einen hellen Bildbereich ❼, am besten einen hellen Farbton, hier im Beispiel den hellen Braunton des Topfes rechts im Vordergrund. Wählen Sie mit der Pipette für den Schattenbereich ❽ einen möglichst dunklen Ton von einem Gehweg, Baum oder einem ähnlichen Objekt. Ich nutze im Beispiel zur Auswahl der Farbe die Sträucher im Bild. Nun erhöhen Sie die Sättigung für die Lichter ❾ auf einen Wert von *40*. Die Sättigung für die Schatten ❿ im Bild setzen Sie auf *46*. Jetzt schauen Sie sich einmal das Bild im Monitorfenster an. Spielen Sie den Clip ab und speichern Sie das Projekt.

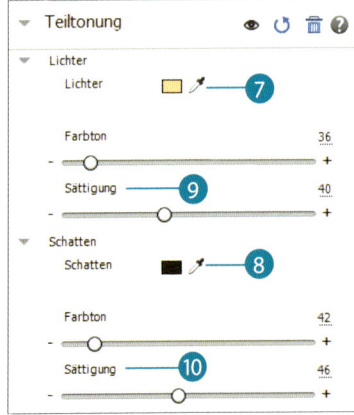

Mit Hollywood-Looks einen Clip aufpeppen

Der Clip hat seine Optik um einiges verändert. Der zuvor sichtbare Gelbstich ist nicht mehr vorhanden. Klare Konturen, ein hoher Kontrast.

Alter Film

Diesen Look kennen Sie bereits aus den Videoeffekten.

Der Clip wird in einen alten Schwarz-Weiß-Film umgewandelt. Streifen, Fragmente und andere Bildfehler erhöhen den Eindruck eines alten Films. Die Optionen des Effekts entsprechen denen des Videoeffekts.

Comic

Auch dieser Look ist bereits in den Videoeffekten vorhanden.

Dort ist er als *NewBlue Cartoon Plus* zu finden. Die Optionen des Effekts entsprechen denen des Videoeffekts.

6. Effekte verwenden

Hollywood-Film

Hinter diesem Effekt mit dem schön klingenden Namen verbirgt sich der Filter *Dreiwege-Farbkorrektur*.

Wie der Name bereits verrät, besteht der Filter aus drei Teilen: der Anpassung der *Mitteltöne* ❶, der Anpassung der hellen Bildinhalte (*Glanzlichter*) ❷ sowie der Anpassung der dunklen Bildbereiche (*Schatten*) ❸. Darüber finden Sie eine Vorschauoption ❹. Eine solche gibt es auch in jedem der Filterbereiche.

Die drei Filter sehen sich sehr ähnlich und sind auch in der Bedienung gleich. Bei allen steht Ihnen ein Farbtonkreis zur Verfügung. Mit ihm können Sie sehr einfach Farbton, Sättigung und Helligkeit einstellen. Schauen wir uns einmal den für die Mitteltöne an.

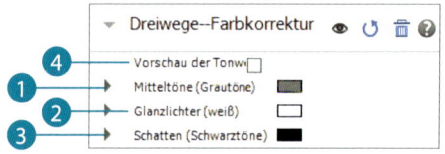

Öffnen Sie den Farbkreis mit einem Klick auf den nach rechts zeigenden Pfeil ❺ vor der Bezeichnung *Mitteltöne (Grautöne)*. Mit zwei Farbauswahlschaltflächen wählen Sie die *Mitteltöne* ❻ und legen den *Grauabgleich* ❼ fest. Für Letzteren steht Ihnen auch wieder eine Farbpipette zur Verfügung. Über das Optionsfeld zwischen diesen beiden Farbauswahlschaltflächen schalten Sie die *Vorschau betroffener Frames* ❽ an. In der Mitte des Bedienfelds finden Sie den Farbtonkreis ❾. Die *Mittelton-Sättigung* ❿ stellen Sie über einen Schieberegler unter dem Farbtonkreis ein. Um die veränderten Werte wieder auf die Vorgabeeinstellung zurückzubringen, verwenden Sie die Schaltfläche *Mitteltöne zurücksetzen* ⓫.

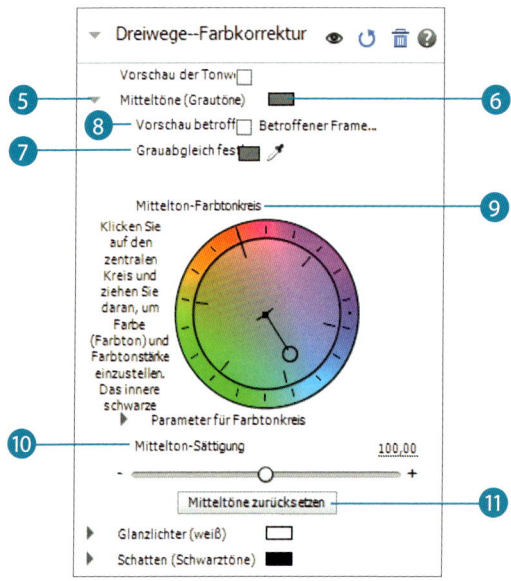

Mit Hollywood-Looks einen Clip aufpeppen

Den Farbtonkreis verwenden

Die Einstellungen im Farbkreis erfolgen entweder mit der Maus oder über die Parameter für den Farbtonkreis. Wenn Sie Letztere öffnen und einen der Regler verändern, werden Sie sehen, wie sich eines der Elemente des Farbtonkreises bewegt.

Farbtonwinkel ❶ – Drehen Sie das äußere Farbrad, um den Farbtonwinkel anzupassen. Eine Drehung nach rechts bewirkt positive Werte, nach links negative.

Ausgleichsstärke ❷ – Stellt die Intensität der Farbe ein. Ziehen Sie den runden Anfasser vom Kreis weg oder zum Kreis hin. Befindet sich der Anfasser für die Einstellung der Ausgleichsstärke näher am Rand des Farbtonkreises, wird die Intensität der Farbe verstärkt.

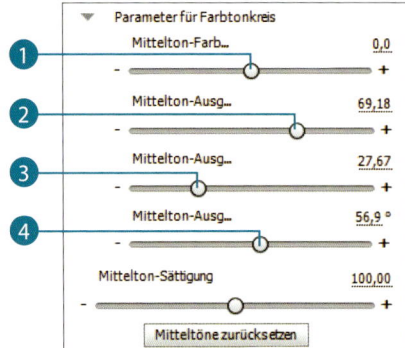

Ausgleichsverstärkung ❸ – Dieser Wert wirkt sich auf die Feinheit der Ausgleichsstärkung und Winkelanpassungen aus. Um ihn zu verändern, ziehen Sie den Griff zum Mittelpunkt oder zum Rand des Farbtonkreises hin.

Ausgleichswinkel ❹ – Verändert die Farbe des Videoclips. Die Einstellung auf dem Farbtonkreis erfolgt hier durch Drehen des Griffs nach links oder rechts.

Auf den Reglern in den Parametern des Farbtonkreises finden Sie in der Bezeichnung noch die Begriffe *Mittelton, Glanzlichter* und *Schatten*. Also *Mittelton-Farbtonwinkel, Mittelton-Ausgleichsstärke* usw.

Die Bedienung des Farbtonkreises erklärt sich sehr schön, wenn man mit den Reglern der Parameter »spielt«. Lassen Sie uns einmal zwei Beispiele anschauen:

Im linken Beispiel haben meine Mitteltöne einen leichten Gelbton bekommen. Den Farbtonwinkel habe ich nicht verändert. Die Farbe ist so intensiv wie möglich. Der runde Anfasser steht ganz außen. Die Ausgleichsverstärkung habe ich ebenfalls nicht verändert. Der zweite Anfasser befindet sich nahe am Mittelpunkt.

Im rechten Beispiel haben die Mitteltöne einen blauen Ton bekommen. Der Clip wirkt, als wäre er in den Abendstunden aufgenommen worden. Auch hier ist die Farbe intensiv. Der runde Anfasser steht außen nahe am Farbkreis. Die Ausgleichsverstärkung habe ich etwas zurückgenommen. Der zweite Anfasser befindet sich ein Stück vom Mittelpunkt entfernt.

6. Effekte verwenden

Den Filter »Hollywood-Film« verwenden

Wie nun verwendet man alle drei Farbkorrekturkreise? Die Einstellungen sind natürlich abhängig von dem Effekt, den Sie erzielen wollen. Möchten Sie eine Morgenstimmung erhalten, sind helle gelbe Farben für die Lichter sehr gut. Die Grautöne sollten ebenfalls einen leichten gelben oder orangen Ton haben. Die Schatten können Sie leicht abmildern.

Mit einem hellen Weiß für die Lichter und starken dunklen Schatten können Sie einem Clip den nötigen Eindruck für den Mittag geben. Für den Abend mildern Sie die hellen Bildelemente ab. Verwenden Sie hier graue bis blaue Töne. Für den Schatten empfehle ich dunkle Farben. Das ist natürlich etwas sehr allgemein. Die Farbeinstellungen sind auch von den Bildelementen abhängig. Ist der Himmel bedeckt oder strahlend blau? Gibt es viel Grün im Bild oder sehr viele braune Elemente? Experimentieren Sie ein wenig herum und seien Sie wie immer kreativ und einfallsreich.

Bei meinem Clip habe ich mit der Pipette gearbeitet und Farben aus dem Bild verwendet.

Die Glanzlichter erhielten einen hellen Ton. Die Mitteltöne entsprechen dem Grau des Topfes im Vordergrund. Die Schattenelemente entsprechen dem dunklen Grün der Bäume im Hintergrund.

Mit Hollywood-Looks einen Clip aufpeppen

Die Farbkreise für diesen Effekt und die Parameter sehen Sie in den nächsten drei Bildern. Etwas optimieren können Sie den Effekt noch, indem Sie die Mittelton- und die Glanzlichter-Sättigung auf *150* erhöhen und die Schatten-Sättigung auf *75* verringern.

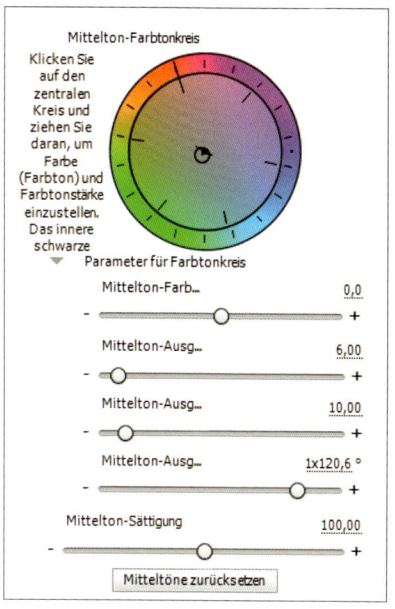
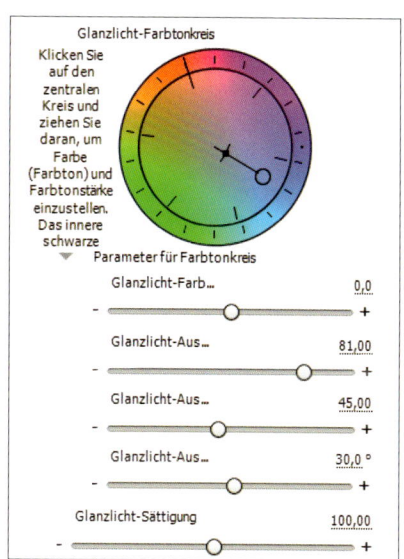
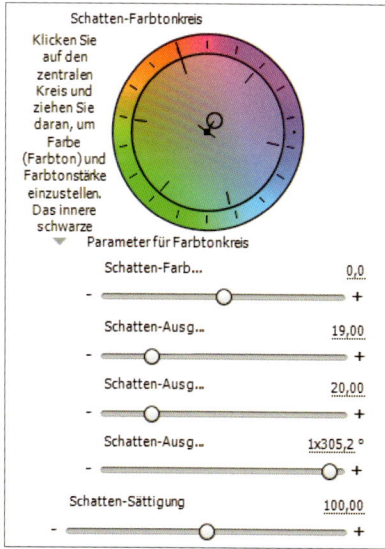

6. Effekte verwenden

Horror

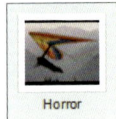

Dieser Hollywood-Look kombiniert die beiden Filter *Teiltonung* und *Dreiwege-Farbkorrektur*, die Sie beide schon kennen. Das Ergebnis ist ein dunkler, in grauen Farben gehaltener Clip.

Wenn Sie den *Farbton* auf *320* und die *Sättigung* auf *60* erhöhen, gehen die Farben im Clip in einen violetten Ton über.

Die Stimmung wirkt beinahe bedrohlich.

> **Hollywood-Looks entfernen**
>
> Entfernen Sie einen vorhandenen Hollywood-Look und ersetzen Sie ihn durch einen neuen Look, bietet Ihnen Adobe Premiere Elements das Entfernen des vorhandenen Effekts an. Ein Hollywood-Look hinterlässt auch nach dem Entfernen Bearbei-
>
>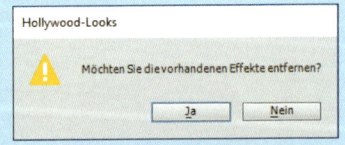
>
> tungsspuren. Manchmal funktioniert auch das Entfernen nach dem Bestätigen der Meldung des Programms nicht. Mein Tipp: Speichern Sie so oft wie nur möglich Ihr Projekt ab. Sichern Sie vor und nach dem Anwenden von Effekten, Filtern und dem Bearbeiten Ihr Projekt. Legen Sie Kopien der Originalvideodateien als Datensicherung in einem eigenen Verzeichnis ab. So bleibt für alle Fälle immer eine Originalversion Ihrer Videos erhalten.

Intensives Kupfer

Auch hier verrät der Name des Hollywood-Looks bereits, was dieser tut: Er verändert die Farbe des Clips und taucht alle Frames in eine intensive Kupferfarbe. Verantwortlich dafür ist der Filter *Teiltonung*. Verändern

Mit Hollywood-Looks einen Clip aufpeppen

Sie einmal Farbton und Sättigung. Es lassen sich interessante Farben und sehr schöne Stimmungen mit diesem Filter erreichen.

In dem folgenden Beispiel habe ich den *Farbton* ❶ auf einen Wert von *180* erhöht. Die *Sättigung* ❷ habe ich auf *60* gestellt. Im Bereich *Schatten* habe ich den *Farbton* ❸ auf *10* gestellt und die *Sättigung* ❹ auf *20*. Die *Balance* unter *Schatten* ❺ habe ich unverändert auf *0* belassen. Das Ergebnis ist ein blau-grüner Ton, fast schon eine trübe und ernste Stimmung.

 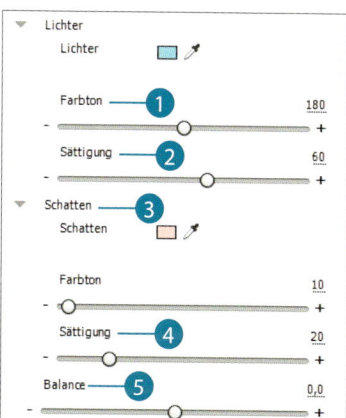

Pandora

Dieser Hollywood-Look nutzt den Filter *Umkehren*. Damit werden die Farbinformationen des Clips invertiert.

In der Vorgabeeinstellung wird mein Beispielframe in eine blaue Farbe getaucht. Das Grün der Bäume und der Wiese wirkt intensiver. Es passt sehr gut zu der etwas kitschigen und verspielten Atmosphäre.

Der Filter besitzt ein Listenfeld ❶, mit dem Sie wählen, welche Farbkanäle invertiert werden sollen. In der Vorgabeeinstellung ist hier *V (R-Y)* gewählt. Mit einem Schieberegler ❷ können Sie dafür sorgen, dass das Ergebnis des Filtereffekts mit dem Originalbild gemischt wird.

Über das Listenfeld können Sie *RGB* ❸, *FHS*, *YUV* oder einen der Farbkanäle dieser Farbräume wählen. Zusätzlich lässt sich auch der *Alphakanal* wählen.

6. Effekte verwenden

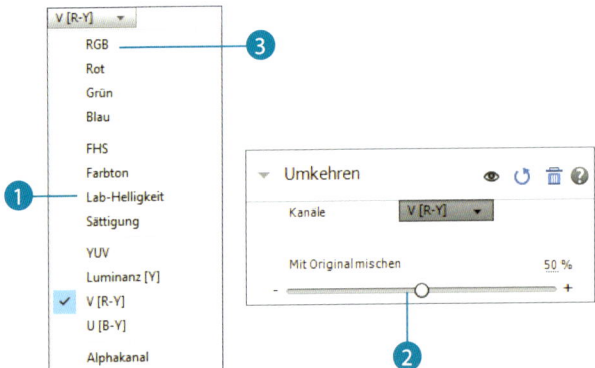

Ziehen Sie einmal den Regler *Mit Original mischen* auf einen Wert von *50 %*. Das Mischen des Filtereffekts mit dem Originalbild sorgt für eine völlig andere Stimmung.

Im Bild rechts habe ich den Farbkanal *Rot* invertiert und *Mit Original mischen* auf einen Wert von *80 %* gesetzt.

Red Noir

Dieser Hollywood-Effekt kombiniert die Filter *HSL-Feinabstimmung* und *Mit Original mischen*. Letzteren kennen Sie als Option aus verschiedenen Filtern.

Hier wird das Ergebnis des Filters *HSL-Feinabstimmung* mit dem Originalbild gemischt. Sie können der Kombination aus verändertem und Originalclip noch eine Überblendung hinzufügen.

Der Effekt mit den beiden Filtern in den Vorgabeeinstellungen sorgt für einen Schwarz-Weiß-Clip, in dem einzelne Farbtupfer übrig bleiben.

Der Effektfilter *Mit Original mischen* enthält den gleichnamigen Schieberegler ❶ und ein Listenfeld für die Auswahl des *Überblendmodus* ❷.

Mit Hollywood-Looks einen Clip aufpeppen

Wenn Sie das Listenfeld *Überblendmodus* öffnen, sehen Sie, dass jede Menge ganz unterschiedliche Modi ❸ zur Verfügung stehen. Probieren Sie diese einmal aus. In den folgenden Abbildungen sehen Sie die Ergebnisse mit den Überblendmodi *Abdunkeln*, *Negativ multiplizieren* und *Strahlendes Licht* (bei 50 % *Mit Original mischen*).

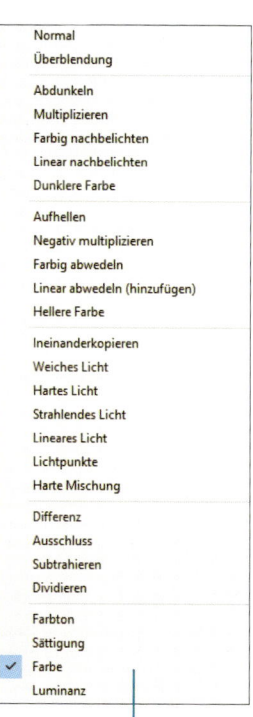

6. Effekte verwenden

Sommertag

Dieser Hollywood-Look nutzt den Filter *Teiltonung*. Die Frames Ihres Clips werden in helle Gelbtöne getaucht. In der Vorgabeeinstellung wird die *Sättigung* der Glanzlichter um einen Wert von *37* ❶ erhöht. In den dunklen Schattenbereichen wird der *Farbton* auf *11* ❷ gesetzt und die *Sättigung* auf *43* ❸.

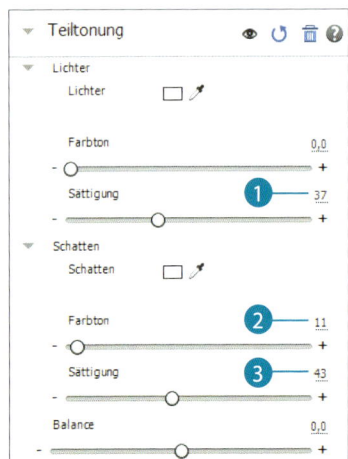

198

Sparta

Sparta kombiniert die *Dreiwege-Farbkorrektur*, die *HSL-Feinabstimmung* und die *Teiltonung* in einem Effekt. Mit den Vorgabeeinstellungen wird der Clip in ein gelb-rotes Licht getaucht.

Anhand der vielen Optionen und Möglichkeiten der drei Filter können Sie mit diesem Hollywood-Effekt viele unterschiedliche Stimmungen erzielen.

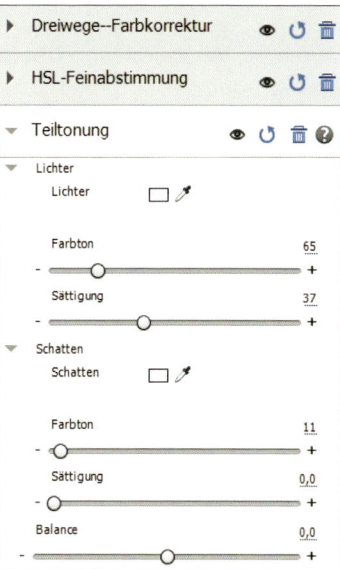

Trinity

Dieser Hollywood-Look kombiniert die Filter *Dreiwege-Farbkorrektur* und *Teiltonung*. In der Vorgabeeinstellung erhält man einen in sanfte Grüntöne getauchten Clip. In meinem Beispiel habe ich einen rotbraunen Farbton für die Lichter gewählt und die *Sättigung* auf den Wert *66* erhöht.

6. Effekte verwenden

Verträumt

Dieser Hollywood-Look gefällt mir sehr gut. Er verwendet einen Gaußschen Weichzeichner und den Effektfilter *Mit Original mischen*. Der Clip wird in den Vorgabeeinstellungen dieser beiden Effekte mit einem sanften Schleier überzogen. Die Frames werden in ein weiches, gelb-oranges Licht getaucht. Es sieht tatsächlich »verträumt« aus.

Durch die verschiedenen Überblendmodi gibt es sehr viele unterschiedliche Looks, die der *Verträumt*-Look beherrscht. Hinzu kommen noch weitere Möglichkeiten, die sich durch die Einstellungsoptionen der Filter ergeben. Ich habe Ihnen ein paar Ergebnisse herausgesucht. Links oben beginnt es mit dem einfachen Verträumt-Look und dann folgen die Überblendmodi *Abdunkeln, Aufhellen, Farbig abwedeln, Differenz und Lineares Licht*.

Mit Hollywood-Looks einen Clip aufpeppen

Vorjahr

Dieser Hollywood-Look nutzt den Effekt *Teiltonung*. Die Glanzlichter erhalten mit den Voreinstellungen des Filters einen grünen Ton. Die Schatten werden orange eingefärbt.

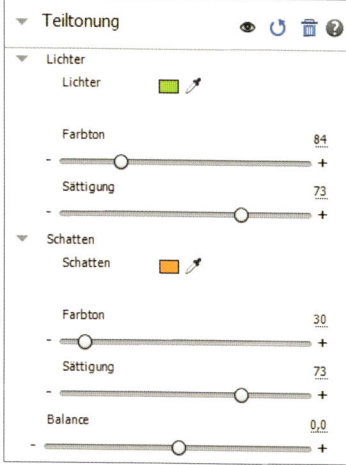

Wochenschau

Der Hollywood-Look *Wochenschau* verwendet den Effektfilter *Alter Film*. Der Clip wird mit einem Sepia-Farbton versehen, erhält Abnutzungserscheinungen, Verwacklungen und andere Alterungserscheinungen. Mit diesem Effekt machen Sie aus Ihrem Clip einen historischen Film oder zumindest einen, der so aussieht, als wäre es einer.

Zerbröckelte Farbe

In diesem Hollywood-Look werden die Effekte *Bewegung* und *Deckkraft* kombiniert. Mit den Vorgabeeinstellungen beider Effektfilter wirkt der Clip dunkel. Die Bilder werden in satte Brauntöne getaucht.

6. Effekte verwenden

Der Filter *Deckkraft* passt die gleichnamige Eigenschaft an. Die Deckkraft ist in der Regel auf einen Wert von 100 % eingestellt. Sie sorgt dafür, dass die Frames des Clips alles überdecken. Wird ein zweiter Videoclip oder werden auch einzelne Bilder unter den Hauptclip gelegt, können Sie diese Inhalte mit einer verringerten Deckkraft sichtbar werden lassen. Eine Deckkraft von 0 % bedeutet, dass der Clip komplett transparent ist. Ein darunterliegender Clip würde hier gut sichtbar sein. Ohne einen solchen ist der Hintergrund schwarz.

Für das Anpassen der Deckkraft ziehen Sie im Bedienfeld des gleichnamigen Effekts den Regler *Deckkraft* auf den gewünschten Wert ❶. Passen Sie bei Bedarf den *Überblendmodus* ❷ an. Mit *Einblenden* und *Ausblenden* ❸ kann bei einem Clip der zeitliche Verlauf einer Ein- bzw. Ausblendung angepasst werden. Die Veränderung der Deckkraft wird animiert.

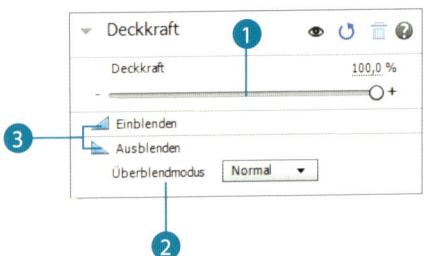

Mit dem Bewegungseffekt können Sie einen Clip skalieren, drehen und genau positionieren. Die *Position* ❹ wird mit zwei Zahlen angegeben. Diese bestimmen die Position des Clips auf einem gedachten X/Y-Diagramm.

Mit *Skalieren* ❺ können Sie den Clip vergrößern oder verkleinern. In der Vorgabeeinstellung ist hier ein Wert von *100* angegeben, was für die Originalgröße steht.

Die Frames des Clips werden in der Vorgabeeinstellung gleichmäßig skaliert. Möchten Sie dies ändern, schalten Sie die Option *Gleichmäßiges Skalieren* ❻ aus. Ist dies geschehen, steht der zuvor ausgegraute Schieberegler *Skalierungsbreite* ❼ zum Einstellen derselbigen zur Verfügung.

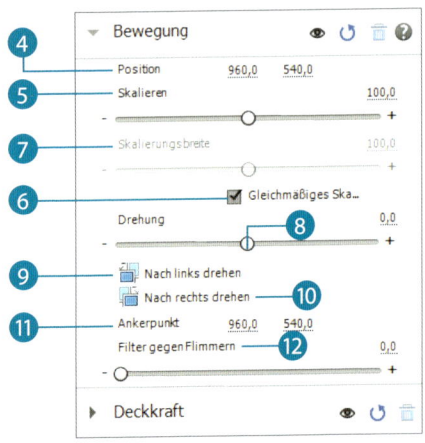

Über einen weiteren Schieberegler ❽ können Sie den Clip drehen. Der Regler ist mit *Drehung* beschriftet. Er steht zunächst auf einem Wert von *0,0*. Das bedeutet keine Drehung. Mit den Optionen *Nach links drehen* ❾ und *Nach rechts drehen* ❿ wird der Clip um 90 Grad gedreht. Über zwei Zahlenwerte wird der *Ankerpunkt* ⓫, der für die Drehung verwendet wird, angegeben. Um einem Flimmereffekt entgegenzuwirken, nutzen Sie den Schieberegler *Filter gegen Flimmern* ⓬.

Einen Clip skalieren

Ein Skalierungseffekt ist sehr praktisch, um in einem Clip auf einen bestimmten Punkt zu schauen und diesen größer in das Bild zu bringen. Die Anwendung ist denkbar einfach. Geben Sie einen Wert für die Skalierung ein oder bewegen Sie den Schieberegler *Skalieren* nach rechts. Beachten Sie aber: Eine Skalierung macht die Bilder eines Clips unscharf. Diese Unschärfe kann mit einer hohen Bildauflösung minimiert werden. Ebenso natürlich mit einem nicht zu hohen Skalierungsfaktor. Zuerst noch einmal das unveränderte Ausgangsbild. Danach das um den Wert 180 skalierte Bild.

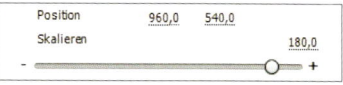

Eine Drehung ist nur in wenigen Fällen sinnvoll. Denkbar ist es, so einen selbst gebauten Übergangseffekt oder den Beginn eines Films zu gestalten.

Die Drehung und Skalierung können Sie auch »in Handarbeit ausführen«. Ein Mausklick auf das Bild Ihres Clips umfasst es mit einem Rahmen. An den Eckpunkten, an den Rändern und im Mittelpunkt des Bildes finden Sie Anfasser. Damit können Sie die Position des Clips verändern, ihn skalieren oder auch verschieben. Ich komme in Kapitel 9 auf diese Bearbeitungsmöglichkeiten zurück. Natürlich können Sie das Video auch verkleinern. Im nächsten Bild habe ich eine Skalierung von 50 % verwendet.

6. Effekte verwenden

Über Kreuz verarbeiten

Dieser Hollywood-Look kombiniert die Effektfilter *Bewegung*, *Deckkraft* und *Teiltonung*, die Sie ja alle bereits kennengelernt haben.

Der Clip wird mit den Voreinstellungen in dunkle Farben getaucht. Glanzlichter werden mit einem gelben Ton, Schatten mit einem Blauton nachgefärbt. Die Bilder des Clips wirken nahezu schwarz-weiß. Nur beim genauen Hinsehen sind die dunklen Farben sichtbar.

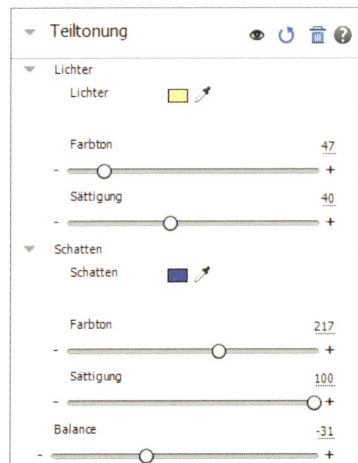

7. Effekte im Expertenmodus verwenden

Einige Effekte stehen Ihnen nur im Expertenmodus zur Verfügung. Diese möchte ich Ihnen in diesem Kapitel vorstellen. Es sind viele unterschiedliche beeindruckende und kreative Veränderungen möglich. Sie erfahren, wie Sie die »Vorgaben« des Programms verwenden. Das sind interessante Effekte und Effektkombinationen, bei denen die Optionen voreingestellt sind. Sie müssen sie nur auswählen und können sie sofort verwenden. Natürlich können Sie auch die von Ihnen oft verwendeten Effekte samt den von Ihnen vorgenommenen Einstellungen als Vorgaben ablegen und zu einem späteren Zeitpunkt darauf zurückgreifen.

7.1 Die Effekte im Expertenmodus

Im Expertenmodus werden die Effekte und Hollywood-Looks in die zwei Kategorien *Video* und *Audio* eingeteilt. Die Videoeffekte wiederum sind in 18 Kategorien eingeteilt. Hinzu kommen die Hollywood-Looks, *Vorgaben*, *Eigene Vorgaben* und die Favoriten (*Häufig verwendet*).

Die meisten Effekte und Looks kennen Sie bereits. Ich möchte Ihnen aus diesem Grund nur zeigen, wie Sie die Effekte im Expertenmodus aufrufen. Sie erfahren außerdem, wie Sie eigene Vorgaben ablegen sowie auf Vorgaben und Favoriten zugreifen. Natürlich zeige ich Ihnen auch, welche Effekte sich in welchen Kategorien verbergen, und stelle Ihnen in den späteren Abschnitten alle Effekte vor, die Sie in diesem Buch noch nicht kennengelernt haben.

7. Effekte im Expertenmodus verwenden

Der Zugriff auf die Effekte ist sehr einfach. Achten Sie zunächst darauf, dass der Modus *Experte* ❶ gewählt ist. Wählen Sie mit dem *fx*-Symbol aus der Werkzeugleiste die Effekte ❷. Entscheiden Sie sich für die Kategorie *Video* ❸. Wählen Sie die untergeordnete Kategorie, in der sich der gesuchte Effekt befindet. Öffnen Sie das Listenmenü mit *Alles einblenden* ❹. Im Beispiel entscheide ich mich für die Kategorie *Bildsteuerung* ❺.

Jetzt sehen Sie die Filter der gewählten Kategorie. Wählen Sie den gewünschten Filter und ziehen Sie ihn mit der Maus auf die Videospur. Im Beispiel entscheide ich mich für den Filter *Schwarz & Weiß* ❻.

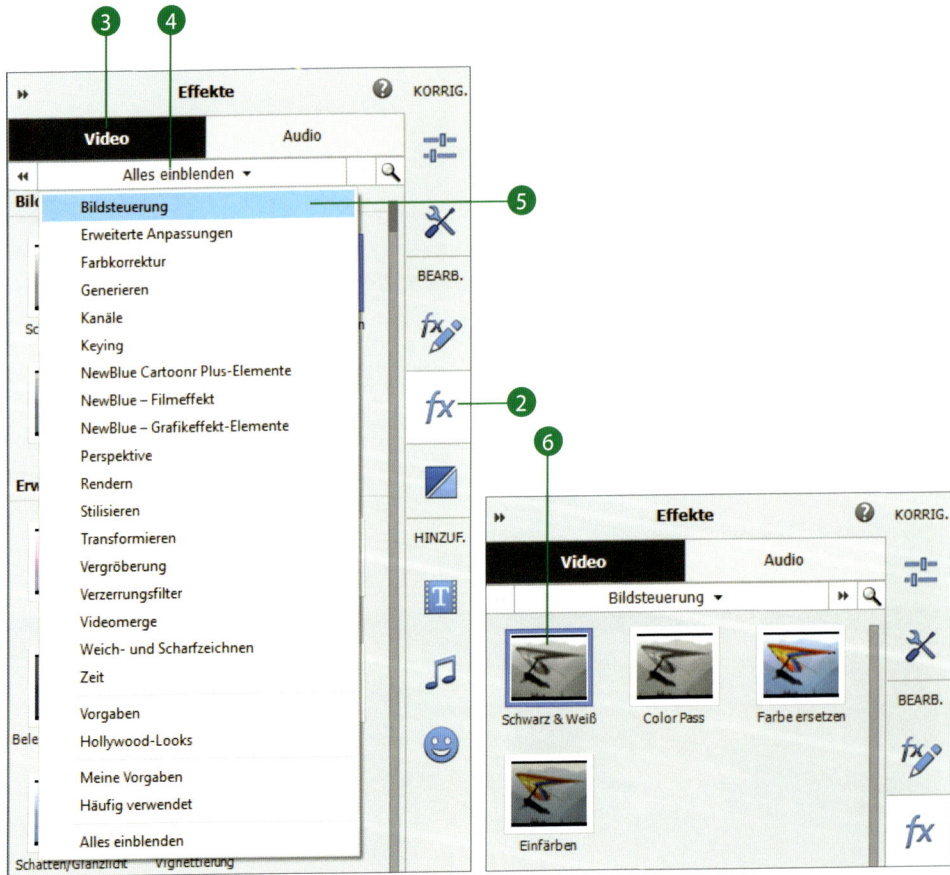

Befindet sich der Mauscursor auf der Videospur, lassen Sie die linke Maustaste los ❼. Der gewählte Effekt wird sofort angewandt.

Sie sehen dessen Auswirkung im Vorschaufenster ❽. Zugleich werden die Bedienfelder ❾ des Filters verfügbar und Sie können die Optionen des Filters anpassen und so die Filterwirkung verändern.

Die Effekte im Expertenmodus

Der von mir ausgewählte Effekt besitzt keine besonderen Einstellungen. Aus diesem Grund ist nur *Schwarz & Weiß* rechts zu sehen sowie die Schaltflächen zum Deaktivieren des Filters, zum Zurücksetzen, zum Löschen des Effektes und für das Einblenden der Hilfe.

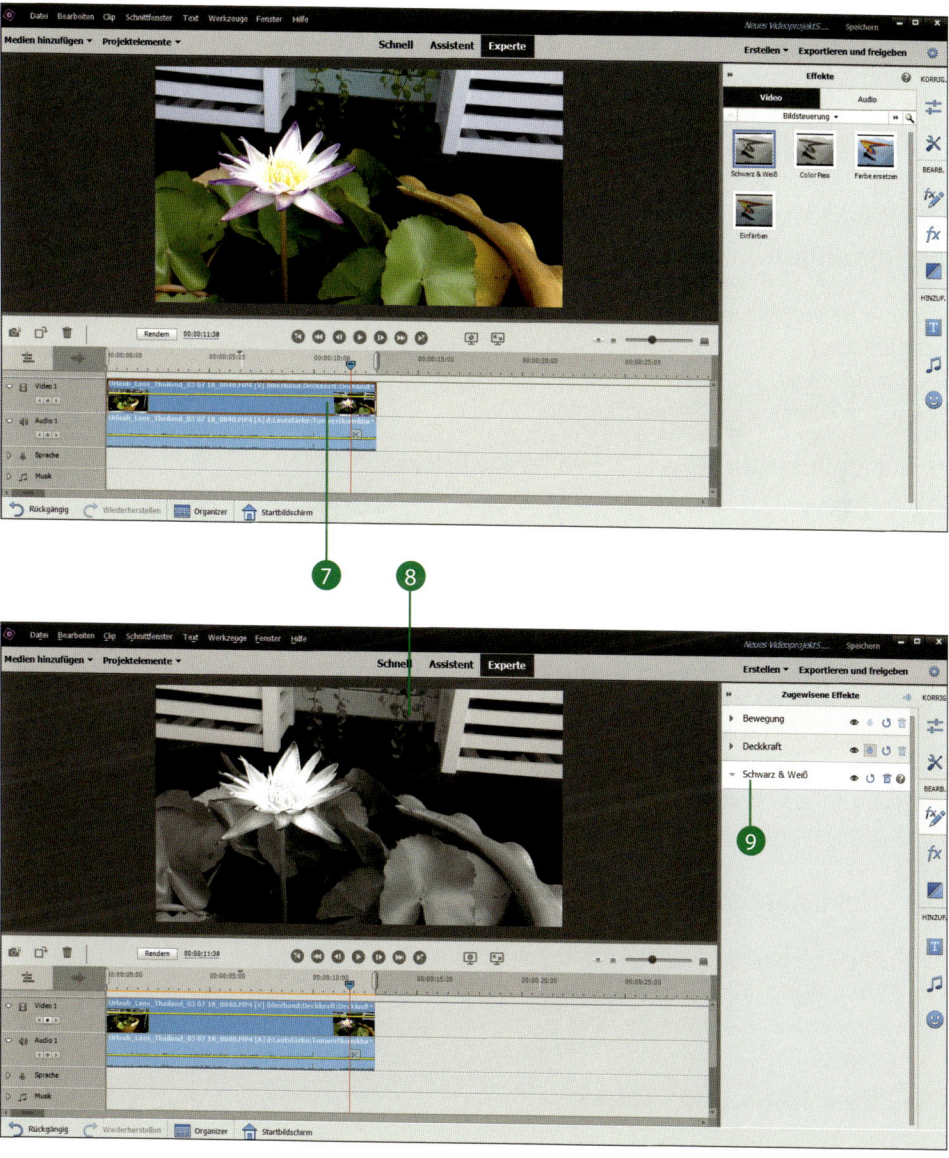

Schauen wir uns nun die verschiedenen Effekt-Kategorien an und welche Filter Sie darin finden.

207

7. Effekte im Expertenmodus verwenden

Die Effekt-Kategorie »Bildsteuerung«

In dieser Effekt-Kategorie finden sich nur vier Effektfilter: *Schwarz & Weiß*, *Color Pass*, *Farbe ersetzen* und *Einfärben*.

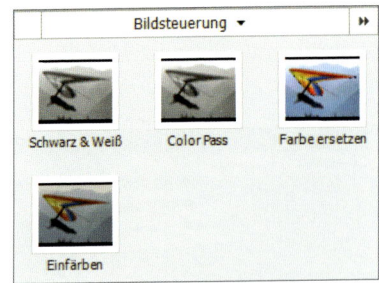

Die Effekt-Kategorie »Erweiterte Anpassungen«

In den *Erweiterten Anpassungen* finden sich ganze acht Effekte: *Kanalmixer*, *Extrahieren*, *Bildsteuerung*, *Beleuchtungseffekt*, *Schleierentfernung*, *Tontrennung*, *Schatten/Glanzlicht* und *Vignettierung*.

Bis auf die ersten drei Effekte haben Sie alle bereits in diesem Buch kennengelernt.

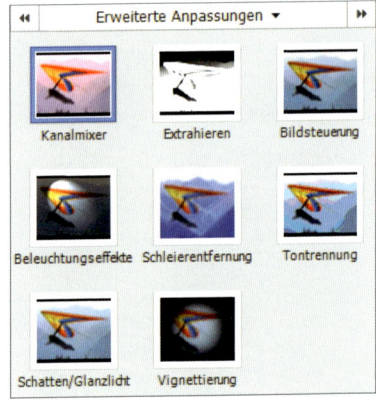

Die Effekt-Kategorie »Farbkorrektur«

In dieser Kategorie gibt es nur wenige Effektfilter. Hier stehen Ihnen die *Dreiwege-Farbkorrektur*, die *HSL-Feinabstimmung* und die *Teiltonung* zur Verfügung. Alle drei Filter habe ich Ihnen bereits in den vorangegangenen Kapiteln vorgestellt.

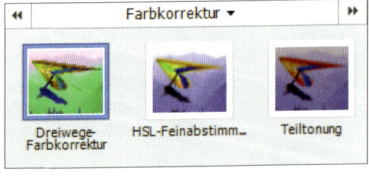

Die Effekt-Kategorie »Generieren«

In der Effekt-Kategorie *Generieren* finden sich nur zwei Effektfilter: *Blendenflecke* und *Malen animieren*. Den Filter *Blendenflecke* kennen Sie bereits.

Die Effekt-Kategorie »Kanäle«

Unter *Kanäle* finden Sie *Mit Original mischen* und *Umkehren*. Diese haben Sie ebenfalls bereits kennengelernt.

Die Effekte im Expertenmodus

Die Effekt-Kategorie »Keying«

Diese Kategorie ist mit Effektfiltern etwas besser gefüllt. Sie finden hier die Filter *Alpha-Anpassung*, *Blue Screen-Key*, *Chroma-Key*, *Differenzmaske*, *8-Punkt-Korrekturmaske*, *4-Punkt-Korrekturmaske*, *Green Screen-Key*, *Bildmaske-Key*, *Luminanz-Key*, *Non-Red-Key*, *Entfernen-Maske*, *RGB-Differenz-Key*, *16-Punkt-Korrekturmaske* und *Spurmaske-Key*. Alle genannten Filter stehen nur im Expertenmodus zur Verfügung.

Die Effekt-Kategorie »NewBlue Cartoon Plus-Elemente«

Hier finden Sie nur den Effektfilter *NewBlue Cartoon Plus* vor, der auch der Kategorie seinen Namen gegeben hat.

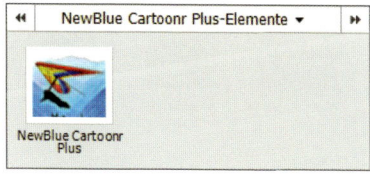

Die Effekt-Kategorie »NewBlue-Filmeffekt«

In der Kategorie *NewBlue-Filmeffekt* verbirgt sich der Effektfilter *Alter Film*, den Sie bereits kennengelernt haben.

Die Effekt-Kategorie »NewBlue – Grafikeffekt-Elemente«

In dieser Effekt-Kategorie finden Sie *Airbrush*, *Aktive Kamera*, *Einfärben*, *Erdbeben*, *Liniengrafik*, *Metallisch*, *Pastellskizze*, *Verbiegungsenergie* und den *Zoom-Weichzeichner*. *Metallisch* und *Zoom-Weichzeichner* kennen Sie bereits.

209

7. Effekte im Expertenmodus verwenden

Die Effekt-Kategorie »Perspektive«

In der Effekt-Kategorie *Perspektive* finden Sie die Effektfilter *3D-Effekte, Alphakanal abschrägen, Kanten abschrägen* und *Schlagschatten*. Alle diese Effekte stehen nur im Expertenmodus zur Verfügung.

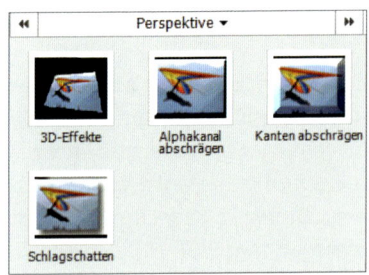

Die Effekt-Kategorie »Rendern«

In der Kategorie *Rendern* finden Sie nur zwei Filter: *Blitz* und *Verlauf*. Den Effektfilter *Blitz* haben Sie bereits kennengelernt.

Die Effekt-Kategorie »Stilisieren«

Stilisieren enthält wieder relativ viele Effektfilter. Sie finden hier *Alpha-Glühen, Farbrelief, Relief, Konturen finden, Mosaik, Störung, Wiederholen, Solarisation, Stroboskop* und *Struktur*. Die Effektfilter *Mosaik, Störung* und *Wiederholen* kennen Sie bereits.

Die Effekt-Kategorie »Transformieren«

Transformieren enthält die Effektfilter *Kameraansicht, Clip, Beschneiden, Weiche Kanten, Horizontal spiegeln, Horizontale Ablenkung, Vertikal spiegeln, Vertikale Ablenkung*. Die Effektfilter *Horizontal* bzw. *Vertikal spiegeln* haben Sie bereits kennengelernt.

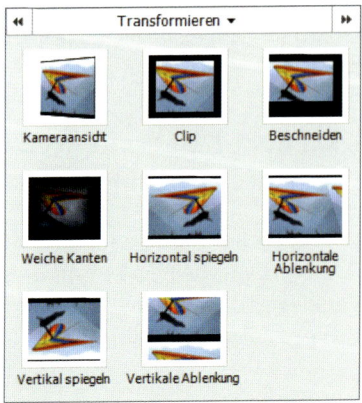

Die Effekt-Kategorie »Vergröberung«

Unter *Vergröberung* finden Sie den Filter *Facette*. Dieser ist in Premiere Elements 2019 neu hinzugekommen.

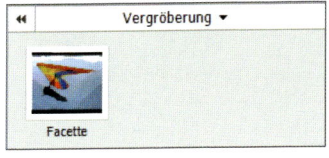

Die Effekt-Kategorie »Verzerrungsfilter«

In der Kategorie *Verzerrungsfilter* finden Sie die folgenden Effektfilter: *Biegen, Eckpunkte verschieben, Linsenverzerrung, Spiegelbild, Wölben, Transformieren, Strudel, Komplexe Wellen*. Die Effektfilter *Spiegelbild* und *Strudel* kennen Sie bereits.

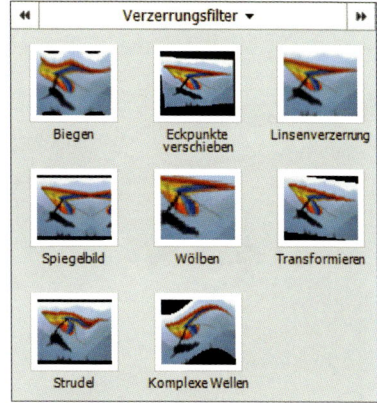

Die Effekt-Kategorie »Videomerge«

In dieser Kategorie finden Sie nur den gleichnamigen Filter *Videomerge*. Dieser steht nur im Expertenmodus zur Verfügung.

Die Effekt-Kategorie »Weich- & Scharfzeichnen«

Hier finden Sie die Effektfilter *Glätten, Schneller Weichzeichner, Gaußscher Weichzeichner, Ghosting* und *Scharfzeichnen*. Den *Gaußschen Weichzeichner* haben Sie bereits kennengelernt.

Die Effekt-Kategorie »Zeit«

In der Kategorie *Zeit* finden Sie die Effektfilter *Echo* und *Zeittrennung*.

7.2 Effekte, die nur im Expertenmodus zur Verfügung stehen

Lassen Sie uns einen Blick auf all die Effekte werfen, die Sie nur im Expertenmodus finden. Auch hier finden Sie wieder sehr einfache Effektfilter, die nur wenige Optionen besitzen, und solche Effekte, die sehr komplex sind.

Anhand eines Beispiels zeige ich Ihnen, was der jeweilige Effekt mit den Vorgabeeinstellungen bewirkt. Bei einigen Effekten mit sehr vielen Optionen und Möglichkeiten erhalten

7. Effekte im Expertenmodus verwenden

Sie weitere Beispiele. Hier sehen Sie das Bild aus meinem Videoclip, das ich als Beispiel verwende, um Ihnen die Wirkung der Effektfilter zu demonstrieren.

Kanalmixer

Filtergruppe: *Erweiterte Anpassungen*

Der Kanalmixer kombiniert den gleichnamigen Effektfilter und den Filter *Beleuchtungseffekte*. Der mit den Vorgabeeinstellungen beider Filter veränderte Clip bekommt einen leichten Rotstich.

Der Kanalmixer kombiniert die Luminanzwerte eines Farbkanals mit dem eines anderen. Jedes Bild in einem Clip setzt sich aus den Farbkanälen Rot, Grün und Blau zusammen. Jeder Punkt im Bild besitzt einen bestimmten Wert für den Farbkanal Rot, einen für Grün und einen für Blau. Diese Farbwerte nennt man Luminanzwerte.

Mit dem Kanalmixer können Sie nun die Luminanzwerte eines Farbkanals zu einem anderen addieren. So können Sie zum Beispiel die Luminanzwerte des grünen Kanals zum roten Farbkanal hinzufügen. Die Farbveränderungen, die Sie mit dem Kanalmixer erreichen, sind mit anderen Werkzeugen und Effekten nicht so leicht machbar.

Sie können mit dem Kanalmixer die Graustufenanteile in einem Prozentwert festlegen und so sehr hochwertige Graustufenclips erzeugen. Auch hochwertige Clips in einem Sepia- oder einem anderen Farbton sind möglich. Der Kanalmixer eignet sich auch sehr gut, um einen Kanal mit einem starken Farbrauschen durch einen anderen Kanal zu ersetzen.

Effekte, die nur im Expertenmodus zur Verfügung stehen

Die Eigenschaften des Clips werden in dem Bedienfeld mit einem Farbkanalpaar ❶ gekennzeichnet. So zum Beispiel Rot-Grün ❷, Rot-Blau, Grün-Rot usw. Bei diesen Bezeichnungen steht immer links der Ausgabekanal und rechts der Eingabekanal. Bei Rot-Grün ist der rote Kanal ❸ der Ausgabekanal und der grüne ❹ der Eingabekanal. Die Luminanzwerte ❺ des grünen Kanals werden hier zum roten hinzugefügt. Mit der Vorgabeeinstellung geschieht hier nichts. Der Regler steht auf *0*. Stattdessen zeigt der rote Kanal einen Luminanzwert von *162*.

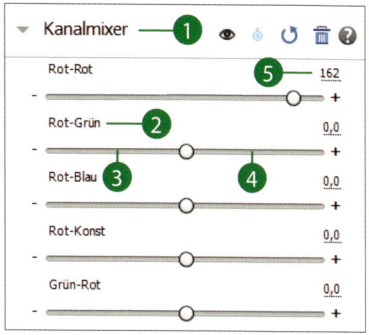

Der Luminanzwert des Ausgabekanals wird in Prozent angegeben. Er kann in einem Bereich von –200 % bis +200 % liegen. Im Beispiel liegt er bei 162 %. Der rote Farbkanal wurde also um 62 % erhöht.

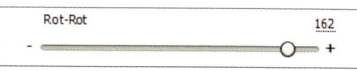

Konst. steht für »Konstanten-Eigenschaft« eines Ausgabekanals. Er legt den grundlegenden Basiswert fest, der zu einem Ausgabekanal addiert wird. Ziehen Sie den Rot-Konstanten-Regler auf 25 ❻, heißt dies, dass 25 % Luminanz zu jedem Bildpunkt im Rot-Ausgabekanal addiert werden. 100 % sind 255. Hier müssen wir ein wenig Prozentrechnung machen. 25 % von 255 sind 63,75. Der Rot-Ausgabekanal wird also auf 318 erhöht.

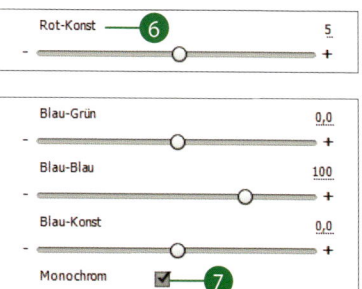

Ganz unten im Kanalmixer finden Sie die Optionsschaltfläche *Monochrom* ❼. Schalten Sie diese an, wird aus Ihrem Clip ein Graustufenclip.

7. | Effekte im Expertenmodus verwenden

Extrahieren

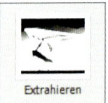

Filtergruppe: *Erweiterte Anpassungen*

Dieser Filter entfernt die Farben aus Ihrem Videoclip und erstellt einen strukturierten Graustufenclip. Mit den beiden Reglern *Tonwertspreizung* ❶, ❷ und dem Regler *Weiche Kante* ❸ können Sie das Ergebnis des Filters beeinflussen. Mit der Optionsschaltfläche *Umkehren* ❹ tauschen Sie die hellen mit den dunklen Farbflächen.

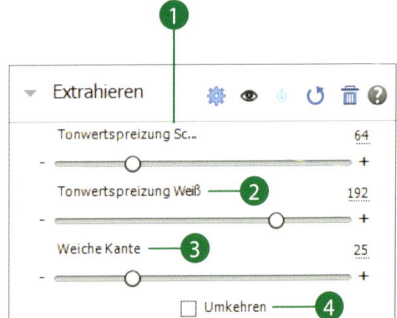

Verwenden Sie den oberen Regler *Tonwertspreizung* ❶, um die hellen Clip-Elemente aufzuhellen oder abzudunkeln. Mit dem unteren gleichnamigen Regler ❷ hellen Sie die dunklen Bildbereiche auf oder dunkeln sie weiter ab.

Weiche Kante ❸ sorgt für selbiges. Mit *Umkehren* ❹ werden helle und dunkle Bildbereiche umgekehrt. Aus hellen Bildbereichen werden dunkle und umgekehrt. Bei dem nächsten Beispielbild habe ich die Option einmal aktiviert.

214

Effekte, die nur im Expertenmodus zur Verfügung stehen

Bildsteuerung

Filtergruppe: *Erweiterte Anpassungen*

Mit diesem Effektfilter stellen Sie bei Ihrem Clip *Helligkeit* ❶, *Kontrast* ❷, *Farbton* ❸ und *Sättigung* ❹ ein. Für jede dieser Eigenschaften steht Ihnen dafür ein Schieberegler zur Verfügung. Mit den Vorgabeeinstellungen des Effekts wird Ihr Clip nicht verändert.

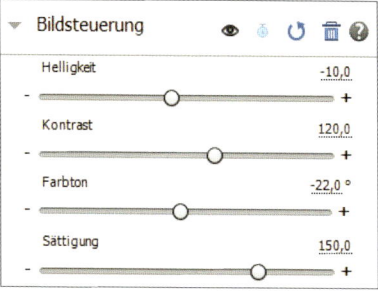

Der Name des Effektfilters ist abgeleitet von den Steuerungselementen eines Bildstabilisators in Videohardware.

In meinem Beispielclip habe ich die *Helligkeit* auf einen Wert von *-10,0* gestellt. Den Regler *Kontrast* habe ich auf *120* geschoben und die *Sättigung* auf *150* gestellt. Den *Farbton* habe ich auf *-22,0* verändert. Das Ergebnis ist ein farbstarker, kontrastreicher und sehr schöner Videoclip.

7. Effekte im Expertenmodus verwenden

Malen animieren

Filtergruppe: *Generieren*

Dieser Effektfilter bringt einen Farbpunkt in Ihren Clip. Über die Einstellungen legen Sie die Position ❶ des Farbpunktes fest und bestimmen seine Farbe. Sie können über den Farbauswahldialog eine Farbe auswählen ❷ oder mit der Pipette ❸ eine Farbe aus dem Bild Ihres Clips herauswählen. Über die Einstellungen des Effekts bestimmen Sie *Breite* ❹, *Härte* ❺, *Deckkraft* ❻, *Länge* ❼ und *Abstand* ❽ des Farbpunktes. Die letzten beiden Eigenschaften bestimmen die Anzeigezeit des Zeicheneffekts. Während der Animation können Sie Farbe und Pinseltyp ändern. Beides wählen Sie über die unteren Listenfelder. Im Listenfeld *Änderung in der Zeit: Farbe* ❾ können Sie zwischen *Ohne*, *Farbe* und *Deckkraft* auswählen. Im Listenfeld *Änderung in der Zeit: Pinsel* ❿ wählen Sie zwischen *Ohne*, *Breite*, *Härte* und *Breite und Härte*. Im unteren Listenfeld wählen Sie einen *Malstil* ⓫. Hier stehen die Optionen *Auf Originalbild*, *Transparent* und *Originalbild anzeigen* zur Auswahl.

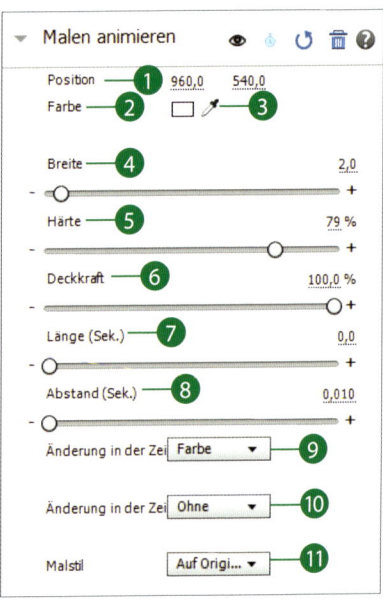

In meinem Beispiel ist der Farbpunkt zunächst nicht zu sehen. Mit der Pipette ⓬ wähle ich eine blaue Farbe aus dem Bild. Die *Breite* ⓭ erhöhe ich auf den Wert *30*. Die *Härte* ⓮ stelle ich auf *74%* ein. Die *Deckkraft* ⓯ lasse ich auf dem Wert *100%* stehen. Die *Länge* ⓰ stelle ich auf *140 Sekunden* ein, und den Regler *Abstand* ⓱ setze ich auf *80,000 Sekunden*. Die Listenfelder unter den Reglern lasse ich unverändert. Nun ist ein blauer Farbpunkt im Video sichtbar.

Ändern Sie den *Malstil* auf *Originalbild*, sehen Sie das Bild durch den Punkt, so als würden Sie durch ein Schlüsselloch schauen.

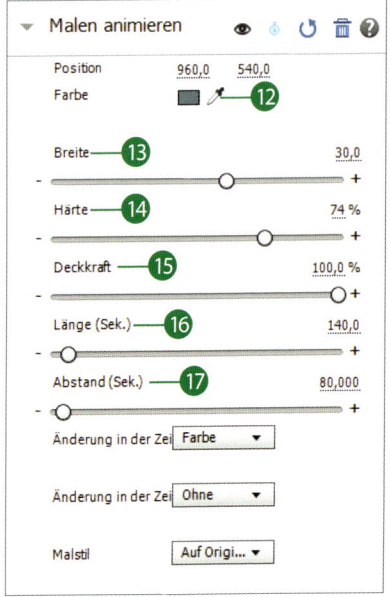

216

Alpha-Anpassung

Filtergruppe: *Keying*

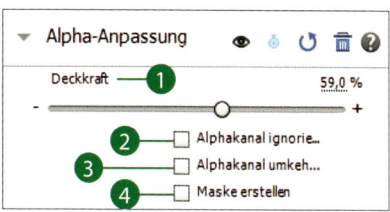

Mit diesem Effektfilter bearbeiten Sie den Alphakanal Ihres Clips. Über einen Schieberegler stellen Sie die *Deckkraft* ❶ ein. So bestimmen Sie die Transparenz der Bilder Ihres Clips. Bei diesem Effekt stehen Ihnen zusätzlich die Optionen *Alphakanal ignorieren* ❷, *Alphakanal umkehren* ❸ und *Maske erstellen* ❹ zur Verfügung.

Lassen Sie die genannten Optionen ausgeschaltet, um den Clip mit dem Alphakanal sichtbar zu machen. Mit *Alphakanal ignorieren* sehen Sie nur den Clip und nicht den Inhalt des Alphakanals. *Alphakanal umkehren* zeigt den Inhalt des Alphakanals über dem Clip. Hierbei sind die dunklen und die hellen Bildelemente vertauscht. Das heißt, aus dunklen Elementen werden helle und umgekehrt. Mit *Maske erstellen* wird nur der Alphakanal gezeigt.

Differenzmaske

Filtergruppe: *Keying*

Der Filter erstellt Transparenzen. Dazu vergleicht er den Clip mit einem zweiten Clip, dem sogenannten Differenzclip. Bildpunkte des Originalclips, deren Farbe und Lage anderen Bildpunkten im Differenzclip gleichen, werden transparent gemacht.

Mit diesem Filter können Sie zum Beispiel einen nicht beweglichen Hintergrund aus einem Clip herausnehmen und ihn durch einen anderen ersetzen. Das ist dann sehr gut möglich, wenn der Videoclip mit einer auf einem Stativ aufgesetzten Kamera aufgenommen wurde.

Ansicht ❶ bestimmt, ob Sie die Ausgabe des Effekts sehen. Sie können sich hier mit *Nur Quelle* auch nur den Eingabeclip ansehen oder das Bild des Differenzclips (*Matte*). Den Vergleichsclip geben Sie in den Einstellungen des Filters mit *Differenzebene* ❷ an. *Toleranz* ❸ legt fest, wie gleich die Bildpunkte sein können, die verglichen und für die Erstellung der Transparenz verwendet werden. *Glätten* ❹ verbessert die Bildqualität mit einem Weichzeichner. Alternativ können Sie auch den Regler *Vor Vergleich weichzeichnen* ❺ verwenden, der die Bildqualität vor dem Vergleich und dem Erstellen der Transparenz verbessert.

7. Effekte im Expertenmodus verwenden

8-Punkt-Korrekturmaske

Filtergruppe: *Keying*

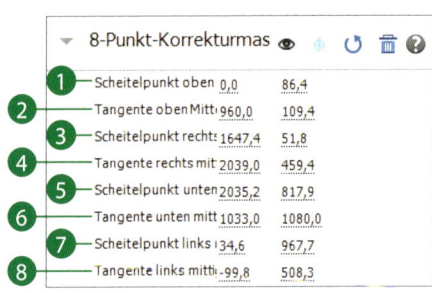

Dieser Effektfilter erstellt eine Maske, die durch acht Punkte definiert wird. Stellen Sie sich eine geometrische Figur vor, die genau acht Eckpunkte besitzt. Und so finden Sie auch in den Einstellungen des Filters acht Positionspunkte. Auf einem gedachten x/y-Diagramm gibt jede Zahlenkombination einen der Eckpunkte an. Ein Eckpunkt wird immer durch zwei Zahlen definiert. Die acht Punkte dieser Maske heißen *Scheitelpunkt oben links* ❶, *Tangente oben Mitte* ❷, *Scheitelpunkt rechts oben* ❸, *Tangente rechts mittig* ❹, *Scheitelpunkt unten rechts* ❺, *Tangente unten mittig* ❻, *Scheitelpunkt links unten* ❼ und *Tangente links mittig* ❽.

Die vorgegebenen Zahlenwerte (eigentlich Maskeneckpunkte oder Koordinaten) zeigen sehr schön, wie die Punkte verteilt sind, wo sie liegen und welches Ergebnis sie bewirken.

Es ist natürlich schwierig, ein Objekt mit acht Punkten in einem gedachten Diagramm genau zu umschließen. Sie müssten die acht Punkte durch Aus- 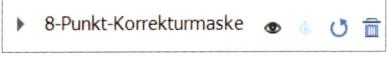 probieren herausbekommen. Natürlich geht das auch einfacher. Klicken Sie im Bedienfeld *Zugewiesene Effekte* auf die Überschrift des Filters *8-Punkt-Korrektur*. Sie sehen nun im Vorschaubild die Punkte des Filters. Jeder wird mit einem Anfasser markiert. Setzen Sie die Maus auf einen der Punkte. Drücken Sie die linke Maustaste. Halten Sie die Taste gedrückt. Ziehen Sie den Punkt nun an die gewünschte Position. Wiederholen Sie dies mit den anderen Punkten des Effektfilters.

Effekte, die nur im Expertenmodus zur Verfügung stehen

4-Punkt-Korrekturmaske

Filtergruppe: *Keying*

Dieser Filter arbeitet nach einem ähnlichen Prinzip wie der zuvor vorgestellte.

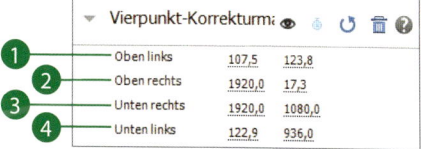

Anhand von Positionsangaben, die aus einem Zahlenpaar bestehen, wird eine Maske erstellt. Jedes Zahlenpaar legt einen Eckpunkt auf einer gedachten x/y-Koordinate fest.

Wie der Name des Filters bereits erahnen lässt, wird hier eine Maske mithilfe von vier Punkten erstellt. Diese heißen bei diesem Filter *Oben links* ❶, *Oben rechts* ❷, *Unten rechts* ❸ und *Unten links* ❹. Auch hier lassen sich sehr schön die Positionen der Maskenpunkte mit der Maus korrigieren.

Bildmaske-Key

Filtergruppe: *Keying*

Dieser Filter erstellt eine Maske auf der Basis des aktuellen Videobildes. Über die Setup-Schaltfläche (Zahnradsymbol in der Kopfzeile des Effektes) wählen Sie eine Bilddatei aus. Aufgrund deren Transparenz oder Helligkeitswerten wird die Maske erstellt. Verwenden Sie ein Graustufenbild als Maske. So erreichen Sie sehr gute Ergebnisse.

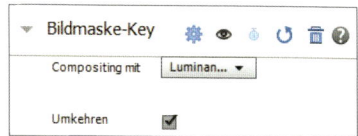

Greifen Sie stattdessen zu einem farbigen Bild, werden entsprechende Farbinhalte aus dem Clip entfernt. Sie benötigen für diesen Filter eine Bilddatei, die Sie als Maske verwenden. Sie benötigen den Videoclip sowie zusätzlich einen zweiten Videoclip. Durch die Anwendung der Maske wird im Videoclip auf dem festgelegten Bereich der darunterliegende Clip sichtbar. So können Sie zum Beispiel ein Gesicht einblenden. Ich komme in Kapitel 8 »Mit Masken arbeiten« darauf zurück.

Luminanz-Key

Filtergruppe: *Keying*

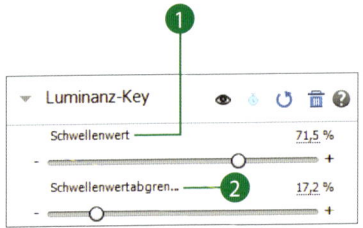

Dieser Effekt ermöglicht das Verteilen einer bestimmten Luminanz oder Helligkeit auf einer Ebene. So können Sie eine Maske von einem Objekt erstellen, das sich vom Hintergrund abhebt. Mit dem Schwellenwert bestimmen Sie den Bereich, der transparent wird. Je höher der *Schwellenwert* ❶ ist, umso umfangreicher wird der Bereich mit Transparenz. Mit der *Schwellenwertabgrenzung* ❷ legen Sie die Deckung der nicht transparenten Bereiche fest. Wenn Sie den *Schwellenwert* auf einen sehr geringen Wert und die *Schwellenwertabgrenzung* auf einen hohen Wert setzen, werden helle Bereiche gut sichtbar.

Non-Red-Key

Filtergruppe: *Keying*

Dieser Effektfilter erstellt Transparenz mithilfe von grünen und blauen Hintergründen. Adobe Premiere Elements bietet Ihnen neben dem *Non-Red-Key* auch den *Blue Screen-* und *Green Screen-Key*.

Den *Non-Red-Key* können Sie nutzen, um grüne Szenenhintergründe herauszufiltern und das Angleichen zweier Clips einzurichten. Den *Non-Red-Key* verwenden Sie ebenso, wenn der *Blue Screen-* und der *Green Screen-Key* keine zufriedenstellenden Ergebnisse liefern.

Mit dem Regler *Schwellenwert* ❶ bestimmen Sie die Blau- und Grünanteile, die die transparenten Bestandteile des Clips festlegen.

Die *Schwellenwertabgrenzung* ❷ bestimmt die Deckung der nicht transparenten Inhalte.

Mit *Kanten weichzeichnen* ❸ werden Reste grüne oder blaue Hintergründe. In diesem Listenfeld können Sie zwischen *Ohne*, *Grün* und *Blau* wählen.

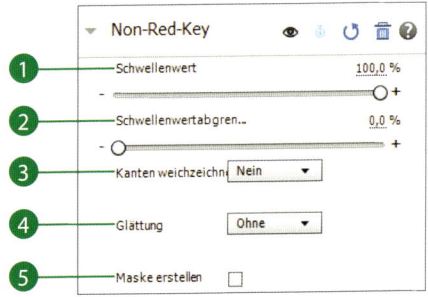

Effekte, die nur im Expertenmodus zur Verfügung stehen

Mit *Glättung* ❹ werden die Ränder zwischen transparenten und nicht transparenten Abschnitten gestaltet. Mit *Ohne* wird keine Glättung erstellt. Möglich sind auch *Wenig* und *Stark*.

Mit *Maske erstellen* ❺ wird nur der Alphakanal des Videoclips angezeigt.

Entfernen-Maske

Filtergruppe: *Keying*

Dieser Effektfilter entfernt Farbausfransungen aus Clips, die mit einer Farbe vormultipliziert sind. Verwenden Sie die Entfernen-Maske, wenn Alphakanäle und Füllinhalte aus externen Dateien verwendet werden.

Bei einem sehr hohen Kontrast zwischen der Farbe des Bildes und der Hintergrund- sowie Maskenfarbe entstehen sogenannte Lichthöfe. Mit der *Entfernen-Maske* können Sie diese aus dem Clip entfernen. Im Listenfeld *Maskentyp* ❶ wählen Sie die Farbe aus, die der Farbe der Maske entspricht. Sie können zwischen *Schwarz* und *Weiß* wählen.

16-Punkt-Korrekturmaske

Filtergruppe: *Keying*

Mit diesem Effektfilter wird eine aus 16 Punkten bestehende Korrekturmaske erstellt. Jeder Punkt dieser Maske wird mit einem Zahlenpaar definiert. Mit 16 Punkten können Sie natürlich ein Objekt etwas genauer markieren als mit 8 oder 4 Punkten. Auch hier empfiehlt es sich, die Punkte der Maske mit der Maus zu verschieben.

7. Effekte im Expertenmodus verwenden

Spurmaske-Key

Filtergruppe: *Keying*

Dieser Effektfilter ermöglicht die Anzeige eines Clips durch einen anderen hindurch. Es werden ein Hintergrundclip und ein Überlagerungsclip gewählt.

Zusätzlich wird eine dritte Datei als Maske verwendet. Mit ihr werden im Überlagerungsclip die transparenten Bereiche erzeugt. Sie brauchen hier also zwei Clips und die Maske. Der Filter verfügt über die folgenden Optionen:

Mit *Hintergrund* ❶ wird die Maske ausgewählt. Wählen Sie hier *Video 2* oder *Video 3* für das Video auf der entsprechenden Spur. Mit *Compositing mit* ❷ entscheiden Sie sich zwischen *Alphamaske* oder *Luminanzmaske*. *Umkehren* ❸ dreht die Reihenfolge der beiden Clips um (Hintergrund- und Vordergrundclip).

RGB-Differenz-Key

Filtergruppe: *Keying*

Dieser Filter ist eine vereinfachte Version des Filters *Chroma-Key*. Sie können mit diesem Effekt einen Bereich für die Zielfarbe auswählen. Sie können jedoch nicht das Bild mit der Wirkung des Effekts mischen, und auch das Anpassen der Transparenz bei Grautönen ist hier nicht möglich. Sie können diesen Filter für einen Rohschnitt verwenden, bei dem Sie keine Feinabstimmung der Farben im Bild benötigen. Auch bei sehr hell ausgeleuchteten Szenen ohne Schattenwurf kommt der *RGB-Differenz-Key* zum Einsatz.

Mit *Farbe* wird die Farbe des Videos bestimmt, das durch die Maske transparent wird. *Glättung* legt die Glättung zwischen transparenten und deckenden Bildabschnitten fest. Ohne Glättung erhalten Sie sehr scharfe Ränder. Das ist besonders bei Titelbildern, dem Abspann und anderen Szenen mit Texteinblendung sinnvoll. Mit *Maske erstellen* wird nur der Alphakanal angezeigt. Schwarz steht dabei für transparente Bereiche, Weiß für nicht transparente Bereiche und Grau für die Bildbereiche, die nur zu einem Teil transparent sind. Mit *Schlagschatten* wird ein Schatteneffekt hinzugefügt.

Blue Screen-Key

Filtergruppe: *Keying*

Mit diesem Filtereffekt werden alle Bildpunkte, die einem Bluescreen nahekommen, transparent gemacht. So können Sie einen blauen Hintergrund durch einen anderen ersetzen. Das funktioniert wie bei einem Film. Nehmen Sie ein Video vor einem blauen Hintergrund auf. Erstellen Sie ein zweites Video mit einer Landschaftsaufnahme. Mit dem *Blue Screen-Key* tauschen Sie nun den blauen Hintergrund mit der Landschaftsaufnahme. Wichtig ist: Der vor dem blauen Hintergrund aufgenommene Akteur darf keine Kleidung tragen, die dem Hintergrund gleicht. Ansonsten wird auch diese mit den Landschaftsmotiven des zweiten Films ersetzt.

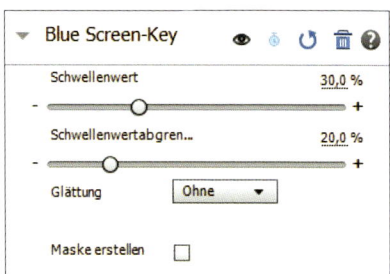

In den Einstellungen des Filters legen Sie mit je einem Schieberegler den *Schwellenwert* des Effekts und die *Schwellenwertabgrenzung* fest. Der *Schwellenwert* regelt die Anteile der Farbe Blau, mit dem die transparenten Bereiche des Videoclips bestimmt werden. Die *Schwellenwertabgrenzung* bestimmt die Deckung der nicht transparenten Bildpunkte im Clip. Über ein Listenfeld wählen Sie eine *Glättung*. In der Vorgabeeinstellung wird diese Option nicht verwendet. Die *Glättung* bestimmt die Anpassung (eben die »Glättung«) der Bereiche, die zwischen transparenten und nicht transparenten Bildpunkten liegen. Sie können hiermit für abgrenzende Ränder oder einen sanften Übergang sorgen. Wählen Sie dazu über das Listenfeld *Wenig* oder *Stark*, je nachdem, welche Einstellung Sie bevorzugen. Nutzen Sie die Option *Maske erstellen*, um die transparenten Bildpunkte anzuzeigen. So können Sie sehr gut den *Schwellenwert* einstellen und den Effekt anpassen. Mit *Maske erstellen* werden auch die deckenden Bildpunkte, die Sie mit der *Schwellenwertabgrenzung* bestimmen, sichtbar.

Chroma-Key

Filtergruppe: *Keying*

Auch dieser Filter tauscht den Inhalt von Bildpunkten durch eine Transparenz aus. Hier wird jedoch eine bestimmte Farbe aus dem Clip herausgefiltert und durch Transparenz ersetzt. Platzieren Sie anschließend einen zweiten Clip auf der zweiten Videospur, um seinen Inhalt an den transparenten Stellen zu sehen. Welche Farbe ausgetauscht wird, bestimmen Sie mit dem gleichnamigen Auswahlfeld. Ver-

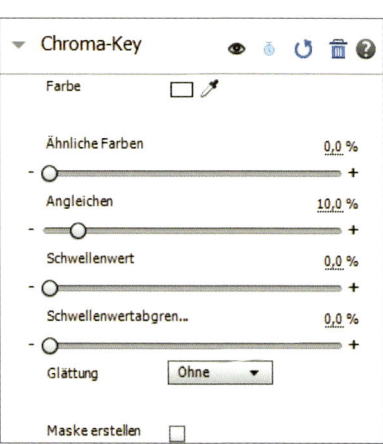

7. Effekte im Expertenmodus verwenden

wenden Sie die Pipette, um die gewünschte Farbe im Bild auszuwählen. Mit *Ähnliche Farben* können Sie festlegen, dass entweder nur ganz haargenau die gewählte Farbe oder auch Bildpunkte mit einer ähnlichen Farbe transparent werden. *Angleichen* passt den entfernten Clip an den Clip auf der zweiten Videospur an. Alle anderen Schieberegler und Optionen entsprechen dem *Blue Screen-Key*.

Green Screen-Key

Filtergruppe: *Keying*

Dieser Filter gleicht dem *Blue Screen-Key*, nur dass hier ein grüner Hintergrund transparent gemacht wird.

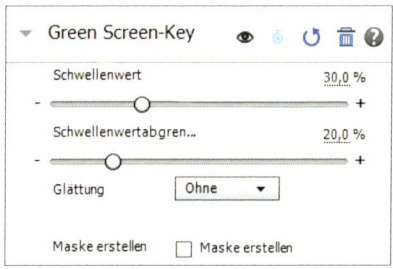

Aktive Kamera

Filtergruppe: *NewBlue – Grafikeffekt-Elemente*

Dieser Effektfilter simuliert eine bewegte Kamera. Er kann jede Form einer Kamerabewegung simulieren. So eine handbewegte Kamera, die Bewegung der Kamera auf einer Schiene (Kamerawagen) oder eine pressluftartige stark ruckelnde Bewegung.

Im Bedienfeld des Filters tragen Sie unter *Horizontal* ❶ und *Vertikal* ❷ die Bewegung der Kamera in der jeweiligen Richtung ein, also in der horizontalen oder vertikalen Achse.

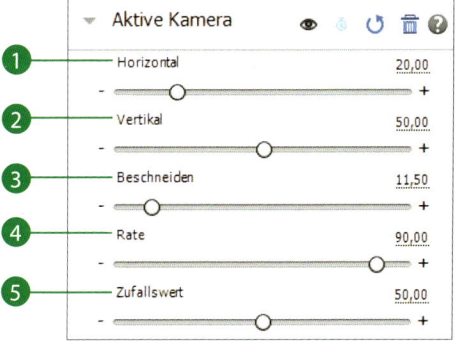

Mit *Beschneiden* ❸ wird das Bild vergrößert und so angepasst, dass es bei der simulierten Bewegung der Kamera keine unschönen Kanten am Rand gibt.

Der Regler *Rate* ❹ bestimmt die Geschwindigkeit, mit der sich die Kamera bewegt. *Zufallswert* ❺ ist ein zusätzlicher Wert, der für die Simulation der Kamerabewegung und des »Zitterns« der Kamera bei dieser Bewegung verwendet wird.

Einfärben

Filtergruppe: *NewBlue – Grafikeffekt-Elemente*

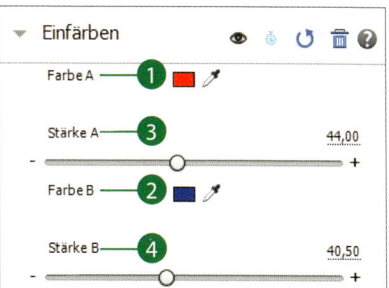

Wie der Name des Effektfilters bereits verrät, wird damit der Clip eingefärbt. Sie bestimmen in den Einstellungen des Effekts eine *Farbe A* ❶ und eine *Farbe B* ❷. Die beiden so gewählten Farben dominieren im Clip. Mit den beiden Schiebereglern *Stärke A* ❸ und *Stärke B* ❹ bestimmen Sie ihre Stärke.

Erdbeben

Filtergruppe: *NewBlue – Grafikeffekt-Elemente*

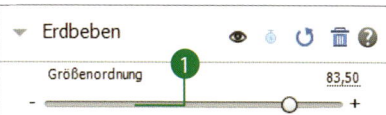

Mit diesem Effekt wird ein Erdbeben simuliert. Das Bild Ihres Videoclips bewegt sich so wie bei einem tatsächlichen Erdbeben. Es entsteht eine chaotische Bewegung, die aus Bewegung, Drehung und Zerrung besteht. Dessen Stärke bestimmen Sie mit dem Regler *Größenordnung* ❶.

7. Effekte im Expertenmodus verwenden

Liniengrafik

Filtergruppe: *NewBlue – Grafikeffekt-Elemente*

Wie der Name bereits vermuten lässt, verwandelt dieser Effektfilter Ihren Clip in einen aus Liniengrafiken bestehenden Videoclip. Das Ergebnis des Effekts sieht sehr schön und kreativ aus.

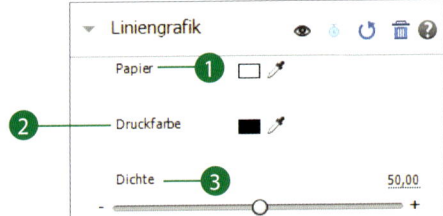

Über das Bedienfeld mit den Optionen des Filtereffekts geben Sie die *Farbe* des Papiers ❶, die Farbe der Linienzeichnung (*Druckfarbe*) ❷ und die *Dichte* der Zeichenelemente ❸ an.

Pastellskizze

Filtergruppe: *NewBlue – Grafikeffekt-Elemente*

Dieser Effektfilter erstellt aus den Bildern Ihres Clips Pastellskizzen.

Mit den beiden Optionen geben Sie die *Dichte* ❶ der Zeichnung an. Je höher der Wert ist, umso mehr Linien enthält Ihre Zeichnung. Mit *Angleichen* ❷ legen Sie fest, wie stark die Originalbilder mit dem Ergebnis des Effekts vermischt werden.

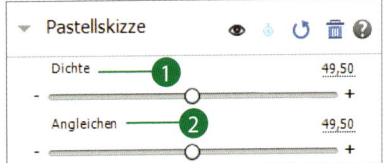

Verbiegungsenergie

Filtergruppe: *NewBlue – Grafikeffekt-Elemente*

Hiermit fügen Sie Ihrem Clip einen Verbiegungseffekt hinzu. Wie dieser ausschaut, legen Sie in den Optionen des Effekts fest.

Legen Sie die horizontale ❶ und die vertikale ❷ Verbiegung fest.

Bestimmen Sie mit dem Regler *Winkel* ❸ selbigen.

Das Zahlenpaar *Zentriert* ❹ legt fest, wo sich der Mittelpunkt des Effekts befindet.

Mit *Angleichen* ❺ entscheiden Sie, inwieweit der Effekt mit dem Originalbild vermischt wird.

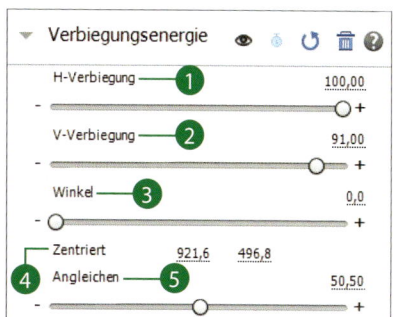

3D-Effekte

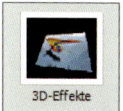

Filtergruppe: *Perspektive*

Mit diesem Effekt wird der Clip auf einer gedachten Leinwand gedreht und gekippt. Mit den Werten *Drehen* ❶ und *Kippen* ❷ bestimmen Sie, wie stark dieser Effekt ist. *Entfernung zum Bild* ❸ bestimmt die Entfernung des Clips vom Auge des Betrachters. Mit *Glanzlicht* ❹ fügen Sie dem Bild eine starke

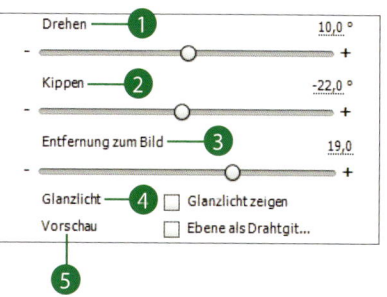

227

7. Effekte im Expertenmodus verwenden

Lichtquelle hinzu. Mit *Vorschau* ❺ wird ein Drahtgittermodell gezeichnet. Es zeigt die genaue Größe, Position und Drehung des Clips.

Alphakanal abschrägen

Filtergruppe: *Perspektive*

Dieser Effektfilter erstellt eine abgeschrägte Kante zu den Alpharändern des Clips. Dadurch kann eine 3D-Optik entstehen. Zusätzlich wird der Effektfilter *Beleuchtungseffekt* verwendet. Mit ihm fügen Sie eine Lichtquelle hinzu. Die Farbe der Lichtquelle und die Farbe des Umgebungslichtes verstärken den 3D-Effekt.

Die Form der Kanten können Sie mit den Optionen des Effekts gestalten. Die *Kantenbreite* ❶ legen Sie über einen Regler fest. Dazu erstellen Sie einen Lichteffekt. In der Vorgabeeinstellung wird ein weißes Licht mit einer Intensität von *1,00* erstellt. Dieses fällt in einem Winkel von *–60,0* Grad ein. *Lichteinfallswinkel* ❷, *Lichtfarbe* ❸ und *Lichter-Intensität* ❹ können Sie bei Bedarf anpassen.

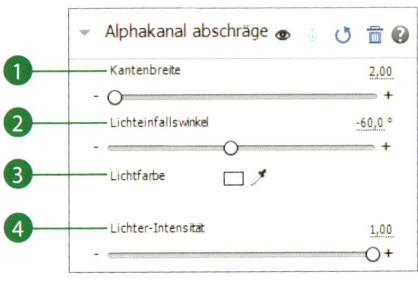

Um den Effekt etwas besser zeigen zu können, habe ich die verschiedenen Optionen verändert.

Verändern Sie die *Kantenbreite* auf einen Wert von *50,0* ❺. Den *Lichteinfallswinkel* belassen Sie bei *–60,0* Grad ❻. Als *Lichtfarbe* wählen Sie Gelb ❼. Die *Lichter-Intensität* verringern Sie auf einen Wert von *0,50* ❽.

Die entstandene Kante ist nun sehr schön im Bild zu sehen. Der dreidimensionale Effekt wird gut sichtbar.

Effekte, die nur im Expertenmodus zur Verfügung stehen

Der gelbe Rand oben und links kommt von dem festgelegten Licht (*Lichtfarbe*).

Rechts und unten wird der Rand blau dargestellt. Diese farbliche Gestaltung wird durch den Effektfilter *Beleuchtungseffekte* hervorgerufen.

Hier ist ein Strahler mit blauem Licht eingetragen. Das könnte man noch anpassen und eine ebenfalls gelbfarbene Lichtquelle verwenden.

Kanten abschrägen

Filtergruppe: *Perspektive*

Auch dieser Effekt erstellt einen dreidimensionalen Rahmen um die Einzelbilder Ihres Videoclips. Die so erstellte Kante wirkt etwas ruppiger als die, die Sie mit dem Effekt *Alphakanal abschrägen* erstellen. Ein weiterer Unterschied ist, dass hier der Effektfilter *Beleuchtungseffekt* nicht zusätzlich verwendet wird.

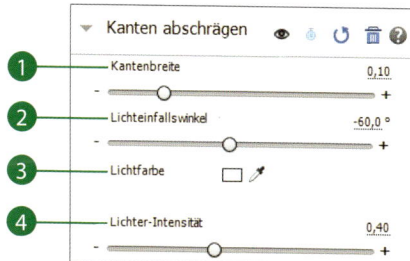

Der Einstellungsdialog von *Kanten abschrägen* gleicht dem von *Alphakanal abschrägen*. Auch hier finden Sie die Regler *Kantenbreite* ❶, *Lichteinfallswinkel* ❷ und *Lichter-Intensität* ❹ und die Auswahl der *Lichtfarbe* ❸. Bereits mit der vorgegebenen Einstellung des Effektfilters ist die dreidimensionale Wirkung sehr schön zu sehen.

229

7. Effekte im Expertenmodus verwenden

Schlagschatten

Filtergruppe: *Perspektive*

Wie der Name des Filters bereits verrät, wird damit ein Schatten erstellt. Dieser befindet sich hinter dem Clip. Der Effekt wird außerhalb der Grenzen des Clips erstellt. Für den Schatteneffekt wird ein Alphakanal angelegt. Nutzen Sie am besten Ausgangsbilder aus 32-Bit-Zeichenprogrammen oder 3D-Rendering-Anwendungen, die einen Alphakanal unterstützen.

In den Einstellungen dieses Effektfilters geben Sie die Farbe des Schattens ❶ an, wählen die *Deckkraft* ❷ des Effekts und die *Richtung* ❸ des Schattens.

Mit *Abstand* legen Sie den Abstand ❹ zwischen dem Schatten und dem Bild des Videoclips fest.

Der Regler *Weiche Kante* ❺ lässt den Schatten weniger kantig wirken. Schalten Sie die Option *Nur Schatten* ❻ ein, wenn Sie das Bild Ihres Videoclips ausblenden und nur den Schatteneffekt sehen wollen.

Da der Effekt hinter dem Clip und außerhalb des Randes liegt, ist er so nicht gleich zu sehen. Kombinieren Sie ihn mit einem anderen Effektfilter. Wenden Sie *Schlagschatten* zuletzt an.

Verlauf

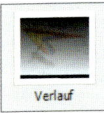

Filtergruppe: *Rendern*

Verlauf erstellt einen Farbverlauf. In den Optionen des Effektfilters bestimmen Sie mit *Verlaufsanfang* ❶ den Beginn des Verlaufs. Sie legen die *Anfangsfarbe* fest ❷ und geben an, wo der Verlauf enden soll ❸ (*Verlaufsende*). Hier bestimmen Sie die Farbe am Ende des Verlaufs ❹ (*Endfarbe*). Adobe Premiere Elements erstellt anschließend einen Verlauf, der von Farbe A zu Farbe B führt. Die Gestaltung und

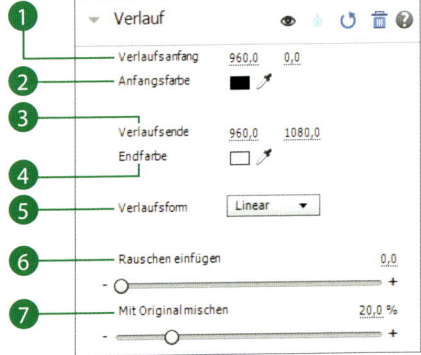

Effekte, die nur im Expertenmodus zur Verfügung stehen

optische Wirkung können Sie mit *Verlaufsform* ❺ anpassen. Vorgegeben ist ein linearer Farbverlauf, der von der Farbe Schwarz zu Weiß führt. Möglich ist auch ein kreisförmiger Farbverlauf. Mit einem Schieberegler können Sie ein *Rauschen einfügen* ❻. Die Option *Mit Original mischen* ❼ bestimmt, inwieweit der Farbverlauf mit dem Originalbild vermischt wird. In der Vorgabeeinstellung wird hier *20 %* verwendet.

Mit den vorgegebenen Einstellungen wird ein von Schwarz zu Weiß gehender Farbverlauf erstellt. Er reicht von oben nach unten. Die Bilder des Videoclips wirken mit dieser Einstellung wie hinter einer dicken, etwas dreckigen Milchglasscheibe verborgen.

Mit einem Farbverlauf können Sie auch eine sehr schöne Stimmung erzeugen. In dem folgenden Beispiel habe ich den kreisförmigen Farbverlauf gewählt. Der Verlauf wandert von Weiß zu Grün. *Mit Original mischen* habe ich auf 60 % gestellt.

Alpha-Glühen

Filtergruppe: *Stilisieren*

An den Rändern eines maskierten Alphakanals wird mit diesem Effektfilter Farbe hinzugefügt. Mit den Reglern *Glühen* ❶ und *Helligkeit* ❷ legen Sie die Stärke des Effekts fest. Bestimmen Sie eine *Anfangsfarbe* ❸ sowie eine *Endfarbe* ❹. *Endfarbe verwenden* ❺ tut Selbiges. Auch hier wird wieder der Effektfilter *Beleuchtungseffekte* hinzugefügt.

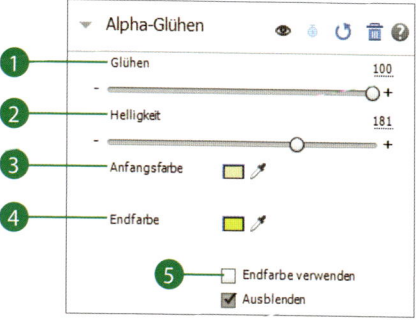

7. Effekte im Expertenmodus verwenden

Farbrelief

Farbrelief

Filtergruppe: *Stilisieren*

Der Effektfilter *Farbrelief* macht aus den Einzelbildern Ihres Videoclips schön anzusehende Reliefbilder. Aufgrund der Struktur wirken diese dreidimensional. Über den Einstellungsdialog des Filters legen Sie *Richtung* ❶, *Stärke* ❷ und *Kontrast* ❸ des Effekts fest. Und Sie bestimmen, wie stark das Ergebnis des Filters mit dem Original gemischt wird ❹.

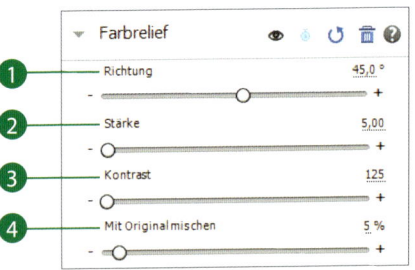

Erhöhen Sie die Stärke zu sehr, wird das Bild verschoben. So sieht man aber auch sehr schön, wie der eigentliche Effekt entsteht, nämlich indem das Originalbild vervielfältigt wird und drei Einzelbilder mit farblichen Veränderungen leicht versetzt zueinander übereinander platziert werden. Ein zu hoher Kontrast bewirkt eine unschöne Farbverfälschung, die beinahe wie ein futuristischer Rausch wirkt.

Relief

Relief

Filtergruppe: *Stilisieren*

Dieser Filter ähnelt sehr dem vorangegangenen. Nur wird hier ein einfaches, nicht so farbstarkes Relief aus den Bildern Ihres Videoclips erzeugt. Auch hier gibt es einen Regler für die *Richtung* des Reliefeffekts ❶, dessen *Stärke* ❷ und den *Kontrast* ❸. Und Sie können mit einem weiteren Regler bestimmen, wie stark der Effekt mit dem Originalbild vermischt wird ❹.

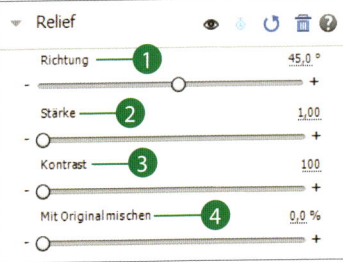

Effekte, die nur im Expertenmodus zur Verfügung stehen

Konturen finden

Filtergruppe: *Stilisieren*

Mit diesem Filtereffekt werden die Konturen der Bilder Ihres Videoclips nachgezogen. Über eine Optionsschaltfläche können Sie die Wirkung des Effekts *Umkehren* ❶. Über einen Schieberegler bestimmen Sie, wie stark das Ergebnis des Filters mit dem Originalbild gemischt wird ❷.

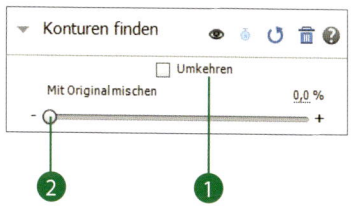

Solarisation

Filtergruppe: *Stilisieren*

Dieser Filter erstellt ein Negativ- und ein Positivbild des Clips. Beide werden übereinandergelegt und überblendet. Inwieweit dies geschieht, wird mit dem Schieberegler *Schwellenwert* ❶ eingestellt. Weitere Einstellungen besitzt der Effekt nicht.

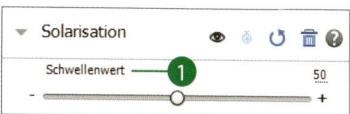

233

7. Effekte im Expertenmodus verwenden

Stroboskop

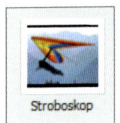

Filtergruppe: *Stilisieren*

Dieser Effektfilter erstellt einen Stroboskop-Effekt. Über den Clip verteilt blenden Lichtblitze auf. Über die Einstellungen des Effektfilters bestimmen Sie die Farbe des Lichteffekts ❶ und legen fest, wie stark der Stroboskop-Effekt mit dem Originalbild gemischt wird ❷. Sie bestimmen die *Dauer* ❸ und das *Intervall* ❹ des Blitzeffekts. Ein Wert von 1,00 steht hier für eine Sekunde. Der Effekt wird durch zwei *Zufallsparameter* ❺, ❽ berechnet. Der erste *Zufallsparameter* bestimmt, ob der Effekt auf die Frames des Clips angewandt wird. Mit diesem Wert wird der Effekt wie zufällig auf die Frames angewandt. Der zweite *Zufallsparameter* bestimmt die Anwendung auf die Frames des Clips. Er »sortiert« den Effekt und weist ihm einen beliebigen Frame zu. Über ein Listenfeld bestimmen Sie, ob die *Wirkung* nur auf die Farbkanäle angewandt wird ❻. Alternativ können Sie hier *Ebene wird transparent* wählen. Der Effekt wird durch einen *Operator* ❼ berechnet. Vorgegeben ist hier *Kopieren*. Der *Operator* kommt zur Anwendung, wenn im Feld *Wirkung* die Option *Nur auf Farbkanäle* gewählt ist. Sie können hier ganz unterschiedliche mathematische Operatoren wählen.

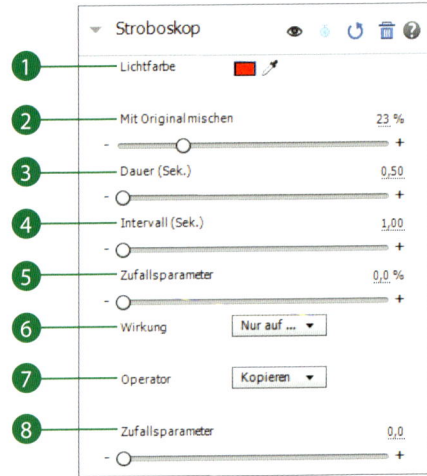

Struktur

Filtergruppe: *Stilisieren*

Mit diesem Effekt wird ein Clip mit einer Struktur versehen. Die Struktur wird aus den Bildern eines anderen Videoclips übernommen. Das zu verwendende Video wird über das Listenfeld *Strukturebene* ❶ gewählt.

Mit zwei Schiebereglern legen Sie den *Lichteinfall* ❷ und den *Kontrast* ❸ fest. Mit *Platzierung* ❹ bestimmen Sie, wie der Effekt angewandt wird. Vorgegeben ist *Struktur auf Ebenengröße*. Alternativ wählen Sie *Struktur wiederholen* oder *Struktur zentrieren*.

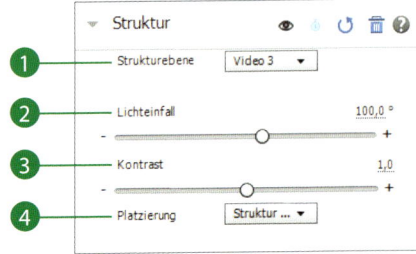

Beschneiden

Filtergruppe: *Transformieren*

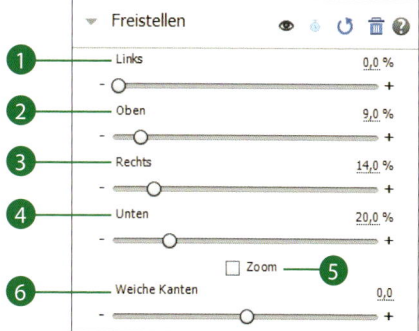

Mit diesem Filtereffekt wird ein Clip beschnitten. Mit den Reglern *Links* ❶, *Oben* ❷, *Rechts* ❸ und *Unten* ❹ bestimmen Sie, wie viel vom Rand des Clips abgetrennt wird. Mit der Option *Zoom* ❺ vergrößern Sie den Bildausschnitt auf die Größe, die er vor dem Beschneiden gehabt hat. *Weiche Kanten* ❻ sorgt für eine optische Verbesserung der Schnittkanten.

Auch hier können Sie mit der Maus arbeiten. Klicken Sie auf die Überschrift des Filters im Bedienfeld. Sie sehen im Schnittfenster die Markierungslinien und Anfasser, die den Bereich, der entfernt wird, markieren. Ziehen Sie die Anfasser an die gewünschte Position. Der Schnitt wird sofort ausgeführt. Klicken Sie auf einen freien Bereich im Schnittfenster. So verschwinden die Markierungen wieder und Sie sehen das fertig geschnittene Bild.

Weiche Kanten

Filtergruppe: *Transformieren*

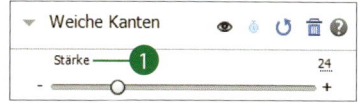

Dieser Effektfilter verbessert die Optik der Bildkanten. Die Kanten werden abgeschrägt oder mit einem Weichzeichner bearbeitet. Die *Stärke* des Effekts wird mit dem gleichnamigen Schieberegler bestimmt ❶. In diesem Beispiel habe ich die Vorgabe auf den Wert *50* erhöht, um die optische Wirkung besser zeigen zu können.

7. Effekte im Expertenmodus verwenden

Kameraansicht

Filtergruppe: *Transformieren*

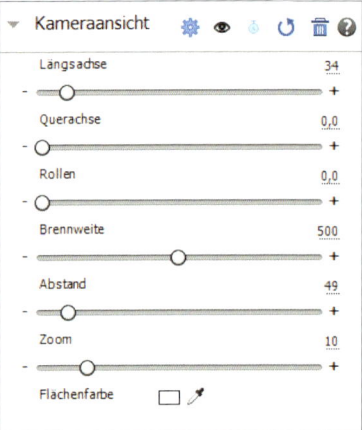

Dieser Effektfilter simuliert das Bild, das eine Kamera auf eine Projektionsfläche wiedergibt. Über den Optionsdialog des Effekts bestimmen Sie mit *Längsachse* und *Querachse* die Längs- und Querbewegung. Mit *Rollen* wird der Eindruck eines sich drehenden Clips erzeugt. Die *Brennweite* bestimmt die Brennweite der Kamera. Legen Sie mit *Abstand* die Entfernung zwischen der Kamera und dem Mittelpunkt des Clips fest. *Zoom* vergrößert oder verkleinert das Bild. Mit *Flächenfarbe* bestimmen Sie die Farbe des Hintergrunds. Aktivieren Sie die Option *Alphakanal*, wird der Hintergrund transparent dargestellt.

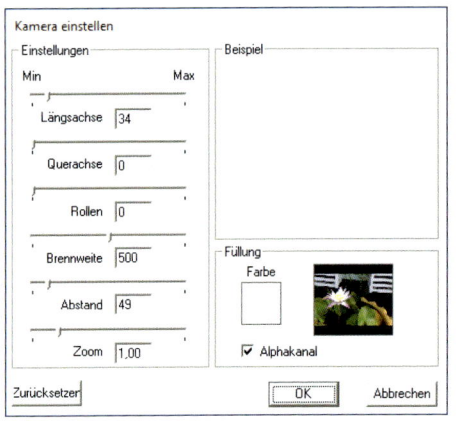

Mit einem Klick auf das Zahnradsymbol über den Einstellungen des Filters öffnen Sie den Dialog *Kameraposition* und können selbige bestimmen.

Effekte, die nur im Expertenmodus zur Verfügung stehen

Clip

Filtergruppe: *Transformieren*

Mit *Clip* beschneiden Sie einen Clip. Legen Sie mit *Links beschneiden*, *Oben beschneiden*, *Rechts beschneiden* und *Unten beschneiden* fest, welche Abschnitte des Clips entfernt werden sollen. Legen Sie mit *Flächenfarbe* die Farbe der Bereiche fest, mit der die freien Flächen gefüllt werden sollen. Mit dem Zahnradsymbol über den Einstellungen des Effekts können Sie die zu entfernenden Clipabschnitte besser einrichten. Hier sehen Sie auch ein Vorschaubild, das die Wirkung der gemachten Einstellungen zeigt.

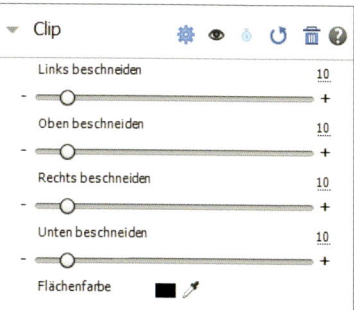

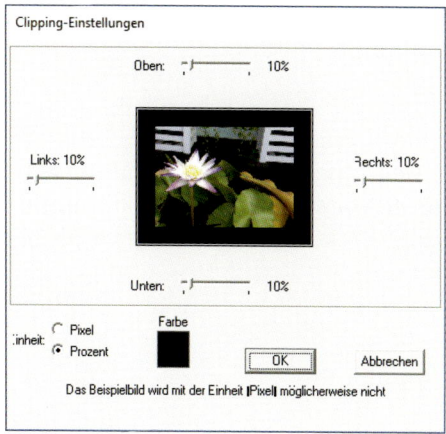

Horizontale Ablenkung

Filtergruppe: *Transformieren*

Dieser Effekt lenkt die Frames im Bild nach rechts oder links ab. Die *Verschiebung* geben Sie mit einem Schieberegler in den Optionen des Effekts an.

Vertikale Ablenkung

Filtergruppe: *Transformieren*

Mit diesem Effekt werden die Bilder des Videoclips nach oben verschoben. Im Unterschied zum Effektfilter *Horizontale Ablenkung* gibt es hier keinen Schieberegler, um die Wirkung des Effekts anzupassen.

Facette

Filtergruppe: *Vergrößerung*

Auch dieser Filter besitzt keine Einstellungsoptionen und keine Schieberegler für die Einstellungen. Der Filter *Facette* summiert Bildpunkte mit ähnlichen Farbwerten und bewirkt so einen Effekt, den man von Gemälden her kennt.

Effekte, die nur im Expertenmodus zur Verfügung stehen

Biegen

Filtergruppe: *Verzerrungsfilter*

Der Effekt *Biegen* verzerrt einen Clip auf eine Art und Weise, dass der Eindruck einer sich senkrecht und waagerecht durch den Clip bewegenden Welle entsteht. Die Form der Welle legen Sie mit den verschiedenen Schiebereglern fest. Deren Bezeichnungen sagen bereits, für welche Einstellung sie gut sind. Auch hier können Sie über das Zahnradsymbol einen Setup-Dialog aufrufen und den Filter besser einstellen. Die Wirkung sehen Sie mit einem Vorschaubild.

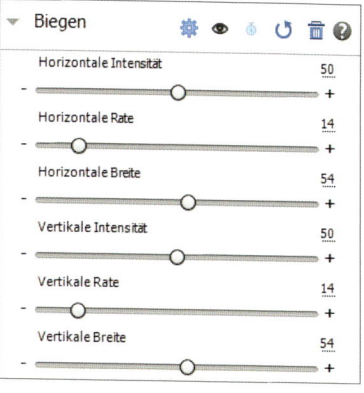

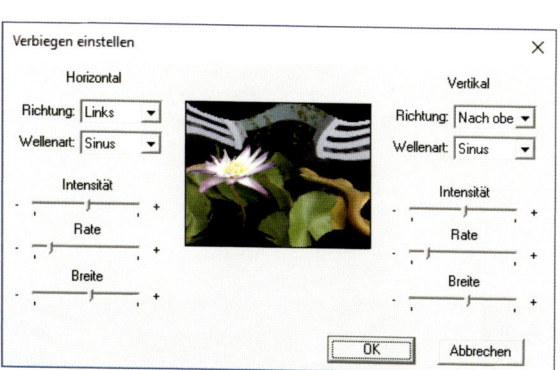

Eckpunkte verschieben

Filtergruppe: *Verzerrungsfilter*

Mit diesem Effektfilter werden die Eckpunkte der Frames Ihres Clips verschoben. In den Einstellungen des Effekts geben Sie

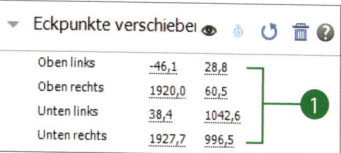

239

7. Effekte im Expertenmodus verwenden

dazu vier Koordinaten an ❶. Auch hier ist es wieder möglich, die Eckpunkte mit der Maus zu verschieben. So erhalten Sie bessere Ergebnisse.

Linsenverzerrung

Filtergruppe: *Verzerrungsfilter*

Mit *Linsenverzerrung* wird simuliert, dass der Betrachter den Clip durch eine Linse sieht. Über den Einstellungsdialog des Effektfilters stellen Sie die *Krümmung* ❶ ein. Mit *Zentrierung aufheben (V)* ❷ und *Zentrierung aufheben (H)* ❸ verändern Sie den Brennpunkt der Linse in vertikaler und horizontaler Richtung. Die Linsenbrennweite können Sie ebenfalls mit den beiden Reglern *Prisma FX* ❹, ❺ anpassen. Auch hier gibt es jeweils einen Regler für die vertikale und die horizontale Richtung. Ist die Option *Alpha füllen* ❻ aktiviert, wird der Hintergrund des Effekts transparent. Mit *Farbe* ❼ bestimmen Sie die farbliche Gestaltung des Hintergrunds.

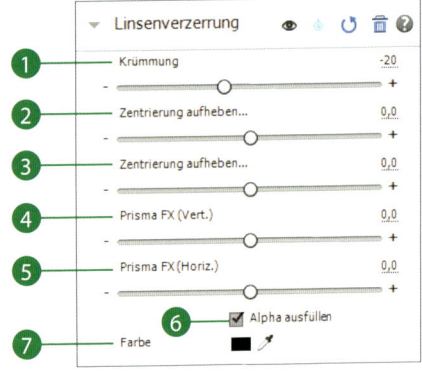

Effekte, die nur im Expertenmodus zur Verfügung stehen

Wölben

Filtergruppe: *Verzerrungsfilter*

Ausgehend von einem *Mittelpunkt*, dessen Zentrum Sie mit zwei Koordinaten ❷ verändern können, wird eine kreisrunde und linsenartige Wölbung erzeugt. Den *Radius* dieser Wölbung können Sie mit einem Schieberegler anpassen ❶.

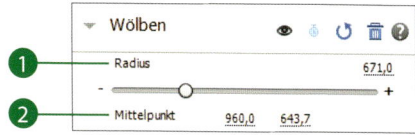

Transformieren

Filtergruppe: *Verzerrungsfilter*

Dieser Effektfilter stellt einen Clip schräg.

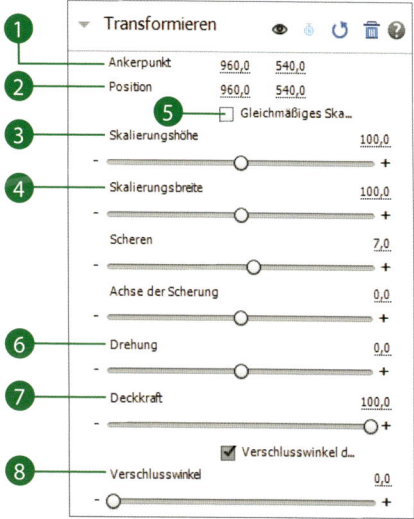

Für diese Transformation legen Sie in den Einstellungen des Dialogs einen *Ankerpunkt* ❶ fest. Von diesem ausgehend wird die Transformation ausgeführt. Mit *Position* ❷ wird ein zweiter Bezugspunkt für die Transformation festgelegt. Er bestimmt den Mittelpunkt, von dem aus die Transformation durchgeführt wird. Bei Bedarf kann der Clip skaliert werden. Dazu legen Sie die *Skalierungshöhe* ❸ und *Skalierungsbreite* ❹ fest. Ein Wert von *100,0* bedeutet hier, dass die Originalgröße erhalten bleibt. Mit der Option *Gleichmäßiges Skalieren* ❺ wird eine Größenveränderung von Breite oder Höhe gleichmäßig zueinander durchgeführt. Über einen weiteren Schieberegler bestimmen Sie die Drehung ❻ des Effekts. Mit *Deckkraft* ❼ legen Sie den Grad der Transparenz des Clips fest. *Verschlusswinkel* ❽ simuliert den Verschlusswinkel einer Kamera.

7. Effekte im Expertenmodus verwenden

Komplexe Wellen

Filtergruppe: *Verzerrungsfilter*

Dieser Effektfilter verändert die Bildinhalte des Clips zu einem Wellenmuster. In der vorgegebenen Einstellung wird ein sinusförmiges Wellenmuster erstellt.

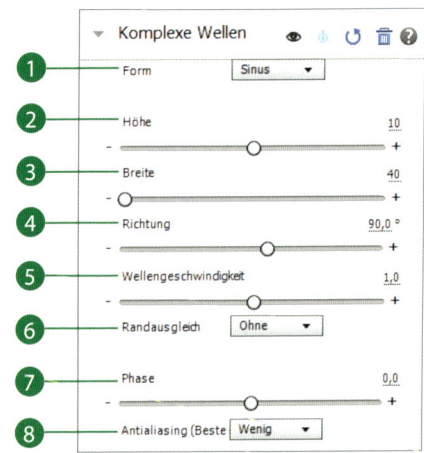

Mit der Auswahlliste *Form* ❶ können Sie auch andere Formen wählen. Möglich sind *Quadrat*, *Kreis*, *Dreieck*, *Sägezahn*, *Bögen*, *Wellen*, *Störungen* und *Weiche Störungen*. Legen Sie *Höhe* ❷, *Breite* ❸ und *Richtung* ❹ des Effekts fest. Die Welle wird während der Wiedergabe des Clips bewegt. Die Geschwindigkeit, mit der dies geschieht, legen Sie mit dem Regler *Wellengeschwindigkeit* ❺ fest. *Randausgleich* ❻ ist nur bei der Verwendung des Effekts in einem Menü wichtig. Die Option bestimmt ebenfalls die Ausrichtung der Welle. *Phase* ❼ reguliert die Ausrichtung der Welle. *Antialiasing* ❽ bestimmt die Anwendung eines Weichzeichnungseffekts, mit dem die Wellenanimation geglättet wird.

Videomerge

Filtergruppe: *Videomerge*

Dieser Effekt erstellt einen Hintergrund für den Clip und fügt Transparenz in die Frames ein.

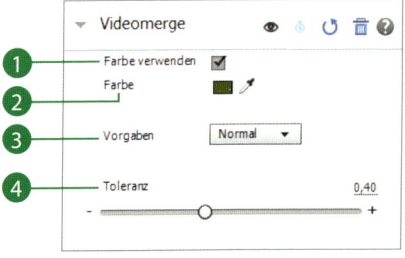

Mit *Farbe verwenden* ❶ und der Farbauswahlschaltfläche ❷ bestimmen Sie, welche Farbe transparent gestaltet wird.

Effekte, die nur im Expertenmodus zur Verfügung stehen

Vorgaben ❸ passt die Glättung der Kanten an. *Normal* ist hier vorgegeben. Möglich ist auch *Weich* oder *Detailliert*.

Mit *Toleranz* ❹ wird der Farbbereich bestimmt, der transparent wird. Erhöhen Sie den Wert, wird der Farbbereich erweitert und damit ein größerer Bereich in den Frames transparent.

Schneller Weichzeichner

Filtergruppe: *Weich- & Scharfzeichnen*

Dieser Weichzeichner arbeitet etwas schneller als der *Gaußsche Weichzeichner*.

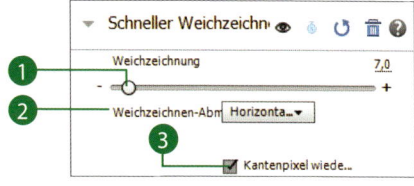

Die Stärke des Weichzeicheneffekts können Sie mit einem Schieberegler ❶ einstellen. Der Effekt wirkt *Horizontal und Vertikal*. Über die Auswahlschaltfläche *Weichzeichnen-Abmessungen* ❷ können Sie auch nur *Horizontal* oder *Vertikal* wählen. Den Effekt können Sie mit der Optionsschaltfläche *Kantenpixel wiederholen* ❸ verbessern.

Scharfzeichnen

Filtergruppe: *Weich- & Scharfzeichnen*

Sie werden es sich sicher denken können, was dieser Filter bewirkt. Er schärft die Frames Ihres Clips. Mit einem Schieberegler ❶ stellen Sie die Stärke des Effekts ein. Wählen Sie einen zu hohen Wert, werden die Frames überschärft bis zu krisselig.

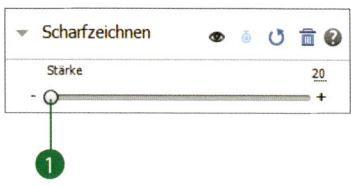

7. Effekte im Expertenmodus verwenden

Ghosting

Filtergruppe: *Weich- & Scharfzeichnen*

Dieser Effekt sorgt für eine Überlagerung von Transparenzen der vorherigen Frames. So wird zum Beispiel die Bewegung eines Objekts sichtbar. Der Effekt besitzt keine eigenen Einstellungsoptionen.

Glätten

Filtergruppe: *Weich- & Scharfzeichnen*

Glätten passt die Randbereiche im Clip an. So werden aus verschiedenen Farben angeglichene, abgestufte Farbtöne. Die Abstufungen von hellen zu dunklen Tönen werden weicher gestaltet. Auch dieser Effektfilter besitzt keine eigenen Einstellungen.

Echo

Filtergruppe: *Zeit*

Der Effektfilter *Echo* kombiniert den aktuellen Frame mit dem vorhergehenden Frame im Videoclip zu einem Filterergebnis. Es entsteht ein Bildecho. Auch Wisch- und Streifeneffekte sind möglich. Der Effekt kommt nur zur Geltung, wenn der Clip wiedergegeben wird.

In den Einstellungen des Effekts geben Sie den *Abstand* der Echos ❶ und ihre *Anzahl* ❷ an. Sie bestimmen die Stärke zu Beginn der Effektreihe ❸ (*Anfangsintensität*). Mit *Ab-*

klingen ❹ legen Sie die Stärke der aufeinanderfolgenden Echos fest. Bei einem Wert von *1,00* (Vorgabeeinstellung) erfolgt keine Anpassung. Die Echos sind alle gleich stark. Geben Sie *0,50* ein, ist das zweite Echo halb so stark wie das erste. Das dritte wird halb so stark wie das zweite und so weiter.

Der mathematische *Operator* ❺ wird bei der Berechnung der Effekte verwendet. In der Vorgabeeinstellung ist hier *Addieren* festgelegt.

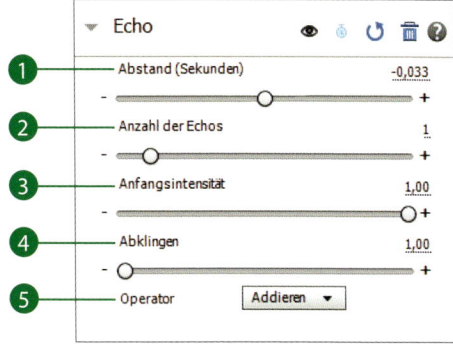

Zeittrennung

Filtergruppe: *Zeit*

Mit *Zeittrennung* verändern Sie die Framerate Ihres Videoclips. Verringern Sie die Framerate auf 18 fps (Frames pro Sekunde), um die Optik eines alten Super-8-mm-Films zu erhalten. Geringere Werte sorgen für einen stroboskopähnlichen Effekt. Die *Framerate* wird über den gleichnamigen Schieberegler eingestellt ❶.

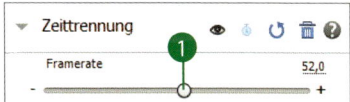

7.3 Vorgaben verwenden

In den Vorgaben können Sie auf eine große Anzahl an Effektfiltern, Animationen und Bearbeitungseffekten zugreifen. Diese sind bereits vorkonfiguriert und sofort verwendbar. Natürlich können Sie auch Anpassungen vornehmen.

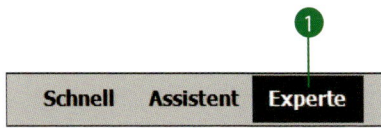

Achten Sie darauf, dass Sie sich im Modus *Experte* ❶ befinden. Wählen Sie in der Werkzeugleiste die *Effekte* ❷ aus. Öffnen Sie die Kategorieliste ❸. Scrollen Sie ganz nach unten und wählen Sie die Vorgaben ❹.

Scrollen Sie durch die Liste der Effekte. Suchen Sie den gewünschten Effekt heraus und ziehen Sie ihn auf die Videospur Ihres Clips. Im Beispiel habe ich den vorgefertigten Strudeleffekt ❺ ausgewählt und ihn in meinen Clip eingefügt.

7. Effekte im Expertenmodus verwenden

Lassen Sie sich nun die angewandten Effekte anzeigen. Passen Sie die Einstellungen der Effektfilter an. Im Beispiel ist zu sehen, dass der *Strudel* noch nicht für einen Strudel sorgt. Ich erhöhe den Winkel ❻ des Effekts auf *220,0* Grad und stelle den Radius ❼ auf *50,0*.

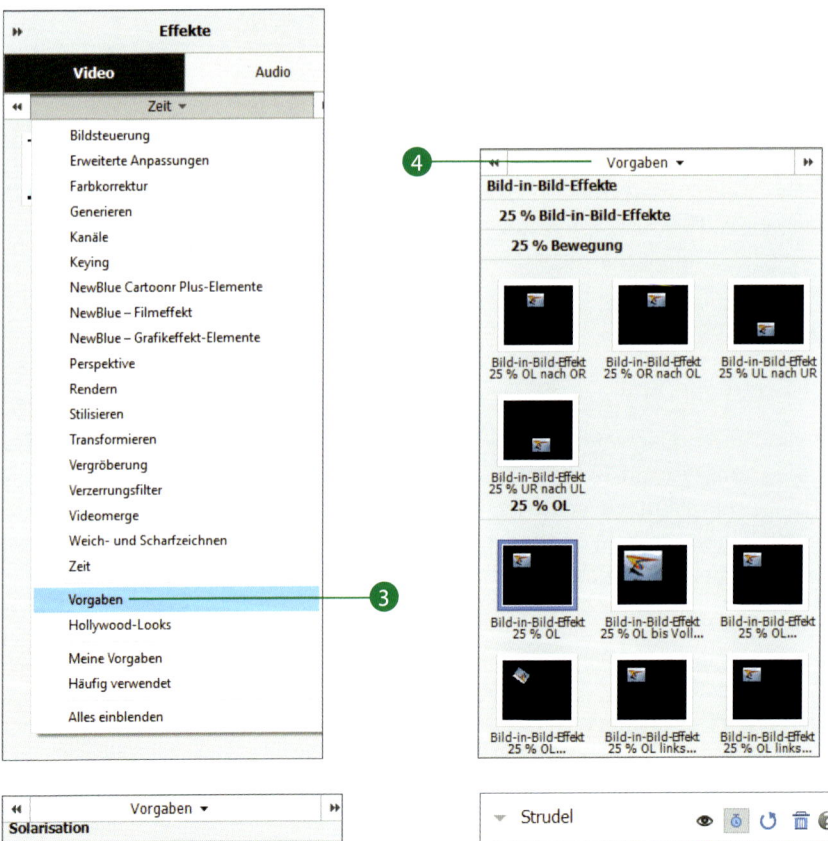

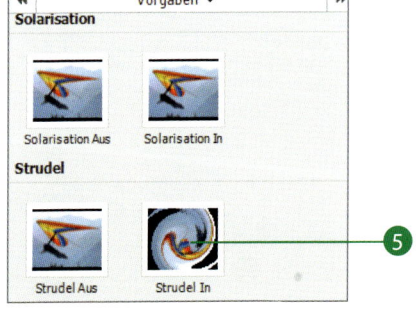

Schauen Sie sich den Effekt in der Vorschau an. Speichern Sie Ihr Projekt ab, wenn Sie mit dem Ergebnis zufrieden sind.

246

Die Effektfilter in den Vorgaben

In den Vorgaben von Adobe Premiere Elements findet sich eine lange Liste von Effektfiltern. Diese hier im Einzelnen vorzustellen und zu zeigen, was jeder der Filter tut, würde den Rahmen des Buches sprengen. Scrollen Sie einfach einmal die Liste durch und schauen Sie sich in aller Ruhe um. Die Vorgaben haben den Zweck, schnelle Ergebnisse zu erzielen und interessante Effekte ohne große Bastelei anwenden zu können. Alle Effektfilter sind in Kategorien sortiert. Von oben nach unten finden Sie hier:

- Bild-im-Bild-Effekte, animierte Bild-im-Bild-Effekte
- Farbeffekte
- Horizontale Bilderschwenkungen
- Horizontale Bilderzooms
- Kanten abschrägen
- Mosaik
- Schlagschatten
- Solarisation
- Strudel
- Vertikale Bilderschwenkungen
- Vertikale Bilderzooms
- Weichzeichnen

7.4 Oft verwendete Effekte als eigene Vorgaben ablegen

Effektfilter, die Sie immer wieder verwenden, können Sie mit den verwendeten Einstellungsoptionen als Vorlage ablegen. Möchten Sie dies tun, öffnen Sie auf der Titelzeile des Einstellungsdialogs eines Effekts mit der rechten Maustaste das Kontextmenü und wählen *Vorgabe speichern* ❶.

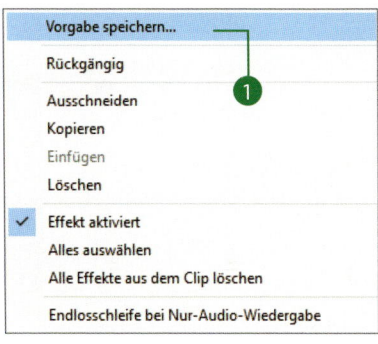
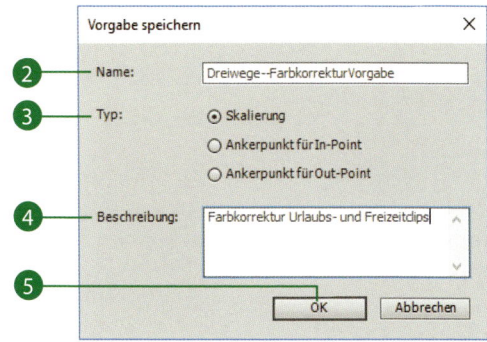

7. Effekte im Expertenmodus verwenden

Es öffnet sich nun das kleine Dialogfenster *Vorgabe speichern*. Der *Name* ❷ der Vorgabeeinstellung ist bereits vom Effektfilter übernommen worden. Den *Typ* ❸ können Sie ignorieren oder eine der möglichen Auswahloptionen *Skalierung*, *Ankerpunkt für In-Point* oder *Ankerpunkt für Out-Point* wählen. Ich habe in meinem Beispiel die Vorgabe unverändert belassen. Tragen Sie in das Feld *Beschreibung* ❹ einen Hinweis auf die Einstellungen oder den Zweck des Filtereffekts ein. Bestätigen Sie mit einem Mausklick auf die Schaltfläche *OK* ❺.

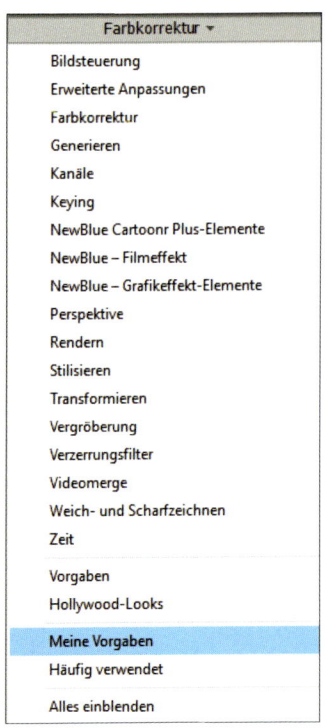

Unter *Meine Vorgaben* finden Sie nun den abgelegten Effektfilter. Wenden Sie ihn an, werden Sie sehen, dass die vorgenommenen Einstellungen vorhanden sind und sofort mit angewandt werden.

Nutzen Sie diese Möglichkeit, oft verwendete Filtereffekte abzuspeichern und einfach und schnell darauf zugreifen zu können. Sie müssen so nicht mehr die Kategorien durchforsten und die Schieberegler an die richtige Stelle ziehen.

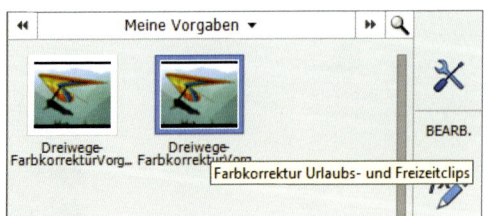

Noch ein kleiner Tipp: Die im Feld *Beschreibung* abgelegte Kurzbeschreibung oder Notiz wird als QuickTipp angezeigt. Sie müssen nur mit der Maus auf den Filtereffekt zeigen (ohne zu klicken), und schon können Sie Ihre Notiz sehen.

8. Mit Masken arbeiten

Masken ermöglichen es, einen zweiten Clip in einem zuvor markierten Bereich eines anderen Clips abspielen zu lassen. Sie können einen blauen oder grauen Hintergrund durch den Inhalt eines anderen Clips ersetzen. Derartige Bluescreen-Effekte werden beim professionellen Filmgeschäft oft genutzt. Sie stehen Ihnen zu Hause auch zur Verfügung und können relativ einfach mit den Möglichkeiten, die Ihnen Adobe Premiere Elements 2019 bietet, umgesetzt werden. Darüber hinaus können Sie mit einer Maske ein Gesicht oder Objekt unkenntlich machen. In diesem Kapitel stelle ich Ihnen an einem Beispiel vor, wie Sie Masken anwenden und eine Person unkenntlich machen oder auch hervorheben.

8.1 Masken einsetzen

Eine Maske ist interessant für einen coolen Effekt. Wie durch ein unsichtbares Fenster wird der Hintergrundclip sichtbar. Auf diese Weise können Sie eine Zeitung mit den animierten Bildern erstellen. So kann durch ein Fenster ein Blick entstehen, der in Wirklichkeit auf diese Weise nicht vorhanden war. Eine Farbmaske tauscht eine bestimmte Farbe im Bild gegen den Inhalt aus einem anderen Clip. Ein Berg im Hintergrund eines Sees verschwindet und dafür erscheint ein Boot. Hier sind auch sehr schöne Bluescreen-Effekte möglich. Eine Person setzt sich vor einen blauen oder auch grünen Hintergrund und wird so aufgenommen. Der Hintergrund wird gegen den Inhalt eines anderen Clips ausgetauscht.

Mit einer Maske können Sie das Gesicht einer Person verändern und so ihre Identität schützen. Es erscheint ein schwarzer Balken auf dem Gesicht oder ein mosaikförmiger Pixeleffekt. Natürlich lassen sich so auch Objekte wie zum Beispiel das Kennzeichen eines Autos unleserlich machen. Ich möchte Ihnen das an einem kleinen Beispiel zeigen:

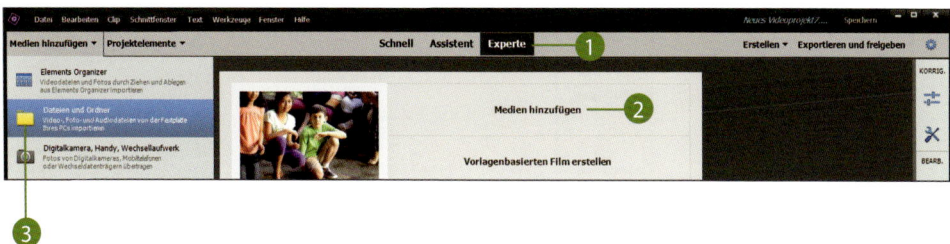

1. Wechseln Sie in den Modus *Experte* ❶.
2. Importieren Sie die Videoclips, die Sie in Ihren Film einfügen wollen. Wählen Sie dazu *Medien hinzufügen* ❷. Klicken Sie auf *Dateien und Ordner* ❸. Suchen Sie das Verzeichnis, in dem sich die Videoclips befinden, die Sie verwenden wollen. Markieren Sie diese ❹ und importieren Sie sie ❺.

8. Mit Masken arbeiten

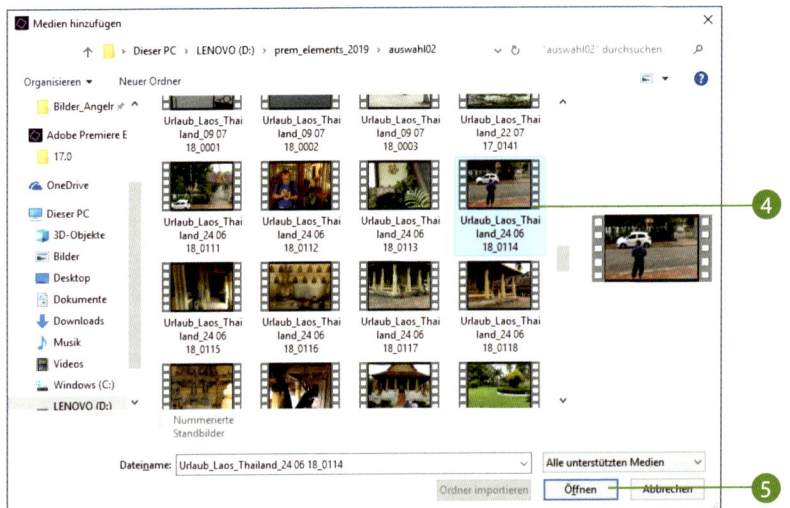

3. Wählen Sie aus dem Bedienfeld *Projektelemente* einen der Videoclips aus und ziehen Sie ihn auf die Videospur *Video 1* im Schnittfenster ❻.

4. Bewegen Sie den Zeiger im Videoclip zu der Stelle, an der Sie eine Maske anwenden wollen ❼. Im Monitorfenster sehen Sie jetzt die Person oder auch das Objekt, die/das »maskiert« werden soll.

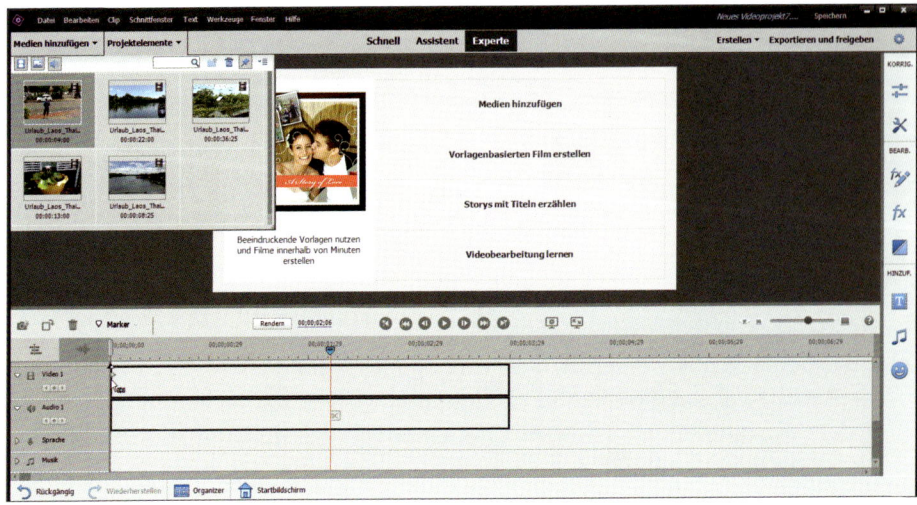

250

Masken einsetzen

5. Öffnen Sie auf der Videospur mit der rechten Maustaste das Kontextmenü und wählen Sie *Clip/Effektmaske/Anwenden* ❽.

6. Sie sehen nun im Monitorfenster einen Rahmen mit vier Anfassern ❾. Verschieben Sie den Rahmen und ziehen Sie die Anfasser größer oder kleiner, bis der gewünschte Bereich markiert ist ❿.

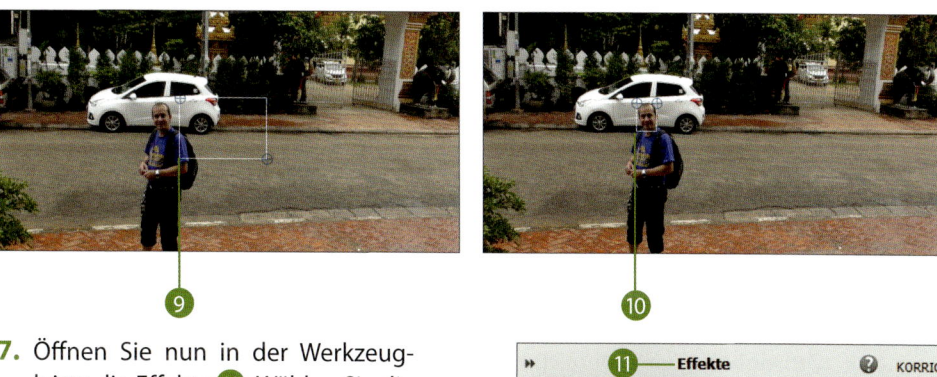

7. Öffnen Sie nun in der Werkzeugleiste die Effekte ⓫. Wählen Sie die Kategorie *Erweiterte Anpassungen* ⓬ aus. Entscheiden Sie sich für den Effekt *Kanalmixer* ⓭ und ziehen Sie ihn auf den markierten Bereich im Monitorfenster ⓮.

251

8. Mit Masken arbeiten

8. Eine kleine Dialogbox klappt auf. Sie werden gefragt, ob Sie den Effekt auf den ganzen Film anwenden wollen. Klicken Sie hier auf *Nein* ⓯.

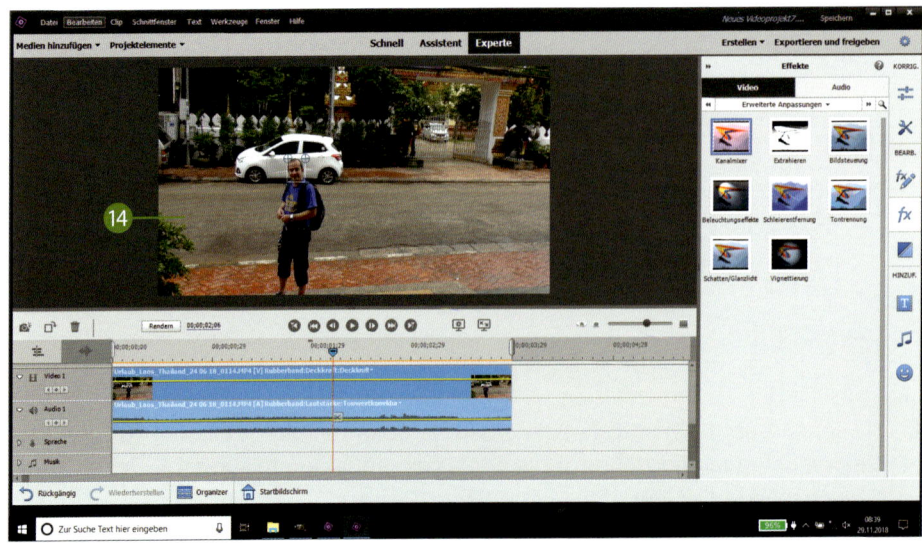

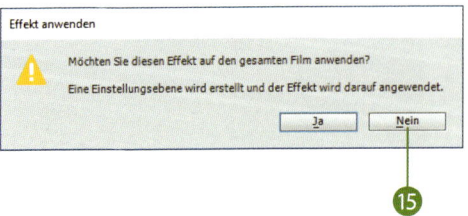

9. Im Monitorfenster sehen Sie nun die Vorgabe des Effektfilters. Im Beispiel des Kanalmixers wird der markierte Bereich rot gefärbt. Verändern Sie die Farbeinstellungen, bis der gewünschte Effekt erzielt wird. In meinem Beispiel habe ich den Regler Rot-Grün ⓰ ganz an den linken Rand geschoben, um so ein Schwarz zu erzielen.

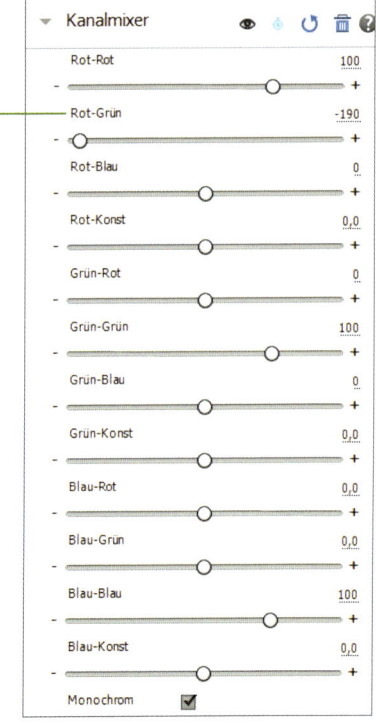

252

Eine Maske anpassen

10. Schauen Sie sich das Ergebnis Ihrer Arbeit an. Sind Sie zufrieden, speichern Sie das Projekt ab.

8.2 Eine Maske anpassen

Mit der Option *Monochrom* ❶ im Kanalmixer, die Sie ganz unten im Bedienfeld des Effektfilters finden, erhalten Sie einen interessanten Effekt. Hier wird der maskierte Bereich nicht mit einer Farbe unkenntlich gemacht. Stattdessen wird er »monochrom« dargestellt und somit ein wenig hervorgehoben.

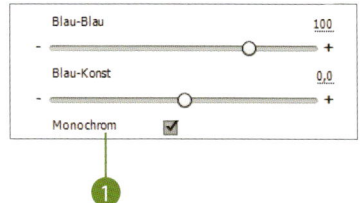

Um den maskierten Bereich anzupassen, ihn also zu verkleinern oder zu vergrößern, öffnen Sie in der Werkzeugleiste das Bedienfeld *Maskieren* ❷. Mit der Maus lässt sich der Bereich verschieben. Um die Größe zu verändern, müssen Sie jedoch die Werte im Bedienfeld schrittweise anpassen.

8. Mit Masken arbeiten

In meinem Beispiel habe ich die Maske schrittweise geändert. Den verkleinerten maskierten Bereich habe ich an die richtige Stelle verschoben. Im Bild sehen Sie die neuen Werte.

Auf diese Art und Weise lässt sich auch ein Autokennzeichen, ein Schild oder jedes andere viereckige Objekt verdecken und so unkenntlich machen. Um den maskierten Bereich im Monitorfenster zu sehen und verschieben zu können, klicken Sie das Bedienfeld *Maskieren* an. Es wird weiß hervorgehoben und aufgeklappt. Zugleich erscheint der maskierte Bereich mit dem Markierungsrahmen im Monitorfenster.

9. Einen Clip manuell bearbeiten

Für das einfache Verändern der Größe und der Position der Bilder eines Clips benötigen Sie keine besondere Bearbeitungsfunktion und kein Werkzeug. Sie markieren das Bild mit der Maus und ziehen einen der Anfasser in die gewünschte Richtung. Fertig. Das ist leicht und schnell getan.

In diesem Kapitel stelle ich Ihnen diese Möglichkeit vor und zeige Ihnen, wie Sie die Größe und die Position der Bilder Ihres Clips schnell und einfach mit der Maus verändern.

9.1 Clip manuell bearbeiten

Es genügt ein Mausklick auf das Vorschaubild im Monitorfenster. Das aktuelle Bild wird markiert und kann sehr einfach mit der Maus bearbeitet werden. Sie können es verkleinern, verschieben und die Ränder verschieben.

Gerade wenn nur einfache und kleine Veränderungen am Clip vorgenommen werden sollen, lassen sich so schnelle Ergebnisse erzielen. Daneben stehen Ihnen natürlich verschiedene Funktionen über das Kontextmenü, die Menüleiste und natürlich auch der Werkzeugleiste zur Verfügung. Ich habe nun einmal die Helligkeit erhöht. So sehen Sie die Anfasser, die Markierungslinien und den Mittelpunkt besser.

9. Einen Clip manuell bearbeiten

Klicken Sie im Monitorfenster auf das Vorschaubild Ihres Clips. Sie sehen nun, dass das Bild mit einem blauen Rahmen versehen wird.

Im Mittelpunkt des Bildes sehen Sie ein blaues Fadenkreuz ❶. Jeweils einen Anfasser gibt es in jeder Ecke Ihres Bildes, so in der linken oberen Ecke ❷, in der rechten oberen Ecke ❸, der rechten unteren Ecke ❹ und der linken unteren Ecke ❺. Dazwischen gibt es je einen weiteren Anfasser. Sie finden sie am oberen Rand in der Mitte ❻, mittig rechts ❼, am unteren Rand in der Mitte ❽ und mittig links ❾.

9.2 Die Clipgröße verändern

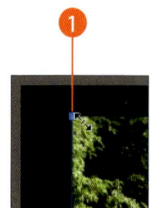

Setzen Sie die Maus an einen der Eckpunkte. Ich entscheide mich in diesem Beispiel für die linke obere Ecke. Sie sehen, der Mauscursor ändert sich in einen Doppelpfeil ❶.

Drücken Sie die linke Maustaste. Halten Sie die Taste gedrückt. Ziehen Sie die Maus in das Bild hinein ❷. Die Größe des Bildes verändert sich. Hat das Bild die gewünschte Größe erreicht, lassen Sie die linke Maustaste los ❸.

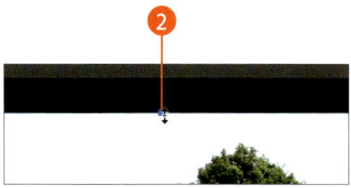

Beim Ziehen der Eckränder in das Bild hinein oder auch aus dem Bild heraus wird die Größe des gesamten Bildes verändert. Sie können alternativ auch nur die Größe eines Rahmens verändern.

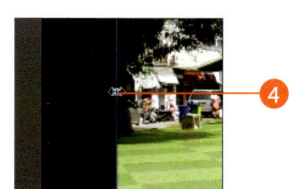

Um einen einzelnen Rand zu verändern, setzen Sie den Cursor auf den Anfasser am gewünschten Rand. Im Beispiel wähle ich den Rand links. Auch hier setzen Sie wieder den Mauscursor auf den Rand, bis sich der Mauspfeil in einen Doppelpfeil verändert ❹.

9.3 Die Position des Bildes verändern

Die Position des Bildes im Videoclip lässt sich sehr leicht verschieben. Setzen Sie die Maus auf eine beliebige Position im Bild ❶. Drücken Sie die linke Maustaste und halten Sie die Taste gedrückt. Ziehen Sie die Maus in die Richtung, bis die gewünschte Position des Bildes erreicht ist ❷.

9.4 Geschützte Bereiche verwenden

Wenn Sie ein Bild verkleinern oder/und verschieben, haben Sie keine exakte Bezugslinie, um Objekte genau zu platzieren. Ein solches Objekt kann ein Texttitel oder ein Untertitel sein.

Ein »geschützter Bereich« gibt Ihnen ein Hilfsmittel an die Hand. Ein Rahmen wird eingeblendet. Sie können Objekte daran genau platzieren. Und Sie sehen, ob ein Objekt außer-

9. Einen Clip manuell bearbeiten

halb oder innerhalb des so markierten Bereichs liegt. Die Ränder des geschützten Bereichs dienen nur als Orientierung. Sie sind nicht in der Vorschau des Clips zu sehen. Ein geschützter Bereich wird über das Kontextmenü eingeblendet und auch wieder ausgeblendet. Elemente außerhalb des geschützten Bereichs werden möglicherweise bei der Wiedergabe nicht angezeigt.

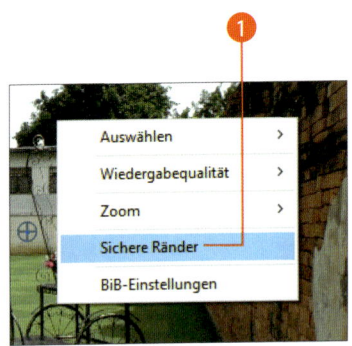

Führen Sie die Maus auf das Bild Ihres Clips im Monitorfenster. Öffnen Sie mit der rechten Maustaste das Kontextmenü. Wählen Sie *Sichere Ränder* ❶.

Der innere Rand ist der Rand für den geschützten Titel ❷. Der äußere Rand ist der Rand für den geschützten Bereich ❸.

Um den geschützten Rand wieder auszublenden, öffnen Sie das Kontextmenü. Deaktivieren Sie per Mausklick den Eintrag *Sichere Ränder* ❹.

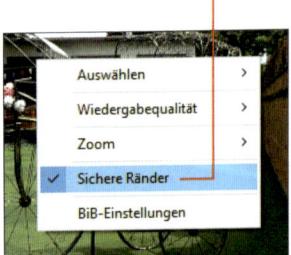

10. Titel hinzufügen und anpassen

Adobe Premiere Elements 2019 bietet Ihnen eine große Anzahl verschiedener Titelvorlagen an. Diese können Sie sehr einfach in Ihre Videoprojekte einfügen und auf vielfältige Weise anpassen. Wie das geht, erfahren Sie in diesem Kapitel.

10.1 Titelvorlagen bearbeiten

Adobe Premiere Elements hat viele verschiedene Titel mit an Bord, die Sie einfach in Ihre Videoclips einfügen können. Dabei unterscheidet das Programm zwischen Bewegungstiteln und klassischen Titeln. Beide fügen Sie über das Werkzeug *Text* in einen Clip ein, was ich hier zeigen möchte.

Eine Titelvorlage anpassen

Wählen Sie das Werkzeug *Text*. Sie finden es an dritter Stelle von unten in der Werkzeugleiste. Wählen Sie eine der Kategorien *Bewegungstitel* ❶ oder *Klassische Titel*. Im Beispiel entscheide ich mich für das Erstere. Öffnen Sie die Liste der untergeordneten Kategorien und entscheiden Sie sich für eine. Hier wähle ich einmal *Spaß* ❷.

Schauen Sie sich nun die verschiedenen Titelvorlagen an. Spielen Sie sie mit der Play-Schaltfläche im Bedienfeld ab. Die Vorschau zeigt, was sich bei dieser Vorlage bewegt und wie das Ergebnis aussehen wird.

Ziehen Sie die Titelvorlage, die Sie verwenden wollen, auf die Spur *Text* im Schnittfenster ❸. Im Expertenmodus ziehen Sie die Titelvorlage auf eine Videospur, so zum Beispiel *Video 2* oder *Video 3*.

10. Titel hinzufügen und anpassen

Haben Sie die Vorlage noch nicht verwendet, wird sie aus dem Internet geladen ❹ und auf Ihrem Rechner gespeichert. Ist dies der Fall, warten Sie einfach, bis dieser Vorgang beendet ist.

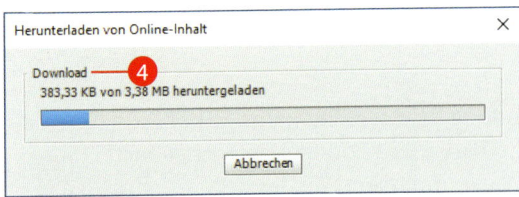

Verschieben Sie die Titelvorlage im Schnittfenster so, dass sie am Beginn oder am Ende des Clips angezeigt wird. Das hängt natürlich davon ab, ob Sie einen Titel verwenden wollen oder einen Abspann.

Wechseln Sie in den Expertenmodus und wählen Sie in der Werkzeugleiste das Bedienfeld *Anpassen* ❺. Klicken Sie auf die Textelemente im Clip ❻ und geben Sie im Bedienfeld ❼ Ihre eigenen Texte ein.

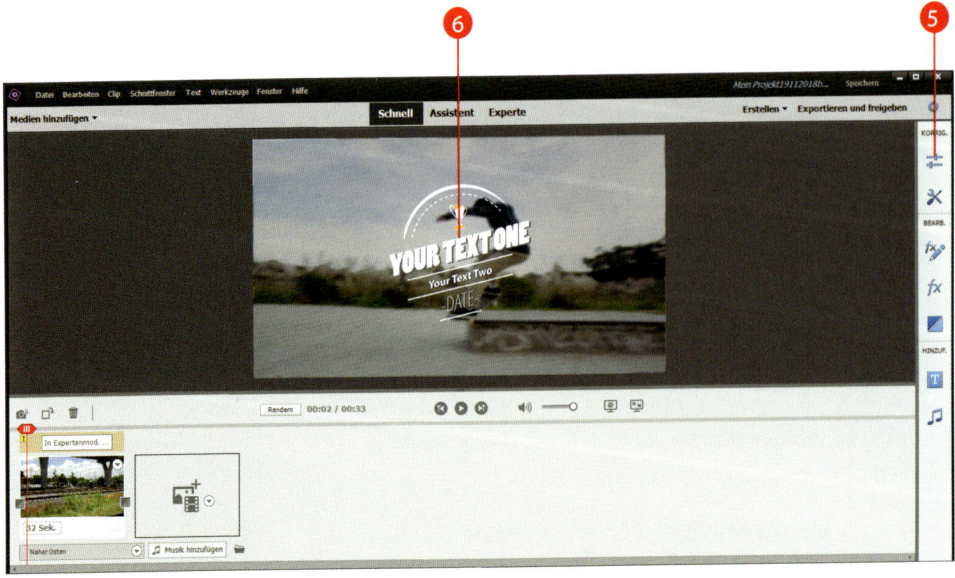

Ob Sie den Text im Monitorfenster oder im Bedienfeld eingeben, bleibt Ihnen überlassen.

260

Titelvorlagen bearbeiten

Das Ergebnis sieht schon recht schick aus. Passen Sie nun noch den Untertitel und das Datum an, das zur ausgewählten Titelvorlage gehört. Wenn Sie mögen, können Sie auch beide oder eines davon löschen.

Das Ergebnis sieht schon ganz okay aus. Perfekt und so richtig cool und schick ist es aber noch nicht. Wenn Sie einen näheren Blick in das Bedienfeld *Bewegungstitel* werfen, sehen Sie, dass Sie den Stil, das Format und die Animation der Titelvorlage anpassen können. Schauen wir uns doch einmal diese einzelnen Möglichkeiten näher an. Beginnen wir mit dem Stil.

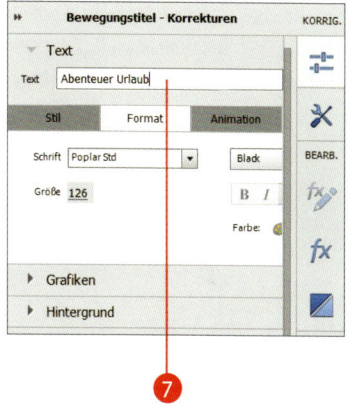

❼

Stil anpassen

Mit einem Stil erhalten Sie eine mit einem Klick verwendbare Schriftgestaltung für Ihre Texte. Der Stil beinhaltet die Farbe der Schrift, die Farbe des Schattens der Schrift und die Farbe des Rahmens einer Schrift. Die vorgegebene Schrift ist in weißer Farbe. Der Schatten ist grau gestaltet. Das ist doch eigentlich eher langweilig.

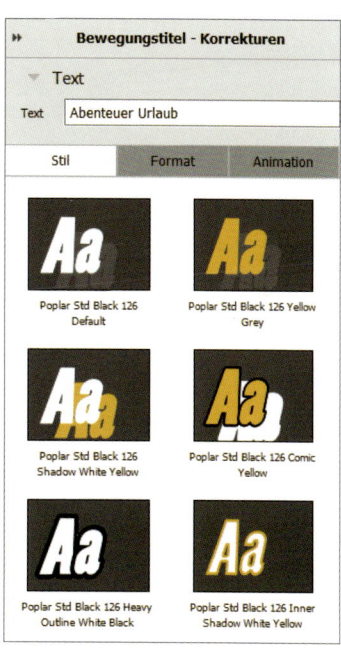

10. Titel hinzufügen und anpassen

Ein anderer Schriftstil für jedes Textelement und schon wirkt das Titelbild ganz anderes. Probieren Sie einfach die verschiedenen Stile aus und beurteilen Sie die Wirkung. Achten Sie auch darauf, dass die Farben verschiedener Textelemente miteinander harmonieren.

In den folgenden Abbildungen habe ich Ihnen einige der Stile zusammengestellt.

Format anpassen

Natürlich müssen Sie nicht mit den Farben und Gestaltungen aus dem Bedienfeld leben. Wechseln Sie in das Bedienfeld *Format* ❶. Hier entscheiden Sie sich für einen Schrifttyp ❷ und stellen die *Größe* der Schrift ein ❸. Sie wählen die Eigenschaft der Schrift ❹ und können eine der Optionen *Fett*, *Kursiv* oder *Unterstrichen* ❺ nutzen. In einem weiteren Feld können Sie die *Farbe* der Farbfläche ❻ wählen.

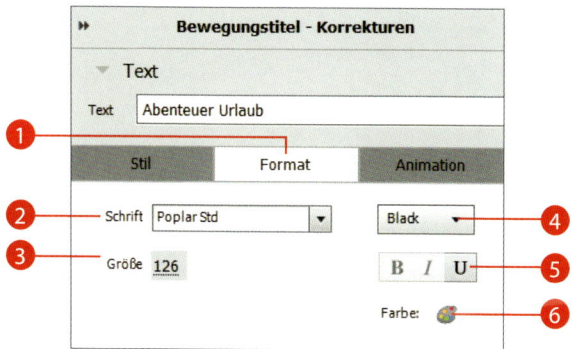

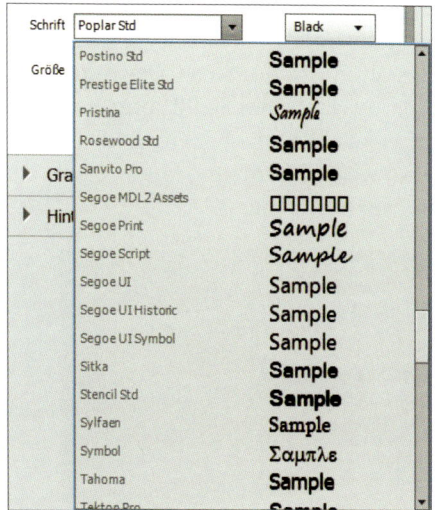

Öffnen Sie das Feld *Schrift*, finden Sie eine sehr lange Liste ganz unterschiedlicher Fonts. Diese können Sie nicht alle ausprobieren. Jedoch enthält die Liste ein Beispiel, das zeigt, wie die angewendete Schrift aussieht. Das Wort »Sample« wird in der Liste mit dem jeweiligen Font gezeigt.

Öffnen Sie den Dialog *Farbe*. Sie werden feststellen, er sieht auf den ersten Blick sehr umfassend aus.

Mit den Schaltflächen *R*, *G* und *B* ❼ können Sie direkt die Werte einer Farbe eintragen.

Alternativ verwenden Sie das Farbauswahl-Viereck ❽ und den darunterliegenden Auswahlbalken ❾.

Wie die Einstellung aussieht, sehen Sie im unteren Bereich. Unter dem Auswahlfeld für den Verlauf ❿ wird eine Vorschaugrafik ⓫ angezeigt. Mit ihrer Hilfe können Sie die Farbe schrittweise einstellen. Darunter stellen Sie den Schlagschatten ein. Sie können hier den Winkel ⓬ des Schattens, den Abstand ⓭ und die Kante ⓮ angeben.

10. Titel hinzufügen und anpassen

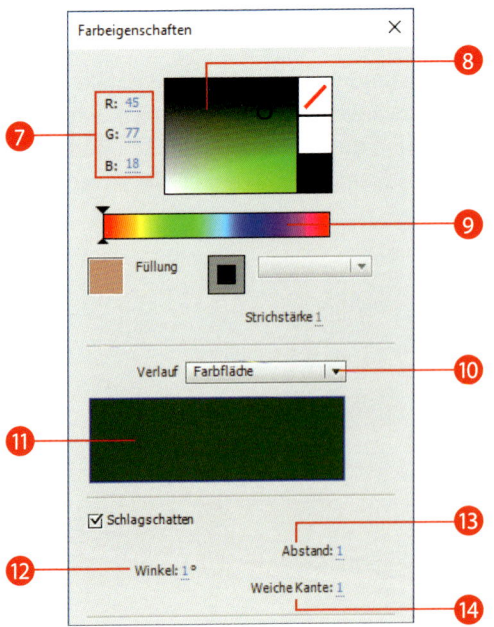

Für die Gestaltung der Schrift bietet Ihnen Adobe Premiere Elements 2019 die Auswahl *Farbfläche*, drei Verlaufsformen und drei weitere Gestaltungsoptionen an. Diese stelle ich Ihnen in einem weiteren Abschnitt vor. Allein mit der Auswahl eines Schriftfonts und dem Variieren von Farben haben Sie viele verschiedene Möglichkeiten, Ihre Titelbilder zu gestalten. Auch hier gilt wieder: Experimentieren Sie ein wenig herum und finden Sie so die Einstellung, die zu Ihrem Clip und Ihrem Geschmack am besten passt.

10.2 Verschiedene Verlaufsformen für die Gestaltung der Schrift verwenden

In der Dialogbox *Farbeigenschaften* finden Sie im Listenfeld *Verlauf* die Verlaufsformen *Linearer Verlauf*, *Radialverlauf* und *4-farbiger Verlauf*.

Daneben können Sie die *Farbfläche* wählen und die Funktion *Abschrägen*. Mit *Entfernen* wird die Füllung oder der Strich und der Schatten gelöscht. Mit *Ghost* wird die Füllung oder der Strich gelöscht. Der Schatten wird bei dieser Option noch angezeigt.

Beim *Linearen Verlauf* legen Sie eine Startfarbe und eine Zielfarbe fest. Dazu sind zwei Marker an einem Farbbalken vorhanden. Klicken Sie zuerst den linken Marker ❶ an und wählen Sie eine Farbe. Klicken Sie anschließend auf den rechten Marker ❷ und wählen Sie eine Farbe.

Mit *Umkehren* ❸ tauschen Sie die Start- mit der Zielfarbe des Verlaufs. Zusätzlich können Sie hier einen *Winkel* ❹ angeben und so die Gestaltung des Farbverlaufs beeinflussen.

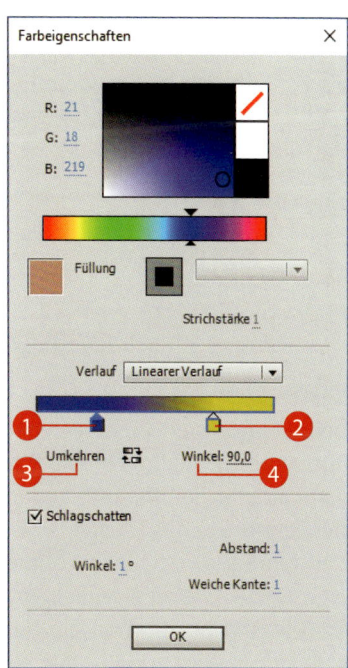

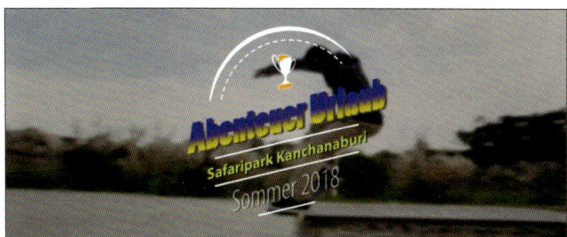

Der radiale Farbverlauf wird auf die gleiche Art und Weise erstellt. Da hier der Farbverlauf nicht gerade verläuft, sondern kreisförmig, sieht das Ergebnis ein wenig anders aus.

Beachten Sie bitte auch, dass Sie die Marker nach rechts und links verschieben können. So verändern Sie die Position der Start- und die der Zielfarbe.

10. Titel hinzufügen und anpassen

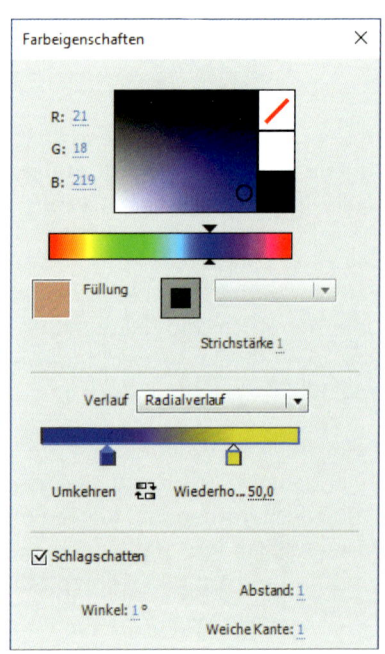

Die Funktion *Umkehren* für das Austauschen der Start- und Zielfarbe des Farbverlaufs ist auch beim Radialverlauf vorhanden. Statt eines *Winkels* können Sie hier die Option *Wiederholen* wählen.

Wählen Sie als Startfarbe ein dunkles Grün ❺ und als Zielfarbe ein helles Violett ❻. Positionieren Sie beide Marker weit links, so wie im Bild gezeigt. Geben Sie im Feld *Wiederholen* eine 50 ❼ ein.

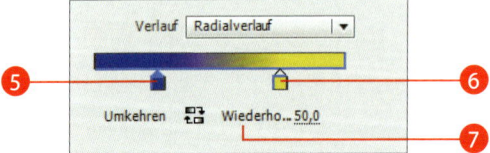

Beim *4-farbigen Verlauf* wählen Sie, so wie der Name bereits vermuten lässt, vier einzelne Farben. Dazu finden Sie im Dialog *Farbeigenschaften* ein Farbauswahlfeld mit vier Markern. Jeder Marker ist an einem der Eckpunkte des Farbfelds platziert. Markieren Sie den Marker in der linken oberen Ecke. Wählen Sie eine Farbe. Gehen Sie nacheinander auf jeden der Marker und bestimmen Sie dessen Farbe. Mit diesem Farbverlauf erhalten Sie sehr interessante und schöne Ergebnisse.

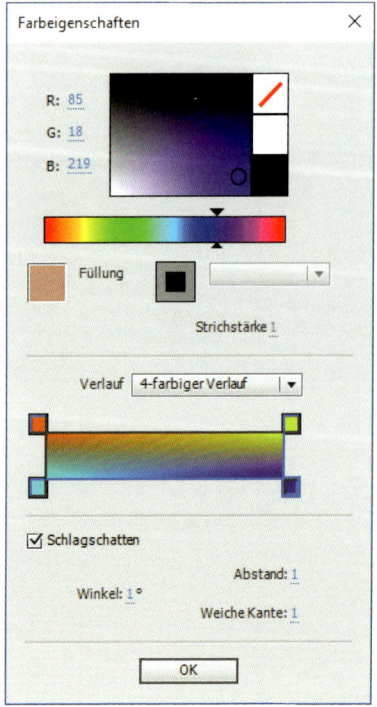

10.3 Animation des Titels auswählen

Im Bedienfeld *Bewegungstitel – Korrekturen* können Sie im Register *Animation* ❶ eine ganze Reihe verschiedener Animationen ❷ auswählen. Spielen Sie mit der Wiedergabe-Schaltfläche ❸ die vorhandenen Animationen ab.

Sie können eine der folgenden Animationen auswählen: *ZeichenweiseEinblenden*, *ZeilenweiseEinblenden*, *ZurMitteWischen*, *VonUntenEinfliegen*, *MitDrehungEinfliegen* und *ZickzackförmigHinein*.

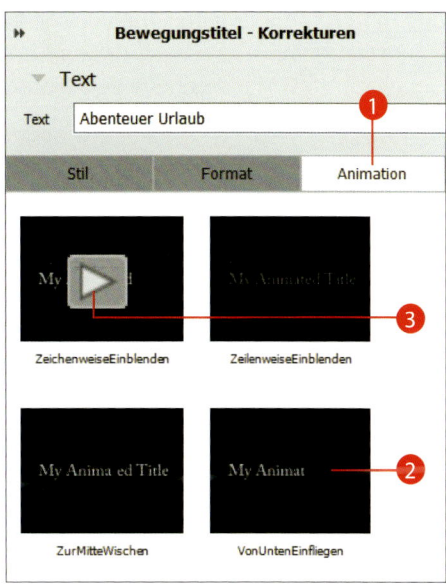

10.4 Grafiken bearbeiten

Die Grafiken der vorgegebenen Vorlage können Sie austauschen und verändern. Bei meiner gewählten Vorlage lässt sich der Pokal durch einen anderen oder durch einen Baseball oder einen Fußball austauschen. Möchten Sie dies tun, markieren Sie die Titelspur. Klicken Sie auf das *Anpassen*-Symbol in der Werkzeugleiste. Klicken Sie die Grafik in der Titelvorlage an, die Sie bearbeiten oder austauschen wollen. Sie sehen das Bedienfeld *Grafiken*. Rechts sehen Sie nun einige alternative Grafiken, die Sie statt des markierten Bildes verwenden können. Austauschen können Sie ebenfalls den äußeren Rahmen, der vom Skateboardfahrer ausgeht, und natürlich auch das Hintergrundbild.

10.5 Hintergrundbild austauschen

Das Hintergrundbild einer Titelvorlage lässt sich sehr einfach verändern. Auch hier markieren Sie zunächst die Titelvorlage ❶ und öffnen das *Anpassen*-Werkzeug ❷. Wählen Sie *Hintergrund* ❸. Markieren Sie den Hintergrund der Vorlage im Monitorfenster ❹.

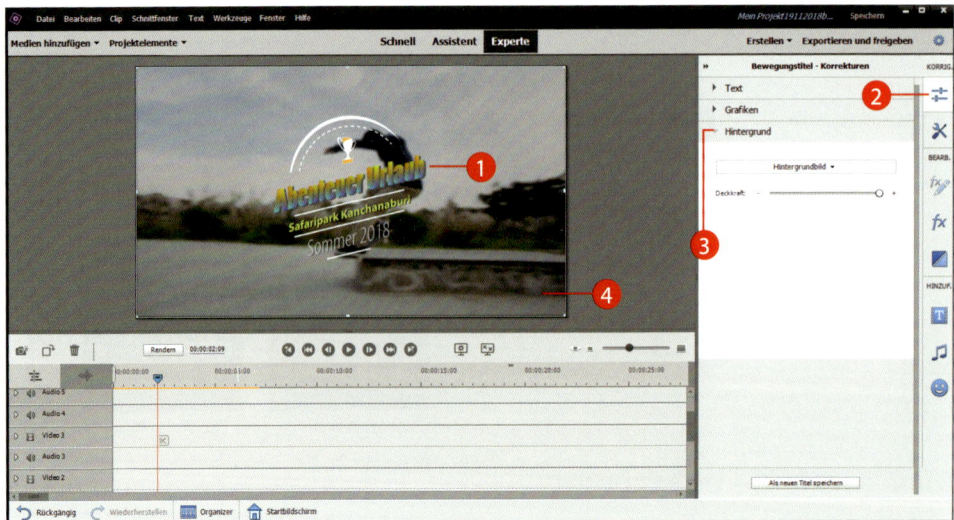

Sie finden nun im Bedienfeld ein Listenfeld ❺ (vorgegeben ist hier *Hintergrundbild*) und einen Schieberegler, mit dem Sie die Deckkraft ❻ einstellen können.

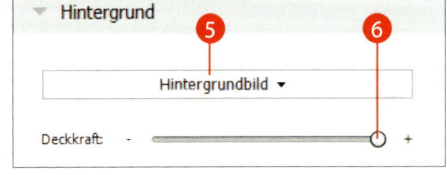

Über das Listenfeld können Sie neben dem vorgegebenen *Hintergrundbild* auch auswählen: *Transparent*, *Frame einfrieren* und *Farbfläche*. Mit *Transparent* wird der Hintergrund des Clips sichtbar. Darüber stehen nur noch die Textinhalte der Titelvorlage. *Frame einfrieren* verwendet ein Bild Ihres Clips als Hintergrundbild. *Farbfläche* ist selbsterklärend.

10.6 Das Ergebnis als neuen Titel speichern

Ganz unten im Bedienfeld *Bewegungstitel – Korrekturen* finden Sie die Schaltfläche *Als neuen Titel speichern* ❶, mit der Sie genau das tun können. Klicken Sie darauf. Tragen Sie im nachfolgend angezeigten Dialog einen Namen für die geänderte Vorlage ein und bestätigen Sie mit einem Mausklick auf *OK* ❷. Anschließend finden Sie die Vorlage unter *Bewegungstitel – Benutzerdefiniert* ❸.

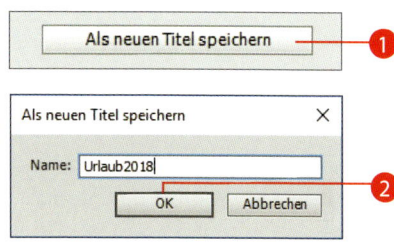

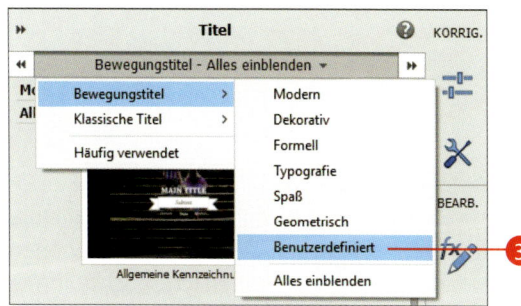

Natürlich können Sie auch die klassischen Titel und die Sprechblasen auf vielfältige Weise verändern und anpassen. Hier heißt das Bedienfeld dann nur *Anpassungen*.

11. Mit Text und Formen arbeiten

Die Arbeit mit Text gehört zu den Grundfunktionen eines Videoschnittprogramms. Im Titel und im Abspann wird Text eingegeben und formatiert. Dazu stehen Ihnen jede Menge Schriftfonts, Stile und Formatierungsoptionen zur Verfügung. In diesem Kapitel möchte ich Ihnen die Grundfunktionen für die Eingabe und Formatierung von Texten näherbringen. Sie lesen, wie Sie einen Standardtext eingeben und formatieren. Sie erfahren, wie Sie mit Formen arbeiten können und wie Texte über das Kontextmenü formatiert werden. Und ich zeige Ihnen, wie Sie in Adobe Premiere Elements 2019 animierte Texte und Bewegungstitel erstellen können.

11.1 Mit Text arbeiten

Einige Grundlagen zum Umgang mit Text in Adobe Premiere Elements 2019 haben Sie bereits kennengelernt. So haben Sie erfahren, wie Sie Titelvorlagen und Sprechblasen in Ihre Clips einfügen, mit einem Inhalt füllen und bearbeiten. Das Verändern der vorgegebenen Titelvorlagen war ein wichtiges Thema im vorangegangenen Kapitel. Ich möchte Ihnen nun zeigen, wie Sie eigene Texte in Ihre Clips einfügen und anpassen können.

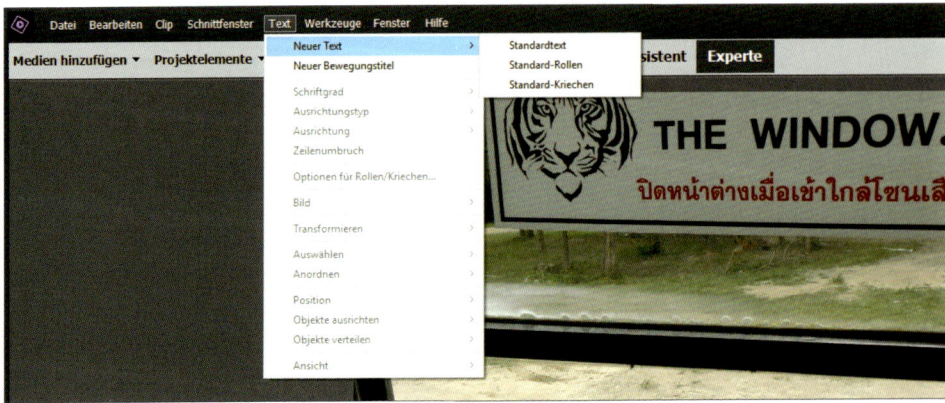

Wenn Sie keine Vorlage verwenden, fügen Sie Text in Ihre Clips über den gleichnamigen Menüeintrag ein. Beachten Sie bitte: Sie müssen sich dazu im Expertenmodus befinden. Im Schnellmodus sind beide Funktionen ausgegraut und stehen nicht zur Verfügung. An oberster Stelle finden Sie die beiden Punkte *Neuer Bewegungstitel* und *Neuer Text*. Unter *Neuer Text* finden Sie die Einträge *Standardtext*, *Standard-Rollen* und *Standard-Kriechen*. Der *Standardtext* ist ein einfacher Textinhalt, den Sie als Titelbild, Abspann oder auch Kapiteltext verwenden können. *Standard-Rollen* ist eine Textbox, deren Inhalt von unten nach oben in das Bild rollt. Sie kennen das sicherlich von Filmabspannen her. Mit *Standard-Kriechen* wird der Text von links nach rechts in das Bild eingeblendet.

Einen neuen Standardtext erstellen

Die Inhalte des Menüs *Text* sind, bis auf die obersten zwei, zunächst ausgegraut.

Sie werden verfügbar, sobald Sie sich für eines der möglichen Textelemente entschieden haben.

11.2 Einen neuen Standardtext erstellen

Setzen Sie den Zeiger in Ihrem Videoclip an die Position, an der Sie einen Text einfügen möchten ❶. In der Regel wird das am Beginn oder am Ende des Clips sein.

Wählen Sie über das Menü *Text/Neuer Text/Standardtext* ❷.

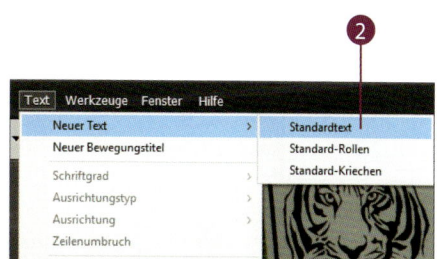

Im Clip erscheinen nun zwei Rahmen mit einem vorgegebenen Text. Dieser soll später durch Ihre Texte ersetzt werden. Der Text wird auf der Videospur *Video 2* abgelegt. Premiere Elements bezeichnet ihn mit *Titel01*. Wenn Sie möchten, können Sie dies ändern. Zie-

11. Mit Text und Formen arbeiten

hen Sie die Titelspur an die gewünschte Position. Um sie etwas besser sehen zu können, vergrößern Sie die Ansicht im Schnittfenster mit dem Zoomregler.

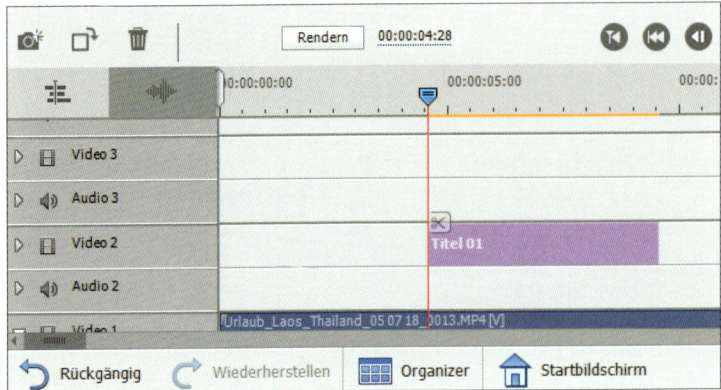

Text eingeben und formatieren

Wenn Sie das Werkzeug *Anpassen* schließen, sehen Sie, dass am Beginn Ihres Clips einige Sekunden lang der weiße Schriftzug *Text hinzufügen* erscheint. Der Textrahmen wird ausgeblendet. Ein sehr kreativer Titel. :-)

Öffnen Sie die *Anpassungen*. Markieren Sie den Text und ersetzen Sie ihn durch einen eigenen Text ❶. Es genügt auch, den Cursor an das Ende des Textes zu setzen. Mit der ⌫-Taste können Sie dann Text löschen und eigenen Text eingeben. Setzen Sie die Maus an den Beginn, überschreiben Sie einfach die Vorgabe. Drücken Sie die ↵-Taste, um einen Text in der nächsten Zeile einzugeben.

272

Einen neuen Standardtext erstellen

Der Text erscheint zunächst mit den Standardeinstellungen. Weiße Schrift, einfacher Stil, kein besonderer Schriftfont und keine besonderen Merkmale. Doch das lässt sich nach und nach ändern. Auf der Spur *Video 2* wird der Text abgelegt. Er heißt hier *Titel01*. Das können Sie, wenn Sie möchten, später noch ändern.

Die Textbox wird automatisch erstellt und an die Textmenge sowie -größe angepasst. Ändern Sie den Modus im Bedienfeld *Anpassungen/Text*. Der Standardmodus ist die Texteingabe. Für das Positionieren der Textbox wählen Sie in der Zeile *Modus* den Markierungspfeil (rechts unten) ❷.

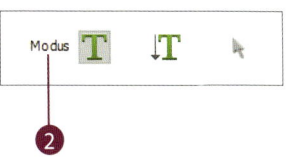

Klicken Sie nun in die Textbox. Drücken Sie die linke Maustaste. Halten Sie die Taste gedrückt und schieben Sie die Textbox an eine bessere Position im Bild.

Ich entscheide mich für ein Verschieben der Textbox etwas weiter nach oben und in die Mitte des Bildes. Nach dem Formatieren des Textes soll die Position noch einmal korrigiert werden. Dann setzen wir den Text mit zwei Schaltflächen genau mittig ins Bild.

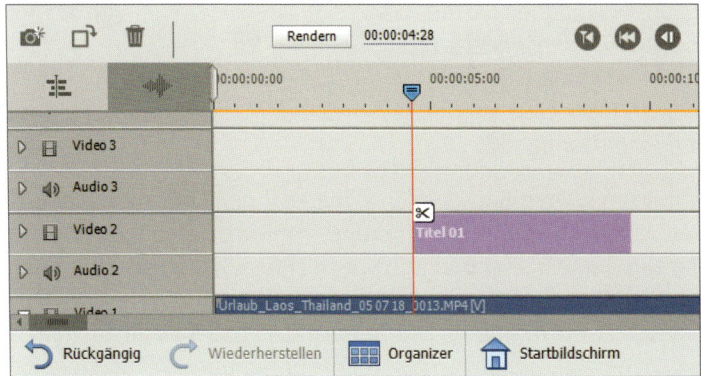

11. Mit Text und Formen arbeiten

Verwenden Sie nun die Optionen in den Registern *Text* und *Stil*, um die Textelemente anzupassen. Ein Stil bietet Ihnen gleich einen Schriftfont, eine passende Schriftgröße und -farbe. Mit den Optionen im Register *Text* 3 nehmen Sie alle Einstellungen selbst vor. Hier wählen Sie zunächst einen Schriftfont 4, geben die Größe 5 ein und die Farbe 6. Daneben können Sie den Text fett, kursiv und unterstrichen formatieren 7. Dann richten Sie den Text aus. Wie bei einer Textverarbeitung kann auch hier der Text linksbündig, mittig oder rechtsbündig 8 ausgerichtet sein.

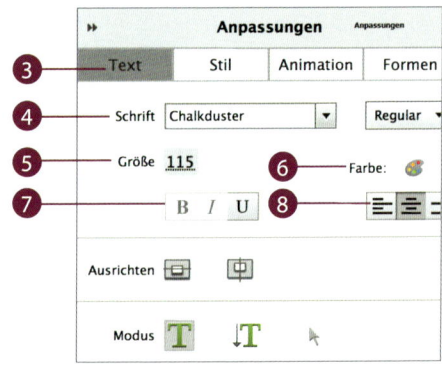

Um die Textbox nun exakt mittig in das Bild zu bringen, klicken Sie nacheinander auf die beiden Symbole in der Zeile *Ausrichten*. So wird die Textbox horizontal 9 und vertikal 10 genau mittig gesetzt.

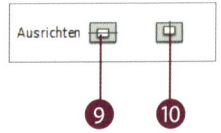

Natürlich können Sie auch hier zu einem Farbverlauf greifen oder einen der Stile verwenden. Diese Möglichkeiten haben Sie bereits in Kapitel 10 »Titel hinzufügen und anpassen« kennengelernt. Ein Mausklick in den Text bringt Sie automatisch in den Texteingabemodus. So können Sie Fehler korrigieren und den Text ergänzen. Aber vielleicht möchten Sie die Textelemente nicht direkt in das Bild setzen, sondern lieber auf einer eigenen »Tafel« platzieren. Dazu eignen sich die Formen gut, wie Sie im nächsten Abschnitt erfahren.

11.3 Formen verwenden

Mit einer Form platzieren Sie einen Text auf einer farbigen Fläche. Adobe Premiere Elements 2019 bietet Ihnen ein Rechteck, eine Ellipse und ein abgerundetes Rechteck an. Daneben können Sie mit dem »Linienzeichner« eigene Formen erstellen. Die Formen finden Sie im gleichnamigen Register des Bedienfelds *Anpassungen*. Markieren Sie die Textspur und öffnen Sie die *Anpassungen* 1.

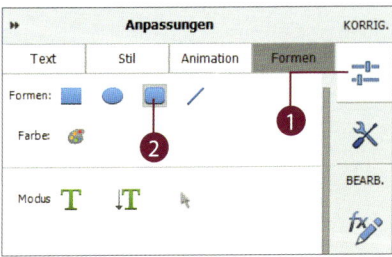

Wählen Sie eine der Formen aus. Premiere Elements bietet Ihnen drei verschiedene Formen an: ein Rechteck, eine Ellipse und ein abgerundetes Rechteck. Daneben können Sie mit dem Zeichenwerkzeug auch Freihand eine Form zeichnen. Ich entscheide mich für das abgerundete Rechteck 2. Setzen Sie die Maus in das Bild Ihres Clips im Monitorfenster 3. Orientieren Sie sich am Textrahmen. Drücken Sie die linke Maustaste. Halten Sie die Taste gedrückt und ziehen Sie die Maus nach rechts unten über das Bild, bis die

274

Formen verwenden

gewünschte Form erscheint ❹. Größe und Position können Sie im Anschluss noch korrigieren. Ebenso die Farbe der Form.

Klicken Sie nun auf die Symbolschaltfläche *Farbe* ❺. Achten Sie darauf, dass die Form im Monitorfenster gewählt ist. Der Dialog *Farbeigenschaften* ❻ klappt auf. Wählen Sie *Farbfläche* ❼ im Listenfeld *Verlauf*. Stellen Sie einen dunklen blauen Farbton ❽ ein. Bestätigen Sie mit *OK* ❾. Die Form hat nun eine blaue Farbe erhalten. Verschieben Sie die Form nun mit der Maus so, dass sie genau in den Rahmen passt. An den Anfassern links, rechts, oben, unten und in den Ecken können Sie die Form größer und kleiner ziehen.

In meinem Beispiel passt die Form nicht genau in den inneren Rahmen. Ich habe sie anschließend etwas in ihrer Größe angepasst. Beachten Sie bitte: Um die Position und Größe der Form zu verändern, müssen Sie in den *Anpassungen* im Register *Formen* des Bedienfelds *Text* die Form auswählen. Anschließend genügt ein Doppelklick in die Form und diese wird markiert. Außerdem sehen Sie so auch die Anfasser, mit denen Sie die Größe anpassen können.

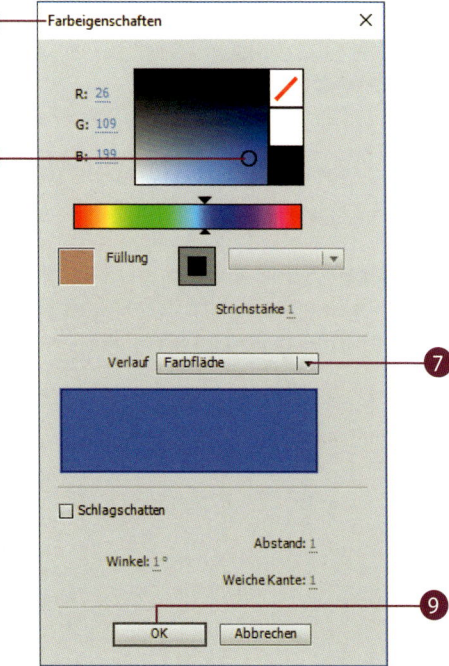

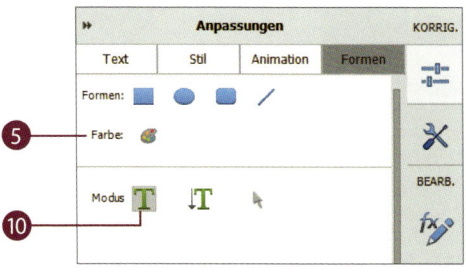

275

11. Mit Text und Formen arbeiten

Wählen Sie den Texteingabemodus über das Register *Formen* unter *Modus* und das erste T ❿ links. Nun können Sie Text in horizontaler Richtung eingeben. Mit dem T daneben lässt sich Text vertikal in eine Form oder in ein Videobild eintragen. Setzen Sie den Cursor in die Form. Schreiben Sie den Titel. Formatieren Sie den Text und richten Sie ihn aus. Übrigens: Die Funktionen zum Ausrichten können Sie auch für die Form nutzen. Sie wird dann mittig in das Bild gesetzt. So müssen Sie diese nicht mit den Anfassern anpassen.

Das Ergebnis sieht nicht gerade sehr überzeugend aus. Die erstellte Titelvorlage wirkt verspielt. Es genügt jedoch, um Ihnen einmal den Umgang mit einer Form zu zeigen. Bessere Ergebnisse erzielen Sie, wenn Sie auf die Form verzichten oder einen eigenen Bewegungstitel erstellen.

11.4 Textelemente über das Kontextmenü und das Menü formatieren

Eine ganze Reihe von Formatierungsbefehlen für den Umgang mit Text finden Sie im Kontextmenü und im Menü *Text*.

Schauen wir uns zunächst das Kontextmenü an:

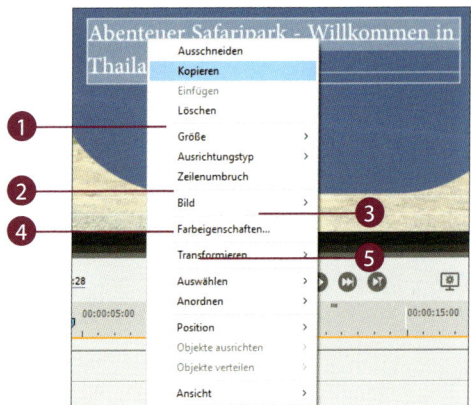

Textelemente über das Kontextmenü und das Menü formatieren

Sie öffnen das Kontextmenü über die rechte Maustaste. Ganz oben finden Sie die Funktionen zum Umgang mit der Zwischenablage ❶: *Ausschneiden*, *Kopieren*, *Einfügen* und *Löschen*. Unter *Größe* ❷ finden Sie vorgegebene Schriftgrößen, die Sie mit einem Mausklick verwenden können. Zu finden sind hier die Größenwerte *48*, *60*, *72*, *96*, *120*, *156* und *180*. Mit *Ausrichtungstyp* ❸ lässt sich die Schrift linksbündig, mittig oder rechtsbündig setzen. Verwenden Sie die Option *Zeilenumbruch* ❹, um einen solchen zu erstellen. Mit *Bild* ❺ können Sie ein Bild hinzufügen. Darauf komme ich noch zurück. Unter *Transformieren* ❻ finden Sie die Funktionen *Position*, *Drehung*, *Skalierung* und *Deckkraft*. Mit *Position* ❼ geben Sie die exakte Position der Textbox an. Dafür werden eine *X-Position* und eine *Y-Position* angegeben.

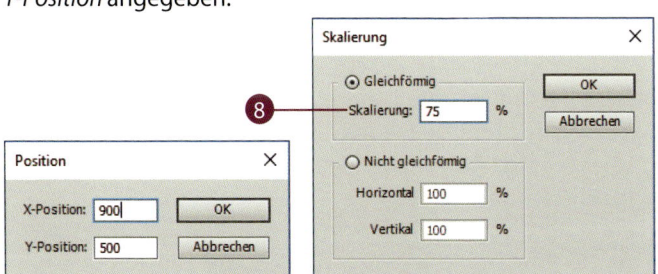

Mit *Skalierung* ❽ verkleinern oder vergrößern Sie die Schrift um einen bestimmten Prozentwert. In der Regel wird eine solche Größenänderung gleichförmig durchgeführt. Alternativ können Sie die Schrift ungleichförmig in ihrer Breite oder Höhe verändern. Haben Sie einen Text skaliert, ist unter *Größe* auch die Option *Sonstige* eingeschaltet.

Mit *Drehung* ❾ wird die Schrift um einen bestimmten Winkel gedreht.

Die Option *Deckkraft* ❿ erlaubt es Ihnen, auch eine transparente Schrift zu erstellen. Bei *100 %* ist der Hintergrund nicht zu sehen. *0 %* dagegen bedeutet, dass die Schrift komplett transparent und der Hintergrund zu sehen ist. Im Beispiel habe ich einmal eine Deckkraft von *35 %* verwendet. So ist die Schrift noch gut lesbar und zugleich ist der Hintergrund des Clips zu sehen.

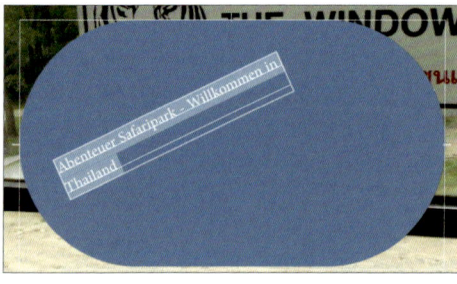 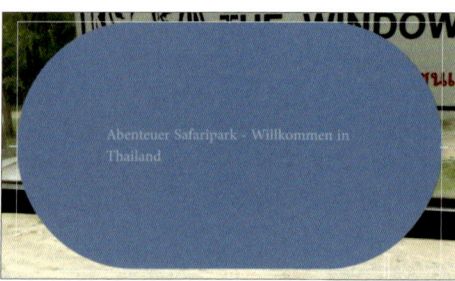

Die Funktion *Auswählen* erlaubt es, ein bestimmtes Objekt auszusuchen. Hier entscheiden Sie sich zwischen *Erstes Objekt oberhalb*, *Nächstes Objekt oberhalb*, *Nächstes Objekt unterhalb* und *Letztes Objekt unterhalb*. Diese Funktionen sind interessant, wenn Sie mehrere Textelemente in verschiedenen Ebenen anordnen möchten. Sie wählen das aus, was Sie verändern möchten. Zuvor verwenden Sie die Funktion *Anordnen*. Damit bestimmen Sie, welches Textobjekt über oder unter einem anderen liegt. Hier entscheiden Sie sich für *In den Vordergrund*, *Schrittweise vorwärts*, *In den Hintergrund* oder *Schrittweise rückwärts*. Mit *Position* tun Sie das Gleiche, was Sie auch mit der Ausrichten-Funktion im Bedienfeld tun können. Sie richten den Textblock aus. Hier steht Ihnen jedoch neben *Horizontal zentriert* und *Vertikal zentriert* zusätzlich die Funktion *Unteres Drittel* zur Verfügung.

Mehrere Textobjekte ausrichten und verteilen

Die beiden Menüpunkte *Objekte ausrichten* und *Objekte verteilen* sind sehr praktisch, wenn Sie zwei oder mehr Textboxen in Ihrem Titel verwenden. Dazu ein kleines Beispiel: In dem folgenden Bild habe ich vier Textboxen verwendet und sie ganz absichtlich wild auf dem Bild verteilt. Natürlich sieht das unschön aus.

Als Erstes markiere ich nur die oberste Textbox »Abenteuer Safaripark«. Mit der rechten Maustaste öffne ich das Kontextmenü und wähle hier *Position/Horizontal zentriert* ❶. Bei gedrückt gehaltener linker Maustaste ziehe ich nun einen Markierungsrahmen um alle Textboxen ❷. Achten Sie darauf, die Maus erst außerhalb des Monitorfensters zu platzieren. Drücken Sie die linke Maustaste. Halten Sie diese gedrückt und ziehen Sie sie über das komplette Monitorfenster. Nun sind alle Objekte markiert. Danach sind die Inhalte der beiden Menüzeilen *Objekte ausrichten* und *Objekte verteilen* nicht mehr ausgegraut. Öffnen Sie nun das Kontextmenü des markierten Inhalts und wählen Sie *Objekte ausrichten/Horizontal zentriert*.

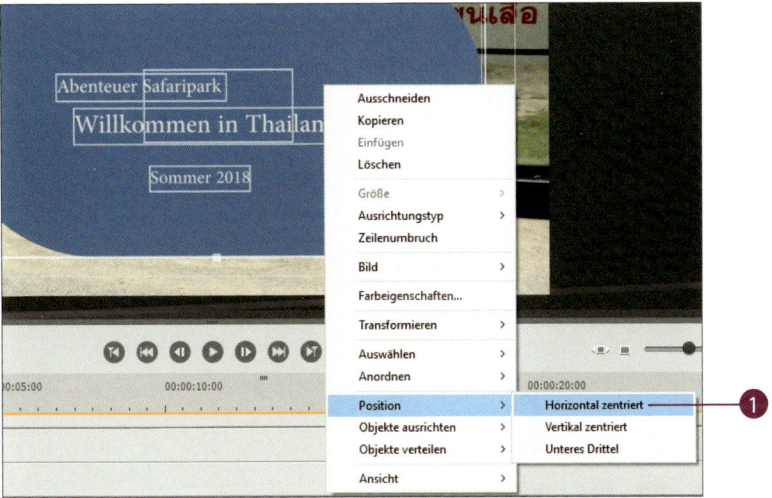

Alle Textboxen werden so an der obersten ausgerichtet. Richten Sie nicht zuerst die erste Zeile aus, werden sie unter der ersten zentriert und stehen nicht wirklich mittig im Bild. Bei einem Abspann

mit sehr vielen einzelnen Textzeilen ist *Objekte ausrichten* überaus nützlich und praktisch. Im Beispiel habe ich die einzelnen Textboxen zudem mit den *Ausrichten*-Symbolen in die richtige Position gebracht. Manchmal müssen Sie etwas herumprobieren und Elemente einzeln ausrichten oder auch eine genaue Position bestimmen.

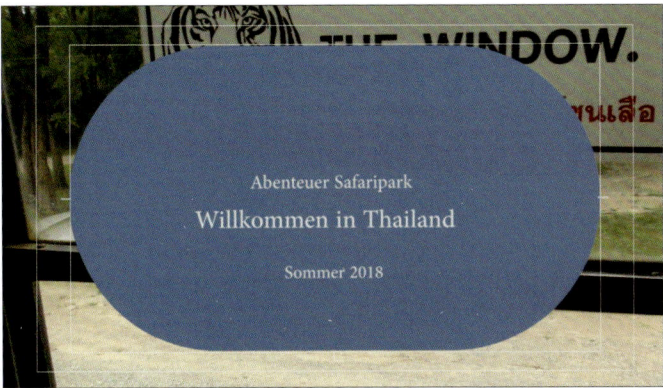

11. Mit Text und Formen arbeiten

Ein Bild hinzufügen

Möchten Sie Ihrem Titel ein Bild hinzufügen, öffnen Sie das Kontextmenü und wählen *Bild/Bild hinzufügen* ❶.

Der Explorer (Windows) bzw. der Finder (macOS) öffnet sich. Suchen Sie das Verzeichnis, in dem sich die Bilddatei befindet, die Sie einfügen wollen. Markieren Sie die Bilddatei ❷ und bestätigen Sie mit *Öffnen* ❸.

Das Bild wird zunächst mitten in der Form platziert. Schieben Sie die Bilddatei an die gewünschte Position. Mit den Anfassern passen Sie bei Bedarf die Größe an.

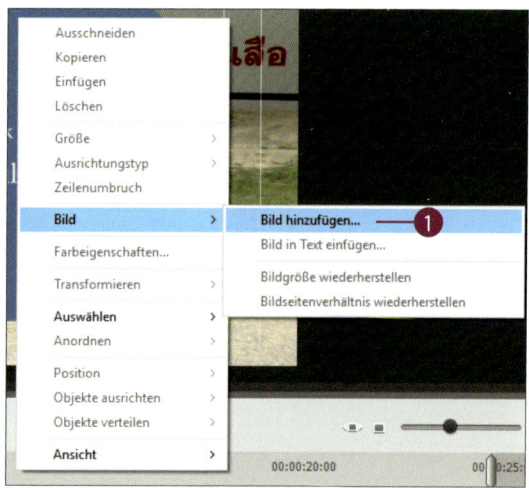

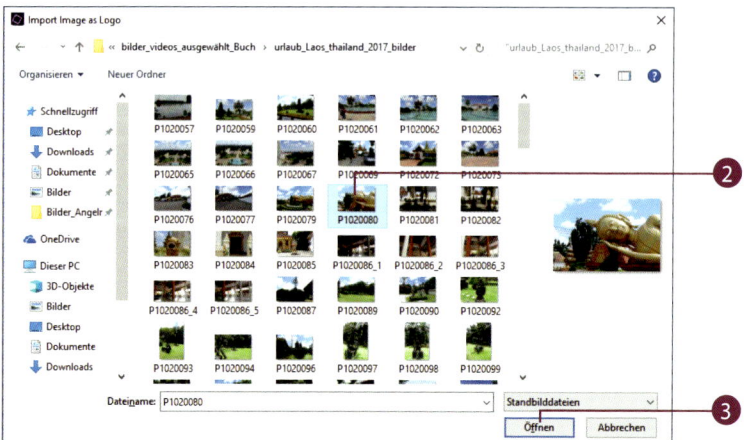

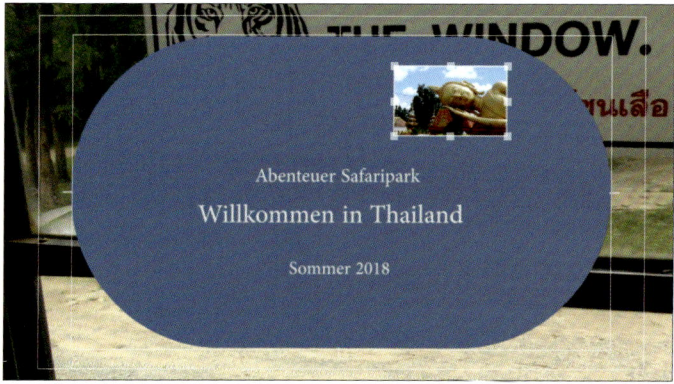

11.5 Animierte Texte erstellen

Mit den Funktionen *Standard-Rollen* und *Standard-Kriechen* erstellen Sie schnell und einfach einen Text, der sich durch das Bild bewegt. »Rollen« heißt dabei, dass der Text von unten nach oben läuft. Beim »Kriechen« bewegt sich der Text von links nach rechts durch das Bild. Dank der Funktionen im Menü sind beide Möglichkeiten schnell umgesetzt.

Wählen Sie *Text/Neuer Text/Standard-Rollen* ❶. Ersetzen Sie den vorgegebenen Text im Monitorfenster ❷.

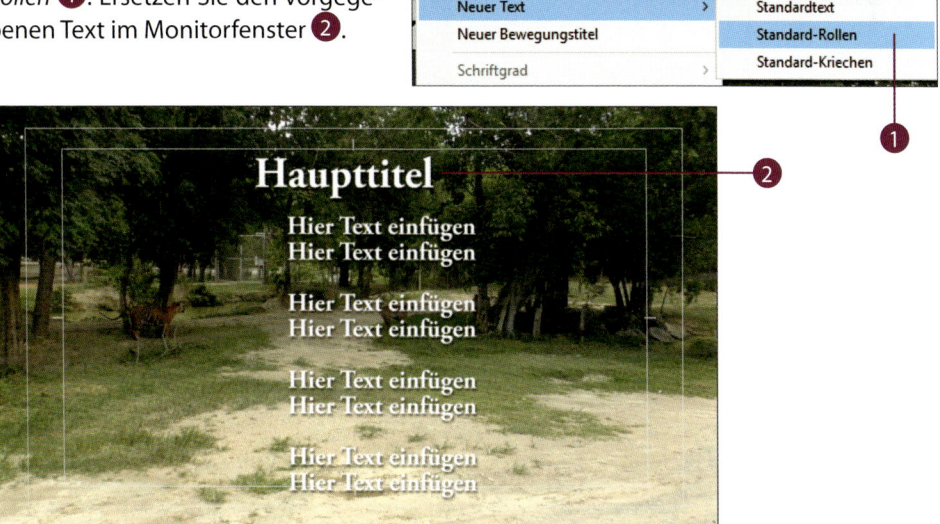

Um einen Titel zu erstellen, bei dem sich der Text waagerecht ins Bild bewegt, wählen Sie *Text/Neuer Text/Standard-Kriechen* ❸. Im Anschluss ersetzen Sie auch hier den vorgegebenen Text durch Ihren eigenen Text ❹.

11. Mit Text und Formen arbeiten

Die Einstellungen eines Titels, bei dem der Text rollt oder kriecht, erfolgen im Optionen-Dialog. Sie öffnen diesen mit *Text/Optionen für Rollen/Kriechen* ❺. Bei einem Titelbild, das rollt, wählen Sie im Dialog den Titeltyp *Rollen* ❻. Unter *Timing* ❼ können Sie bestimmen, ob der Text sich in das Bild hinein- und auch wieder aus diesem herausbewegt.

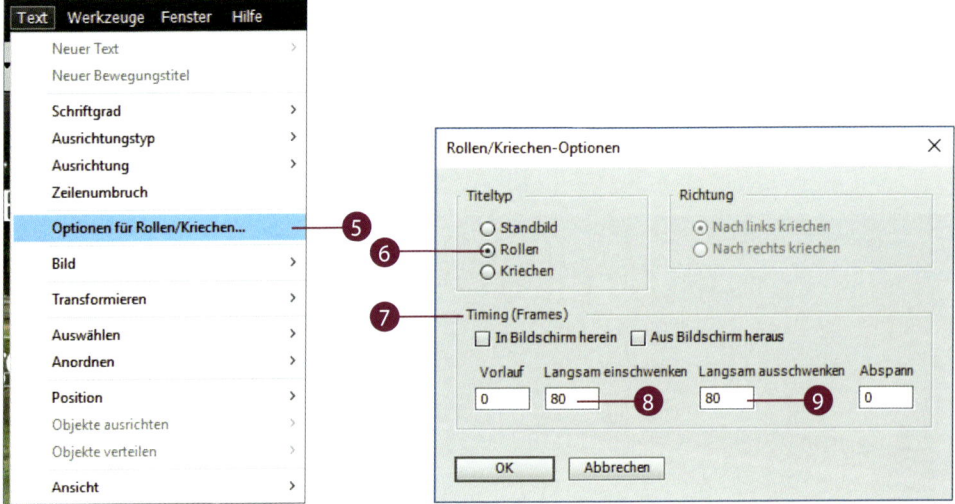

Die Geschwindigkeit des Textes stellen Sie in den Feldern *Langsam einschwenken* ❽ und *Langsam ausschwenken* ❾ ein. Bei einem Text, der sich waagerecht bewegt, wählen Sie im Dialog *Rollen/Kriechen-Optionen* den Titeltyp *Kriechen* ❿. Unter *Richtung* ⓫ bestimmen Sie, ob sich der Text nach rechts oder auch nach links bewegt. Auch hier legen Sie unter *Timing* ⓬ fest, ob er sich in das Bild hinein- und/oder auch aus dem Bild herausbewegt.

In den Feldern *Langsam einschwenken* ⓭ und *Langsam ausschwenken* ⓮ bestimmen Sie die Geschwindigkeit, mit der sich der Text bewegt. Mit der Einstellung *Standbild* wird der Text nicht bewegt. Die Einstellungen sind in diesem Fall ausgegraut.

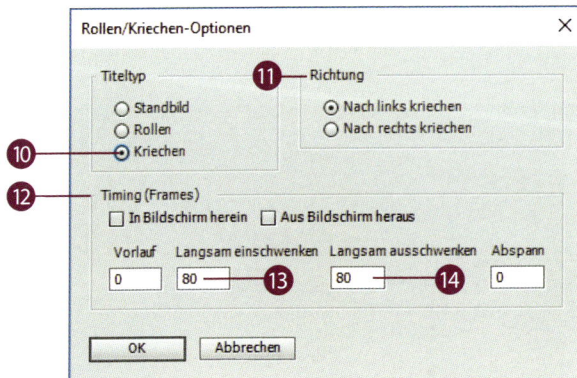

11.6 Einen eigenen Bewegungstitel erstellen

Um einen eigenen Bewegungstitel mit Adobe Premiere Elements 2019 zu erstellen, wählen Sie zuerst *Text/Neuer Bewegungstitel* ❶.

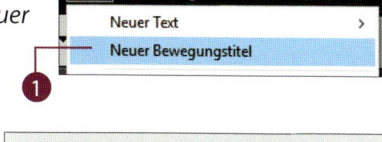

Sie sehen nun ein Titelbild. Ersetzen Sie den Text *MAIN TITLE* durch einen zu Ihrem Filmprojekt passenden Titel ❷.

Statt *Subtext* ❸ geben Sie einen passenden Untertitel ein. Ersetzen Sie das Wörtchen *Date* ❹ mit einem Datum, das zu Ihrem Filmprojekt passt.

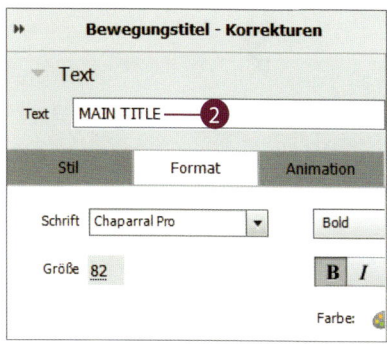

Die vorgegebenen Texte können Sie nicht direkt im Monitorfenster eingeben. Ersetzen Sie die Texte im Register *Text* des Bedienfelds *Bewegungstitel – Korrekturen* ❺.

Formatieren Sie die eingefügten Textelemente. Halten Sie das Ergebnis mit *Als neuen Titel speichern* fest.

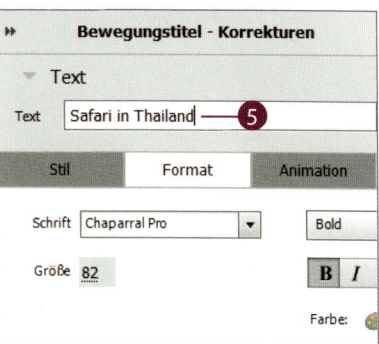

11. Mit Text und Formen arbeiten

Gefällt Ihnen das vorgegebene Hintergrundbild nicht, wählen Sie im Bedienfeld unter *Hintergrund* ❻ die Option *Transparent* ❼.

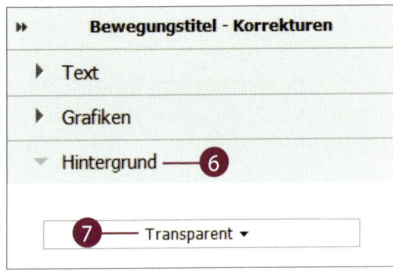

So sehen Sie die Bilder Ihres Clips über dem Titel. Alternativ können Sie auch eine Farbfläche wählen.

12. Mit Audio- und Musikelementen arbeiten

Audio- und Musikelemente machen einen Clip interessanter und lebendiger. Oft genügen die Audio-Inhalte, die Sie bei Filmen mit aufgenommen haben, nicht. Adobe Premiere Elements 2019 bietet Ihnen viele verschiedene Musikstücke und Audiogeräusche, die Sie in Ihrem Filmprojekt verwenden können.

Ich zeige Ihnen in diesem Kapitel, wo Sie diese Audio-Inhalte finden und wie Sie sie in Ihr Projekt einfügen. Sie erfahren, wie Sie einen einmal eingefügten Audioclip nachträglich bearbeiten können und wie Sie Audioclips im Expertenmodus in Ihr Projekt einfügen.

Am Ende des Kapitels stelle ich Ihnen alle Audioeffekte vor, die Sie im Programm finden.

12.1 Audio-Inhalte einfügen und bearbeiten

Das Einfügen von Audio-Inhalten im Schnellmodus erfolgt auf sehr einfache und schnelle Art und Weise. Klicken Sie in der Werkzeugleiste auf das Symbol *Audio zum Soundtrack hinzufügen* ❶. Sie erkennen es an dem Notenschlüssel.

Öffnen Sie das Menü und wählen Sie *Musik-Score/Atmosphärisch* ❷. Hören Sie sich nacheinander die einzelnen Sounds an. Sie können die Audioelemente direkt im Bedienfeld anhören und sich so einen ersten Eindruck davon verschaffen. Bewegen Sie die Maus auf ein Element, wird auf diesem eine Wiedergabe-Schaltfläche eingeblendet ❸. Ein Klick darauf spielt das Audioelement ab.

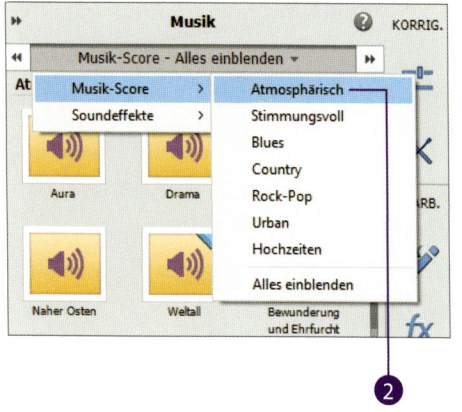

Haben Sie sich für einen Soundtrack entschieden, ziehen Sie ihn in das Schnittfenster auf die Schaltfläche *Musik hinzufügen* ❹.

Ist der Sound noch nicht auf der Festplatte vorhanden, wird er aus dem Internet auf Ihren Rechner geladen ❺. Warten Sie, bis der Download beendet ist. Sie können dies anhand eines Fortschrittsbalkens mitverfolgen.

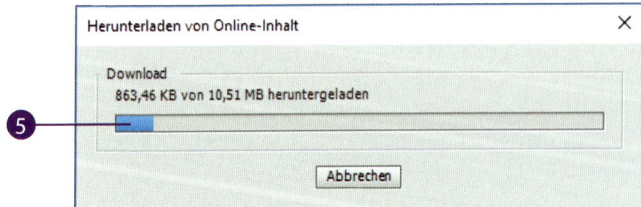

Klicken Sie auf die nach unten zeigende Pfeilschaltfläche auf der Musikspur. Mit einer Optionsschaltfläche können Sie die Musik ein- oder ausblenden. Mit einer weiteren Schaltfläche wird der Audioclip an den Film angepasst.

Die Audioelemente im Schnellmodus sind in die beiden Kategorien *Musik-Score* und *Soundeffekte* eingeteilt.

Unter *Musik-Score* finden Sie die folgenden untergeordneten Kategorien: *Atmosphärisch, Stimmungsvoll, Blues, Country, Rock-Pop, Urban, Hochzeiten.*

Soundeffekte enthält die folgenden Kategorien: *Umgebung, Tiere, Cartoon-Effekte, Unfälle, Feuer und Explosionen, Foley, Einschläge, Industrie, Flüssigkeiten, Science-Fiction, Technologie, Transport, Wetter.*

Die Audioeffekte machen einen Clip lebendiger. Nicht immer erhält man bei einer Aufnahme die passenden Umgebungsgeräusche dazu. Schauen Sie sich die verschiedenen Audioeffekte einfach einmal an.

12.2 Audioclips im Expertenmodus bearbeiten

Im Schnellmodus finden Sie im Schnittfenster den Namen des verwendeten Audiotracks ❶. Dahinter sehen Sie eine nach unten zeigende Pfeilschaltfläche ❷. Klicken Sie darauf, öffnet sich ein kleiner Dialog. Mit einem Schieberegler können Sie die Lautstärke der Musik erhöhen oder reduzieren ❸. Über die gleichnamigen Optionsschaltflächen lässt sich die Musik ein- ❹ oder auch ausblenden ❺. Mit *An Film anpassen* ❻ wird die Länge des Audiotracks an die Länge der Videospur angepasst. *Löschen* ❼ entfernt den Audiotrack aus dem Projekt.

Im Expertenmodus haben Sie dagegen mehr Möglichkeiten. Hier können Sie einen Audioclip bearbeiten und Audiofilter verwenden. Schauen wir uns das einmal näher an: Im Schnittfenster finden Sie den eingefügten Audioclip in der Spur *Musik*.

1. Den Eigenschaften-Dialog des Audioclips öffnen Sie mit einem Doppelklick ❶. Er zeigt die Score-Eigenschaften an.

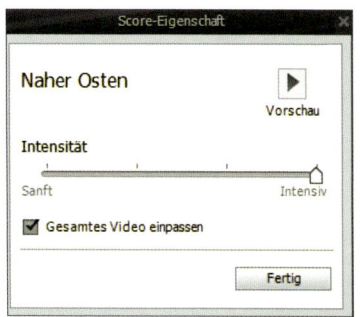

2. Setzen Sie die Maus auf den Audioclip (ohne zu klicken). Warten Sie einen kurzen Moment. Angezeigt werden der Name des Audioclips, sein Anfang und Ende sowie seine Dauer ❷.

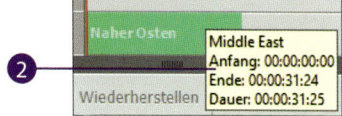

12. Mit Audio- und Musikelementen arbeiten

3. Über das Kontextmenü erhalten Sie Zugriff auf die Funktionen *Ausschneiden*, *Kopieren* und *Löschen* ❸, und Sie können zwei aufeinanderfolgende Audioclips auch mit einer *Überblendung* verbinden ❹.

4. Die Lautstärke und die Balance passen Sie über die gleichnamigen Bedienfelder an. Klicken Sie in der Werkzeugleiste auf *Anpassen*. Sie finden das Symbol gleich an der obersten Stelle ⓬.

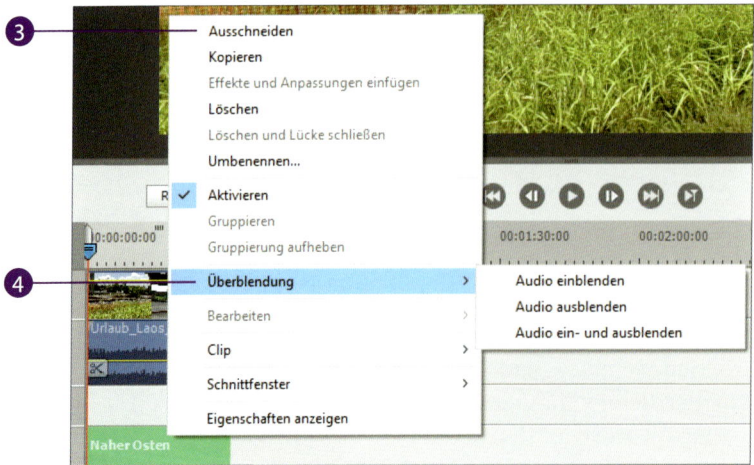

5. Öffnen Sie mit der Pfeilschaltfläche die *Anpassungen* ❺ und klappen Sie das Bedienfeld *Lautstärke* ❻ auf. Ziehen Sie den Schieberegler ❼ nach rechts oder links, um die Lautstärke des Audioclips anzupassen. Alternativ können Sie einen Wert in *dB* direkt eingeben ❽.

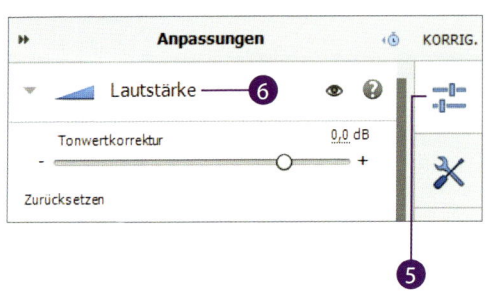

6. Öffnen Sie anschließend die Balance ❾ mit einem Klick auf die davorliegende Pfeilschaltfläche ❿. Verändern Sie die Einstellung mit dem Schieberegler ⓫. Auch hier können Sie einen Wert direkt eingeben ⓬.

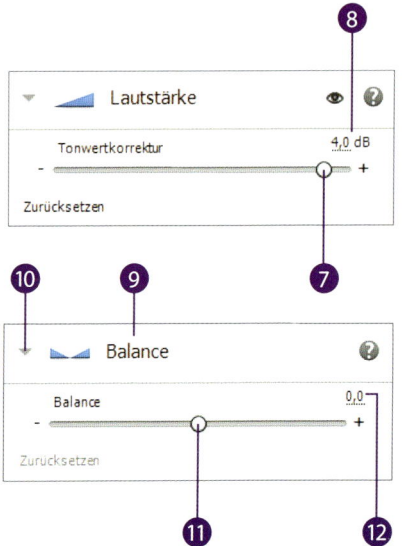

Audioclips im Expertenmodus bearbeiten

Über das Kontextmenü können Sie einen Audioclip *Löschen*, *Kopieren*, *Ausschneiden*, *Umbenennen* ❶. Über den Eintrag *Überblendung* ❷ lässt sich ein Audio-Inhalt ein- oder auch ausblenden.

Sehr wichtig ist die Funktion *Verbindung zwischen Video und Audio aufheben* ❸ für das Trennen der kombinierten Video- und Audio-Inhalte. Nutzen Sie die Funktion, um die Audio-Inhalte unabhängig von den Bildinhalten zu bearbeiten.

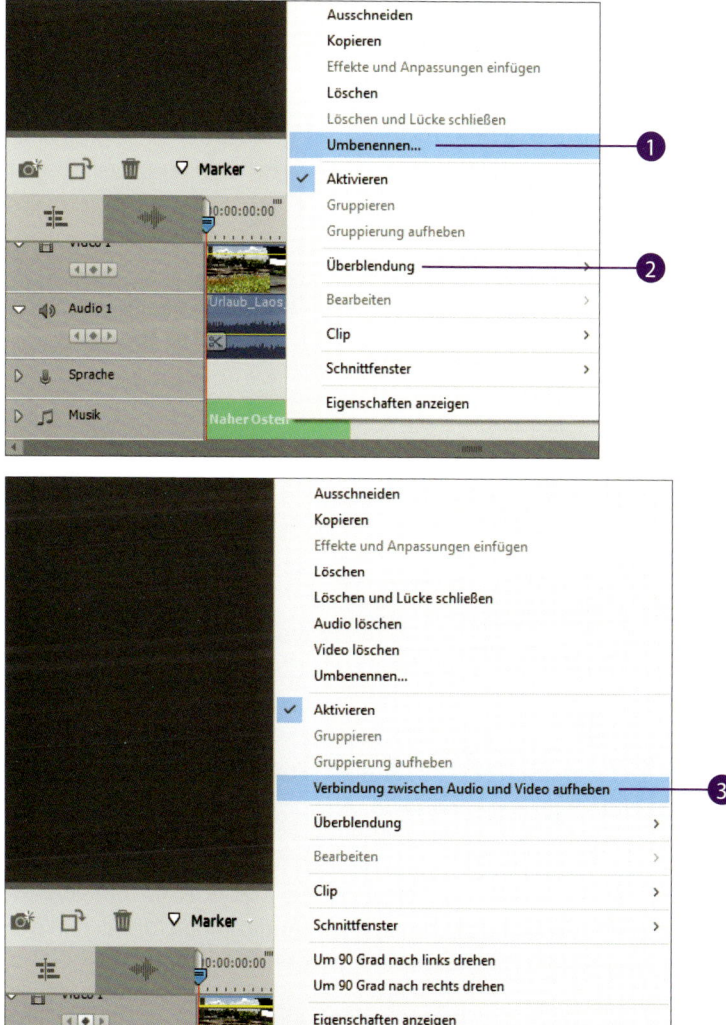

12. Mit Audio- und Musikelementen arbeiten

Nach dem Auftrennen wird die Audiospur andersfarbig hervorgehoben und ist nun deutlich von der Videospur zu unterscheiden ❹.

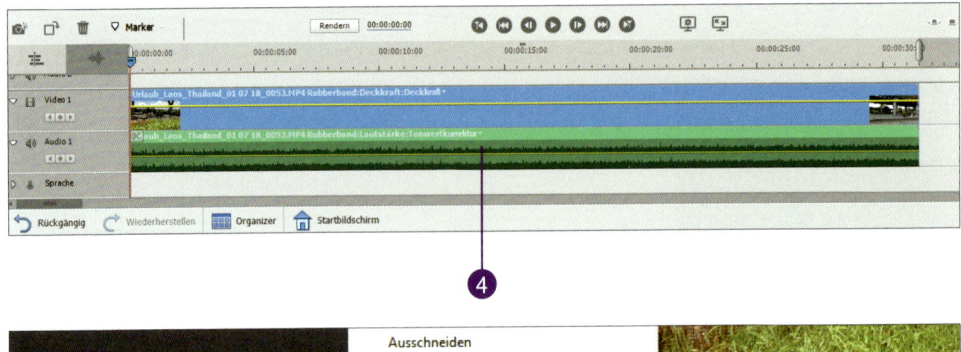

❹

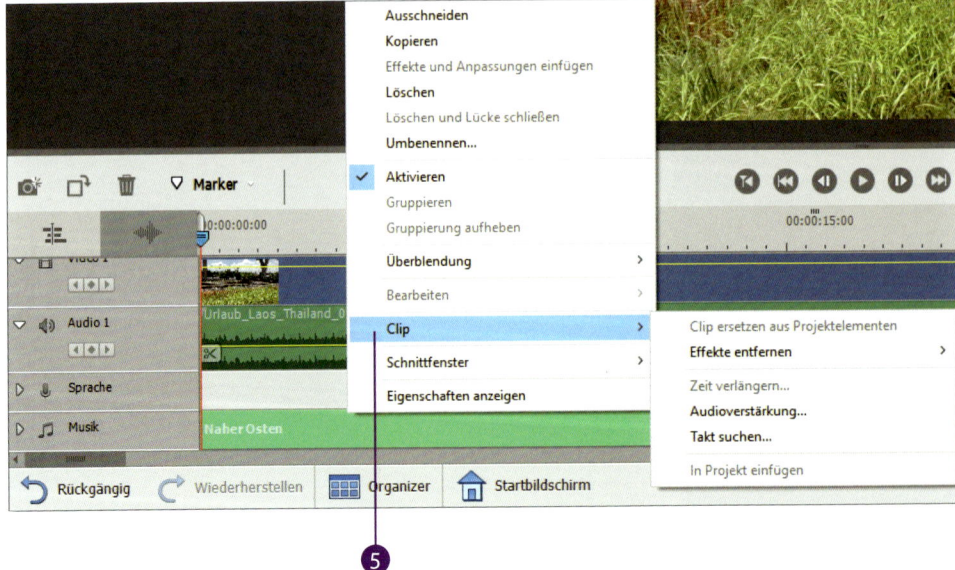

❺

Über das Kontextmenü der Audiospur erreichen Sie diese Funktionen ❺: *Clip ersetzen aus Projektelementen*, *Effekte entfernen*, *Zeit verlängern*, *Audioverstärkung*, *Takt suchen*, *In Projekt einfügen*.

Die *Audioverstärkung* haben Sie bereits kennengelernt. Mit *Clip ersetzen aus Projektelementen* können Sie den markierten Audioclip durch einen Audio-Inhalt, der sich in den Projektelementen befindet, austauschen. *Effekte entfernen* ist selbsterklärend.

Zeit verlängern erhöht oder senkt die Geschwindigkeit der Audioausgabe. Geben Sie zum Beispiel *75 %* ein, wird die Audioausgabe verlängert und die Audio-Inhalte werden gedehnt. Die Audiospur wird länger. Mit *125 %* wird der Inhalt schneller wiedergegeben und die Audiospur wird kürzer. Mit zwei Optionen können Sie die *Geschwindigkeit umkehren* und die *Tonhöhe beibehalten*.

Audioclips im Expertenmodus bearbeiten

Mit dem kleinen Kettensymbol ❻ hinter den Feldern *Geschwindigkeit* und *Dauer* können Sie die Abhängigkeit der beiden voneinander lösen.

Mit *Takt suchen* können Sie in einem Dialog die *Taktsuche-Einstellungen* anpassen. Sie legen das *Mindestintervall zwischen Takten* in Sekunden und die mögliche *Abweichung* in *dB* fest. Eine Erklärung zu den verschiedenen Einstellungen bekommen Sie gleich im Dialogfenster mitgeliefert.

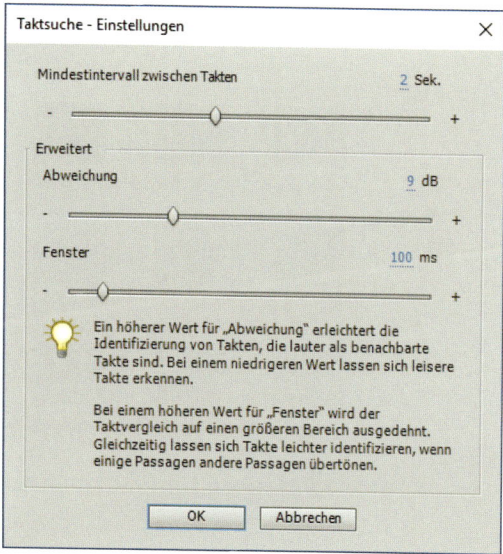

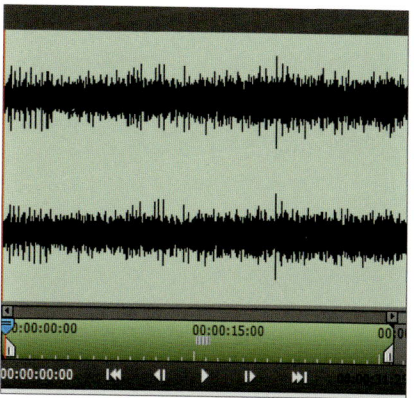

Ein Doppelklick auf eine Audiospur öffnet diese im Vorschaufenster. Hier ist es auch möglich, den Clip zu schneiden.

Dabei gehen Sie so vor wie beim Schneiden eines Videoclips. Verschieben Sie den linken und rechten Marker und grenzen Sie so den Bereich der Audiospur ein, den Sie behalten wollen. Im Schnittfenster sehen Sie sofort, dass die Audiospur verkleinert und angepasst wird.

291

12. Mit Audio- und Musikelementen arbeiten

12.3 Audioeffekte verwenden

Im Expertenmodus stehen Ihnen einige Audioeffekte zur Verfügung. Um sie zu verwenden, öffnen Sie mit der *fx*-Schaltfläche ❶ die *Effekte* und wählen *Audio* ❷. Öffnen Sie die Kategorie-Auswahl und wählen Sie *Audioeffekte* ❸.

Nun werden im Bedienfeld alle Audioeffekte eingeblendet ❹, die Ihnen im Programm zur Verfügung stehen.

Die Anwendung der Audioeffekte erfolgt ähnlich wie die der Videoeffekte. Ziehen Sie die Effekte per Drag-and-drop auf das Schnittfenster ❺. Natürlich ist hier das Ziel die Audiospur und nicht die Videospur.

Anschließend bearbeiten Sie im Bedienfeld des Audioeffekts die zugehörigen Einstellungen ❻. Hören Sie in den Clip. Passen Sie eventuell noch einmal die Einstellungen an. Sind Sie mit dem Ergebnis zufrieden, speichern Sie ihn ab.

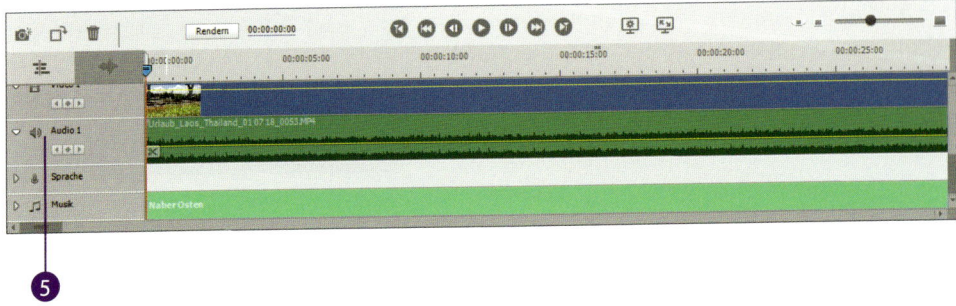

Audioeffekte verwenden

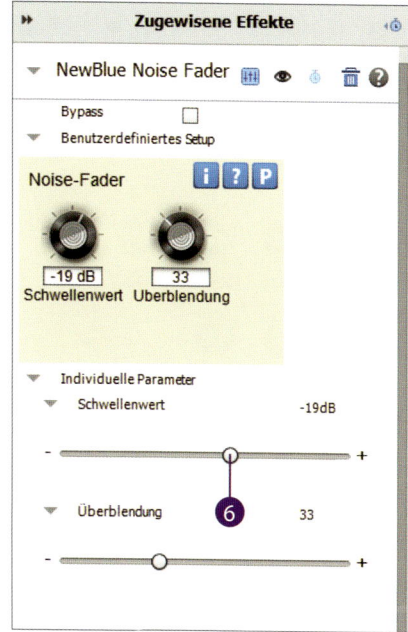

Sehen Sie sich in den nachfolgenden Abschnitten einmal die verschiedenen Audioeffekte an und erfahren Sie, was Sie damit tun können.

DeNoiser

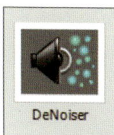

Dieser Filter analysiert die Audiospur und durchsucht sie nach Bandstörungen. Werden solche erkannt, entfernt er sie automatisch. Der Filter ist vor allem bei Aufzeichnungen von alten Tonband- und Kassettengeräten sehr praktisch.

Mit *Einfrieren* wird die Störpegelschätzung bei dem aktuell erreichten Wert angehalten. Mit *Reduzierung* geben Sie einen dB-Wert an, der den Bereich eingrenzt, aus dem Störungen entfernt werden. *Verschiebung* verbessert das Finden und Entfernen von Störungen, die durch die automatische Analyse nicht gefunden wurden.

Dynamik

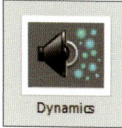

Dynamik entfernt nicht gewünschte Hintergrundgeräusche aus der Audiospur. Mit dem Filter können Sie auch eine Übersteuerung sowie eine Verzerrung der Audioausgabe verhindern oder auch mindern. Ein Mausklick auf das Dreiecksymbol öffnet die Einstellungen dieses Filters. Mit *AutoGate* tragen Sie den Pegel ein, der vom Eingangssignal überschritten werden muss. Alle unter diesem Wert liegenden Signale werden stummgeschaltet. Diese Option entfernt nicht gewünschte Hintergrundgeräusche.

12. Mit Audio- und Musikelementen arbeiten

Der Wert *Kompressor* bestimmt den Pegel und die Art der Komprimierung. Der Wert bestimmt auch die Zeit, die der Kompressor für eine Reaktion auf ein Signal braucht. Ebenso die Zeit, die die Verstärkung bis zum Originalpegel benötigt. Diese beiden Werte werden als »Öffnungszeit« und »Schließzeit« bezeichnet. Mit *Expander* werden alle Audiosignale unterhalb des Schwellenwertes auf das angegebene Verhältnis reduziert. Der Wert *Begrenzer* legt den höchsten Signalpegel fest.

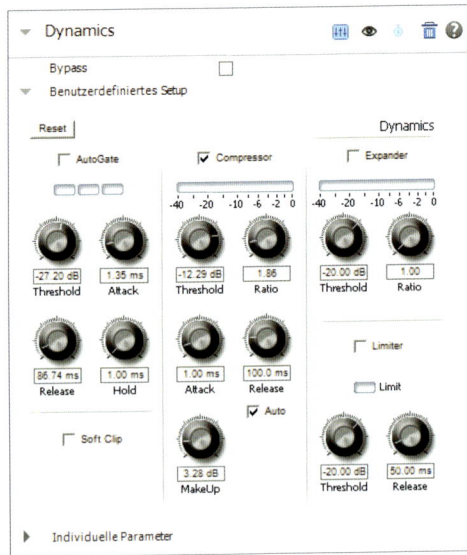

Einfacher Notch-Filter

Mit dem *Notch-Filter* werden störende Audio-Inhalte, wie zum Beispiel ein Brummen, entfernt. In den Filtereinstellungen müssen Sie die Frequenz des Störgeräusches einstellen.

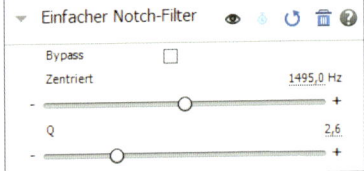

Hochpass

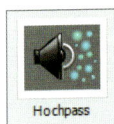

Der Hochpass-Effekt entfernt Frequenzen, die unterhalb eines bestimmten Schwellenwertbereichs liegen. Diesen Bereich legen Sie in den Einstellungen mit dem Schieberegler oder einer Zahleneingabe fest. Mit *Hochpass* können Sie dumpfe Geräusche, Poltergeräusche und Ähnliches entfernen. Der umgekehrte Effekt wird mit dem Audiofilter *Tiefpass* erreicht. Wie bereits erwähnt, erfolgt die Einstellung mit einem Schieberegler. Die Frequenz *1495,0 Hz* (Hertz) ist vorgegeben. Mit einer Optionsschaltfläche schalten Sie *Bypass* ein. Diese Option ist bei allen Audiofiltern vorhanden.

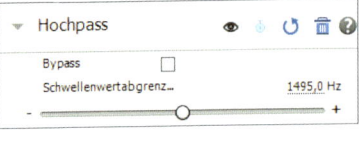

Kanäle vertauschen

Dieser Effekt kommt (fast) ohne Einstellungen aus. Nur eine Optionsschaltfläche für *Bypass* ist vorhanden. Der Audioeffekt tut nichts anderes, Sie werden es sich denken können, als dass er die Audiokanäle miteinander vertauscht.

Audioeffekte verwenden

Lautstärke/Kanal

Erhöhen oder senken Sie mit je einem Regler die Lautstärke des rechten oder linken Audiokanals. Wie bei allen anderen Einstellungen können Sie auch hier die gewünschten Werte direkt eingeben.

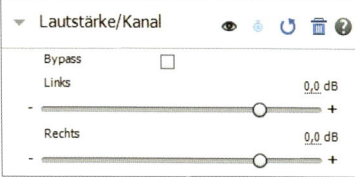

Links mit rechts füllen

Auch bei diesem Filter gibt es keine besonderen Einstellungen, mal abgesehen von der *Bypass*-Option. Der linke Audiokanal wird bei diesem Audioeffekt mit dem rechten gefüllt. Die Inhalte aus dem rechten Kanal werden bei diesem Effekt gelöscht. Die umgekehrte Variante gibt es natürlich auch.

NewBlue Audio Polish

Dieser Audiofilter verbessert die Audioqualität. Dazu stehen Ihnen die vier Einstellungen *Rauschreduzierung*, *Komprimierung*, *Helligkeit* und *Umgebungslicht* zur Verfügung.

Mit der *Rauschreduzierung* ❶ entfernen Sie Hintergrundrauschen. Der Effekt wird, wenn Sie den Regler nach rechts bewegen, verstärkt.

Die *Komprimierung* ❷ verstärkt Signale mit einem niedrigen Pegel. Diese Option ist bei Dialogen geeignet, um die Audioqualität zu verbessern.

Mit *Helligkeit* ❸ werden die Höhen verstärkt. Audio-Inhalte, die sich sehr dumpf anhören, werden mit dieser Option verbessert.

Umgebungslicht ❹ fügt dem Audio-Inhalt einen Hall-Effekt hinzu.

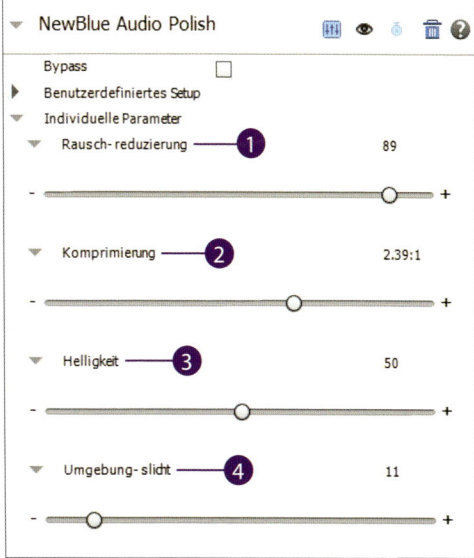

295

12. Mit Audio- und Musikelementen arbeiten

Über das Icon hinter dem Namen des Filters können Sie mehrere Vorgabeeinstellungen abrufen. Zur Verfügung stehen hier *Remove Noise*, *Add Ambience*, *Flatten*, *Overall Improvement* und *Brighten*.

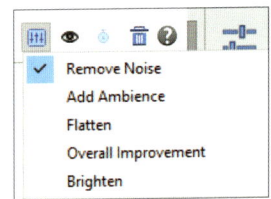

NewBlue Audio Mute

Mit der »automatischen Stummschaltung« entfernen Sie störendes Hintergrundrauschen. Dazu wird ein Schwellenwert angegeben. Ist dieser erreicht, wird der Ton abgeschaltet.

Diesen »Schwellenwert« legen Sie mit *Minimalpegel* ❶ fest. Nur Töne über diesem Pegel werden wiedergegeben. Geht der Ton unter den angegebenen Pegel, wird er entfernt. Steht der Regler ganz links, werden beinahe alle Töne wiedergegeben. Es werden kaum Töne gelöscht. Stellen Sie dagegen den Regler weit nach rechts, werden viele Töne entfernt und nur die, die am lautesten sind, werden wiedergegeben.

Mit *Abklingen* ❷ bestimmen Sie die Geschwindigkeit, mit der Töne entfernt werden. In der Regel haben Töne eine natürliche Abklingzeit. Wird ein Ton sehr schnell beendet, klingt dies nicht mehr natürlich. Die beste Einstellung erhalten Sie hier, wie so oft bei anderen Effekten auch, durch Ausprobieren. Eine Stellung des Reglers weit links sorgt für ein schnelles Abklingen. Dagegen bewirkt eine Reglerstellung weit rechts eine langsame Abklingzeit der Töne.

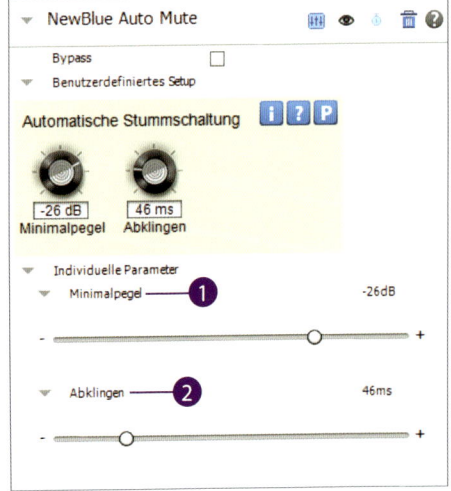

Auch hier gibt es ein Symbol, mit dem Sie Vorgaben auswählen und verwenden können. Auswählen können Sie *Conversation*, *Extreme* und *Minimal*.

NewBlue Cleaner

Dieser Filter kann auch als »Brummfilter« bezeichnet werden. Er entfernt »Brummen« aus dem Audiotrack. Oft entstehen derartige Störgeräusche durch elektrischen Strom. Ein Kabel liegt zu nah an einer Stromquelle und schon liegt ein Brummgeräusch auf dem Audioclip. Mit dem *NewBlue Cleaner* können Sie dieses störende Geräusch entfernen. Dazu stehen Ihnen die Regler *Rauschreduzierung*, *Brummfrequenz*, *Brummfilter* und *Brummoberwellen* zur Verfügung.

Audioeffekte verwenden

Mit *Rauschreduzierung* ❶ legen Sie die Stärke der Störgeräusche fest, die entfernt werden sollen. Hintergrundrauschen entfernen Sie, wenn der Regler weit rechts steht. Mit *Brummfrequenz* ❷ legen Sie die Frequenzstärke fest, die entfernt werden soll. Diese Angabe erfolgt in Hertz (*Hz*). Der *Brummfilter* ❸ wird in *dB* (Dezibel) angegeben. Die *Brummoberwellen* ❹ werden nur mit einem Zahlenwert angegeben. Damit legen Sie einen Wert fest, wie hoch die Brummtöne reichen.

Auch hier gibt es ein Symbol, mit dem Sie Voreinstellungen verwenden können. Möglich sind hier *Remove Noise*, *Remove 60 Hz Hum*, *Remove 50 Hz Hum* und *Hum and Noise Begone!*

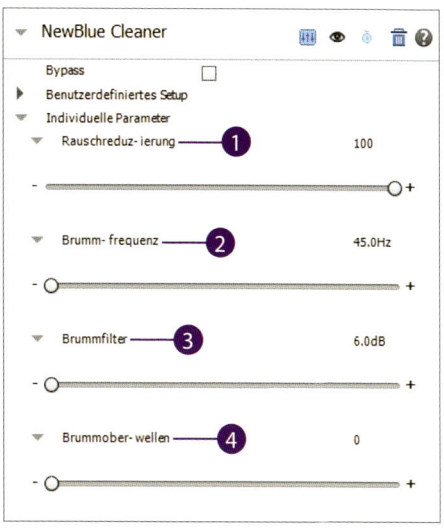

NewBlue Hum Remover

Ein weiterer Brummfilter. Sie geben eine *Frequenz* ❶ und eine *Stärke* ❷ an. Mit *Brummverzerrung* ❸ wird ein Brummton verzerrt. Über die Vorgabeschaltfläche können Sie die Einstellungen *Remove 60 Hz* und *Remove 50 Hz* abrufen und verwenden.

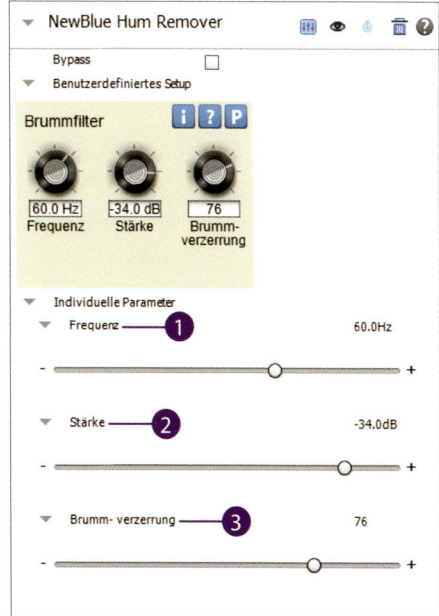

NewBlue Noise Fader

Mit diesem Filter wird ein Hintergrundrauschen aus der Audiospur entfernt. Dies geschieht durch »progressives Ausblenden leiser Töne«.

Mit dem *Schwellenwert* ❶ legen Sie den Signalpegel fest, ab dem die Töne entfernt werden. Alle Töne über diesem Schwellenwert werden ausgeblendet. Töne, die unter dem Schwellenwert liegen, bleiben unverändert. Mit *Überblendung* ❷ bestimmen Sie, wie Töne unterhalb des festgelegten Schwellenwertes überblendet werden. Über die Voreinstellungen-Schaltfläche können Sie die Vorgaben *Moderate*, *Stronger* und *Noise Gate* abrufen.

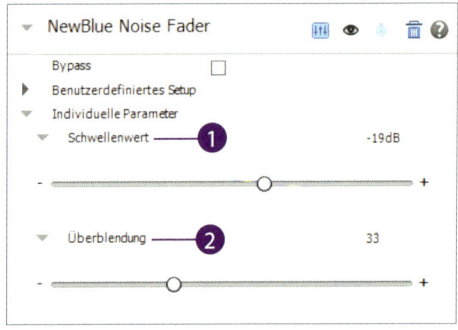

NewBlue Noice Reducer

Mit diesem Filter entfernen Sie Rauschen. Mit einem Schieberegler geben Sie die *Stärke* des Effekts an.

Bewegen Sie den Regler nach links, wird so gut wie kein Rauschen entfernt. Eine mittlere Stellung entfernt Rauschen und belässt laute Töne im Vordergrund. Der Effekt ist am stärksten, wenn der Regler weit rechts steht. Über den Schalter mit den Vorgabeeinstellungen können Sie die Optionen *Moderate*, *Just a Touch* und *Overboard* abrufen und verwenden.

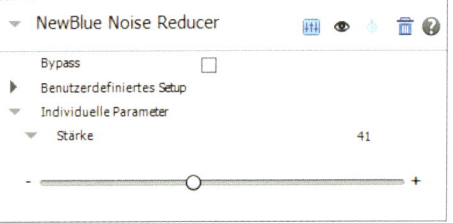

PitchShifter

Dieser Filter passt die Tonhöhe des eingehenden Signals an. So werden sehr hohe Stimmen tiefer. Auch der umgekehrte Effekt ist möglich.

Mit *Pitch* wird die Änderung der Tonhöhe angegeben. Diese Angabe erfolgt in halben Tönen. Mit *FineTune* kann die Einstellung nachjustiert werden.

Audioeffekte verwenden

Die Option *FormantPreserve* verhindert eine zu starke Veränderung der Tonlagen. Sie können mit der Option nicht übersteuert werden. Über das aufklappbare Optionsfeld können Sie verschiedene Vorgaben abrufen und verwenden.

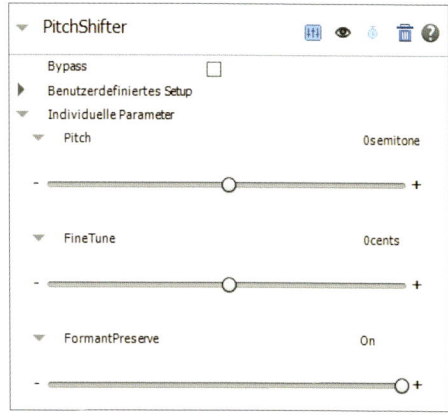

Rechts mit links füllen

Bei diesem Filter gibt es keine Einstellungen, nur die Option *Bypass* ist wie gewohnt vorhanden. Der rechte Audiokanal wird mit diesem Audioeffekt mit dem Inhalt des linken Audiokanals gefüllt. Die Inhalte aus dem linken Kanal werden bei diesem Effekt gelöscht.

Reverb

Dieser Effekt ergänzt einen Widerhallffekt, als wäre man in einem sehr großen Raum oder einer Höhle.

PreDelay legt dabei den Zeitraum fest, der vom Audiogeräusch bis zum Widerhalleffekt vergeht. Mit *Absorption* wird angegeben, wie stark (in Prozent) das Geräusch absorbiert wird. *Size* (Größe) legt die Größe des Raums fest und bestimmt damit auch den Widerhall selbst und natürlich den Zeitraum, bis dieser zu hören ist. Mit *Density* (Dichte) wird die Dichte des Widerhalls angegeben. Mit *LoDamp* und *HiDamp* wird die Dämpfung von niedrigen und hohen Frequenzen angegeben. Mit einem hohen *LoDamp*-Wert wird der Widerhalleffekt undeutlich und verschwommen. Ein niedriger *HiDamp*-Wert erzeugt einen samtigen, sehr soften Widerhalleffekt. Mit der Option *Mix* wird das Ausmaß des Effekts festgelegt.

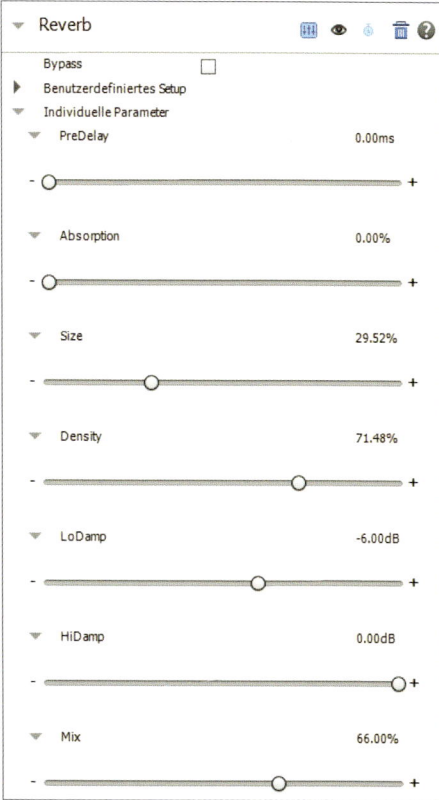

12. Mit Audio- und Musikelementen arbeiten

Tiefpass

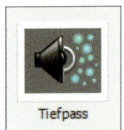

Dieser Audiofilter macht das Gegenteil vom Hochpass-Effekt. Er entfernt Frequenzen, die oberhalb eines bestimmten Schwellenwertbereichs liegen. Auch hier legen Sie den gewünschten Bereich mit einem Schieberegler oder einer Zahleneingabe fest.

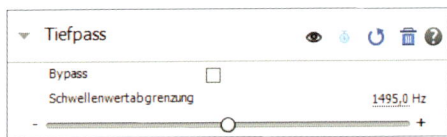

Mit *Tiefpass* können Sie schrille Geräusche, Pfeifgeräusche und Ähnliches entfernen. Die Frequenz *1495,0 Hz* (Hertz) ist vorgegeben.

Umkehren

Mit diesem Filter werden die Phasen aller Kanäle umgekehrt. Sie können mit diesem Filter einen Audiotrack, der mit einem zweiten Gerät aufgenommen wurde, synchronisieren.

Verzögerung

Dieser Filter fügt ein Echo der Audioausgabe in den Track ein. Mit der *Verzögerung* ❶ geben Sie an, nach welcher Zeitspanne das Echogeräusch eingefügt werden soll. Mit *Feedback* ❷ erstellen Sie mehrere Echogeräusche in einer Folge. Diese Angabe erfolgt in Prozent. Mit *Mischen* ❸ geben Sie die Stärke des Echos an.

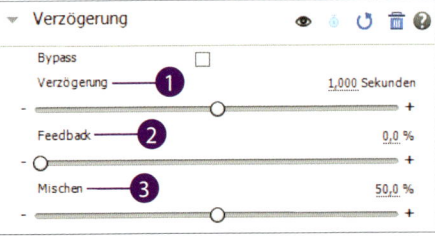

13. Mit Überblendungen einen Übergang zwischen zwei Clips schaffen

Mit Überblendungen schaffen Sie einen weichen Übergang von einem Clip zum nächsten. Es sieht sehr unschön aus, wenn ein Clip endet und abrupt der nächste beginnt. Die Überblendung macht den Film optisch attraktiver und auch schöner und angenehmer für den Betrachter. Eine kleine Animation führt von einem Clip zum nächsten. In diesem Kapitel zeige ich Ihnen, wie Sie in der Schnellansicht und in der Expertenansicht eine solche Überblendung einfügen. Und Sie erfahren, wie Sie sie in beiden Ansichtstypen nachträglich bearbeiten können.

13.1 Überblendungen einsetzen

Im Unterschied zu den Effekten verändert eine Überblendung nicht einen Clip, sondern erstellt einen Übergang zwischen zwei aneinanderliegenden Clips. So erhalten Sie eine »weiche« Umschaltung von einem Clip zum nächsten. Verwendet wird dafür eine kleine Animation. Bevor ich Ihnen zeige, wie Sie mit Adobe Premiere Elements 2019 eine Überblendung erstellen, möchte ich Ihnen zuvor ein paar kleine Grundlagen zum Thema näherbringen.

Sie können einen Clip ausblenden und den nachfolgenden einblenden. Das kann »hart« geschehen: Clip 1 endet und Clip 2 beginnt. Einen Übergang gibt es hier nicht. Das sieht natürlich in der Wiedergabe sehr unschön aus.

Im folgenden Beispiel habe ich drei Clips im Projekt platziert. Endet Clip 1, gibt es einen kurzen Zwischenraum. Bei der Wiedergabe wird für einen kurzen Augenblick ein schwarzes Bild angezeigt. Auch das sieht nicht sehr schön aus.

Eine Animation macht daraus einen »weichen« Übergang. Ein Beispiel: Der nachfolgende Clip wird mit einer sich umblätternden Buchseite eingeblendet.

13. Mit Überblendungen einen Übergang zwischen zwei Clips schaffen

Eine Überblendung wird im Regelfall zwischen zwei Clips gesetzt. Sie kann jedoch auch am Beginn oder am Ende eines Projekts stehen. Hierbei wird die Überblendung von Schwarz zum Clip oder umgekehrt vom Clip zu Schwarz erstellt.

Die Überblendung zwischen zwei Clips überlappt immer einige Frames. Bei zugeschnittenen Clips werden die Frames direkt hinter dem In- oder Out-Point für die Überblendung genutzt. Das heißt, abgeschnittene Frames werden vom Überblendeffekt genutzt. Löschen Sie beim Erstellen von Überblendungen keine Frames. Nur so können diese auch für den Überblendeffekt verwendet werden.

Wurden die Frames nicht zugeschnitten, wiederholt Adobe Premiere Elements Frames und nutzt dies für die Überblendung.

13.2 Überblendungen in der Schnellansicht einfügen

In der Schnellansicht werden die verschiedenen Clips nicht direkt aneinandergesetzt. Zwischen den verschiedenen Clips gibt es einen Zwischenraum. Beim Abspielen jedoch wird Clip 2 direkt nach Clip 1 abgespielt.

302

Überblendungen in der Schnellansicht einfügen

In der Schnellansicht stehen Ihnen 16 einfache Überblendungen zur Auswahl bereit. In der Expertenansicht bietet Ihnen das Programm verschiedene Kategorien an. Darin finden Sie eine Vielzahl ganz unterschiedlicher Überblendungseffekte. Hinzu kommt, dass Adobe Premiere Elements in der Expertenansicht zwischen Video- und Audioüberblendungen unterscheidet. Unter *Audio* finden Sie allerdings nur zwei Überblendungseffekte: *Konstante Leistung* und *Konstante Verstärkung*.

Die Überblendungen werden sehr einfach im Videoprojekt platziert. Es sind nur wenige Mausklicks notwendig:

Klicken Sie im Schnittfenster auf das Viereck ❶, das sich zwischen zwei Videoclips befindet. Sie finden es auch vor dem ersten Clip und hinter dem letzten Clip. Schauen Sie sich die einzelnen Überblendungen an. Klicken Sie auf eine Überblendung. Die Animation wird in einer Vorschau abgespielt.

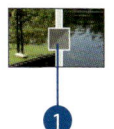

Im Beispiel entscheide ich mich für die Überblendung *Seite aufrollen* ❷. Ziehen Sie die gewählte Überblendung zwischen die beiden Clips ❸.

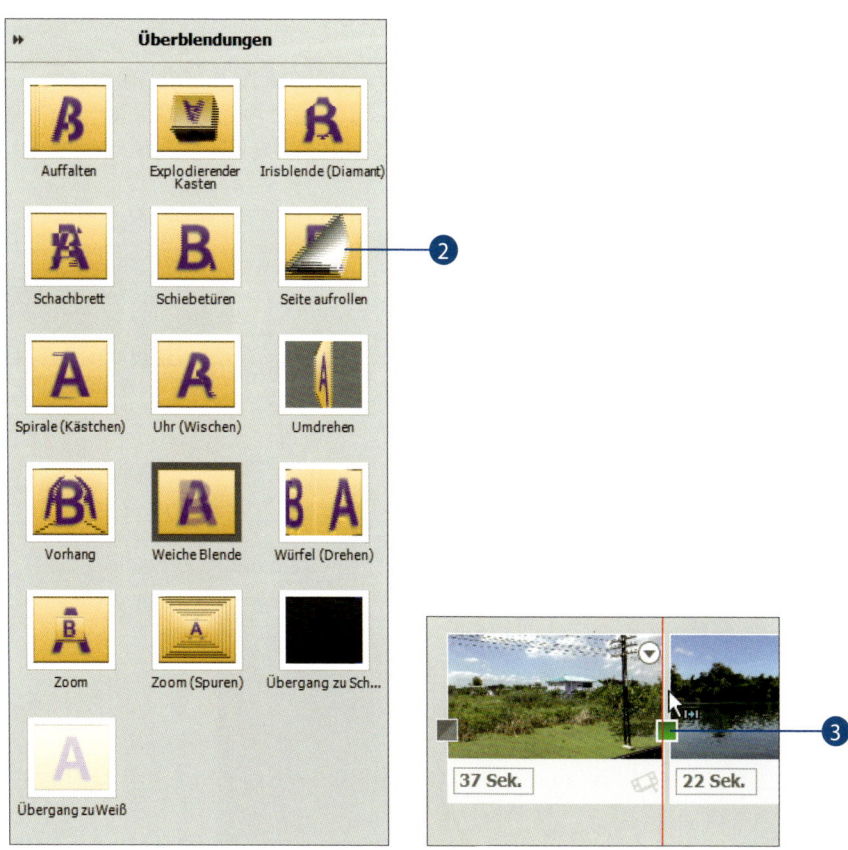

13. Mit Überblendungen einen Übergang zwischen zwei Clips schaffen

Das Dialogfenster *Überblendungsanpassungen* klappt auf. Mit ihm stellen Sie die Überblendung ein. Im Beispiel erhöhe ich die *Dauer* auf *3* Sekunden ❹. Klicken Sie auf *Weitere* ❺. Die erweiterten Einstellungen sind in der vorgegebenen Auswahl gut gewählt. Sie müssen nicht angepasst werden. Dennoch möchte ich sie einmal der Vollständigkeit halber erwähnen.

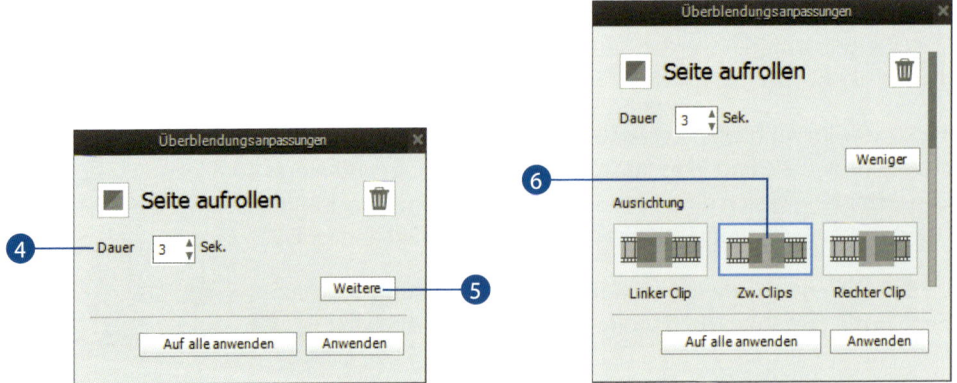

Die Ausrichtung *Zw. Clips* ❻ (zwischen den Clips) ist eine gute Wahl. Die vorgegebene Einstellung lasse ich bestehen. Möglich ist auch *Linker Clip* und *Rechter Clip*. Mit *Auf alle anwenden* wird der Effekt mit den gemachten Einstellungen bei allen Clips verwendet. Schließen Sie den Dialog mit *Anwenden*.

In der Vorschau im Monitorfenster sehen Sie, wie die Überblendung mit Ihren Clips aussieht. Die Überblendung wird in der Videospur mit einem gelb eingefärbten Viereck gekennzeichnet. Ein Doppelklick darauf öffnet die *Überblendungsanpassungen*. Hier können Sie die Einstellungen der Überblendung verändern. Darauf komme ich noch zurück.

304

Damit die Überblendung exakt das Bild *A* zu Bild *B* umblättert, muss die Überblendungseinstellung wie folgt aussehen. Bei Bild *A* liegt der Regler links an. Bei Bild *B* liegt er rechts an. Wie immer gilt auch hier: Probieren Sie verschiedene Einstellungen aus. Experimentieren Sie ein wenig! Nehmen Sie dann die Einstellung und den Überblendungseffekt, der Ihnen am besten gefällt.

13.3 Die verschiedenen Überblendungen der Schnellansicht

16 verschiedene Überblendungen stehen Ihnen in der Schnellansicht zur Verfügung:

Auffalten, Explodierender Kasten, Irisblende (Diamant), Schachbrett, Schiebetüren, Seite aufrollen, Spirale (Kästchen), Uhr (Wischen), Umdrehen, Vorhang, Weiche Blende, Würfel (Drehen), Zoom, Zoom (Spuren), Übergang zu Schwarz und *Übergang zu Weiß*.

Setzen Sie die Maus auf eines der Piktogramme. Die Animation der Überblendung wird in einer kleinen Vorschau abgespielt.

Möchten Sie eine Überblendung verwenden, ziehen Sie sie in das Schnittfenster.

13.4 Überblendungen in der Expertenansicht einfügen

Im Expertenmodus liegen verschiedene Clips in der Videospur eng aneinander. Es gibt hier keinen Zwischenraum zwischen den verschiedenen Clips. Lediglich der Rand des Clips und die verschiedenen Namen am oberen Rand zeigen, dass es verschiedene Clips sind.

In der Expertenansicht können Sie viel mehr Überblendungen nutzen. Es steht Ihnen eine große Anzahl an Animationen zur Verfügung, die Sie sehr einfach in Ihren Projekten verwenden können.

13. Mit Überblendungen einen Übergang zwischen zwei Clips schaffen

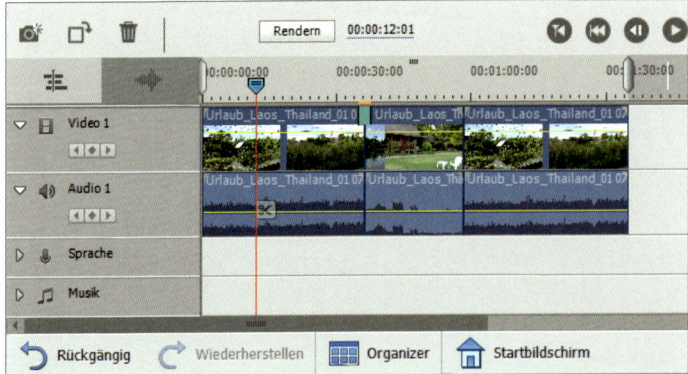

Klicken Sie in der Werkzeugleiste am rechten Rand von Premiere Elements auf das Symbol für die Überblendungen ❶. Wählen Sie zuerst *Video* ❷ und entscheiden Sie sich dann für eine *Kategorie* ❸. Sie schauen sich die Vorschauen der Überblendungen in der gewählten Kategorie an und entscheiden sich für eine davon. Sie ziehen diese in Ihr Projekt und passen die Einstellungen der Überblendung an.

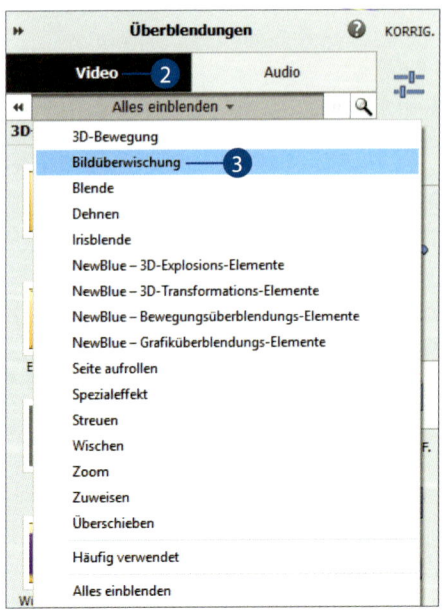

Ihnen stehen die folgenden Kategorien zur Verfügung:

- *3D-Bewegung*
- *Bildüberwischung*
- *Blende*
- *Dehnen*
- *Irisblende*
- *NewBlue – 3D-Explosions-Elemente*
- *NewBlue – 3D-Transformations-Elemente*
- *NewBlue – Bewegungsüberblendungs-Elemente*
- *NewBlue – Grafiküberblendungs-Elemente*
- *Seite aufrollen*
- *Spezialeffekt*
- *Streuen*
- *Wischen*
- *Zoom*
- *Zuweisen*
- *Überschieben*

Überblendungen in der Expertenansicht einfügen

Da es doch ein paar kleine Unterschiede zur Anwendung in der Schnellansicht gibt und die Optik etwas anders ist, möchte ich die einzelnen Schritte nachfolgend aufzeigen.

Achten Sie darauf, dass Sie sich im Modus *Experte* ❹ befinden. Klicken Sie in der Werkzeugleiste auf *Überblendungen* ❺. Wählen Sie *Video* ❻. Öffnen Sie die Kategorieauswahl und bestimmen Sie die Kategorie, in der sich der gesuchte Effekt befindet. Im Beispiel wähle ich *NewBlue – 3D-Transformations-Elemente* ❼.

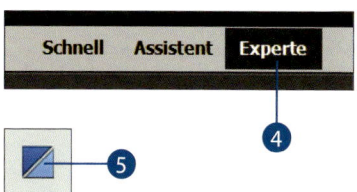

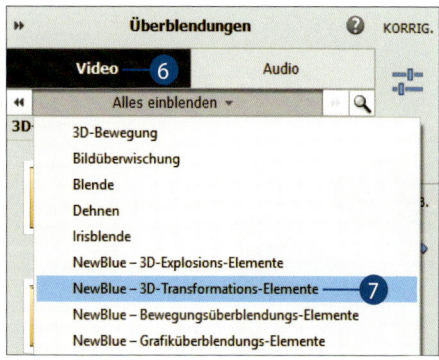

Klicken Sie einmal der Reihe nach die verschiedenen Übergänge an. Schauen Sie sich die Animationen derselben an. Entscheiden Sie sich für einen der Übergänge (im Beispiel wähle ich *Tic Tac Toe*). Klicken Sie diesen an und ziehen Sie ihn in das Schnittfenster. Platzieren Sie ihn am Ende oder am Anfang eines Clips ❽. Auch hier ändert sich der Cursor und zeigt so an, wo Sie den Übergang platzieren können.

Passen Sie nun die *Überblendungsanpassungen* ❾ an. Legen Sie die *Dauer* der Überblendung fest ❿. Im Beispiel trage ich 2 Sekunden ein. Klicken Sie auf *Weitere* ⓫.

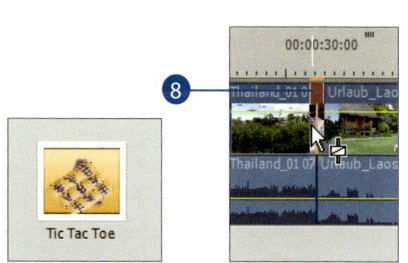

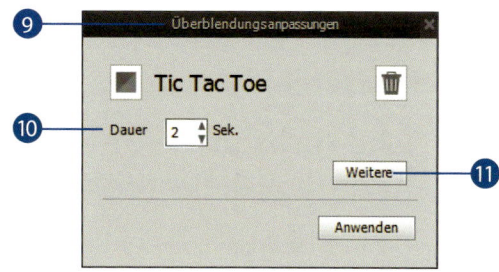

Bestimmen Sie die *Ausrichtung* ⓬. Hier wähle ich *Zw. Clips* (zwischen den Clips). Bestätigen Sie mit *Anwenden* ⓭.

Wenn Sie im erweiterten Dialog der *Überblendungsanpassungen* etwas nach unten scrollen, können Sie den exakten Anfangs- und Endpunkt der Überblendung festlegen.

Schauen Sie sich nun den Clip samt der Überblendung in der Vorschau an. Beurteilen Sie, ob sie Ihnen gefällt oder nicht.

Und was, wenn nicht? Dann löschen Sie die Überblendung, wählen eine neue oder verändern die Einstellung der Überblendung.

13.5 Eine vorhandene Überblendung im Schnellmodus nachträglich bearbeiten

Ein viereckiges Symbol kennzeichnet die eingefügte Überblendung ❶. Das Symbol ist zweigeteilt, jeweils ein Teil des Symbols auf dem einen und das andere auf dem anderen Clip.

Führen Sie die Maus auf das Symbol, das die Überblendung kennzeichnet. Lassen Sie die Maus auf dem Symbol stehen (ohne zu klicken). Angezeigt werden der Name der Überblendung, der Beginn, das Ende sowie die Dauer der Überblendung ❷.

Klicken Sie auf das Symbol der Überblendung, um den Dialog *Überblendungsanpassungen* einzublenden. Darin können Sie die Dauer der Überblendung anpassen.

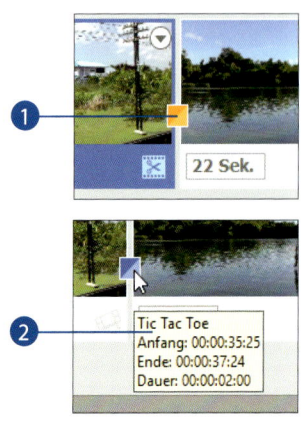

13.6 Eine vorhandene Überblendung im Expertenmodus nachträglich bearbeiten

Vergrößern Sie das Schnittfenster mit dem Zoomregler, ist die Überblendung anhand eines kleinen Symbols sichtbar ❶. Ein kleines Pfeilsymbol im Kopf der Videospur zeigt, dass hier eine Überblendung vorhanden ist. Führen Sie die Maus darauf und warten Sie kurz (ohne zu klicken). Der Name der verwendeten Überblendung und ihre Eigenschaften werden angezeigt ❷.

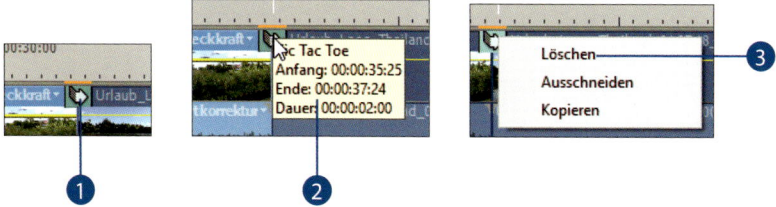

Über das Kontextmenü (rechte Maustaste) können Sie die Überblendung kopieren, ausschneiden oder bei Bedarf auch löschen ❸. Für das Verändern der Einstellungen doppelklicken Sie auf das Pfeilsymbol. Tun Sie dies, werden die Überblendungseinstellungen eingeblendet. Sie können darin die Dauer der Überblendung und die Position anpassen. Und Sie können sich natürlich auch die Animation der Überblendung anzeigen lassen. Bestätigen Sie wie gewohnt mit einem Mausklick auf *Fertig*.

14. Den Arbeitsbereich der Expertenansicht anpassen

Die Expertenansicht von Adobe Premiere Elements hat einige Vorteile gegenüber der Schnellansicht. Um diese nutzen zu können, passen Sie den Arbeitsbereich optimal an Ihre Bedürfnisse, Wünsche und Arbeitsbedingungen an. Auf welche Weise Sie dies tun können, erfahren Sie in diesem Kapitel. Darüber hinaus finden Sie hier wichtige Tastenkombinationen, die Ihnen die Arbeit mit dem Programm erleichtern und einen schnellen Zugriff auf oft benötigte Funktionen gewähren. Natürlich fehlt auch hier der Hinweis nicht, wie Sie eigene Tastenkombinationen erstellen können.

14.1 Das Schnittfenster in der Expertenansicht

Beim Schneiden eines Clips in der Expertenansicht gibt es einige wichtige Unterschiede zur Arbeit in der Schnellansicht:

- Ihnen steht das Bedienfeld *Projektelemente* offen.
- Das Schnittfenster enthält mehr Spuren. Ihnen stehen drei Audio-, drei Videospuren und je eine für Sprache und Musik zur Verfügung.
- Sie können Menü-, Text- und Schnittfenstermarken verwenden.
- Das Schnittfenster enthält eine exakte Zeitleiste, mit der Sie die genaue zeitliche Abfolge von Video- und Audioelementen einsehen und bearbeiten können.
- Über das Kontextmenü stehen Ihnen mehr Funktionen zur Verfügung als in der Schnellansicht.
- Sie können mit wenigen Mausklicks die verbundenen Audio- und Videospuren voneinander trennen und beides unabhängig voneinander bearbeiten.
- In der Expertenansicht stehen Ihnen der *Audiomixer*, die Funktion *Zeit verlängern* sowie andere zusätzliche Funktionen und Effekte zur Verfügung.

> **Schneiden von Clips in der Expertenansicht**
>
> Das Schneiden von Clips in der Expertenansicht erfolgt auf ähnliche Weise wie in der Schnellansicht. Sie ziehen die Kante im Schnittfenster nach rechts oder links und entfernen so Teile vom Beginn oder Ende des Clips. Um Inhalte aus dem mittleren Bereich des Clips zu entfernen, teilen Sie den Clip. Anschließend können Sie aus beiden Clipteilen Inhalte vom Beginn oder Ende trennen.

Das Schnittfenster in der Expertenansicht

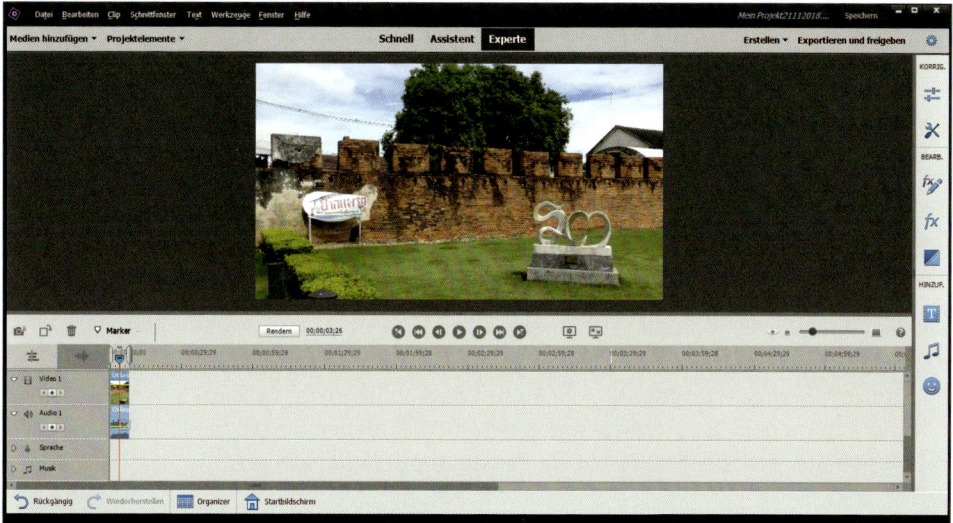

In diesem Beispiel habe ich das Schnittfenster etwas größer gezogen. Sie sehen links die Audio- und Videospuren sowie die Spuren für Musik- und Sprachinhalte ❶. Um die Übersicht zu verbessern, können Sie das Schnittfenster größer und kleiner ziehen, die nicht benötigten Spuren ausblenden und die Größe der Frames anpassen. Auch das zeige ich Ihnen gleich.

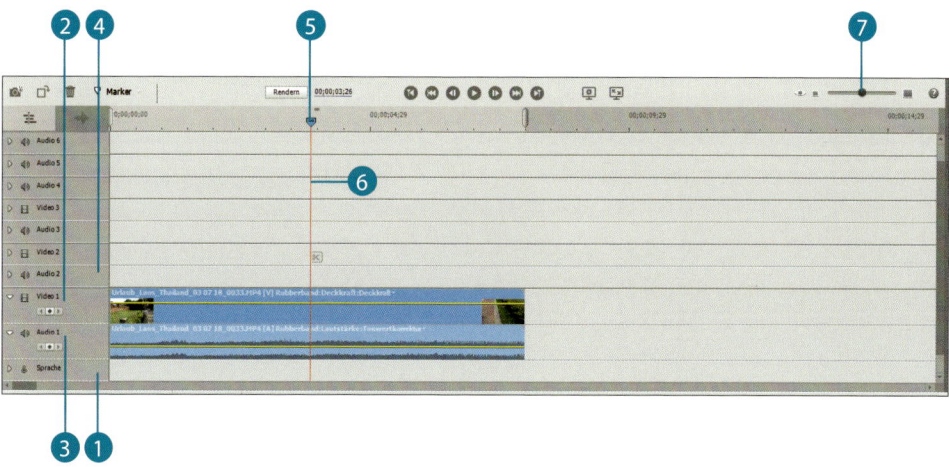

Im Beispiel wurde der Audio-Inhalt vom Video-Inhalt gelöst. Die verschiedenen Spuren und ihre Inhalte sind an ihrer unterschiedlichen Farbe gut zu erkennen. Sie sehen die blaue Filmdatei in der Videospur *Video 1* ❷, die von dieser getrennte und etwas verschobene Audiospur in der Spur *Audio 1* ❸. Dazu wurde noch ein Musiktrack hinzugefügt. Er befindet sich in der Spur *Audio 2* ❹. Die Marke für die aktuelle Zeit ❺ ist mit dem blauen nach unten zeigenden Pfeil und der roten geraden Linie, die davon abwärts über alle Spu-

311

14. Den Arbeitsbereich der Expertenansicht anpassen

ren läuft, gut zu erkennen. Diese Marke steht auf der »Zeitleiste« ❻. Die Skala zeigt die aktuelle Position. In der rechten oberen Ecke finden Sie den Zoomregler ❼, mit dem Sie die Video- und Audiospuren vergrößern und verkleinern können. Ihn kennen Sie auch aus der Schnellansicht.

14.2 Den Arbeitsbereich anpassen

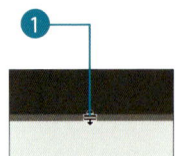

Sie können auf ganz unterschiedliche Art und Weise Ihren Arbeitsbereich an Ihre Wünsche und Vorlieben anpassen. Sie können die Größe des Schnittfensters verändern. Das geschieht ganz einfach per Drag-and-drop. Führen Sie den Mauscursor an den oberen Rand des Schnittfensters, bis aus dem Cursor ein Doppelpfeil wird ❶. Ziehen Sie bei gedrückt gehaltener linker Maustaste das Fenster größer oder kleiner.

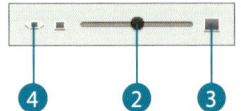

Dabei passt sich der Arbeitsbereich des Schnittfensters, in dem sich die Video- und Audiospuren befinden, an. Auch die Größe des Monitorfensters wird angepasst. Die Anzeige des aktuellen Bildes wird größer oder kleiner. Zwei Beispiele, die zeigen, wie der Arbeitsbereich aussehen kann, sehen Sie auf nachfolgend. Den Schieberegler ❷, mit dem Sie die Spuren im Schnittfenster vergrößern und verkleinern, kennen Sie ja bereits. Ziehen Sie den Regler nach links oder rechts, je nachdem, ob Sie die Spuren verkleinern oder vergrößern wollen. Mit den beiden rechteckigen Schaltflächen rechts ❸ und links ❹ vom Regler können Sie dies ebenfalls tun. Ist die Spur größer, wird auch die Zeitleiste entsprechend angepasst. Mit den Scrollbalken bewegen Sie sich dann vor und zurück.

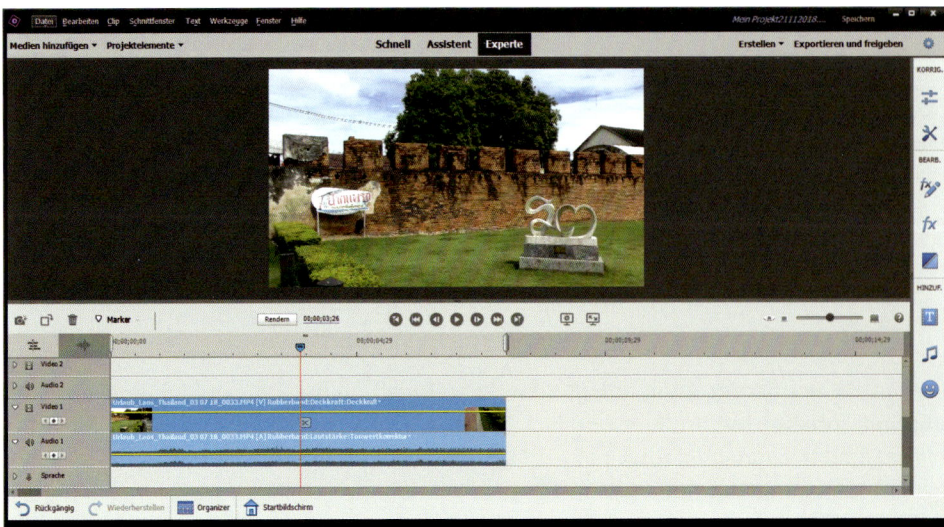

Den Arbeitsbereich anpassen

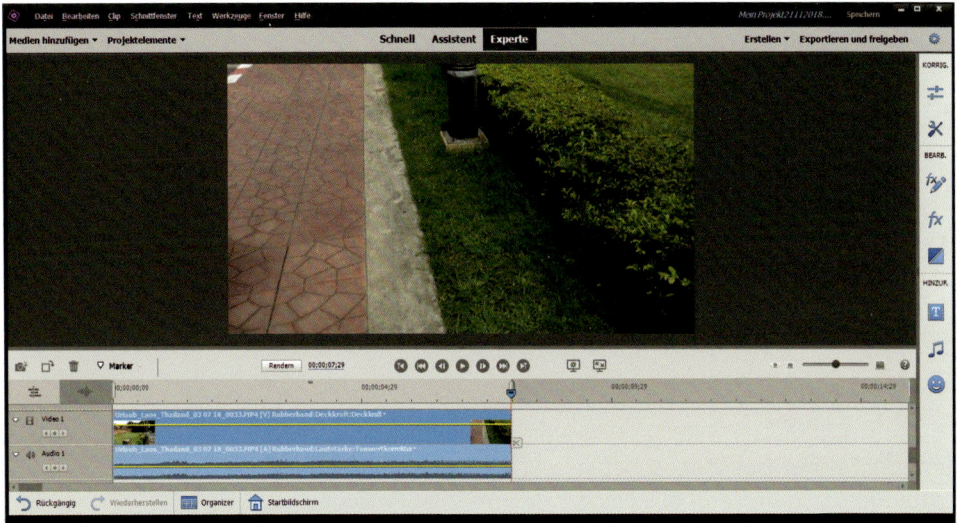

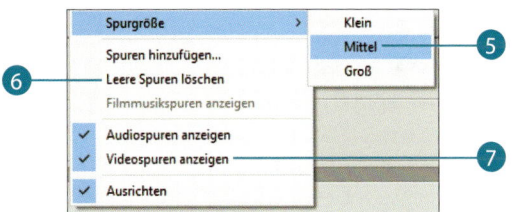

Über das Kontextmenü des Schnittfensters (rechte Maustaste) wählen Sie eine der Spurgrößen *Klein*, *Mittel* oder *Groß*. Ich entscheide mich meistens für eine mittlere Spurgröße. Öffnen Sie dazu das Kontextmenü und wählen Sie *Spurgröße/Mittel* ❺. Bei Bedarf können Sie hier die nicht verwendeten Spuren aus dem Schnittfenster entfernen. Möchten Sie dies tun, wählen Sie *Leere Spuren löschen* ❻. Über die zwei gleichnamigen Funktionen können Sie die Anzeige der Video- und Audiospuren aus- oder auch wieder einschalten ❼. In meinem Beispiel sehen Sie zwei Häkchen.

Neben all diesen Möglichkeiten können Sie natürlich die Bedienfelder *Medien hinzufügen*, *Projektelemente* und die Bedienfelder aus der Werkzeugleiste ausklappen und so mehr Platz für Ihre Arbeit im Schnittfenster gewinnen.

Haben Sie sich beim Einrichten des Arbeitsbereichs einmal vertan, wählen Sie einfach *Fenster/Arbeitsbereich wiederherstellen* ❽, und schon sieht Ihr Arbeitsplatz wieder so aus wie vor der Veränderung.

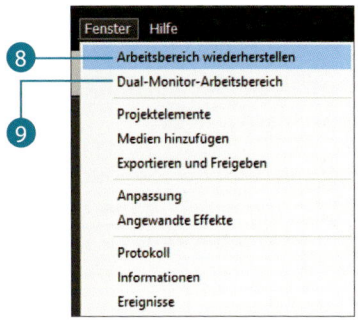

Wie Sie im Bild sehen, finden Sie gleich unter der genannten Funktion eine Einrichtung für den *Dual-Monitor-Arbeitsbereich* ❾. Haben Sie an Ihrem Rechner zwei Bildschirme angeschlossen, können Sie diese Funktion nutzen. Hiermit erhalten Sie die bestmög-

14. Den Arbeitsbereich der Expertenansicht anpassen

liche Übersicht. Auf einem Monitor sehen Sie das Monitorfenster. Das Schnittfenster schieben Sie auf den zweiten Monitor.

Spuren hinzufügen

Es kann schon einmal vorkommen, dass die verfügbaren Video- oder Audiospuren für die Bearbeitung des eigenen Videoprojekts nicht ausreichen.

In diesem Fall öffnen Sie das Kontextmenü und wählen *Spuren hinzufügen* ❶.

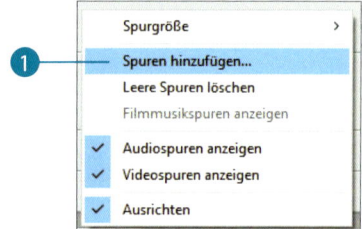

Um zum Beispiel eine Videospur hinzuzufügen, tragen Sie in das Eingabefeld im Bereich *Videospuren* eine *1* ein ❷.

Wählen Sie im Listenfeld *Platzierung* ❸, ob die Spuren vor der ersten Spur oder nach der letzten Spur eingefügt werden sollen. In meinem Beispiel habe ich *Nach letzter Spur* gewählt.

Bestätigen Sie Ihre Ergänzungen mit der Schaltfläche *OK* ❹.

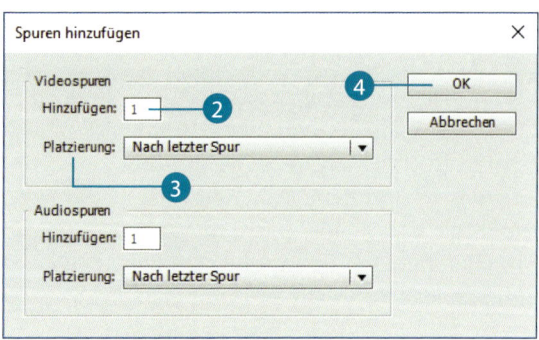

Für das Einfügen zusätzlichen Audiospuren tragen Sie im Eingabefeld im Bereich *Audiospuren* ❺ die gewünschte Anzahl der Spuren ein und wählen unter *Platzierung* ❻, ob diese nach der letzten oder vor der ersten Spur eingefügt werden sollen.

Bestätigen Sie auch hier mit der Schaltfläche *OK* ❼.

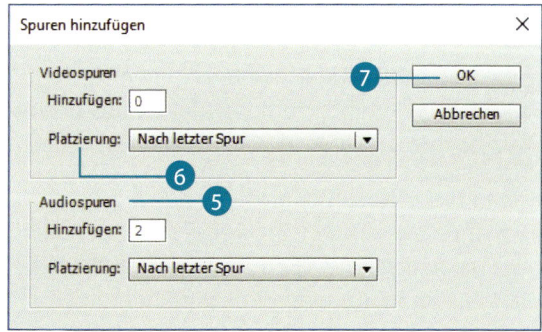

Natürlich können Sie auch das Einfügen von neuen Audio- und Videospuren kombinieren.

14.3 Projekte archivieren

Nicht nur bei großen Videoprojekten mit vielen verschiedenen Medien ist es sinnvoll, diese zu sichern. In Adobe Premiere Elements können Sie dafür die Projektarchivierung nutzen.

Dabei werden alle Medien, die zu einem Projekt gehören, in einen Ordner kopiert und so gesichert. So erhalten Sie nicht nur ein »Backup« der Projektdateien, Sie können ein Projekt mit allen zugehörigen Medien auch auf einen anderen Rechner kopieren.

Die Projektarchivierung unterscheidet zwischen zwei Funktionen:

- *Projekt archivieren*
- *Projekt kopieren*

Mit der Funktion *Projekt archivieren* wird ein Ordner erstellt. Darin wird die Projektdatei abgelegt und jeweils ein neuer Clip für alle im Projekt vorhandenen Clips. Haben Sie bereits Clips geschnitten, werden bis zu 30 Frames gesichert, die das Filmmaterial noch vor dem Schnitt enthalten.

Medien, die nicht verwendet wurden, werden nicht gesichert. Vorschaudaten werden ebenfalls nicht gesichert, sondern beim nächsten Bearbeiten des Projekts neu erstellt. Verwenden Sie diese Funktion bei einem Projekt, das Sie fertig bearbeitet haben.

Mit *Projekt kopieren* wird ein Ordner erstellt, in dem die Projektdatei abgelegt wird. Gesichert werden ebenfalls alle Medien, die im Bedienfeld *Projektelemente* abgelegt sind. Bei dieser Funktion werden auch die Medien gesichert, die nicht im Projekt verwendet wurden. Die gerenderten Vorschaudaten werden ebenfalls gesichert.

Nutzen Sie diese Funktion, wenn das erstellte Projekt später weiterbearbeitet werden soll. Ebenfalls interessant ist *Projekt kopieren*, wenn das erstellte Projekt auf einem anderen Rechner bearbeitet werden soll.

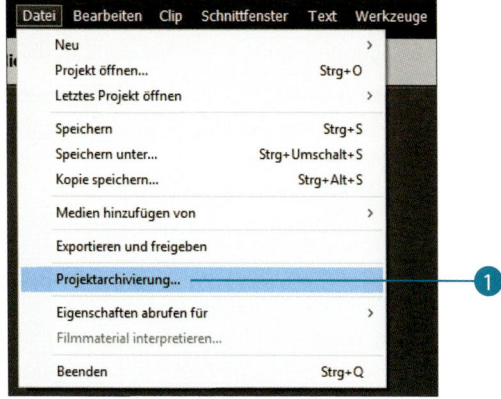

14. Den Arbeitsbereich der Expertenansicht anpassen

Um ein Projekt zu archivieren, öffnen Sie das Menü *Datei* und wählen *Projektarchivierung* ❶.

Aktivieren Sie die Option *Projekt archivieren* ❷. Bei Bedarf können Sie mit *Durchsuchen* ❸ einen anderen Ordner für die Ablage der Dateien wählen oder einen neuen Ordner erstellen.

Bestätigen Sie mit einem Mausklick auf die Schaltfläche *OK* ❹.

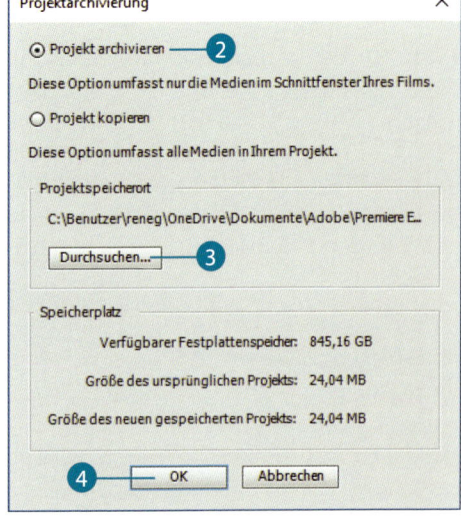

Um ein Projekt lediglich zu kopieren, öffnen Sie ebenfalls das Menü *Datei* und wählen die *Projektarchivierung* ❶.

Entscheiden Sie sich in diesem Fall für die Option *Projekt kopieren* ❺. Wählen Sie mit *Durchsuchen* ❻ einen Ordner oder erstellen Sie einen solchen. Sie können natürlich auch die Programmvorgabe verwenden.

Bestätigen Sie mit *OK* ❼.

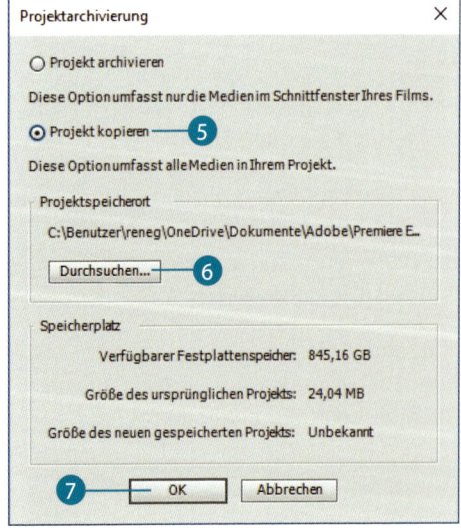

Beachten Sie, dass der notwendige Speicherplatz bei sehr umfangreichen Projekten sehr groß sein kann. Behalten Sie daher immer die Speicherplatzangaben im Auge. Nutzen Sie bei Bedarf eine USB-Festplatte oder sichern Sie den Ordner auf einer DVD.

14.4 Eine eigene Tastenkombination festlegen

Im nachfolgenden Abschnitt stelle ich Ihnen wichtige Tastenkombinationen für Ihre Arbeit mit dem Programm vor. Natürlich können Sie eine vorhandene Tastenkombination auch einsehen und verändern. Um dies zu machen, gehen Sie wie folgt vor:

Eine eigene Tastenkombination festlegen

1. Wählen Sie *Bearbeiten/Tastaturanpassung* ❶.

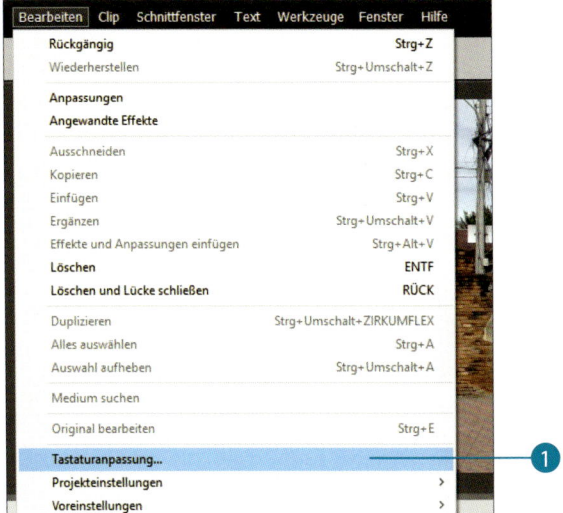

2. Öffnen Sie die Befehlskategorie, in der sich der Befehl befindet, dessen Tastenkombination Sie anpassen wollen. Im Beispiel habe ich das mit *Schnittfenster* ❷ getan.
3. Suchen Sie rechts den Befehl. Markieren Sie ihn, drücken Sie die gewünschte Tastenkombination und bestätigen Sie mit *OK* ❸.

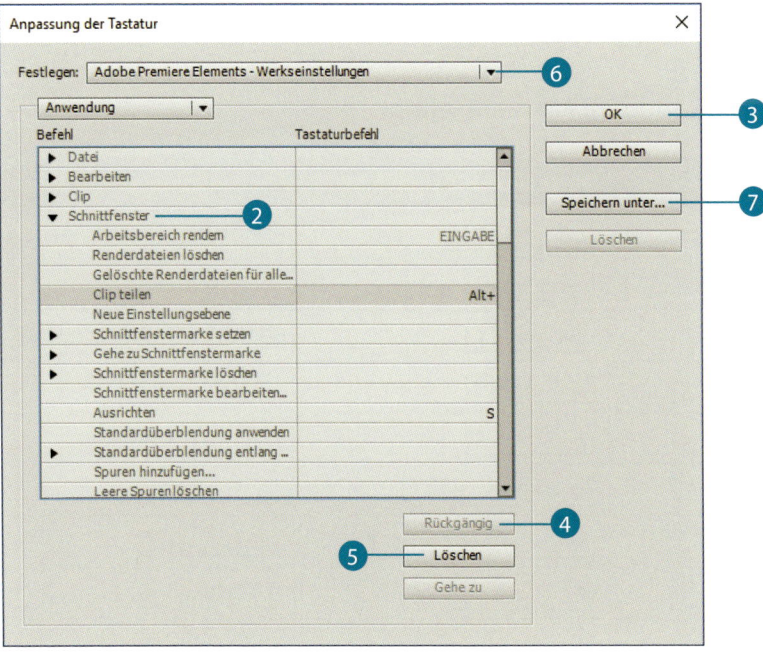

14. Den Arbeitsbereich der Expertenansicht anpassen

Eine vorhandene Kombination wird durch eine neue Tastenkombination gelöscht. Klicken Sie auf *Rückgängig* ❹, um die vorhergehende Einstellung wieder zurückzuholen. Mit *Löschen* ❺ wird eine vorhandene Kombination entfernt.

Unter *Festlegen* ❻ haben Sie die Möglichkeit, eine gespeicherte Einstellung zu wählen. Zunächst ist hier nur eine Auswahl möglich: die *Adobe Premiere Elements - Werkseinstellungen*. Um diese nicht zu überschreiben, können Sie eine eigene Sammlung mit *Speichern unter* ❼ festhalten. Tun Sie dies, geben Sie anschließend unter *Name für Tastaturbelegung* ❽ eine Bezeichnung ein. Bestätigen Sie mit *Speichern* ❾.

14.5 Wichtige Tastenkombinationen für die Arbeit mit dem Programm

Tastenkombinationen vereinfachen die Arbeit mit Adobe Premiere Elements erheblich. Sie können schnell auf eine wichtige und oft benötigte Funktion zugreifen und müssen dazu kein Menü öffnen oder sich durch einen Dialog hangeln. In diesem Abschnitt möchte ich Ihnen eine Auswahl wichtiger Tastenkombinationen mit auf den Weg geben.

Tastenkombinationen im Menü »Datei«

Funktion	Tastenkombination macOS	Tastenkombination Windows
Neues Projekt	cmd ⌘ + N	Strg + N
Neuer Ordner	cmd ⌘ + /	
Neuer Titel	cmd ⌘ + T	F9
Projekt öffnen	cmd ⌘ + O	Strg + O
Projekt speichern	cmd ⌘ + S	Strg + S
Projekt speichern unter	⇧ + cmd ⌘ + S	⇧ + Strg + S
Kopie speichern	alt ⌥ + cmd ⌘ + S	Alt + Strg + S
Auswahl	⇧ + cmd ⌘ + H	⇧ + Strg + H
Beenden		Strg + Q

Wichtige Tastenkombinationen für die Arbeit mit dem Programm

Tastenkombinationen im Menü »Bearbeiten«

Funktion	Tastenkombination macOS	Tastenkombination Windows
Rückgängig	cmd ⌘ + Z	Strg + Z
Wiederherstellen	⇧ + cmd ⌘ + Z	Strg + Y
Ausschneiden	cmd ⌘ + X	Strg + X
Kopieren	cmd ⌘ + C	Strg + C
Einfügen	cmd ⌘ + V	Strg + V
Ergänzen	⇧ + cmd ⌘ + V	⇧ + Strg + V
Effekte und Anpassungen einblenden	alt ⌥ + cmd ⌘ + V	Alt + Strg + V
Löschen	Entf	Entf
Löschen und Lücke schließen	←	⌫
Alle auswählen	cmd ⌘ + A	Strg + A
Auswahl aufheben	⇧ + cmd ⌘ + A	Strg + ⇧ + A
Original bearbeiten	cmd ⌘ + E	Strg + E

Tastenkombinationen bei der Bearbeitung von Clips

Funktion	Tastenkombination macOS	Tastenkombination Windows
Umbenennen		Strg + H
Einfügen	,	,
Überlagern	.	.
Gruppieren	cmd ⌘ + G	Strg + G
Gruppierung aufheben	⇧ + cmd ⌘ + G	Strg + ⇧ + G
Zur nächsten Clipmarke gehen	⇧ + cmd ⌘ + →	Strg + ⇧ + →
Zur vorherigen Clipmarke gehen	⇧ + cmd ⌘ + ←	Strg + ⇧ + ←
Zur mit 1 nummerierten Clipmarke gehen	⇧ + cmd ⌘ + 1	Strg + ⇧ + 1

14. Den Arbeitsbereich der Expertenansicht anpassen

Funktion	Tastenkombination macOS	Tastenkombination Windows
Aktuelle Clipmarke löschen	⇧ + cmd ⌘ + O	Strg + ⇧ + O
Alle Clipmarken löschen	alt ⌥ + ⇧ + O	Alt + ⇧ + O
Zeit verlängern	cmd ⌘ + R	Strg + R

Tastenkombinationen für den Umgang mit dem Schnittfenster

Funktion	Tastenkombination macOS	Tastenkombination Windows
Arbeitsbereich rendern	↵	↵
Clip teilen	cmd ⌘ + K	Strg + K
Vergößern	=	+
Verkleinern	-	-
Gehe zur nächsten Schnittfenstermarke	cmd ⌘ + →	Strg + →
Gehe zur vorherigen Schnittfenstermarke	cmd ⌘ + ←	Strg + ←
Gehe zur Schnittfenstermarke mit der Nummer 1	cmd ⌘ + 1	Strg + 1
Aktuelle Schnittfenstermarke löschen	cmd ⌘ + O	Strg + O
Alle Schnittfenstermarken löschen	alt ⌥ + O	Alt + O
Ausrichten	S	S

Tastenkombinationen für die Arbeit mit Text

Funktion	Tastenkombination macOS	Tastenkombination Windows
Linksbündig ausrichten	⇧ + cmd ⌘ + L	Strg + ⇧ + L
Mittig ausrichten	⇧ + cmd ⌘ + C	Strg + ⇧ + C
Rechtsbündig ausrichten	⇧ + cmd ⌘ + R	Strg + ⇧ + R

Wichtige Tastenkombinationen für die Arbeit mit dem Programm

Verschiedene Tastenkombinationen, die in keine Kategorie passen

Funktion	Tastenkombination macOS	Tastenkombination Windows
Zeit verlängern	cmd ⌘ + R	Strg + R
Hilfe aufrufen	F1	F1
Abspielen		Leer
Audio-Ansicht anzeigen	⇧ + A	⇧ + A
Fünf Frames/Einheiten vor	⇧ + →	⇧ + →
Fünf Frames/Einheiten zurück	⇧ + ←	⇧ + ←
In- und Out-Points löschen	G	G
In-Point löschen	D	D
In-Point setzen	I	I
Klassische Ansicht anzeigen	⇧ + C	⇧ + C
Nicht nummerierte Marke setzen	*	(Zehnertastatur)
Nächste verfügbare nummerierte Marke setzen	⇧ + *	⇧ + (Zehnertastatur)
Out-Point löschen	F	F
Out-Point setzen	O	O
Schritt vorwärts	→	→
Schritt zurück	←	←
Vollbild abspielen	alt ⌥ + ↵	Alt + ↵
Von CTI bis Out-Point wiedergeben	fn	Alt + Leer
Von In-Point bis zum Out-Point mit Vorlauf bewegen	⇧ + fn	Strg + Alt + Leer
Zu In-Point gehen	Q	Q
Zu Out-Point gehen	W	W
Zu Schnittfenster-/Clipende gehen		Ende

14. Den Arbeitsbereich der Expertenansicht anpassen

Funktion	Tastenkombination macOS	Tastenkombination Windows
Zu Schnittfenster-/Clipstart gehen		Pos 1
Zum nächsten Schnittpunkt gehen		Bild ↓
Zum vorherigen Schnittpunkt gehen		Bild ↑

15. Fortgeschrittene Arbeitstechniken

In diesem Kapitel möchte ich Ihnen zeigen, wie Sie bei einem Videoclip ein Objekt in den Vordergrund bringen, indem Sie eine Farbe hervorheben und den Rest in Graustufen umwandeln. Dank eines sofort einsatzbereiten Filters ist dies schnell und einfach getan.

Sie erfahren, wie Sie ein Testbild nebst Testton in ein Projekt einfügen und mit Einstellungsebenen arbeiten. Ich zeige Ihnen, wie Sie einen Bild-im-Bild-Effekt erstellen und auf einem kleinen Bereich eines Videos ein zweites Video laufen lassen.

Am Ende des Kapitels erfahren Sie, wie Sie im Mini-Schnittfenster mit Keyframes arbeiten und ein animiertes Grafikobjekt verwenden.

15.1 Eine einzelne Farbe hervorheben

Manchmal möchte man in seinem Clip auf ein bestimmtes Objekt hinweisen oder eine Person besonders in den Vordergrund bringen. Um dies zu tun, heben Sie eine einzelne Farbe hervor und verwandeln den Rest des Clips in Graustufen.

So entsteht ein besonderer Effekt, der das Auge des Betrachters genau auf eine Person oder ein Objekt »lenkt«.

1. Achten Sie darauf, dass Sie sich in der Expertenansicht ❶ befinden. Bewegen Sie den Zeiger bis zu dem Punkt, an dem sich im Clip die hervorzuhebende Person oder das hervorzuhebende Objekt befindet ❷.

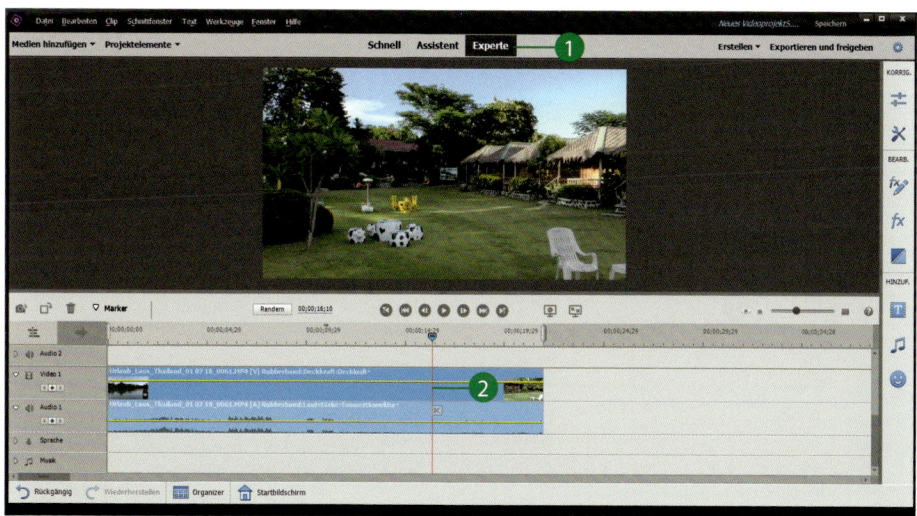

15. Fortgeschrittene Arbeitstechniken

2. Öffnen Sie die *Effekte* ❸. Entscheiden Sie sich für die *Hollywood-Looks* ❹ und ziehen Sie den Filter *Red Noir* ❺ auf Ihren Videoclip.

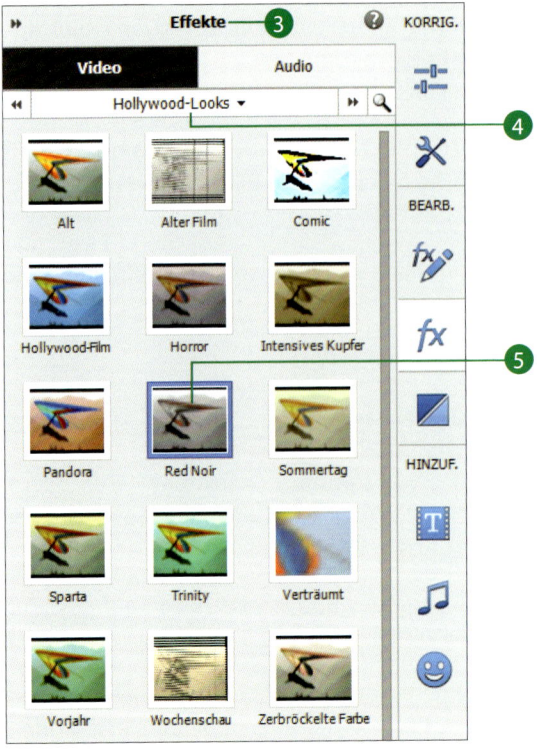

3. Öffnen Sie das Bedienfeld, das die angewandten Effekte zeigt ❻. Wählen Sie die *HSL-Feinabstimmung* ❼.

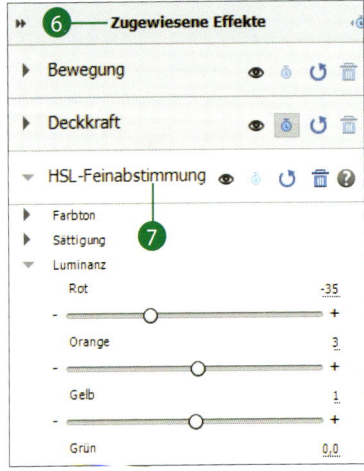 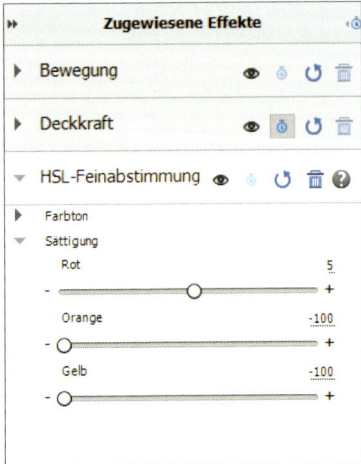

Eine einzelne Farbe hervorheben

4. Öffnen Sie die Kategorie *Sättigung* ❽.

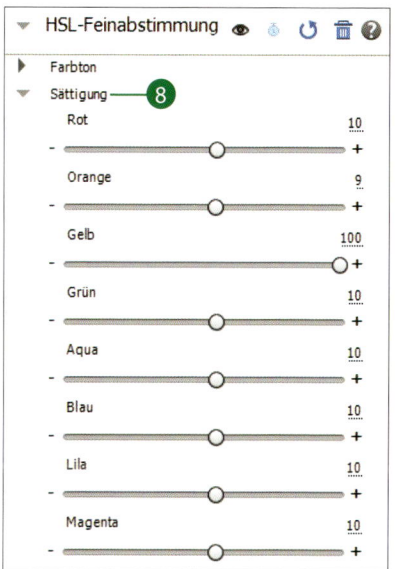

5. Reduzieren Sie die Regler aller Farben bis auf die, die Sie hervorheben wollen, auf einen Wert von 10. Stellen Sie die Farben auf den Wert *0* ein. Die Farbe, die Sie hervorheben möchten, erhöhen Sie auf *100*. Speichern Sie das Projekt ab.

15. Fortgeschrittene Arbeitstechniken

15.2 Einen Bild-im-Bild-Effekt erstellen

Mit wenigen Handgriffen fügen Sie einen Bild-im-Bild-Effekt in Ihren Videoclip ein. Sie können ein Bild oder auch einen zweiten Videoclip innerhalb eines Videos anzeigen lassen.

1. Achten Sie wieder darauf, dass Sie sich im Expertenmodus ❶ befinden.

   Platzieren Sie zuerst den Zeiger an der Position, an der der Bild-im-Bild-Effekt beginnen soll ❷.

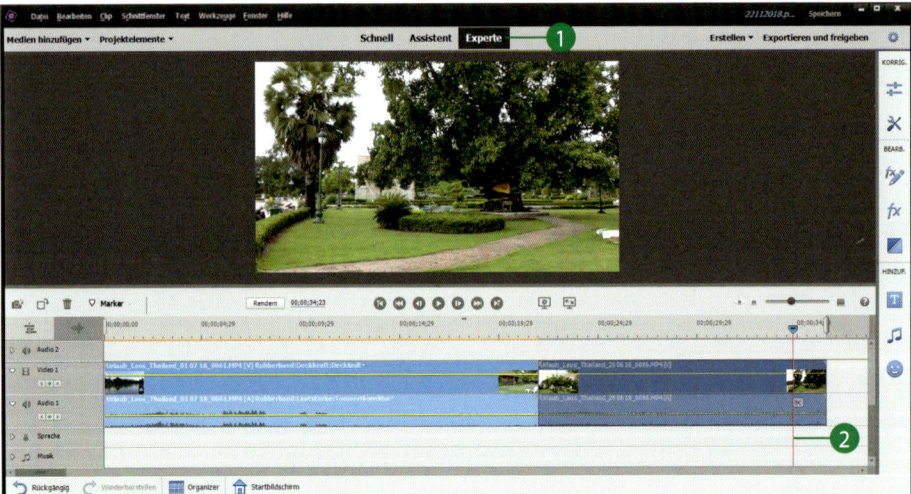

2. Wählen Sie aus dem Bedienfeld *Projektelemente* das Video aus ❸, das im Vordergrund eingeblendet werden soll.

   Ziehen Sie es per Drag-and-drop auf das Monitorfenster ❹.

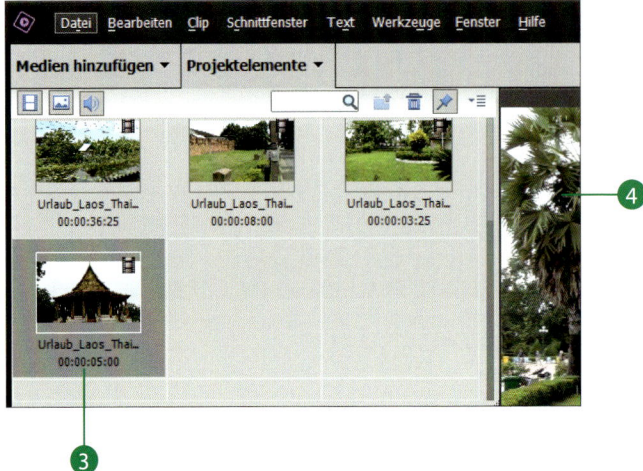

Einen Bild-im-Bild-Effekt erstellen

3. Adobe Premiere Elements 2019 blendet eine Auswahl möglicher Funktionen direkt im Monitorfenster ein. Wählen Sie hier die Funktion *Bild in Bild* ❺.

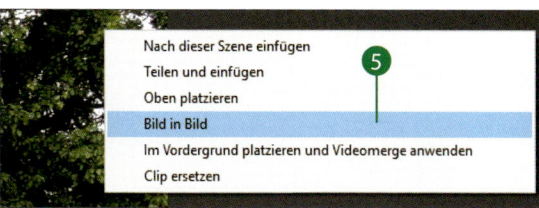

4. Öffnen Sie das Kontextmenü und entfernen Sie leere und nicht benötigte Spuren. Das Video wird in die Spur *Video 2* eingefügt. Es reicht ein wenig über die Länge der darunterliegenden Videospur. Ziehen Sie das Ende der Videospur bis zu dem Punkt, an dem das Video enden soll ❻.

Im Monitorfenster sehen Sie das eingefügte Video. Es befindet sich in der rechten oberen Ecke des anderen Videos. Klicken Sie es an, wird das Bild-im-Bild-Video mit einem blauen Rahmen markiert. Sie sehen hier, dass es ein wenig über den Rand hinausragt. Ziehen Sie den Markierungsrahmen auf das Hintergrundvideo, sodass es sich genau in der rechten oberen Ecke befindet ❼.

15. Fortgeschrittene Arbeitstechniken

Bei Bedarf können Sie mit den Anfassern des Rahmens die Größe des angezeigten Bild-im-Bild-Videos anpassen.

Sie können das Bild-im-Bild-Video genauso mit Effekten und Bildbearbeitungsfunktionen verändern wie das erste Video, das sich auf der Spur *Video 1* befindet.

15.3 Mit Einstellungsebenen arbeiten

Mit einer Einstellungsebene können Sie die gleichen Anpassungen und Effekte auf mehrere Clips anwenden. Achten Sie auch hierbei darauf, dass Sie sich im Expertenmodus befinden.

Öffnen Sie das Bedienfeld *Projektelemente*. Öffnen Sie in der rechten oberen Ecke des Bedienfelds die Bedienfeldoptionen und wählen Sie *Neues Objekt/Einstellungsebene* ❶.

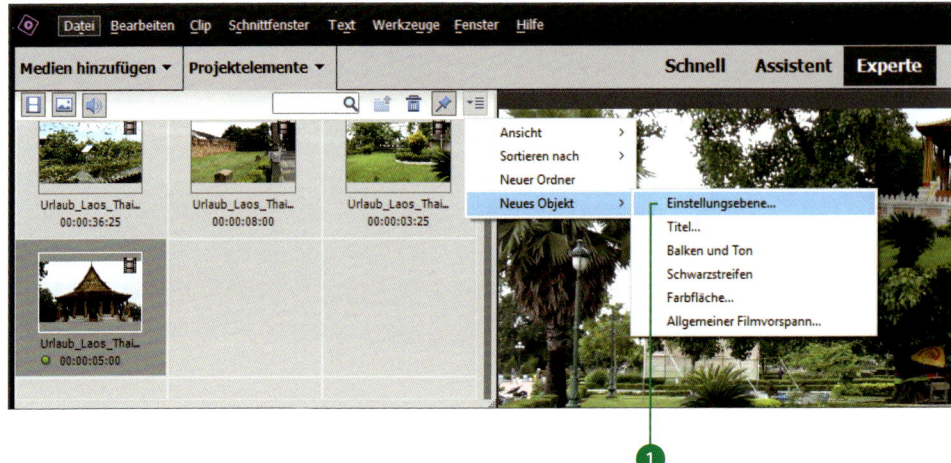

328

Die Einstellungsebene wird in das Bedienfeld *Projektelemente* eingefügt. Ziehen Sie diese auf die Videospur. Ist keine solche vorhanden, erstellen Sie zunächst eine Videospur ❷. Ziehen Sie dann die Einstellungsebene auf diese Spur.

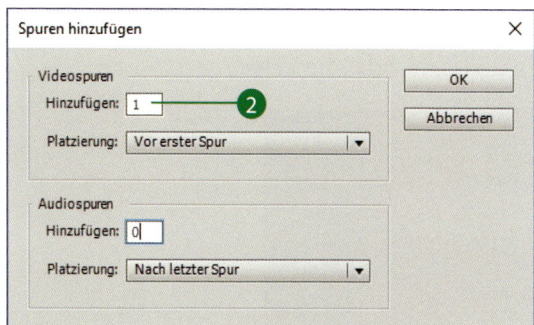

Ziehen Sie die Einstellungsebene auf die Länge der Spur Ihres Videos ❸. Führen Sie anschließend die Bearbeitung Ihres Videoprojekts durch.

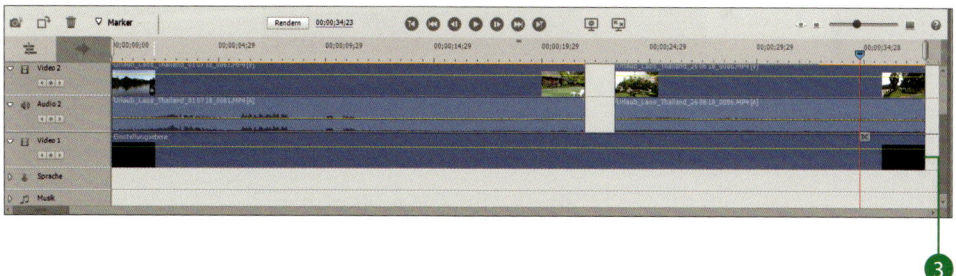

15.4 Ein Testbild einfügen

Über eine schnell erreichbare Funktion können Sie in Ihr Videoprojekt ein Testbild einfügen. Mit diesem können Sie die Farbeinstellungen eines Monitors oder Beamers kalibrieren und feineinstellen. Öffnen Sie die Bedienfeldoptionen des Bedienfelds *Projektelemente* und wählen Sie *Neues Objekt/Balken und Ton* ❶.

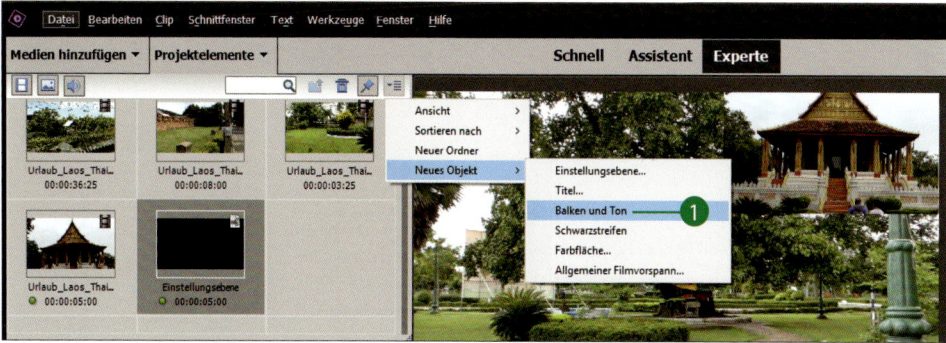

15. Fortgeschrittene Arbeitstechniken

Ein Clip mit einem Testbild inklusive einer Testtonausgabe wird in das Bedienfeld *Projektelemente* eingefügt. Zusätzlich wird das Testbild in das Projekt eingefügt. Verschieben Sie es an die gewünschte Position. In meinem Beispiel hat Premiere Elements das Testbild hinter das Video gesetzt. Das muss natürlich umgedreht sein. Ziehen Sie den Videoclip mit dem Testbild vor das erste Video Ihres Videoprojektes.

15.5 Grafiken animieren

Die Animation einer Grafik wird mithilfe von Keyframes erstellt. Ein Keyframe ist ein Punkt, an dem sich die Position der Grafik ändert. Das geschieht im Mini-Schnittfenster. Dieses wiederum wird über die Schlüsselbild-Bedienelemente aufgerufen.

Schlüsselbild-Bedienelemente aufrufen

Nach dem Aufruf der *Angewandten Effekte* ❶ über die Werkzeugleiste und eines der zugewiesenen Effekte schalten Sie die Animationen ein. Dies geschieht mit dem Uhrensymbol im Kopf der Bedienfelder ❷.

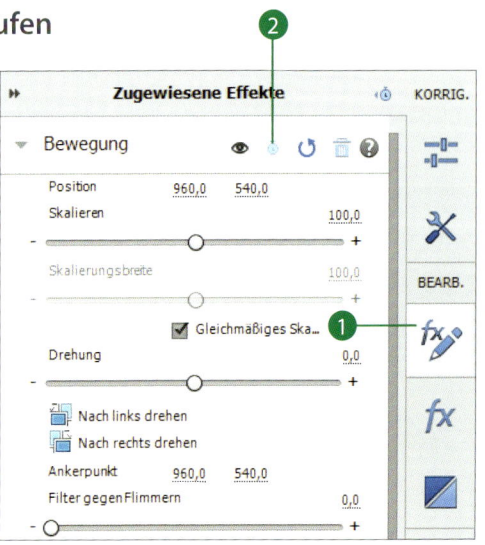

Sie finden die Schaltflächen noch einmal in den geöffneten Bedienfeldern. Gedrückt heißt, die Animationen sind aktiviert. Ein weiterer Mausklick schaltet die Animationen wieder aus.

Grafiken animieren

Ein Grafikobjekt wird einfach animiert, indem für verschiedene Zeitpunkte im Clip die Position des Objekts verändert wird. Verändert werden können auch die Eigenschaften für jeden Positionspunkt. Am Beispiel von *Bewegung* sehen Sie im Bild rechts, dass sich vor jeder Eigenschaft des Effektes eine Animationsschaltfläche befindet. Sie zeigt, dass Sie hier wirklich jedes Mal die Eigenschaften anpassen können. So kann das Objekt nicht nur von Punkt A nach B bewegt werden, sondern sich auch drehen, das Objekt kann größer und kleiner werden. So kann ein Effekt entstehen, der dem Betrachter vortäuscht, das Objekt bewege sich von ihm fort oder auf ihn zu.

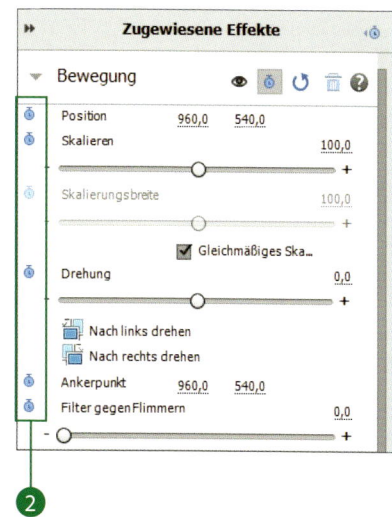

Sie können nun nicht irgendein Objekt animieren oder auch einen Teil eines Clips, sondern nur die »animierten Objekte« aus den Grafiken, die Premiere Elements beiliegen. Diese werden als MOV-Dateien dem Filmclip beigelegt und bei der Wiedergabe mit diesem kombiniert.

Die Punkte, an denen die Position des Objektes und auch die Eigenschaften verändert werden, heißen Keyframes. Diese werden im Dialogfenster *Schlüsselbild-Bedienelemente* festgelegt. Normalerweise ist das Bedienfeld verborgen. Um mit Animationen zu arbeiten, müssen Sie es einblenden. Sie öffnen die Schlüsselbild-Bedienelemente mit dem kleinen Symbol links oben gleich neben *KORRIG* ❸.

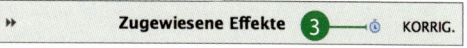

Links sehen Sie die Parameter, die zu einem jeden Schlüsselbild verändert werden können ❹. Rechts befindet sich das Fenster *Schlüsselbild-Bedienelemente* ❺. In diesem führt eine rote Linie, ausgehend von einem Zeiger, nach unten ❻. Diese markiert die aktuelle Position im Videoclip. Sie sehen auf jeder Zeile einen schwarzen Punkt. Dieser kennzeichnet einen Keyframe ❼, an dem sich eine Eigenschaft ändert. Zu Beginn ist bei jeder Eigenschaft nur ein Keyframe vorhanden.

Der erste Keyframe befindet sich an der Startposition des Grafikobjekts. Für diesen legen Sie wie für jeden anderen Keyframe die Position des Objekts fest. Sie können zum Beispiel das Objekt mit den Parametern skalieren und drehen und mit dem gleichnamigen Regler einen Filter gegen Flimmern verwenden.

Für die Grafikanimation nutzen Sie die bereits animierten Objekte, die Sie in der Kategorie *Animierte Objekte* der Grafiken finden.

15. Fortgeschrittene Arbeitstechniken

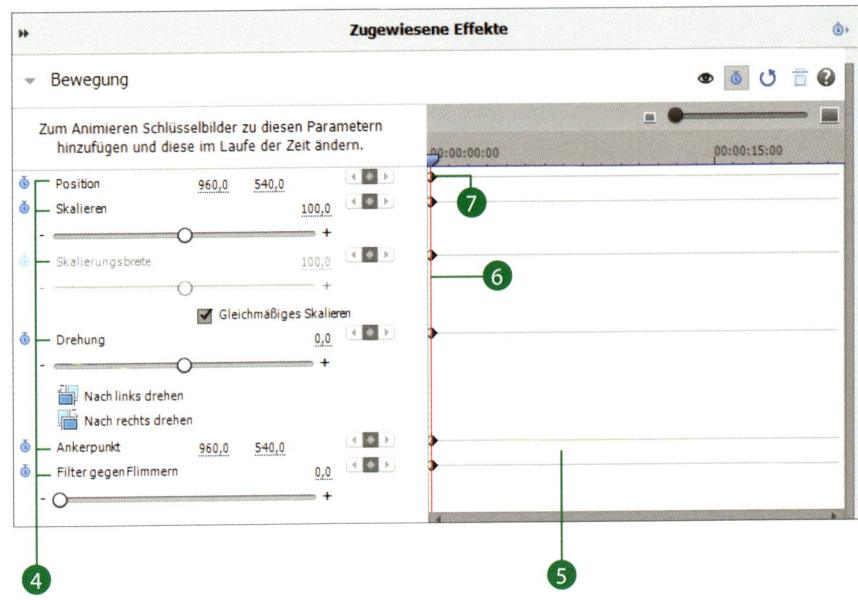

Ein Grafikobjekt animieren

Achten Sie auch hier darauf, dass Sie sich im Expertenmodus befinden. Markieren Sie den Videoclip, in den Sie eine Animation einfügen wollen. Führen Sie den Zeiger im Schnittfenster an die Position, an der Sie eine Grafik einfügen und animieren wollen. Öffnen Sie das Bedienfeld *Animierte Objekte* ❶.

Wählen Sie eine der Grafiken aus. Im Beispiel entscheide ich mich für den *Vogel-2* ❷. Ziehen Sie die Grafik aus dem Bedienfeld *Animierte Objekte* in das Monitorfenster. Passen Sie die gewünschte Position und die Größe an Ihre Wünsche an ❸.

Grafiken animieren

Scrollen Sie in der Timeline etwas nach unten, bis Sie die Spur *Video 2* sehen. In ihr ist das Grafikobjekt eingefügt. Es muss markiert sein, damit es bearbeitet werden kann.

Mit Keyframes arbeiten

Die ersten Keyframes sind in meinem Beispiel bereits vorhanden. Sie stehen für die Ausgangsposition des animierten Objekts. Sie können für jeden Parameter einen Keyframe festlegen und so die Eigenschaften des animierten Objekts zu einem bestimmten Zeitpunkt verändern. Über dem Bedienfeld *Schlüsselbild-Bedienelemente* sehen Sie eine Zeitskala.

Passen Sie die Position des Startbildes an. Ändern Sie dazu die beiden Koordinatenwerte in der Zeile *Position*. Gehen Sie schrittweise vor. Geben Sie einen Zahlenwert ein. Bestätigen Sie mit ⏎. Im Monitorfenster sehen Sie sofort, dass sich das animierte Objekt an die neue Position bewegt.

Das Grafikobjekt ist bereits animiert. Es wäre auch möglich, jetzt gar keine Änderung vorzunehmen. Der Vogel würde an der festgelegten Position bleiben und mit den Flügeln flattern. Derweil bewegt sich das Video weiter. So entsteht der Eindruck, das Tierchen würde durch den Film flattern.

Hinter jedem Parameter sehen Sie drei kleine Symbole. Zwei Pfeilschaltflächen und in der Mitte ein Quadrat. Mit diesem mittleren Symbol wird ein Keyframe erstellt oder auch gelöscht. Mit den beiden Pfeilsymbolen können Sie zu einem Keyframe vorwärts- oder zurückspringen.

15. Fortgeschrittene Arbeitstechniken

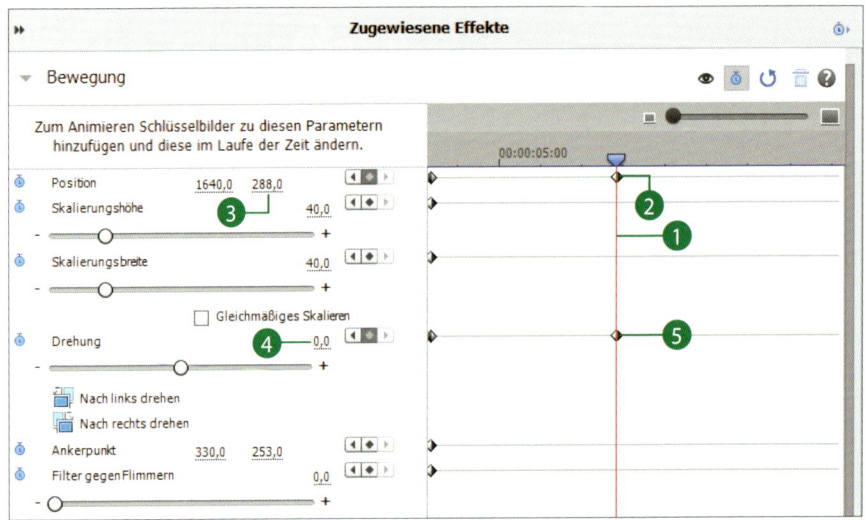

Bewegen Sie den Zeiger im Bedienfeld *Schlüsselbild-Bedienelemente* ein Stück vorwärts ❶. Die Zeitangabe müssen Sie sich leider im Schnittfenster links abschauen. Klicken Sie nun auf das Symbol *Keyframe hinzufügen/entfernen* hinter den Positionsparametern ❷. Verändern Sie die zweite Positionsangabe ❸ und tragen Sie in die Zeile *Drehung* eine *15* ❹ ein. Freundlicherweise erstellt das Programm den Keyframe dazu gleich mit ❺.

Wiederholen Sie dies und erstellen Sie einen weiteren Keyframe mit einer neuen Position und einer Drehung des Objekts. Legen Sie weitere Keyframes für die Parameter *Skalieren* an und verkleinern Sie den Wert. So entsteht der Eindruck eines sich entfernenden Objekts. Wie das Ergebnis aussehen könnte, sehen Sie in meinem Beispielbild. Schauen Sie sich den Videoclip an. Nehmen Sie Korrekturen vor, wenn nötig. Speichern Sie das Projekt am Ende Ihrer Arbeit ab.

Beachten Sie: Die Videozeile mit dem animierten Objekt können Sie leider nicht größer ziehen und so verlängern. Das liegt daran, dass es sich um ein QuickTime-Objekt handelt. Soll das Objekt länger angezeigt werden, kopieren Sie es und fügen Sie es am Ende des ersten Objekts in die gleiche Videospur ein.

16. Medien mit Adobe Elements Organizer verwalten und katalogisieren

Der Adobe Elements Organizer wird mit Adobe Premiere Elements mitgeliefert. Mit diesem Paket verwalten und sortieren Sie Ihre Audiodateien, Ihre Bilddateien, Ihre Videos und Videoprojekte. Videoprojekte und Clips, die Sie mit Premiere Elements verwenden, werden automatisch in den Katalog des Verwaltungstools eingefügt.

In diesem Kapitel stelle ich Ihnen das Programm und seine Oberfläche vor. Sie erfahren, wie Sie die Programmoberfläche optimieren und einrichten können. Ich zeige Ihnen, wie Sie Ihre Kataloge verwalten, neue Kataloge erstellen und Ihre Medien mit Stichwörtern und beschreibenden Daten versehen können.

16.1 Das Programmfenster von Adobe Elements Organizer 2019

Der Adobe Elements Organizer 2019 gehört zu Adobe Premiere Elements 2019. Das Programm verwaltet Ihre Bilder, Audiodateien und Videoclips. Videoprojekte und deren verwendete Medien werden automatisch in den Organizer eingefügt. Ihre Ordner werden übernommen. Auf diese Weise ist es nicht notwendig, eigene Ordner zu erstellen und Bilder, Audiodateien und Videos mühselig in diese zu kopieren und zu sortieren.

Nach dem Start sehen Sie die Bilder, Videos und Audiodateien, die Sie bereits mit Adobe Premiere Elements 2019 verwendet haben, und die, die Sie bereits importiert haben. Klicken Sie links unten auf die Schaltfläche *Anzeigen*, um am linken Rand eine Liste Ihrer Medienordner ❶ anzeigen zu lassen. Links daneben können Sie in die Ansicht der Alben ❷ umschalten.

Darüber befindet sich das Bedienfeld *Importieren* ❸. Damit lassen sich Medien aus Dateien und Ordnern, von einer angeschlossenen Digitalkamera oder einem Kartenslot mit einem entsprechenden Speichermedium und von iPhoto (nur macOS) in das Programm importieren.

Ein Stück weiter rechts sehen Sie das Listenfeld *Sortieren nach* ❹. Es ist voreingestellt auf die neuesten Medien. Sie können hier auch *Älteste*, *Name* und *Importstapel* wählen.

Darüber – mittig angeordnet im Kopf des Programmfensters – können Sie die Anzeige umschalten ❺. Vorgegeben ist hier *Medien*. Möglich sind auch *Personen*, *Orte* und *Ereignisse*.

Rechts können Sie die Bedienfelder *Erstellen* ❻ und *Teilen* ❼ öffnen.

16. Medien mit dem Organizer verwalten und katalogisieren

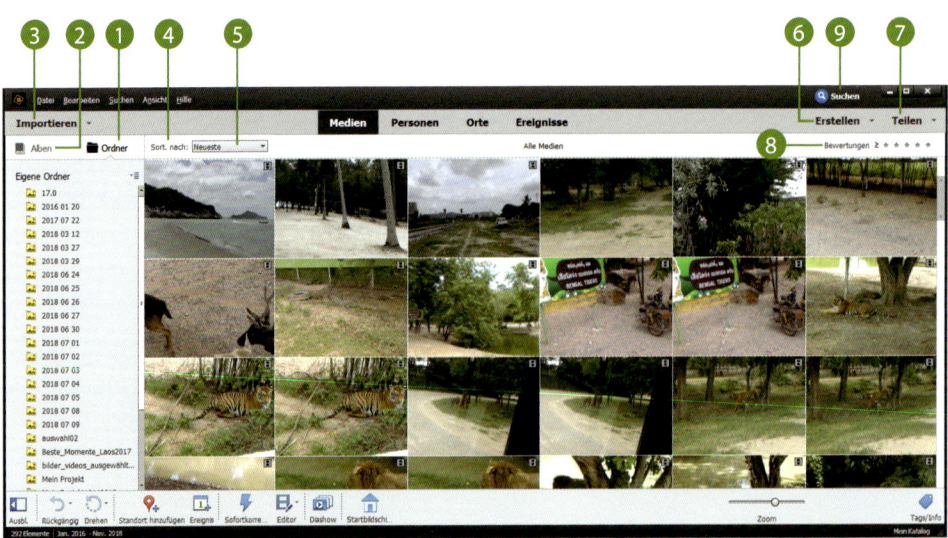

Der Bereich *Erstellen* enthält eine lange Liste von Möglichkeiten, für die Sie Ihre Medien verwenden können. Hier können Sie eine *Diashow* aus Ihren Medien erstellen, ebenso eine *Fotocollage, Fotoabzüge*, Sie können einen *Bildband* zusammenstellen, eine *Grußkarte*, einen *Fotokalender*, einen *Direktfilm*, eine *Videogeschichte*, eine *Video-Collage*, eine *DVD mit Menü*, eine *CD-Hülle*, eine *DVD-Hülle* und ein *CD-/DVD-Etikett* erstellen.

Mit *Teilen* steht die Verbindung zu den sozialen Medien leider nicht mehr zur Verfügung. Sie können hier lediglich ein Bild oder ein Video als E-Mail-Anhang versenden, es auf eine DVD brennen und so eine Video-DVD erstellen und eine *PDF-Diashow* zusammenstellen lassen.

Darunter können Sie die Ansicht der Medien anhand der *Bewertungen* ⑧ sortieren.

In der rechten oberen Ecke befindet sich ein Eingabefeld für eine *Suche* ⑨ nach einem bestimmten oder einer Reihe bestimmter Medien.

Natürlich gibt es im Kopf des Programms auch eine Menüzeile ⑩, mit der Sie alle wichtigen Programmfunktionen abrufen können. Diese enthält die Menüs *Elements Organizer, Datei, Bearbeiten, Suchen, Ansicht* und *Hilfe*.

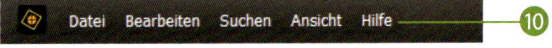

Die Ansicht im Programmfenster anpassen

Am unteren Rand des Programmfensters finden Sie eine Symbolleiste. Mit der ersten Symbolschaltfläche (von links gesehen), die die Aufschrift *Ausbl.* ⑪ trägt, blenden Sie das Bedienfeld mit der Ordner- und Albenübersicht aus. Tun Sie dies, steht Ihnen das komplette Fenster für die Ansicht der Medien zur Verfügung. Ein weiterer Klick auf die Schaltfläche blendet das Bedienfeld wieder ein. Mit *Rückgängig* ⑫ wird der letzte Arbeitsschritt zurückgeholt. Mit *Drehen* ⑬ tun Sie selbiges mit dem markierten Medium. Mit *Standort hinzufügen* ⑭ lässt sich der Aufnahmeort zu einem Bild oder Video hinzufügen.

Medien lassen sich auch als *Ereignis* ⑮ verwalten. Das kann zum Beispiel ein Urlaub im letzten Sommer, ein Ausflug, eine Feier oder Party sein. *Sofortkorr.* ⑯ verwendet die automatische Korrekturfunktion von Adobe Premiere Elements 2019. Mit *Editor* ⑰ starten Sie Adobe Premiere Elements. Mit *Diashow* ⑱ starten Sie eine solche direkt aus dem Programm heraus. Das markierte Medium wird analysiert und automatisch verbessert. Mit *Startbildschirm* ⑲ kommen Sie immer direkt zum Startbildschirm zurück. Rechts finden Sie noch einen Zoomregler und eine Schaltfläche, mit der Sie ein Medium mit Tags versehen können. Diese Stichwörter vereinfachen das Sortieren und Navigieren in großen Datenmengen.

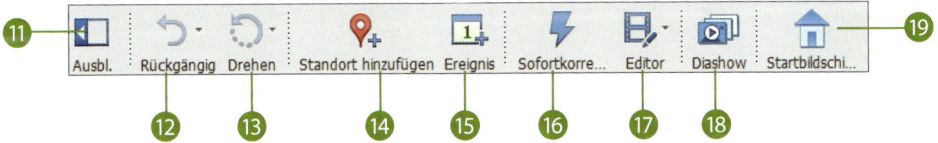

16.2 Die Ansicht im Programmfenster anpassen

Mit verschiedenen Funktionen aus dem Menü *Ansicht* können Sie das Programmfenster an Ihre Wünsche, Bedürfnisse und Arbeitsbedingungen anpassen. Wählen Sie zunächst, welche der möglichen Medientypen Sie im Fenster sehen wollen. Wählen Sie *Ansicht/Medientypen* ① und entfernen Sie das Häkchen bei den Medien, die Sie nicht im Programmfenster sehen möchten. In der Vorgabeeinstellung sind alle Medien ausgewählt. Sie können Fotos, Videos, Audio- und Projektdateien wählen.

16. Medien mit dem Organizer verwalten und katalogisieren

Unter *Versteckte Dateien* ❷ bestimmen Sie, ob selbige angezeigt werden sollen. In der Vorgabe werden sie ausgeblendet. Mit *Sortieren nach* ❸ legen Sie die Sortierreihenfolge fest. Voreingestellt ist die Anzeige nach den neuesten Medien zuerst, Sie können aber auch nach Namen oder den ältesten Medien zuerst sortieren lassen.

Mit *Details* ❹ wird die Ansicht der Vorschaubilder verkleinert. Danach können Sie auch die Anzeige der *Dateinamen* ❺ einschalten. Die Aktivierung der *Rasterlinien* ❼ verbessert die Ansicht. Haben Sie Personen in Ihren Medien gekennzeichnet, schalten Sie die *Personenerkennung* ❻ ein.

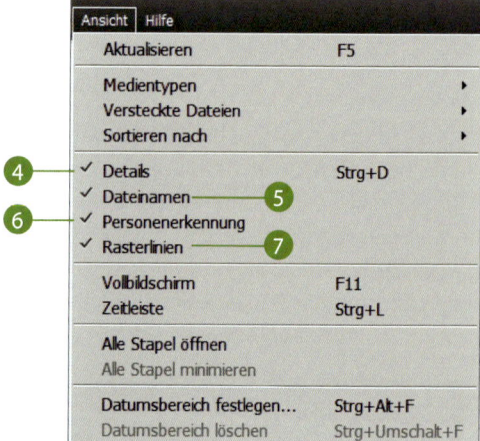

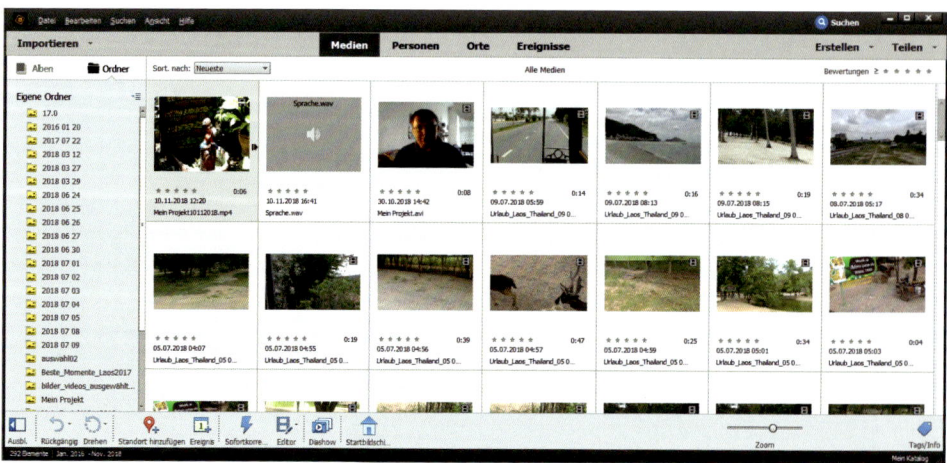

Bei sehr vielen Medien, die Sie mit dem Programm verwalten, blenden Sie im Menü *Ansicht* eine Zeitleiste ein. Sie können damit schnell zu einem bestimmten Jahr und Monat springen und sich die Medien, die zu diesem Zeitraum passen, anzeigen lassen.

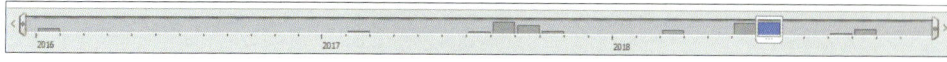

Für die Anpassung der Größe der Vorschaubilder nutzen Sie den Schieberegler *Zoom* rechts unten. Ziehen Sie ihn nach links, werden die Vorschaubilder verkleinert und Sie sehen mehr Medien im Pro-

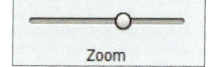

338

grammfenster. Eine Bewegung nach rechts vergrößert die Vorschaubilder. Über das Menü *Ansicht* können Sie auch einen Vollbildmodus verwenden. Dieser nutzt den kompletten Bildschirm für die Anzeige der Medien. Dazu wird eine Symbolleiste am unteren Rand bei einer Mausbewegung eingeblendet. Die Bedienfelder *Organisieren* und *Bearbeiten* befinden sich am linken Bildschirmrand. Auch diese können aus- und wieder eingeklappt werden.

16.3 Medien mit Titeln, Tags und beschreibenden Daten versehen

Damit Sie Ihre Audiodateien, Videos, Projekte und Bilddateien sortieren und immer wieder verwenden können, sollten Sie sie mit beschreibenden und informativen Daten versehen. Dazu gehört das Vergeben von Tags, einem Bildtitel, einer Bewertung sowie von Personen- und Standortnamen.

Tags hinzufügen

Markieren Sie zuerst die Datei, zu der Sie Tags vergeben wollen. Klicken Sie auf *Tags/Info*. Sie finden diese Schaltfläche in der rechten unteren Ecke des Organizers.

Nun sehen Sie das Fenster mit den Tags vor sich. Das Programm unterscheidet zwischen *Stichwörter* ❶, *Personen-Tags* ❷, *Ort-Tags* ❸ und *Ereignis-Tags* ❹. Zu Beginn sind unter *Stichwörter* die Tags *Natur, Farbe, Fotografie, Sonstige* und *Urlaub* vergeben. Diese Tags können Sie natürlich durch eigene Tags ergänzen. Im Beispiel habe ich unter *Urlaub* den Tag *Thailand* hinzugefügt.

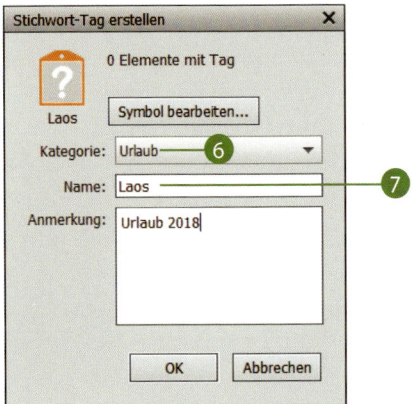

16. Medien mit dem Organizer verwalten und katalogisieren

Klicken Sie auf das Pluszeichen im Feld *Stichwörter* ❺. Der Dialog *Stichwort-Tag erstellen* wird geöffnet. Wählen Sie eine der möglichen Kategorien aus. Sie können auswählen zwischen *Natur*, *Farbe*, *Fotografie*, *Sonstige* und *Urlaub*. Ich entscheide mich hier für die Kategorie *Urlaub* ❻. Ergänzen Sie einen Namen ❼ und eine *Anmerkung*. Bestätigen Sie mit *OK*. Über die kleine Pfeilschaltfläche in der Zeile *Stichwörter* ❽ können Sie auch weitere Kategorien erstellen und vorhandene verwalten.

Das neue Stichwort ist anschließend in der gewählten Kategorie vorhanden. Mit dem Optionskästchen davor kann das Stichwort ausgewählt werden. Natürlich können Sie für ein Medium auch mehrere Stichwörter vergeben. Klicken Sie anschließend auf das Plussymbol in der Zeile *Personen-Tags* ❾. Tragen Sie einen Namen ❿ ein und wählen Sie aus dem Listenfeld eine passende *Gruppe* ⓫. Möglich ist hier *Bekannte*, *Freunde* und *Familie*. Bestätigen Sie mit *OK*. Auch hier finden Sie eine Pfeilschaltfläche, mit der Sie neue Personen und neue Gruppen festlegen können.

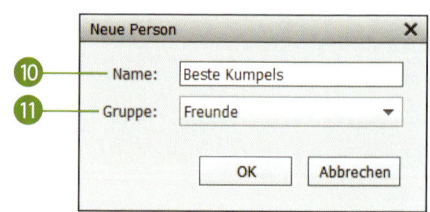

Geben Sie in gleicher Weise für alle anderen Medien Tags an. Sie finden sie in dem gleichnamigen Bedienfeld. Unter *Bildtitel* können Sie den Namen der Datei einsehen, einen Bildtitel und eine Anmerkung hinzufügen. Öffnen Sie das Kontextmenü auf dem Medium, wählen Sie *Bewertungen* ⓬ und entscheiden Sie sich für eine der möglichen Sterne-Bewertungen.

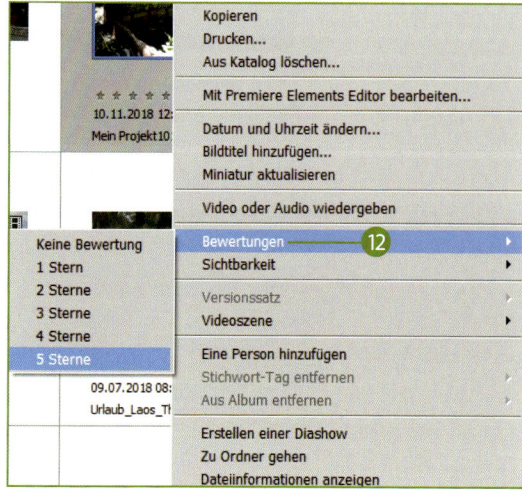

340

16.4 Kataloge verwalten

Adobe Premiere Elements nutzt einen »Katalog«, um alle Medien zu sortieren und Ihre Einstellungen zu speichern. Bei sehr vielen Medien kann dieser Katalog sehr groß werden. Unterschiedliche Anwender, die denselben Rechner nutzen, können verschiedene Kataloge anlegen und so ihre Medien unabhängig von den anderen Anwendern sortieren und verwalten. Auch ist es möglich, für unterschiedliche Anwendungszwecke eigene Kataloge anzulegen. So können Sie die Bilder und Videos Ihrer Angelausflüge von den Urlaubsfotos und den beruflichen Aktivitäten in den sozialen Netzwerken trennen. Rufen Sie zunächst die Verwaltung der Kataloge mit *Datei/Kataloge verwalten* ❶ auf.

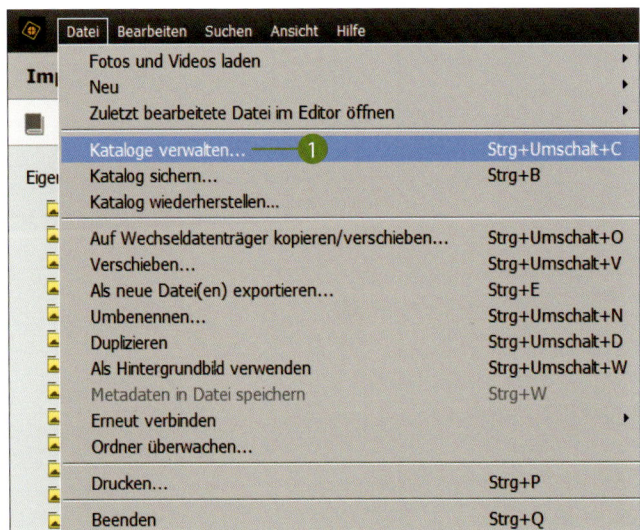

Sie landen im Dialog *Katalogmanager*. Im unteren Bereich sind alle vorhandenen Kataloge aufgelistet. Hier finden Sie zunächst nur den, den das Programm vorgibt. Markieren Sie ihn und klicken Sie auf *Optimieren* ❷. So werden die Inhalte neu sortiert, überprüft und komprimiert. Wer mag, kann mit *Umbenennen* ❸ auch einen neuen Namen für den Katalog vergeben. Nicht benötigte Kataloge lassen sich *Entfernen* ❹. Für das Sichern eines Katalogs wählen Sie *Verschieben* ❺.

Um einen eigenen neuen Katalog zu erstellen, klicken Sie im Kopf des Katalogmanagers auf *Neu* ❻. Geben Sie eine Bezeichnung in das Eingabefeld ❼ ein und bestätigen Sie mit *OK* ❽. Der neu erstellte Katalog wird sofort ausgewählt und der Importmanager wird gestartet. Nun können Sie den Katalog mit Medien füllen.

Welchen Katalog Sie verwenden, wählen Sie über den *Katalogmanager*. Markieren Sie den gewünschten Katalog in der Liste und bestätigen Sie mit einem Mausklick auf die Schaltfläche *Öffnen* ❾. Beim nächsten Neustart des Programms wählt das Programm immer automatisch den zuletzt verwendeten Katalog und öffnet ihn.

16. Medien mit dem Organizer verwalten und katalogisieren

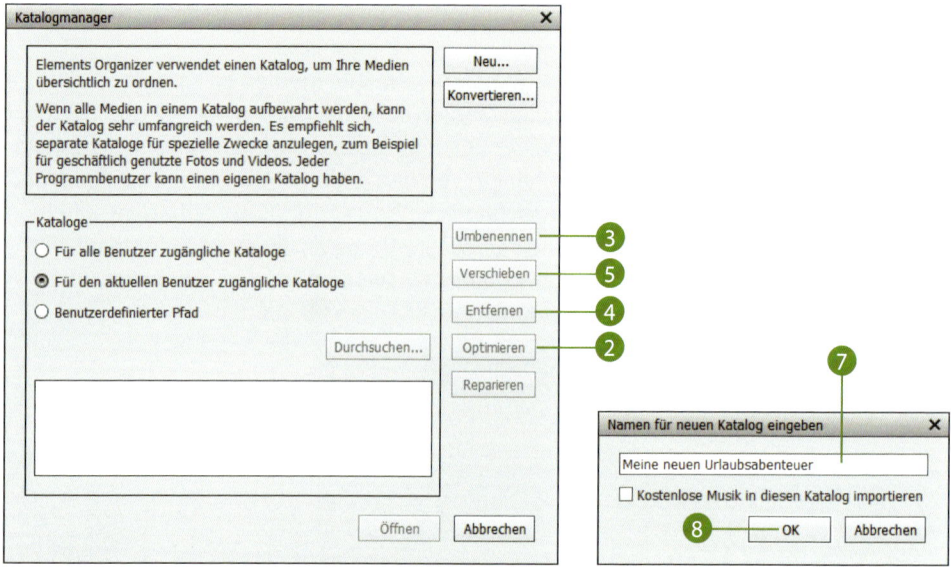

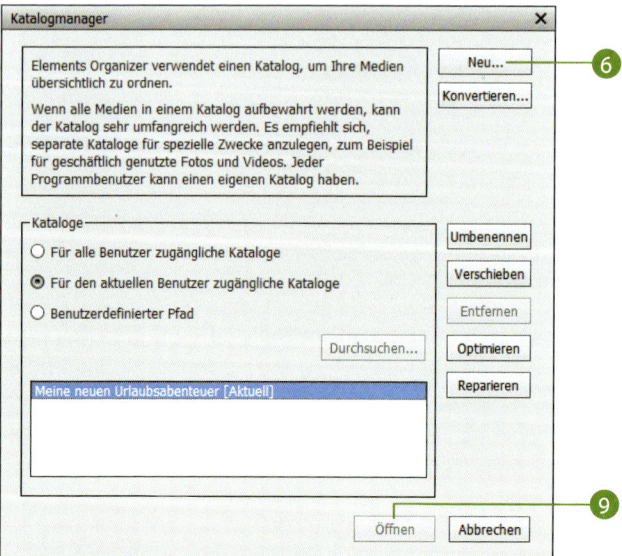

Überwachte Ordner

Neben den Medien, die Sie in Ihren Adobe-Premiere-Elements-Projekten verwenden, kann der Adobe Elements Organizer auch Medien aus anderen Ordnern automatisch hinzufügen. Mit *Datei/Ordner überwachen* können Sie festlegen, welche Ordner so überwacht werden sollen.

Stichwortverzeichnis

3D-Effekte _____ 227
4-farbiger Verlauf _____ 266

A

Adobe Elements Organizer _____ 34
   Ansicht anpassen _____ 337
   Medientypen _____ 337
   Sortieren nach _____ 338
   Tags vergeben _____ 339
   überwachte Ordner _____ 342
Adobe-ID _____ 15
Adobe Premiere Elements
   installieren _____ 15
   Korrekturfunktionen _____ 132
   unterstützte Dateiformate _____ 38
Aktualisierungen _____ 32
Alpha-Anpassung _____ 217
Alphakanal abschrägen _____ 228
Als neuen Titel speichern _____ 269
Alter Film _____ 160
Angewandte Effekte _____ 28
Angewandte Effekte anzeigen _____ 160
Animation einer Titelvorlage anpassen _ 267
Animierte Objekte _____ 331
Animierte Texte erstellen _____ 281
Anordnen von Text _____ 278
Anpassen _____ 27, 260
Anpassungen _____ 273
Arbeitsbereich anpassen _____ 312
Arbeitsbereich wiederherstellen _____ 313
Audio
   zum Soundtrack hinzufügen _____ 28
Audioansicht _____ 31
Audioclip
   abspielen _____ 291
   Effekte anwenden _____ 292
   Effekte entfernen _____ 290
   im Expertenmodus bearbeiten _____ 289
   Vorschau _____ 291
   Zeit verlängern _____ 290

Audiodaten anpassen _____ 157
Audioeffekte _____ 292
   DeNoiser _____ 293
   Dynamik _____ 293
   Hochpass _____ 294
   Kanäle vertauschen _____ 294
   Lautstärke/Kanal _____ 295
   Links mit rechts füllen _____ 295
   NewBlue Audio Mute _____ 296
   NewBlue Audio Polish _____ 295
   NewBlue Cleaner _____ 296
   NewBlue Hum Remover _____ 297
   NewBlue Noice Reducer _____ 298
   NewBlue Noise Fader _____ 298
   Rechts mit links füllen _____ 299
   Tiefpass _____ 300
   Umkehren _____ 300
   Verzögerung _____ 300
Audioformate, unterstützte _____ 39
Audioverstärkung _____ 157
Aufnahmeschaltfläche _____ 31
Ausgleichsstärke _____ 191
Ausgleichsverstärkung _____ 191
Ausgleichswinkel _____ 191
Ausrichten _____ 274
Auswählen, Text _____ 278
Auto-Kontrast _____ 141
Automatische intelligente Farbton-
   korrektur _____ 135
Automatische Korrektur _____ 27
Automatische Stummschaltung _____ 296
Auto-Tonwertkorrektur _____ 141

B

Balance anpassen _____ 156
Balken und Ton _____ 329
Beleuchtung korrigieren _____ 140
Belichtung feineinstellen _____ 143
Belichtung korrigieren _____ 142
Benutzerdefinierte Farbtonkorrektur __ 136

Stichwortverzeichnis

Bewegte Texte erstellen __ 281
Bewegungstitel __ 28
   anpassen __ 260
   erstellen __ 283
Bewegungsverfolgung __ 28
Bewertung vergeben __ 340
Biegen __ 239
Bildformate, unterstützte __ 39
Bildgröße verändern __ 256
Bild hinzufügen __ 277, 280
Bild-im-Bild-Effekt __ 326
Bildsteuerung __ 208, 215
Bild verschieben __ 257
Blue Screen-Key __ 223
Brummfilter __ 296

C

Chroma-Key __ 223
Clip
   austauschen __ 86
   ersetzen aus Projektelementen __ 290
   manuell bearbeiten __ 255
   markieren __ 256
   skalieren __ 256
   Standbild erstellen __ 103
Clip (Effekt) __ 237
Clipgröße verändern __ 256
Clipmonitor __ 53

D

Dateien automatisch umbenennen __ 42
Dateien und Ordner
   hinzufügen __ 49
   importieren __ 49
Dateiformat __ 38
Deckkraft, Schrift __ 277
DeNoiser __ 293
Differenzmaske __ 217
Digitalkamera __ 40
Drehung, Schrift __ 277
Dreiwege-Farbkorrektur __ 190

Dual-Monitor-Arbeitsbereich __ 313
DVD brennen __ 129
Dynamik __ 293

E

Effekte __ 28, 159, 292
   3D-Effekte __ 227
   4-Punkt-Korrekturmaske __ 219
   8-Punkt-Korrekturmaske __ 218
   16-Punkt-Korrekturmaske __ 221
   Aktive Kamera __ 224
   Alpha-Anpassung __ 217
   Alpha-Glühen __ 231
   Alphakanal abschrägen __ 228
   als Vorgaben ablegen __ 247
   Alter Film __ 160, 164
   anwenden __ 160
   anzeigen __ 162
   anzeigen und bearbeiten __ 161
   bearbeiten __ 162
   Beleuchtungseffekte __ 165
   Beschneiden __ 235
   Biegen __ 239
   Bildmaske-Key __ 219
   Bildsteuerung __ 215
   Blendenflecke __ 171
   Blitz __ 172
   Blue Screen-Key __ 223
   Chroma-Key __ 223
   Clip __ 237
   Differenzmaske __ 217
   Echo __ 244
   Eckpunkte verschieben __ 239
   Effektfilter in den Vorgaben __ 247
   Einfärben __ 225
   Entfernen-Maske __ 221
   Erdbeben __ 225
   Extrahieren __ 214
   Farbrelief __ 232
   Gaußscher Weichzeichner __ 173
   Ghosting __ 244
   Glätten __ 244

Stichwortverzeichnis

Green Screen-Key _____ 224
Horizontale Ablenkung _____ 238
Horizontal spiegeln _____ 173
   im Expertenmodus _____ 206
   im Expertenmodus anwenden _____ 161
   im Schnellmodus anwenden _____ 160
Kameraansicht _____ 236
Kanalmixer _____ 212
Kanten abschrägen _____ 229
Komplexe Wellen _____ 242
Konturen finden _____ 233
Liniengrafik _____ 226
Linsenverzerrung _____ 240
Luminanz-Key _____ 220
Malen animieren _____ 216
Metallisch _____ 174
Mosaik _____ 174
NewBlue Cartoon Plus _____ 175
Non-Red-Key _____ 220
Pastellskizze _____ 226
Relief _____ 232
RGB-Differenz-Key _____ 222
Scharfzeichnen _____ 243
Schatten/Glanzlicht _____ 187
Schlagschatten _____ 230
Schleierentfernung _____ 177
Schneller Weichzeichner _____ 243
Schwarz & Weiß _____ 177
Solarisation _____ 233
Spiegelbild _____ 178
Spurmaske-Key _____ 222
Störung _____ 179
Stroboskop _____ 234
Strudel _____ 179
Struktur _____ 234
Tontrennung _____ 180
Transformieren _____ 241
Umkehren _____ 180
Verbiegungsenergie _____ 227
Verlauf _____ 230
Vertikale Ablenkung _____ 238
Vertikal spiegeln _____ 181
Videomerge _____ 242

Vignettierung _____ 181
Vorgaben _____ 245
Weiche Kanten _____ 235
Wiederholen _____ 182
Wölben _____ 241
Zeittrennung _____ 245
Zoom-Weichzeichner _____ 183
Effektmaske anwenden _____ 249
Eigene Gruppen _____ 42
Einstellungsebene verwenden _____ 328
Elements Organizer _____ 43, 335
   Import von Videos _____ 43
   Medien hinzufügen _____ 47
Entfernen-Maske _____ 221
Erstellen _____ 26
Erweiterte Anpassungen _____ 208
Expertenansicht _____ 30
   Arbeitsbereich anpassen _____ 312
   Schneiden von Clips _____ 310
   Schnittfenster _____ 310
   Überblendungen _____ 305
Expertenmodus
   Audioclips bearbeiten _____ 289
   Audioeffekte _____ 292
   Überblendung bearbeiten _____ 309
   Vorgaben _____ 245
Export, Geräte _____ 60
Exportieren und freigeben
   Schnell-Export _____ 74

F

Farbauswahldialog _____ 168
Farbe hervorheben _____ 323
Farbeigenschaften _____ 265
Farbeigenschaften korrigieren _____ 137
Farbeinstellungen anpassen _____ 149
Farbkorrektur _____ 208
   automatische _____ 137
   feineinstellen _____ 140
Farbkreis verwenden _____ 191
Farbmaske _____ 249
Farbtemperatur _____ 143

Stichwortverzeichnis

Farbtemperatur feineinstellen	146
Farbton	143
feineinstellen	146
korrigieren	143
Farbtonkorrektur	135
Farbtonkorrektur, benutzerdefinierte	136
Farbtonwinkel einstellen	191
Farbverlauf	265, 266
Film	
personalisieren	65
schnell erstellen	63
Filmmenü	27
Format anpassen	263
Form verwenden	274
Foto-Downloader	40
Fotos von Digitalkamera importieren	40
Frames	
einfrieren	27, 103
fx	160

G

Gamma-Korrektur	153
Gaußscher Weichzeichner	173
Generieren	208
Geräte	60
Geschützter Bereich	258
Geschwindigkeit umkehren	290
Ghost	265
Ghostframe	102
Ghosting	244
Glätten	244
Grafik animieren	330, 331
Grafik der Titelvorlage anpassen	267
Green Screen-Key	224
Größe verändern	256
Gruppe	340

H

Häufig verwendet	28
Helligkeit feineinstellen	143
Helligkeit korrigieren	138, 140

Hintergrund einer Titelvorlage einstellen	268
Hinzufügen	28
Hochpass-Effekt	294
Höhen und Bässe anpassen	157
Hollywood-Looks	
Comic	189
Hollywood-Film	190
Intensives Kupfer	194
Red-Noir	196
Sparta	199
Über Kreuz verarbeiten	204
Verträumt	200
verwenden	185
Vorjahr	201
Wochenschau	201
Zerbröckelte Farbe	201
Horizontale Ablenkung	238

I

Import	
aus lokalem Ordner	49
Bilder von Digitalkamera	40
Dateien automatisch umbenennen	42
Elements Organizer	43
Medien abrufen	52
Videos von Digitalkamera	40
Installation	15
InstantMovie	27, 63
Effekte ersetzen	65
Einstellungen anpassen	67
Film rendern	66
Filmthema wählen	64
personalisieren	65
Intelligentes Korrigieren	133

K

Kameraansicht	236
Kamerawackler entfernen	134
Kanäle	208
Kanäle vertauschen	294

Stichwortverzeichnis

Kanalmixer _____ 212, 251
Kanten abschrägen _____ 229
Kapitel hinzufügen _____ 62
Kapitel-Stimmung _____ 61
Kataloge verwalten _____ 341
Katalogmanager _____ 341
Keyframe _____ 30, 331
Keyframe verwenden _____ 333
Keying _____ 209
Klassische Ansicht _____ 31
Klassische Titel _____ 28
Kontrast feineinstellen _____ 143
Kontrast korrigieren _____ 141
Korrekturfunktionen _____ 132
Korrekturfunktionen kombinieren _ 134
Korrigieren _____ 27
Kriechen _____ 281

L

Lautstärke anpassen _____ 156
Lautstärke/Kanal _____ 295
Lichtquellen verwenden _____ 166
Lieblingsmomente _____ 28
Linearer Verlauf _____ 265
Links mit rechts füllen _____ 295
Look festlegen _____ 61
Luminanz-Key _____ 220
Luminanzwert _____ 212

M

Manuell bearbeiten _____ 255
Maske
  anpassen _____ 253
  Effektbereich anpassen _____ 252
  Effektmaske anwenden ____ 249
  verwenden _____ 249
Maskierten Bereich anpassen __ 253
Medien
  abrufen _____ 41, 52
  Dateien/Ordner hinzufügen __ 49
  direkt importieren _____ 52
  hinzufügen _____ 40, 47
  importieren _____ 36
  Webcam hinzufügen _____ 55
Medienanalyse _____ 133
Metainformationen _____ 41
Mini-Schnittfenster _____ 330
Musikspur _____ 61

N

Neuen Katalog erstellen _____ 341
Neuerungen _____ 15
NewBlue Audio Mute _____ 296
NewBlue Audio Polish _____ 295
New Blue Cartoon Plus _____ 209
NewBlue Cleaner _____ 296
NewBlue-Filmeffekt _____ 209
NewBlue-Grafikeffekt-Elemente _ 209
NewBlue Hum Remover _____ 297
NewBlue Noice Reducer _____ 298
NewBlue Noise Fader _____ 298

O

Objekte ausrichten _____ 278
Objekte verteilen _____ 278
Ordner
  durchsuchen _____ 54
  erstellen _____ 51
  überwachte _____ 342
Organizer _____ 34, 335
  anpassen _____ 48
  Ansicht anpassen _____ 337
  Medientypen _____ 337
  Sortieren nach _____ 338
  Tags vergeben _____ 339
  überwachte Ordner _____ 342

P

PC-Dateien und Ordner abrufen _ 52
Pegelanzeige _____ 31
Person _____ 340

Stichwortverzeichnis

Person unkenntlich machen 253
Perspektive 210
Pipette 169
Position
   einer Textbox festlegen 278
   eines Bildes ändern 257
   Text 278
Projekt archivieren 315
Projektelemente 25
   Ordner erstellen 51
Projekt kopieren 315

R

Radialer Farbverlauf 265
Raster 72
Rechts mit links füllen 299
Rendern 210
Rendern, Video 66
RGB-Differenz-Key 222
RGB-Farbeinstellungen anpassen 149
RGB-Farben feineinstellen 153
Rollen 281
Rote-Augen-Effekt beim Import
   korrigieren 44

S

Sättigung korrigieren 139
Scharfzeichnen 243
Schlagschatten 230
Schnellansicht
   Überblendung einfügen 303
   Überblendungen 305
Schnell-Export 74
Schnittfenster 29
   anpassen 313
   Expertenansicht 30
Schrift
   drehen 277
   einer Titelvorlage anpassen 263
Schwenken und Zoomen 27
Sichere Ränder 258

Skalieren 203, 256
Smart Mix 27
SmartTrim 27
Solospur 31
Speicherbedarf 16
Sprachkommentar 27
Spur 30
   Größe anpassen 313
   hinzufügen 314
Standardtext 270
Standardtext erstellen 271
Standbild erstellen 103
Stichwort-Tag 340
Stil 274
Stil anpassen 261
Stilisieren 210
Storyelemente 58
Stummschaltung 296
Suchen 54
Suchvariablen 54

T

Tags vergeben 339
Takt suchen 291
Tastenkombinationen 316, 318
Temperatur korrigieren 143
Testbild einfügen 329
Text 270
   anordnen 278
   Ausrichten 277
   ausrichten/verteilen 278
   auswählen 278
   Bewegungstitel erstellen 283
   Bewegungstitel hinzufügen 259
   Bild hinzufügen 277
   Deckkraft 277
   drehen 277
   formatieren 274
   Form verwenden 274
   Größe bestimmen 277
   hinzufügen 272
   Position 278

Stichwortverzeichnis

Position bestimmen _____ 277
Skalierung _____ 277
Standard-Kriechen _____ 281
Standard-Rollen _____ 281
Standardtext erstellen _____ 271
Textbox verschieben _____ 273
Text eingeben _____ 272
Transformieren _____ 277
über das Kontextmenü formatieren _ 276
Zeilenumbruch einfügen _____ 277
Textbox platzieren _____ 273
Tiefpass-Effekt _____ 300
Titel
   anpassen _____ 260
   erstellen _____ 87
   hinzufügen _____ 259
Titelbild hinzufügen _____ 87
Titelvorlage anpassen
   Farbverlauf wählen _____ 265
   Format anpassen _____ 263
   Stil _____ 261
Titelvorlage verwenden _____ 259
   Animation anpassen _____ 267
   Farbfläche _____ 268
   Frame einfrieren _____ 268
   Grafiken anpassen _____ 267
   Hintergrundbild _____ 268
   Hintergrund einrichten _____ 268
   Transparent _____ 268
Tonhöhe beibehalten _____ 290
Tonwertkorrektur _____ 180
Tonwertspreizung _____ 214
Transformieren _____ 210, 241, 277

U

Überblendung _____ 28, 301
   bearbeiten _____ 308
   Expertenansicht _____ 305
   Schnellansicht _____ 305
Überwachte Ordner _____ 342
Umkehren _____ 265, 300
Unterordner automatisch erstellen _____ 41
Updates installieren _____ 32

V

Verbundener Clip _____ 31
Verlauf _____ 230
Vertikale Ablenkung _____ 238
Verwackelungsreduzierung _____ 134
Verzerrungsfilter _____ 211
Verzögerung _____ 300
Video
   korrigieren _____ 132
   rendern _____ 66
   von Digitalkamera importieren _____ 40
   von Elements Organizer importieren _ 43
Videoclip skalieren _____ 203
Video-Collage _____ 27
   Raster wählen _____ 72
Videoeffekte _____ 159
Videoformate, unterstützte _____ 39
Videomerge _____ 211, 242
Videoprojekt exportieren
   benutzerdefiniert _____ 126
   Blu-ray brennen _____ 129
   DVD brennen _____ 129
   für DVD und Blu-ray _____ 128
   Geräteexport _____ 125
Videoprojekt schnell exportieren _____ 74
Videostory
   als Projekt speichern _____ 63
   einzelne Schritte _____ 56
   Ereignis wählen _____ 57
   erstellen _____ 56
   exportieren _____ 61
   Kapitel hinzufügen _____ 62
   Storyelemente _____ 58
   Videoclips einfügen _____ 59
   Vorlage _____ 58
Video und Audio, Verbindung auf-
   heben _____ 289
Vorgaben, Effekte _____ 245

Stichwortverzeichnis

W	
Webcam	55
Weich- & Scharfzeichner	211
Weichzeichner	173, 243
Werkzeugleiste	27
Wiedergabeeinstellungen	73

Z	
Zeilenumbruch	277
Zeit	211
Zeit-Neuzuordnung	28
Zeittrennung	245
Zeit verlängern	290
Zoomregler	338
Zugewiesene Effekte	162
Zugriff auf eine Webcam	55
Zurücksetzen	142

Tiere fotografieren

Tauchen Sie direkt ein in die Fotowelt der Zoos und Tiergärten. Es geht auf eine abwechslungsreiche Tour durch die Zoos, in denen Sie viele faszinierende Fotomotive erwarten.

Mit der nötigen Geduld gelingen Ihnen außergewöhnliche Fotos ohne störende Gitterstäbe, Zäune oder Glasscheiben.

Tiere im Zoo fotografieren
Kyra und Christian Sänger
272 Seiten
ISBN 978-3-95982-098-1
€ 19,95 (D) | € 20,60 (A)
www.mut.de/2098

www.mut.de

Reisefotografie

Reisefotograf Michael Hennemann gibt Ihnen konkrete Tipps aus der Praxis, sodass Ihnen auf Reisen eindrucksvolle Bilder gelingen und Sie die Sehenswürdigkeiten perspektivisch spannend in Szene setzen.

Sie erfahren zudem, welche Ausrüstung Sie je nach Reiseziel mitnehmen sollten und was beim Fotografieren in fernen Ländern rechtlich zu beachten ist.

Reisefotografie
Michael Hennemann
240 Seiten
ISBN 978-3-95982-086-8
€ 19,95 (D) | € 20,60 (A)
www.mut.de/2086

www.mut.de